21世纪全国高职高专艺术设计系列技能型规划教材
浙江省“十一五”重点建设教材

服装营销

主　编　易淼清
副主编　贾　妍　许巧珍
　　　　邱桂贤　王洁霜

北京大学出版社
PEKING UNIVERSITY PRESS

内容简介

本书在市场营销系统理论的基础上，结合服装行业及服装产品的特征，设计了12个学习任务。在每个任务中，根据具体内容设计了若干子任务，以任务提出方式安排本环节的学习内容。另外，本书采用了工学结合的设计理念，充分体现了工学结合的教学模式，主要依据服装企业营销工作开展的实际情况，有效序化工作内容，构建了一个清晰的工作过程，同时也充分引入来自服装企业一线的操作手法，将企业的实际需要带到书中，有效提升了本书的实际操作性。本书编写的目的在于突出服装行业营销工作的主要内容，构建完整的工作过程，促使学生能够将营销基本理论和知识与服装行业相结合，提升学生的行业工作能力。

本书可作为高职高专营销类专业及服装类专业的教学用书，也可作为服装行业从业者的普适性读物。

图书在版编目(CIP)数据

服装营销/易淼清主编. —北京：北京大学出版社，2013.9

(21世纪全国高职高专艺术设计系列技能型规划教材)

ISBN 978-7-301-23148-7

Ⅰ. ①服…　Ⅱ. ①易…　Ⅲ. ①服装—市场营销学—高等职业教育—教材　Ⅳ. ①F768.3

中国版本图书馆CIP数据核字(2013)第209873号

书　　名：服装营销
著作责任者：易淼清　主编
策划编辑：吴　迪
责任编辑：伍大维
标准书号：ISBN 978-7-301-23148-7/J・0529
出版发行：北京大学出版社
地　　址：北京市海淀区成府路205号　100871
网　　址：http://www.pup.cn　　新浪官方微博：@北京大学出版社
电子信箱：pup_6@163.com
电　　话：邮购部62752015　发行部62750672　编辑部62750667　出版部62754962
印刷者：三河市博文印刷厂
经销者：新华书店
787毫米×1092毫米　16开本　19.25印张　453千字
2013年9月第1版　2013年9月第1次印刷
定　　价：38.00元

前　言

为企业一线培养应用性和技能型人才是高职院校的人才培养目标，要实现这个目标就需要高职院校在专业设置和培养模式改革的过程中瞄准具体的行业甚至是岗位来实施人才的培养。服装产业是我国的优势传统产业，但也面临着产业转型的严峻挑战。在此大环境下，高职院校肩负着培养大量既懂营销又懂服装的复合型人才的重任，因此开设服装营销课程成为必然。在现有高职服装营销教材中，大多以市场营销理论为主线进行内容的设计，虽然具有良好的系统性，但没有做到以项目化和工作过程为导向的体系设计，难以有效实施服装营销专业技能的培养。因此编写一部能有效反映服装营销知识并能有效实施技能培养的服装营销教材就显得十分必要。

本书将服装行业与市场营销基本理论相结合，按照项目化和任务驱动的设计理念，将工学结合的思想贯穿于全书的编写中。首先，本书采用了任务驱动式设计，在每个任务中，根据具体内容设计了若干子任务，以任务提出方式安排本环节的学习内容，在每个任务的教学中，师生具有十分明确的教学目标。通过任务驱动式教学，可以有效明确每个环节的学习目标和实现途径，提高学习效率。其次，本书采用了工学结合的设计理念，充分体现了工学结合元素，主要依据服装企业营销工作开展的实际情况，有效序化工作内容，构建了清晰的工作过程，同时也充分引入来自服装企业一线的操作手法，将企业的实际需要带到书中，有效提升了本书的实际操作性。此外，书中所选案例等材料均来自服装行业，提升了行业针对性。本书充分体现了高职人才培养的区域性、高教性和职教性，遵循了服装营销的思路，符合目标岗位能力培养的需要。

温州职业技术学院易淼清副教授完成了本书的立项、规划与编写组织工作，并承担了任务 1、任务 2、任务 6、任务 7、任务 9 的编写任务。全书最后由易淼清副教授统稿校对，贾妍教授审稿。本书的成型同时也离不开温州职业技术学院贾妍教授(编写任务 3、任务 8)、许巧珍高级经济师(编写任务 5、任务 11)、邱桂贤(编写任务 4、任务 10)、王洁霜(编写任务 12)等同仁的辛勤劳动，在此表示衷心感谢。此外，本书在编写过程中参考了大量资料，在此对相关参考资料的作者表示深深谢意，并对北京大学出版社吴迪编辑、伍大维编辑在本书出版过程中给予的大力支持表示诚挚感谢。

由于编者水平所限，加之编写时间仓促，书中不足之处在所难免，恳请广大读者批评指正并提出宝贵意见。

编　者

2013 年 6 月 1 日

目　录

任务 1　树立服装营销基本理念

能力目标

完成本任务的教学，受训者应该具备以下基本能力：

1. 能用市场构成三要素分析市场潜力
2. 能清晰认知服装产品和行业特点
3. 能运用营销理念简单分析服装企业营销行为

核心能力

在本任务的教学中，应重点关注以下能力目标的实现：

1. 正确解读服装行业及企业特点
2. 识别服装企业的营销组合

知识目标

为了完成本任务，受训者需要的理论知识：

1. 市场及市场营销的基本概念
2. 营销理论与实践的发展历程
3. 服装行业及产品的基本属性

任务分解

1.1 熟悉服装行业及服装产品
1.2 掌握市场营销基本概念
1.3 掌握服装营销观念及营销组合

案例导入

GXG 的成长之路

从 2007 年 3 月创立到 2012 年，GXG 品牌的销售额超过 35 亿元。当很多人还对 GXG 这个男装品牌感到陌生和新奇时，它已经成为中国高速成长的“青休男装”第一品牌。GXG 品牌控股公司——浙江中哲控股集团董事长杨和荣指出，GXG 能在最短的时间里从众多国内服装品牌中脱颖而出，关键就在于紧跟潮流、找准定位、不断创新。2011 年 4 月，GXG 获评“中国服装品牌年度风尚大奖”。之后，GXG 品牌又被韩国著名服饰专报定义成“新中国新绅士时尚品牌”，引起韩国服装业的高度关注及追捧，受邀参加了亚洲顶级服装盛宴“韩国釜山服装周”。

从成立开始，GXG 走了一条与传统服装企业完全不同的发展路径。只做男装，而且只为 20～35 岁人群量身定做。但在品牌研发、销售上却是个性十足，创新不断。在设计上，GXG 在日本及中国香港等国家和地区的设计师都是与目标人群同年龄段的，这样在保证品牌国际化的同时，也贴近消费者的审美取向；在销售上 GXG 不喜欢“多头布点”，偏爱大商圈、核心商区，通过集中开店集中造势，如宁波天一商圈有 10 多家 GXG 店，在上海有近 70 家 GXG 店；在品牌推广上，GXG 两条腿走路，一是靠口碑、靠品牌形象、靠终端服务来树立 GXG 在消费群中的理智形象及文化内涵，二是通过网络、平面媒体、演唱会、户外广告、官方微博等树立品牌时尚、品位、潮流的形象，以此来适应 80 后、90 后青年消费群既时尚又理智的特点。

(资料来源：http://www.efpp.com.cn/html/news/2012-2-20/225057.html.)

思考：GXG 成功的原因有哪些？

任务明确

管理大师彼得·德鲁克(Peter Drucker)曾说：“现代企业只有两项职能，那就是创新和营销。”历经近百年的发展，营销学已经成为了一个体系规范、结构完整并能不断创新发展的学科，营销的思想精髓已经根植于企业的躯体。自 20 世纪 80 年代营销的基本理论和观点传入中国后，中国企业在营销理论的指导下迅速成长起来。服装行业是中国的传统支柱产业，在出口、消费和就业方面起着极其重要的作用，针对服装行业进行营销人才培养意义重大。案例导入中的 GXG 公司能够在竞争日益激烈的服装行业脱颖而出，正是其充分关注市场、发挥营销作用的结果。

对服装行业的营销理论和行为进行研究，需要在以营销基本原理为平台的基础上，结合服装产品和行业本身的特性作深度的分析。本任务将按照营销学的核心理论，开展对服装营销基本概念的学习，具体分为下列 3 个子任务：

(1) 熟悉服装行业及服装产品；

(2) 掌握市场营销基本概念；

(3) 掌握服装营销观念及营销组合。

本环节的学习与训练将围绕以上 3 个方面的子任务，根据服装营销理论学习和基础能力训练的指标逐渐开展。相信通过本任务的学习和演练，读者将会在掌握营销核心概念和基本思想的基础上具备开展服装企业营销行为认知和分析的能力。

1.1 熟悉服装行业及服装产品

服装产品是消费者接触较多的产品，不仅存在于日常生活中，还深入地存在于消费者的精神生活中。作为服装营销人员，建立对服装产品的基本认识是顺利开展服装营销的必要前提。本任务将带领大家简单了解服装行业及服装产品的相关知识，为营销工作打下初步基础。

学前小思考

1. 服装行业是一个传统的行业，服装产品是一种简单的产品。你认为这种说法对吗？
2. 高端服装市场已被发达国家所掌控，发展中国家没有机会了。你认为呢？

知识大扫描

1.1.1 服装产业认知

衣食住行解决了人类最基本的生理需要，因此，作为其中之一的服装行业永远都是朝阳行业。不论人类的需求发生怎样的变化，对服装的需求永远不会消失，而且随着经济发展和社会文明的进步，消费者对服装的需求将会提升到一个更高的阶段。

1. 服装产业特征

服装产业是一个与人们生活密切相关的产业，也是一个比较典型的劳动密集型产业。近年来，许多服装企业采用了一些高科技含量的设计生产软件，如 CAD、CAM 等，但就目前状况来看，绝大多数服装企业规模偏小，还停留在传统的生产方式上，只有极少数服装企业具有较高的技术知识。服装产业的特征包括以下 4 点。

1) 具有重要的经济地位

服装产业与人类生产生活联系紧密，能够有效驱动从原料提供、纺织印染到成衣生产、销售这一产业链，为政府解决税收、就业等重要问题起到重要作用。现今各主要国家都曾大力支持过服装行业的发展，当今服装行业的国际知名品牌也都诞生在以法国、意大利、美国等为主的国家。

2) 规模经济不明显

服装产业由于进入门槛低，经营主体相对分散和独立，规模经济在服装业表现不够明显。特别是近些年来快时尚概念的兴起，使得服装企业生产运营周期大大缩短、品种增多、批量减少，服装行业的规模化受到了严重挑战。

3) 服装运营流程长

一个服装新款式的推出往往涉及纱纺、织造、印染、整烫定型、成衣制作等多个环节，有的还涉及新型原料的研制和生产。在销售过程中，又会与多个流通环节发生联系，这种多环节运营和流通所消耗的时间与服装流行的短周期形成了矛盾。

4) 服装行业具有高附加值

服装产品具有商品价值、文化价值、审美价值、社会价值等，特别是时装还具有设计价值、品牌价值、时尚价值，可以为其经营者带来高附加值的收益，这使得服装企业决策者必须合理衡量服装的多种价值并将其完美地结合起来。

2. 服装经营的特点

1) 普遍偏小的企业规模

由于行业缺乏经济规模并具有小批量、多品种的趋势，服装企业的独立实体相对规模较小。即使是集团和连锁经营，也与百货连锁、钢铁企业、化工企业不可同日而语。

资料补充 1-1

产值大但企业个体小的武汉女装

据武汉服装商会消息，2011 年武汉女装企业总产值约 300 亿元，在全国女装行业排位前三。在 2012 年初揭晓的中国女装 60 强中，武汉有 9 家企业入围，约占 1/6“版图”，是入围企业数量最多的城市。

20 世纪 90 年代，武汉女装曾在全国名噪一时，后几经沉浮，数量定格在 1 600 家，在全国排第一。武汉女装大部分是前店后厂，主要做中低端产品，瞄准二、三线城市批发，少部分做品牌。武汉服装商会秘书长李群宝指出，武汉冲击“中国女装之都”，在现有 1 600 家女装企业“打底”的基础上，需要两路突围：一方面，做出全国一线大品牌；另一方面，做单体规模大的龙头企业。眼下在中国女装界，有几个城市名头响亮，如北京，有单件衣服能卖到 40 万元的“白领”品牌，再如杭州，丝绸服装使“杭派”风靡。其实，与这两个城市相比，武汉女装企业数量与产值均超过他们，就是因为缺乏一线大品牌，“风头”被其盖过。至于单体大规模企业，也是武汉女装界的缺失，无论品牌或批发企业，目前武汉女装界单个“大龙头”还不足。

2) 外部规模经济效应和外延的集约度

服装业的发展和成熟与外延的集约度有关。纽约之所以成为时装中心，是因为有服装加工业、批发业、零售业；有发达的信息网、出版系统；有时装学院和研究机构；有美国最优秀的设计师；有服装资讯和服务业；有发达的金融机构；有政治、经济和文化的影响，更有一批时尚潮流的领导者和追随者。

3) 不断创新的经营模式

快速的市场变化，多样的市场细分，要求服装经营的方式灵活和柔性化。具体表现为策划、设计、生产相互渗透；设计师、生产商、销售商融为一体；买断、代销、特许加盟、许可证经营和公司连锁灵活组合。

案例 1-1

阿仕顿男装的 SPA 模式

自有品牌专业零售商经营(Speciality retailer of Private label Apparel，SPA)模式，是由美国服装巨头 GAP 公司在 1986 年公司年度报告中，为定义公司的新业务体制而提出的，是一种从商品策划、制造到零售都整合起来的垂直整合型销售形式，之后由日本 UNIQLO(优衣库)成功运用并推广。SPA 模式能有效地将顾客和供应商联系起来，以满足消费者需求为首要目标，通过革新供货方法和供应链流程，实现对市场的快速反应。

创立于 2003 年的阿仕顿男装，采用以“快”取胜的 SPA 模式，以“聚焦区域、聚焦产品、聚焦客户、重点突破”的发展战略，通过品牌运作、商品企划到生产、零售均由公司统一控制的一体化运作模式，迅速实现了运营的标准化。阿仕顿男装在经营过程中，采取完全垂直化的管理方式。所有的加盟店，从店铺选址、装修建店、招聘培训、新店开业、店铺运营、营销企划、店铺督导、客户管理到财务控制等，都由总部垂直化管理。阿仕顿在库存管理方面，采取应季商品订货和分波段上货的方法，同时借助强大的信息化能力和开发设计能力，紧跟流行时尚的脉搏，以保证商品的多样化和新鲜度，最大限度地控制了商品的库存风险。

4) 快速反应和敏捷零售

为了保证市场的快速反应(quick response，QR)和及时生产供货(just in time，JIT)，需要形成相互信任的产供销和敏捷零售体系以减少库存、额外的成本投入或延误商机而造成的机会损失。

3. 服装产业发展趋势

1) 国际化程度日益提高

世界服装产业是以发达国家为经营主体和市场主体而发展起来的，并随着世界经济的发展在地理范围上发生了产业转移。不论是发达国家还是发展中国家的服装企业都将经营的视野投向了全球，包括市场要素和资源要素都成为了在全球范围内整合的对象。以发达国家为例，它们的服装知名企业牢牢占据了全球高档时装市场，并在不放弃本国市场的同时，把眼光瞄准国际市场，包括迅速增长的发展中国家市场。同时，发达国家和地区的服装加工业萎缩，部分或大部分转向发展中国家和地区，使发展中国家和地区的服装业迅速发展。

2) 品牌快时尚化日益明显

服装产品的附加值来自于品牌溢价，以欧美早期服装品牌为代表的世界高端服装品牌一直固守在服装价值的最高端，长时间里成为发展中国家服装品牌模仿和追崇的对象。如今，虽然这些高端品牌仍然拥有不菲的价值获取能力，但已经遭受到来自 ZARA 等快时尚服装品牌的强烈冲击而不得不放下尊贵和奢侈的形象。

资料补充 1-2

“快销”打破大牌圣经

时尚界以“快、狠、准”为主要特征的快时尚迅速兴起，带动全球的时尚潮流。快时尚服饰始终追随追季潮流，新品到店的速度奇快，橱窗陈列的变换频率更是一周两次。与速食年代“求速”的特点如出一辙。速度快、超高频率更新的快时尚，其永远追随潮流的特点，让追求时髦的人趋之若鹜，扎堆采购。国外快时尚服装品牌有 ZARA、H&M、C&A 等，国内有 Me&City、MIX-BOX 和 Vanshare 等。

自 20 世纪 90 年代时尚圈刮起“快时尚”风以来，“快销”模式就一直在时尚圈扩散，奢侈品牌倡导的“精神消费”已成为遥远的过去。人们在第一时间就能享受到 ZARA 对奢侈品牌的“复制品”，奢侈品变得“唾手可得”，那种只有王公贵族才能享有的东西一夜之间“人手一件”。虽然价格还在，但奢侈品“变相”贬值已成为事实。而且，快时尚品牌不仅在外观上复制了奢侈品，还做了年轻化与时尚化的更新，更加符合年轻人的口味。这样一来，奢侈品赖以骄傲的资本一时间变得荡然无存：“我比你漂亮，还比你便宜。”

3) 电子商务已成服装销售新宠

以 IT 技术为基础的互联网发展给服装企业的营销模式带来了巨大的变革。互联网以其方便、快捷、低成本和庞大的社区互动给年轻的消费群体带来了强烈的消费体验，深刻影响着服装等产品的销售方式，国内外的服装企业纷纷借助互联网转变企业的经营方式。

资料补充 1-3

快速发展的服装电商

据中国电子商务研究中心《2011 年度中国服装行业电子商务应用报告》显示，2011 年第二季度中国网上零售市场交易规模达到 1 924 亿元；其中服装类商品销量达到 445 亿元，环比增长 8%，同比增长 68.9%。服装作为最受用户青睐的网购产品越来越受关注，李宁、太平鸟服饰、美特斯邦威、百丽等企业已纷纷建立了自己的电子商务运营公司，迎接来自互联网新秀企业的挑战。

4) 分销一体化渐受重视

在传统服装的分销中，往往通过寻求渠道销售商的帮助实施产品的销售(也就是分销外包)，这种方式可以帮助企业在资源有限的情况下快速渗透市场，但其缺点在于企业对市场的控制力度有限，影响了企业的快速反应能力和品牌附加值的维护和提升。为了更好地提升品牌价值，众多服装企业开始实行分销一体化模式，即由公司投资建立自己的分销渠道，实行前向一体化的销售模式。

营销小知识

前向一体化就是企业通过收购或兼并若干商业企业，或者拥有和控制其分销系统，实行产销一体化。前向一体化是指获得分销商或零售商的所有权或加强对它们的控制，也就是指企业根据市场的需要和生产技术的可能条件，利用自己的优势，把成品进行深加工的战略。

1.1.2 服装产品认知

1. 关于服装的几个概念

1) 款式

款式(style)和流行比较容易混淆。所谓款式，是指服装的特征和特有的形式，它具有某些可确认的区别于其他形式的品质和特点。通常，服装的款式是指它的设计、裁剪，是指可以用线条、形状和比例等术语来描述的特质，但并不是每种款式都能流行。

2) 设计

狭义的服装设计(design)内容包括色彩、面料、款式、配套和装饰件。广义的服装设计还包括纸样结构、生产工艺、销售及形象的设计，当某种服装流行的时候，并不意味着服装的面料、色彩、款式等都必须是流行的，事实上只要其中有一部分流行即可成为流行服装。

3) 流行

流行(fashion)意味着被消费者接受，一种款式只有当其获得消费者的认可时才能成为流行。流行是一个时间性的概念，消费者接受的时间有多长，款式的流行时间就会有多长。某种服装款式的流行并不意味着所有的或者大部分消费者赞许，只要被某一特定群体接受认可，就可以成为一种流行。

4) 流行周期

服装的流行都有起始阶段、高峰期、衰落期的过程，即服装的流行周期(fashion cycle)。在流行的开始阶段，只为某些有经济能力、追求时髦、希望与众不同的消费者所接受。当这种流行服装为大众所接受，就到达了流行的鼎盛阶段。最终，流行不可避免地进入衰退阶段。通常这是由于消费者已厌倦看到太多同样的服装，但他们仍会在降价的时候购买这些服装。

5) 流行季节

服装行业分阶段推出新的服装系列，通常分 2 或 6 个流行季节(fashion season)，两个流行季节指的是春夏季和秋冬季，6 个流行季节指的是夏季、初秋、晚秋、冬季、早春、晚春。

2. 服装的分类

服装的种类很多，由于服装的基本形态、品种、用途、制作方法、原材料的不同，各类服装亦表现出不同的风格与特色，变化万千，十分丰富。不同的分类方法，使人们平时对服装的称谓也不同。服装大致有以下几种分类方法。

1) 根据服装的基本形态分类

依据服装的基本形态与造型结构进行分类，可归纳为体形型、样式型和混合型 3 种。

(1) 体形型。

体形型服装是符合人体形状、结构的服装，起源于寒带地区。这类服装的一般穿着形式分为上装与下装两部分。上装与人体胸围、项颈、手臂的形态相适应；下装则符合于腰、臀、腿的形状，以裤型、裙型为主。裁剪、缝制较为严谨，注重服装的轮廓造型和主体效果，如西服类多为体形型。

(2) 样式型。

样式型服装是以宽松、舒展的形式将衣料覆盖在人体上，起源于热带地区的一种服装样式。这种服装不拘泥于人体的形态，较为自由随意，裁剪与缝制工艺以简单的平面效果为主。

(3) 混合型。

混合型结构的服装是寒带体形型和热带样式型综合、混合的形式，兼有两者的特点，剪裁采用简单的平面结构，但以人体为中心，基本的形态为长方形，如中国旗袍、日本和服等。

2) 按穿着组合分类

(1) 整件装。上下两部分相连的服装，如连衣裙等因上装与下装相连，服装整体感强。

(2) 套装。上衣与下装分开的衣着形式，有两件套、三件套、四件套。

(3) 外套。穿在衣服最外层，有大衣、风衣、雨衣、披风等。

(4) 背心。穿至上半身的无袖服装，通常短至腰、臀之间，为略贴身的造型。

(5) 裙。遮盖下半身用的服装，有一步裙、A 字裙、圆台裙、裙裤等。

(6) 裤。从腰部向下至臀部后分为裤腿的衣着形式，穿着行动方便。有长裤、短裤、中裤。

3) 按用途分类

按用途分为内衣和外衣两大类。内衣紧贴人体，起护体、保暖、整形的作用；外衣则由于穿着场所不同，用途各异，品种类别很多，可分为社交服、日常服、职业服、运动服、室内服、舞台服等。

4) 按服装面料与工艺制作分类

按服装面料与工艺制作分为中式服装、西式服装、刺绣服装、呢绒服装、丝绸服装、棉布服装、毛皮服装、针织服装、羽绒服装等。

5) 其他分类方式

除上述一些分类方式外，还有些服装是按性别、年龄、民族、特殊功用等方面的区别进行分类的。

(1) 按性别分：男装、女装。

(2) 按年龄分：婴儿服、儿童服、成人服。

(3) 按民族分：汉族服装、藏族服装、墨西哥服装、印第安服装等。

(4) 按特殊功用分：耐热的消防服、高温作业服、不透水的潜水服、高空穿着的飞行服、宇航服、高山穿着的登山服等。

(5) 按服装的厚薄和衬垫材料不同来分：单衣类、夹衣类、棉衣类、羽绒服、丝棉服等。

(6) 按服装洗水效果来分：石磨洗、漂洗、普洗、砂洗、酵素洗、雪花洗服装等。

学以致用

美特斯邦威(以下简称美邦)是国内知名休闲服装品牌，其规模已在2011年进入世界服装企业前10名。近年来，美邦服饰大力拓展产品线和延伸子品牌，积极学习ZARA的快时尚模式，并进军电子商务领域，于2009年建立邦购网站。2011年9月，由于运行不畅，美邦服饰宣布剥离邦购电子商务平台，同年出现大量库存。

思考：如何看待美邦服饰的营销行为和经营现状？

1.2 掌握市场营销基本概念

不论是建立对服装营销的初步认知还是策划和执行具体的营销方案，都需要营销核心概念及基本思想的确立。本任务将带领大家从营销基本概念的分析开始，结合服装产品和行业的基本特性，帮助建立服装营销的基本思想。

学前小思考

1. 在产品的销售中，“市场”的作用究竟有多大？
2. 有人说，只要价格足够便宜，产品就一定能卖得出去。真是这样吗？

知识大扫描

1.2.1 市场

在日常生活中，人们习惯将市场看做商品买卖的场所。经济学家将市场表述为某种特定产品进行交易的卖方和买方的集合，如股票市场、粮食市场等。而从市场营销的角度来看，卖者构成行业，而买者才构成市场。

市场营销学的市场是指“营销市场”，是指那些具有特定需要或欲望，而且愿意并能够通过交换来满足这种需要或欲望的全部顾客。这个市场的大小取决于人口、购买力和购买欲望3个要素，即

市场＝人口＋购买力＋购买欲望

人口、购买力和购买欲望这3个要素，互相制约，缺一不可。只有三者结合起来才能构成现实的市场，才能决定市场的规模和容量。

1.2.2　市场营销

市场营销一词来自英文 marketing，它是由 market(市场)派生而成的具有一定动词性的名词，基本含义是在市场中进行商品交换的活动过程。市场营销学的发展是一个动态过程，在学科发展的不同阶段，其定义的内涵是不同的。

美国市场营销协会(American Marketing Association，AMA)在 1960 年给市场营销下了这样一个定义："市场营销是将货物和劳务从生产者流转到消费者过程中的一切企业活动。"这一定义把"营销"等同于"销售"，强调了销售在生产经营过程中的突出地位。1985 年，美国市场营销协会重新给市场营销进行定义："市场营销是关于构思、货物和服务的设计、定价、促销和分销的规划与实施过程，目的是创造能实现个人和组织目标的交换。在交换双方中，如果一方比另一方更主动、更积极地寻找交换，则前者成为市场营销者，后者成为潜在顾客。"根据这一定义，市场营销活动已超越流通过程，是一个包含了分析、计划、执行与控制的管理活动。

最新的市场营销定义，也是最为权威的定义，是世界著名营销专家、美国西北大学教授菲利普·科特勒(Philip kotler)与北卡罗来纳大学教授加利·阿姆斯特朗(Gary Armstrong)合著的 1996 年美国出版的《市场营销原理》里的定义：市场营销是个人和群体通过创造产品和价值并同他人进行交换以获得需求和欲望的一种社会和管理过程。

从上述定义可见：

(1) 企业营销的对象是产品、服务；

(2) 市场营销的最终目标是满足顾客需求与欲望；

(3) 有计划地组织活动或市场营销整合策略是满足消费者需求及实现企业目标的手段；

(4) 交换是企业产品营销的核心；

(5) 交换过程能否顺利进行，取决于营销者创造的产品和价值满足顾客需求的程度和交换过程管理的水平。

资料补充 1—4

市场营销的内涵

美国市场营销学家菲利普·科特勒指出："市场营销最重要的部分不是推销，推销仅仅是市场营销冰山的一角，是市场营销几个职能中的一个，并且往往不是最重要的一个。因为，如果营销人员做好识别消费者需要的工作，开发适销对路的产品，并且搞好定价、分销和实行有效的促销，这些货物将会很容易地销售出去。"他还引用美国管理学权威彼得·德鲁克的话说："市场营销的目标就是使推销成为多余。"

1.2.3　市场营销的核心概念

1. 需要、欲望和需求

需要是消费者心理、生理上没有得到某些基本满足的感受状态，如饥饿、寒冷等。人类的需要具有无限延展性，当一个需要被满足后又会产生新的需要，需要是人类活动的原动力，因此对需要的研究是市场营销活动的出发点和落脚点。

欲望是人类为满足需要而想得到一种具体满足物的愿望，它是将需要与具体满足对象相连接的心理因素，打上了文化与社会环境的烙印，如因寒冷而产生对服装的需要，就要考虑潮流等文化因素。市场营销无法创造需要，但可以影响欲望，并开发特定的产品和服务来满足欲望。

需求是具有购买能力的欲望。人欲望的无限性与资源的稀缺性形成了矛盾，消费者总是要在无限和稀缺之间寻找一个平衡，体现在消费上就是有能力的购买。奢侈服装品牌体现的是一种尊贵而无法结缘平民，普通消费者需要的往往是大众化的服饰。企业需要认真识别顾客的购买能力从而实施自己的营销活动。

2. 产品和服务

产品是满足顾客需求和欲望的任何东西。最终产品的价值不在于拥有它，而是衡量它给人们带来的对需求和欲望的满足程度。产品是获得需求满足的载体，这种载体可以是物，也可以是服务。

如果制造商关心产品甚于关心产品所提供的服务，往往就忘了顾客购买产品是为了满足某种需要。人们不是为了产品的实体而买产品，如人们买化妆品是由于它能提供一种服务——可以使人变得更好看；买钻头是由于它能提供一种服务——钻出一个洞孔。产品实体是服务的外壳。营销者的任务是推销产品实体中所包含的利益或服务，而不能仅限于描述产品的形貌，否则，制造商的目光是短浅的。

3. 效用、费用和满足

经济学研究中的一个重要假设就是人总是理性的，反映到营销学中来就是消费者的购买决策总是要考虑一个基本的因素——效用与费用的比较，通俗的表达就是性价比。效用是顾客对产品满足其需要的整体能力的评价。例如，消费者在购买御寒的冬衣时，会考虑费用、款式、色彩、材料、功能等因素，因此就会在价格不一、款式各异的棉大衣、羽绒服、呢子大衣、保暖内衣等衣服中进行选择。消费者的购买决策是建立在效用与费用双项满足的基础之上的，其购买决策的基本原则是选用最少的货币支出换取最大效用的产品和服务。

4. 交换、交易和关系

交换是向他人提供所需之物或服务，并获取相应价值的物或服务的行为。

交易是交换的基本组成单位。交换是一种过程，在这个交换过程中，如果双方就价值或物及服务达成了一项协议，即发生了交易。

资料补充 1–5

交换得以发生的 5 个条件

交换得以发生需要下列 5 个条件：

至少要有两方；

每一方都有被对方认为有价值的东西；

每一方都能沟通信息和传送货物；

每一方都可以自由接受或拒绝对方的产品；

每一方都认为与另一方进行交易是最适当的、称心如意的。

5. 市场营销和市场营销者

在交换中，把更主动、更积极地寻求交易的一方称为市场营销者，把相对被动的一方称为潜在顾客。换句话说，所谓市场营销者是指希望从他人那里获得资源并愿意以相应价值的货物和劳务作为交换的人。市场营销者可以是卖方，也可以是买方。买卖双方都表现积极时，可将双方都称为市场营销者。

学以致用

小王是某知名大众休闲服装品牌的市场开发主管。一天，有位非常想加盟但一直苦于找不到合适市场的客户兴高采烈地打来电话，说他发现了一个非常好的城市可以开设专卖店，接着就描述了一下这个市场的状况。在他的描述中，多次提到这个城市现有商业街上每天都是人山人海，而这正是其对该市场非常满意的关键原因。

思考：如果你是小王，你会如何看待这位客户所描述的市场？

1.3　掌握服装营销观念及营销组合

营销的本质是行动，是实践；但没有高度与方向的实践，是很可怕的。因此，营销活动的正确实践离不开科学的思维和理念。本任务将带领大家接触并了解营销学的简要发展历史、营销的主要哲学思想及营销组合理论，为营销实践奠定思想与理论基础。

学前小思考

1. 企业所有的活动都是制造成本，只有营销产生收益。你认为呢？
2. 有人认为营销很简单，就是打打广告，搞搞促销就可以了。真是这样吗？

知识大扫描

1.3.1　市场营销学的产生和发展

市场营销学萌芽于 20 世纪初期，形成于 20 世纪中叶，成熟于 20 世纪 80 年代，目前仍在不断发展之中。

1. 市场营销学的产生

市场营销理论作为一门学科产生于 19 世纪末 20 世纪初的美国，是美国社会制度由自由资本主义向垄断资本主义过渡时期的产物。

2. 市场营销学的发展历程

纵观市场营销学的发展历程，可以看出市场营销学对市场营销活动规律性的认识是逐步深化的，它大体经历了初创时期、应用时期、变革时期、发展时期 4 个阶段。

1) 初创时期(20 世纪初至 20 年代末)

1905 年，W. E. 克罗西(W. E. Crosi)在美国宾夕法尼亚大学开讲了名为“产品市场营销”

的课程。1910 年，拉尔夫·巴特勒(Ralph Butler)在威斯康星大学开设了“市场营销方法”课程。1912 年，赫杰特齐编著的第一本 *Marketing* 教材问世，标志着作为一门学科的市场营销学的建立。

2) 应用时期(20 世纪 20 年代—40 年代末)

第一次世界大战结束后，特别是 1929—1933 年，资本主义世界爆发了严重的“生产过剩”的经济危机，产品大量积压，如何处理过剩的产品成为企业和学者共同关注的问题。市场营销学开始从课堂走向了社会实践，标志着营销学应用的开始。

3) 变革时期(20 世纪 50 年代初—70 年代初)

20 世纪 50 年代初—70 年代初这一时期被称为市场营销学的变革时期。这次变革，被称为是与工业革命相提并论的销售革命，即从推销观念(selling)转变为以消费者需求为中心的市场营销观念(marketing)的一场革命。

4) 发展时期(20 世纪 70 年代初至今)

近几十年来，市场营销学在它的基本理论、学科体系、传播领域等方面都有着重大的发展。这主要是由于科学技术的日益进步、社会政治经济情况的不断变化、企业市场营销实践的不断发展所造成的。

1.3.2 市场营销理念的演变和发展

市场营销理念，又称营销观念、营销哲学，是指企业制定经营决策、开展市场营销活动的根本指导思想，是企业的基本经营理念。自 20 世纪初营销理论产生以来，市场营销理念出现如下的发展与变革。

1. 生产观念

生产观念产生于 20 世纪 20 年代以前，是指导企业市场经营行为最古老的观念之一。这种观念以生产为中心，把生产作为企业经营活动的中心，认为消费者喜欢那些可以随处买得到而且价格低廉的产品。这种观念产生的背景在于市场短缺，由于市场供给严重不足导致消费者的需求难以得到满足，致使消费者关注的问题是能不能买到产品，而不是产品好不好。在这种背景下，企业致力于提高生产效率和分销效率，以通过扩大生产、降低成本来扩展市场。

案例 1-2

福特公司 T 型车的没落

美国福特汽车公司创办于 1903 年。创办人福特曾经说过：“不管顾客的需要是什么，我们的汽车就是黑色的。”因为在那个时代，福特汽车公司通过采用大量流水生产组织形式，大大提高了福特汽车的生产效率，大大降低了汽车的生产成本，从而大大降低了福特汽车的售价，使福特汽车供不应求，清一色的黑色汽车畅销无阻，不必讲究市场需求特点和推销方法。显然，整个市场的需求基本上是被动的，消费者没有多大选择余地。

老福特对 T 型车的固执己见是受当时生产观念的支配而忽视消费者的品种偏好和变化偏好的结果。20 世纪初，市场总的状况是供不应求，而消费者又不十分富裕。这时，企业间的竞争关键在于能否提供优质、廉价的商品。在这样的背景下，T 型车的经济实惠成为了它的优势。然而，随着市场经济制度的进一步完善和消费者购买能力的日益提高，市场由过去那种供不应求的“卖方市场”转化为供过于求的“买方市场”，消费者有了更多的选择余地。企业生产什么？怎样生产？为谁生产？这些基本问题需要由消费者手中的“货币选票”来决定，企业的生产必须以消费者的需求为出发点。而消费者的需求是多方面的，因此老福特对T型车的“一厢情愿”，在遇到通用汽车公司这样的竞争对手时，必然会败下阵来。

2. 产品观念

在生产观念的指导下，企业的大量生产开始缓和市场供不应求的局面，消费者开始有了挑选的余地。另外，生产观念指导下生产出来的产品难以满足对质量有较高要求的消费者的需要，于是产品观念产生。产品观念认为，在市场产品有选择的情况下，消费者会欢迎质量最优、性能最好和特点最多的产品，因此，企业应该致力于制造质量优良的产品，并经常不断地加以改造提高。在这种观念的影响下，企业往往借助技术优势确立竞争优势，容易导致企业的“营销近视症”，即不把注意力放在市场需求上而放在产品优势上。

资料补充1-6

美国服装消费者重质量高于数量

美国棉花公司(Cotton Incorporated，CI)最新报告称，自从经济衰退至今，美国消费者越来越在意消费的途径和地点。一方面，低收入和中低收入消费者把必需品列为优先考虑项目；另一方面，如家居装饰和服装，在许多情况下成为可有可无的购买项目。

根据美国棉花公司的生活方式调查(lifestyle monito)，平均而言，美国消费者在2011年每月花费54美元用于购买服装，这个数字和2008年的77美元、2009年的63美元、甚至2010年的60美元相比，一直在递减。连续3年已累计下跌大约30%。生活方式调查发现，有计划购买服装的美国消费者比例显著增加。2008年，65%的消费者有计划性购物，2011年增加到71%。同时，冲动购物的比例从2008年的35%下降到2011年的29%。根据生活方式调查的数据，平价商店在服装购买上，依然是最受欢迎的零售途径，尽管其所占比例从2009年的28%下降到2011年的24%。

Doneger Group时尚总监罗森·莫里森(Rosenne Morrison)指出，各个层次的消费者在考虑支出时都更为谨慎，并列出消费的优先次序。“消费者考量所购买商品的寿命，看重质量高于数量，因此价格低廉并非真的必须。尽管价格高低始终得到人们关注，如今质量比数量略胜一筹，成为人们考虑购买的重要因素。”

3. 推销观念

推销观念产生于20世纪30—50年代。在生产观念和产品观念指导下，加之科学技术的进步和科学管理的广泛使用，企业生产效率得到大幅提升，企业产品出现了严重过剩，如何消化库存产品成为企业迫切要解决的问题，于是推销观念盛行。推销观念认为，消费者具有一种购买惰性或抗衡心理，如果任其自然的话，消费者一般不会足量购买某一企业的产品。因此，企业必须积极推销和大力促销，将工作重心放在推销员管理、商品广告和销售渠道方面，以刺激消费者大量购买。持推销观念的企业认为，企业产品的销售量总是和企业所做的促销努力成正比。

案例 1–3

面粉公司的口号

一家名为皮尔斯堡的美国面粉公司在 20 世纪 20 年代以前的口号是“本公司旨在制造面粉”。30 年代左右，它的口号改为“本公司旨在推销面粉”。一些存货待售的企业，则更加重视推销技巧。

推销观念的出现，提高了市场营销在企业经营工作中的地位，是经营指导思想的一个进步。但是，推销观念并未脱离以生产为中心，“以销定产”的范畴。因为它的着眼点仍然是产品，即仍是着眼于既定产品的推销，至于推销的产品是否满足顾客的需要，则未予以足够重视。

4. 市场营销观念

市场营销观念是一种以消费者需求为中心的企业经营哲学。这一观念认定，实现企业经营目标的关键在于切实掌握目标市场消费者的需求和愿望，并以市场需求为中心组织企业整个生产经营活动。把发现和满足消费者作为企业生产经营活动的核心，并通过使消费者满意来获得相应利润。

从推销观念向市场营销观念的转变，是企业新旧经营哲学的分水岭，是企业经营思想的一次重大飞跃，也是市场营销学理论上一次重大的变革，被称作“营销革命”。企业生产经营活动从此开始了从以生产者为中心转向以消费者为中心，结束了“以产定销”的局面，走上了“按需生产”、“以销定产”的轨道。

案例 1–4

逐渐滑向三四线城市的休闲品牌——真维斯

对于 20 世纪 80 年代生人来说，真维斯在学生时代可以说是一件奢侈品，是那个时代的学生们心中的大牌。现在虽然不难见到真维斯的专卖店，但却是普通的不能再普通的店，很多 80 年代的人几乎不会去逛了。真维斯近几年的发展越来越接近于街边店，并不受一些时尚 90 后的追捧，是否是真维斯定位和产品不符合他们的眼光？还是真维斯的产品跟不上时代的步伐？这些都不得而知。

在 LV、古奇当道的年代，连耐克、阿迪达斯都被笑称民工服，何况真维斯？真维斯是香港人创建的服装品牌，近年来业绩平平，公益方面却颇多建树，它冠名清华大学的一个教学楼，引起清华很多人反对，归根结底两个字：势利。对于真维斯来说，冠名高校教学楼事件暂时告一段落，但是新的严峻形势依旧摆在眼前。在一线城市真维斯专卖店不算密集，光顾的人群大部分是中学生。多年过去，真维斯这个品牌的消费群体一直停留在中学生的阶段，并没有随着第一批消费者的年龄增长而增加新的设计风格和成熟路线的产品。也正因为如此，真维斯跟不上越来越具有消费能力的一群人的眼光，只能渐渐沦落成三四线城市的常见货。

(资料来源：http://www.cloth.hc360.com.)

5. 社会营销观念

社会营销观念是市场营销观念的发展和延伸，主要有用户的需求与利益、企业利益和社会利益 3 个方面。这种经营哲学强调企业向市场提供的产品和服务，不仅要满足消费者个别的、短期的需要，而且要符合消费者和社会总体的、长远的利益。企业要正确处理用户需求与利益、企业经营目标和社会整体利益之间的关系，在满足目标市场需求的同时，还要考虑自身的长期利益目标和竞争战略，把用户利益和社会利益同时纳入企业的生产经营的决策系统，统筹兼顾，求得三者之间的平衡与协调。20 世纪 80 年代以后，市场营销与其他学科相互融合，使市场营销理念进一步深化和发展。

对服装产业而言，需要正确处理与人类、自然、社会的关系。服装产业不能停留在利益层面，关键要促进人类社会的发展；协调产业、人类自身伦理、道德和自然的关系，产业与环境、资源和社会的关系；引领人们的自然观与伦理道德观的转变，改变生活方式、改造主客体关系、转变社会发展观；不断催生新的生产方式、引领产业变革与发展；产业结构将影响和改变原有的社会结构和功能，向知识产业或文化产业方向转型；统筹产业发展、区域发展、经济社会发展、人与自然和谐发展等关系，保证产业可持续发展。

营销小知识

科特勒等 2002 年在其著作《社会营销——提高生活质量》中吸收了理论界的研究成果，给出了社会营销的最新定义：社会营销是为了个人、集团或者社会整体利益，采用市场营销的原理和技巧使得目标群体自愿地接受、拒绝、改变或者摒弃一种行为。

6. 大市场营销观念

所谓大市场营销，就是指企业为了成功进入特定的市场，并在那里从事经营活动，需在策略上协调地采用经济的、心理的、政治的和公共关系等手段，以博得各方面合作的活动过程。

在目前的市场环境中，由于贸易保护主义回潮，政府干预加强，企业营销中所面临的首要问题，已不仅仅是如何满足现有目标市场的需求，而是如何进入壁垒森严的特定市场。因此，大市场营销观念认为，企业在市场营销中，首先是运用政治权力(political power)和公共关系(public relations)，设法取得具有影响力的政府官员、立法部门、企业高层决策者等方面的合作与支持，启发和引导特定市场需求，通过在该市场的消费者中树立良好的企业信誉和产品形象以顺利进入市场。然后，运用传统的市场营销组合去满足该市场的需求，达到占领该目标市场的营销目的。

案例 1–5

墨西哥服装商会对政府的抗议

2004 年 2 月 4 日，墨西哥经济部发布消息称，在对中国纺织品服装等产品的反倾销措施到期后，将取消对中国相关产品征收反倾销税。对此，墨西哥服装商会表示坚决反对。墨西哥服装商会会长认为，墨西哥纺织品服装竞争力的下降，造成纺织品服装行业失业人口的增加。预计 2004 年，墨西哥纺织品服装出口会继续下降 6%～7%，将无力与中国产品竞争美国市场。目前，墨西哥纺织品服装的原材料价格较高，但多年来墨西哥政府并未采取任何有效措施加以解决。2003 年，墨西哥服装业有 6 万人失业，预计 2004 年，失业人员将再增加 7 万名，整个服装业失业人口达 18.5 万。为此，墨西哥服装商会会长呼吁政府加强对纺织品服装走私的打击力度。

7. 关系营销观念

所谓关系营销观念，就是指为了建立、发展、保持长期的、成功的交易关系而进行的市场营销活动的一种营销观念。关系市场营销的核心是正确的处理企业与消费者、竞争对手、供应商、分销商、政府机构和社会组织的关系，以追求各方面关系利益最大化。从追求每笔交易利润最大化转化为追求同各方面关系利益最大化是关系市场营销的特征，也是当今市场营销发展的新趋势。

关系营销观念是与交易营销观念相比较而言的。传统的交易营销观念是买卖双方价值的交换，双方是一种纯粹的交易关系，交易结束后不再保持交易和往来。在这种交易关系中，企业认为卖出商品赚到钱就是胜利，顾客是否满意并不重要。而事实上，顾客的满意度直接影响到重复购买率，关系到企业的长远利益。因此，从 20 世纪 80 年代起，美国理论界开始重视关系营销。

案例 1-6

公益广告遭质疑

正当农夫山泉对“水源地严重污染”事件进行危机公关之时，质疑声再次响起。据《公益时报》最新报道，曾红极一时并获选十大营销案例的农夫山泉“喝一瓶水捐一分钱”公益创意，正受到越来越多消费者的质疑。有知情人士爆料，从 2005 年开始，每年农夫山泉饮用水的市场销售量为 15 亿～20 亿瓶，如此算来，农夫山泉应该每年至少拿出 1500 万元注入助学基金，而不是 500 万元。加之活动何时开始并结束、在何地域开展、消费者喝水捐的钱是否都捐赠到位等细节并不明朗，有消费者和营销专家质疑，农夫山泉“一分钱”公益活动存在欺骗可能。

8. 绿色营销观念

所谓绿色营销观念，就是指企业必须把消费者需求、企业利益和环保利益三者有机地结合起来，必须充分估计资源利用与环境保护问题，从产品设计、生产、销售到使用的整个营销过程都要考虑到资源的节约利用和环保利益，做到安全、卫生、无公害的一种营销观念。

绿色营销观念是在当今社会环境被破坏、污染加剧、生态失衡、自然灾害威胁人类生存和发展的背景下提出来的新观念。20 世纪 80 年代以来，伴随着各国消费者环保意识日益增强，世界范围内掀起了一股绿色浪潮。在这股浪潮冲击下，绿色营销观念也就应运而生了。在服装行业中，国际市场对纺织服装产品的要求也不再停留在低价、质优这一层面，健康、绿色、天然、低耗成为更为重要的指标。加快产业结构调整，推进节能降耗减排，努力实现服装工业经济发展方式的转变，成为服装行业的重要任务。

案例 1-7

杉杉西服在长沙的“绿色风暴”

宁波杉杉西服自 1992 年进入长沙市场以来，以“不要太潇洒”的电视广告开路，并在各大商场设立展厅，“杉杉”的品牌知名度和市场占有率不断上升。但是，“杉杉”在长沙市场塑造出来的形象与一般服饰品牌未拉开档次，与“杉杉”在全国市场上的名牌地位相距甚远，而且销售时有起落，市场根基尚未打牢。为了显示杉杉服饰系列的整体形象，并开辟一个和消费者真诚接触的窗口，杉杉西服准备在长沙服装一条街——黄兴路上设立“杉杉服饰专卖店”。

切入点在哪里？通过仔细分析企业内外环境，杉杉决定以企业的身份率先倡导市民开展热爱环境的绿色行动。经过一番紧锣密鼓的准备，一场以“绿满潇湘”为主题的绿色环保公益活动拉开序幕。第一台戏是“绿化地球，美化长沙”万人签名活动。杉杉专卖店开业之时，在长沙市繁华地段请1万名市民在“环保绿叶”(布制)上签名留念；第二台戏是“绿叶长廊”，国庆期间，用所有签名绿叶把长沙烈士公园人工湖上的长廊布置成绿色景点，吸引游人观赏。

广告造势也在层层推进。1995 年 9 月 26 日，《长沙晚报》第三版 1/4 通栏刊出“笔下留情”：“也许，你从未握过这么沉重的笔，因为，它要表达对地球、对人类、对大自然崇高的爱与情。在 200 名‘杉杉使者’面前，请您接过这支笔，在这一片布制绿叶上签上您的大名，您的爱……尽在不言之中。”9 月 27 日，在《长沙晚报》上以“许愿吧”为题吸引消费者去“绿叶长廊”，为生命许一个愿、愿所有的美梦都成真。9 月 28 日，又以“绿满潇湘”为标题进一步点明杉杉人的诚意。“请记住这个日子：1995 年 9 月 29 日，就在 10 000 片绿叶正成长的时候，黄兴路上，长沙杉杉专卖店潇洒开业，从此，杉杉人的热血就在潇湘这片沃土上深深地把根植下，但杉杉人播下的是种子，是一颗颗萌生绿色希望的种子，‘绿满潇湘’——绝对不只是一种希望……”

9. 文化营销观念

所谓文化营销观念，就是指企业成员共同默认并在行动上付诸实施，从而使企业营销活动形成文化氛围的一种营销观念。企业的营销活动不可避免地包含着文化因素，企业应善于运用文化因素来实现其占领某个目标市场的营销目的。

文化营销观念认为，在企业的整个营销活动过程中，文化因素渗透其始终。一是商品中蕴涵着文化。商品不仅仅是有某种使用价值的产品，同时还凝聚着审美价值、知识价值、社会价值等文化价值的内容。二是经营中凝聚着文化。在营销活动中尊重人的价值、重视企业文化建设、重视管理哲学。一个成功的品牌不仅向顾客承诺以好的产品、服务，它还可以使购买者或使用者获得相关的附加值。可以说，消费一种品牌，就是消费一种文化；品牌的征服，就是一种文化的征服。一种品牌，文化内涵越丰富，文化张力就越大。当产品与品牌文化结合的时候，就变成了一个有思想的产品。品牌及品牌背后的核心价值——文化，是不以时间为转移的传家宝。缺少了核心价值的品牌不能称之为真正的品牌，品牌核心价值的坚持是维系品牌忠诚度和打造百年品牌的一个重要标准。

案例 1–8

美特斯邦威的文化营销

2010 年，美特斯邦威最吸引眼球的不是周杰伦，而是——MTEE。这款全新 T 恤品牌一经发布，便迅速引起年轻一代的共鸣，上市 3 个月，便带动门店销售额同比增加 100%。美特斯邦威 MTEE 的推出源于 2009 年与梦工厂合作《变形金刚 2》，当时印有威震天和霸天虎等动漫形象的 T 恤为美特斯邦威带来了 100 余万件的销量和超过 1 亿元的销售金额。试水成功之后美特斯邦威顺势和梦工厂签订了一系列包括《怪物史莱克》、《马达加斯加》、《功夫熊猫》等影片中的数十个动漫形象，并与上海美术电影制片厂和日本三丽鸥公司展开合作。除此之外，对于 T 恤来说，印花形象与品牌推广是占据市场的两把尖刀，MTEE 上市前后，进行了大规模的营销活动：线上，与土豆、人人、优酷联手，进行市场预热；线下，积极与消费者互动，动漫进店等活动频繁。大规模的广告效应，加上一系列目标明确的推广活动，让 MTEE 一上市就赢得了高关注度。

1.3.3 市场营销组合

1. 市场营销组合概述

所谓市场营销组合，是指企业针对目标市场的需要，综合考虑环境、能力、竞争状况，对自己可控制的各种营销因素(产品、价格、分销、促销等)进行优化组合和综合运用，使之协调配合，以完成企业的目的与任务。

2. 市场营销组合的产生与发展

1) 4P 组合

1960 年，麦卡锡(McCarthy)提出了著名的 4P 组合。麦卡锡认为，企业从事市场营销活动，一方面要考虑企业的各种外部环境，另一方面要制定市场营销组合策略，通过策略的实施，适应环境，满足目标市场的需要，实现企业的目标。麦卡锡指出了市场营销组合中的 4 个可控要素：产品(product)、地点(place)、价格(price)、促销(promotion)，即 4P 组合。在这里，产品就是考虑为目标市场开发适当的产品，选择产品线、品牌和包装等；价格就是考虑制定适当的价格；地点就是要通过适当的渠道安排运输储藏等把产品送到目标市场；促销就是考虑如何将在企业与消费者之间搭建合适的信息传递渠道，包括销售推广、投放广告、培养推销员等。同时，麦卡锡指出市场营销组合策略需要考虑外部环境的影响和制约，这些外部不可控因素包括经济环境、社会文化环境、政治法律环境等。

2) 6P 组合和 10P 组合

6P 组合是由科特勒(kotler)提出的，它是在原 4P 的基础上再加政治(politics)和公共关系(public relations)。6P 组合主要应用于实行贸易保护主义的特定市场。随后，科特勒又进一步把 6P 发展为 10P。他把已有的 6P 组合称为战术性营销组合，新提出的 4P——研究(probing)、划分(partitioning)［即细分(segmentation)］、优先(prioritizing)［即目标选定(targeting)］、定位(positioning)，称为战略营销。他认为，战略营销计划过程必须先于战术性营销组合，市场营销组合的制定，只有在搞好战略营销计划过程的基础上，战术性营销组合的制定才能顺利进行。

到 20 世纪 90 年代，又有人认为，包括产品、价格、销售渠道、促销、政治力量和公共关系的 6P 组合是战术性组合，企业要有效地开展营销活动，首先要有正确的为人们(people)服务的指导思想，又要有正确的战略性营销组合［市场调研(probing)、市场细分(partitioning)、市场择优(prioritizing)、市场定位(positioning)］的指导。这种战略的 4P 营销组合与正确的指导思想(people)和战术性的 6P 组合就形成了市场营销的 11P 组合。

营销小知识

菲利普·科特勒在讲到战略营销与战术营销的区别时指出：“从市场营销角度看，战略的定义是企业为实现某一产品在市场上特定的目标所采用的竞争方法，而战术则是实施战略所必须研究的课题和采取的行动。”(菲利普·科特勒等著《日本怎样占领美国市场》)现在，战略营销与战术营销的界限已日趋明朗化，通用汽车公司等已按这两个概念分设了不同的营销部门。

3) 4C

20 世纪 90 年代，美国市场学家罗伯特·劳特伯恩(Robert Lauterborn)提出了以消费者(consumer)、成本(cost)、便利(convenience)、沟通(communication)为主要内容的企业营销组合策略理论——4C 理论。相较于 4P 理论，针对产品策略，4C 理论提出应更关注顾客的需求与欲望；针对价格策略，提出应重点考虑顾客为得到某项商品或服务所愿意付出的代价；针对促销策略，强调促销过程应用是一个与顾客保持双向沟通与互动的过程；针对渠道策略，提出应该为顾客提供更多的便利性。

3. 市场营销组合的特点

市场营销组合作为企业一个非常重要的营销管理方法，具有可控性、动态性、复合性、整体性等特点。

1) 市场营销组合是一个变量组合

构成营销组合的 4PS 的各个自变量，是最终影响和决定市场营销效益的决定性要素，而营销组合的最终结果就是这些变量的函数，即因变量。从这个关系看，市场营销组合是一个动态组合。只要改变其中的一个要素，就会出现一个新的组合，产生不同的营销效果。

2) 营销组合的层次

市场营销组合由许多层次组成，就整体而言，4PS 是一个大组合，其中每一个 P 又包括若干层次的要素。这样，企业在确定营销组合时，不仅更为具体和实用，而且相当灵活；不但可以选择 4 个要素之间的最佳组合，而且可以恰当安排每个要素内部的组合。

3) 市场营销组合的整体协同作用

企业必须在准确地分析、判断特定的市场营销环境、企业资源及目标市场需求特点的基础上，才能制定出最佳的营销组合。所以，最佳的市场营销组合的作用，绝不是产品、价格、渠道、促销 4 个营销要素的简单数字相加，而是使他们产生一种整体协同作用。正是从这个意义上讲，市场营销组合又是一种经营的艺术和技巧。

4) 市场营销组合必须具有充分的应变能力

市场营销组合作为企业营销管理的可控要素，企业具有充分的决策权。例如，企业可以根据市场需求来选择确定产品结构，制定具有竞争力的价格，选择最恰当的销售渠道和促销媒体。但是，企业必须随着市场竞争、顾客需求特点及外界环境的变化，对营销组合随时纠正、调整，使其保持竞争力。总之，市场营销组合对外界环境必须具有充分的适应力和灵敏的应变能力。

学以致用

曾经作为中国本土运动服饰品牌领导者的李宁，自 2010 年以来遭受了严重的危机。在高举民族概念捕获国人情感归属的同时亦步亦趋地学习耐克的品牌推广手段，在早期获得良好的市场业绩。但由于缺少创新，导致产品老化，加上品牌内涵的飘移不定，如今迫切需要进行重大的战略转型。

思考：作为一个消费者，你希望看到的李宁应该具有什么样的特质？

任务小结

完成本任务的学习，读者应该能够：

(1) 了解服装产业的基本特征和服装产业发展的基本趋势，熟悉服装产品的分类并在营销行为中予以运用。

(2) 掌握用以指导企业经营活动的指导思想：生产观念、产品观念、推销观念、营销观念、社会营销观念、大市场营销观念、关系营销、绿色营销和文化营销等理念，并能利用营销的理念分析企业具体的营销活动。

(3) 掌握市场营销组合的基本内涵和发展沿革，并能熟悉各种营销组合变革的思想主线，为企业的营销行为提供理论基础。

知识巩固

一、名词解释

1．市场　2．市场营销　3．市场营销理念　4．绿色营销理念　5．4P 组合

二、不定项选择题

1．市场营销作为一门新兴学科，于 19 世纪末 20 世纪初产生于(　　)。

A．美国　B．英国　C．日本　D．德国

2．从市场营销的角度而言，市场就是(　　)。

A．买卖的场所　B．商品交换关系的综合

C．交换过程本身　D．具有购买欲望和支付能力的消费者

3．市场营销的核心是(　　)。

A．生产　B．分配　C．交换　D．促销

4．被西方称之为引起“营销革命”的是(　　)。

A．生产观念　B．推销观念　C．市场营销观念　D．社会营销观念

5．20 世纪 70 年代以来，市场营销观念的新发展有(　　)。

A．产品观念　B．大市场营销观念　C．绿色营销观念

D．文化营销观念　E．关系营销观念

6．社会营销观念的核心是正确处理(　　)之间的利益关系。

A．企业　B．供应商　C．顾客

D．中间商　E．社会

7．“大市场营销”概念是由(　　)于 1986 年首次提出的。

A．科特勒　B．麦卡锡　C．道宁　D．贝克曼

8．许多冰箱生产厂家近年来高举“环保”、“健康”旗帜，纷纷推出无氟冰箱，这体现的是(　　)。

A．推销观念　B．生产观念

C．市场营销观念　D．社会市场营销观念

9. "请你买我厂的产品"和"你需要什么，让我们来为你生产"，这两句对顾客说的话分别反映了(　　)。

A．生产观念与产品观念　　B．生产观念与推销观念

C．产品观念与推销观念　　D．推销观念和市场营销观念

10. 构成容量很大的现实市场，必须是(　　)。

A．人口众多而且购买力高　　B．购买力高而且购买欲望大

C．人口众多而且购买欲望大　　D．人口众多、购买力高而且购买欲望大

三、判断题

1．市场营销者既可以是买者，也可以是卖者。　(　　)

2．市场营销的目的是满足消费者的需求。　(　　)

3．"酒香也怕巷子深"是生产观念。　(　　)

4．关系营销观念适合于具有长远眼光和高转换成本的顾客。　(　　)

5．市场营销可以创造需求。　(　　)

6．从市场营销者的角度，市场的大小就是指某种商品需求的多少。　(　　)

7．市场营销观念的一个重要特征就是将企业利润作为优先考虑的事情。　(　　)

8．现代市场营销就是推销和广告。　(　　)

9．站在经营者角度，人们常常把卖方称之为行业，把买方称之为市场。　(　　)

10．在卖方市场上，消费者和用户主宰市场，企业必须重视他们的意见。　(　　)

技能演练

一、案例分析

自诞生之日起，中国本土运动鞋服品牌采取极为相似的方式和手段实施品牌经营，他们在品牌定位、广告投放、产品研制、市场开拓、销售管理、终端运营等方面都存在跟风的现象。这种品牌之间的相互复制在快速做大运动鞋服产业的同时也导致中国运动鞋服品牌之间摆脱不了恶性的竞争循环，致使 2008 年金融危机以来，本土鞋服运动品牌集体陷入困境。

问题：

(1) 造成本土运动鞋服品牌公司困难处境的深层次原因是什么？

(2) 结合读者自身的需求及认识谈谈本土运动鞋服品牌该如何定位。

二、实训操作题

市场营销组合往往体现了一个企业的营销智慧。请选择一个你熟悉的服装企业，结合其近些年来的营销行为分析其营销组合运用的状况。

【实训操作指令】

1．完整再现企业背景资料。

2．用图表的方式展现营销组合的信息。

3．系统分析营销组合的运用状况。

【实训名称】服装企业营销组合分析实训。

【实训目标】让受训者深刻领会背景企业的营销组合状况，具备分析营销组合的基本能力。

【实训组织】

1．受训者 4～5 人一组，采取自由组合方式形成，每组设组长一名。

2．在规定的时间内完成营销组合分析方案，每个小组派成员进行 PPT 汇报。

3．指导老师组织受训者就分析方案进行讨论，形成基本判断。

【实训考核】

1．小组完成方案设计的表现占 40%。

2．小组成员的团队合作表现占 20%。

3．PPT 汇报的表现占 40%。

【实训成果】完整的营销组合分析方案＋汇报 PPT。

任务2 分析服装营销环境

能力目标

完成本任务的教学，受训者应该具备以下基本能力：

1. 认识环境对服装企业经营的重要意义
2. 能够熟练实施服装企业的环境分析
3. 能够针对服装企业营销环境的变动采取适当的应对策略

核心能力

在本任务的教学中，导师应重点关注受训者如下能力目标的实现：

1. 能准确识别服装营销的不同环境
2. 能准确分析服装营销环境并提出相应对策

知识目标

为了完成本任务，受训者需要的理论知识：

1. 服装营销环境的基本类型
2. 服装营销环境分析的SWOT模型

任务分解

2.1 认识营销环境的重要意义
2.2 分析服装营销宏观环境
2.3 分析服装营销微观环境
2.4 制定服装企业适应营销环境的对策

案例导入

陈老板的烦恼

陈老板是湖南株洲芦淞大市场一名元老级的服装批发商，已经做了十多年的服装批发生意，手中经销批发着 5 个服装品牌。自 2007 年以来，陈老板感到了迷茫，这源于批发生意越来越难做。以往一年的销售额在 1 000 多万元，现如今降到几百万元；以往一件衣服的利润在 10 元以上，现在却只能赚到三四块钱。与此同时，经营成本越来越高，客户的胃口越来越难满足，厂家的政策也越来越苛刻了，仓库的库存也是越堆越高。上月还被一厂家撤掉了一个品牌的代理权，原因是“经营不力，回款额太低”。

服装批发曾在我国服装产业大发展过程中起过重要作用，众多服装厂商正是依靠批发才得以使其产品迅速销往全国市场。然而，现实中类似陈老板这种境况的批发商却十分普遍，很多以前从事批发生意的人都纷纷转行寻求品牌代理开设了品牌专卖店，传统的批发生意难以为继。

思考：导致批发生意越来越难做的原因何在？陈老板是否应该转型？他在转型前应该考虑哪些因素？

(资料来源：http://www.spn.com.cn/post/t-4_t2-10_nid-351552.html.)

任务明确

每个企业的营销活动都是在不断发展变化的社会环境中进行的，它的生存和发展离不开企业的内外部环境。上述案例中的陈老板，以前批发生意风生水起，但过了 10 年，原有的经营方式已经落后了，如果要对现有的经营思路和体系进行调整，就必须要对导致这种状况发生的原因进行深入分析。陈老板该如何应对？这显然需要分析营销环境发生变化这一现实。

对企业营销环境的分析是制定和实施营销策略的基础性工作，也是建立在充分调研和理性分析基础上的工作。本环节将遵循一般行业的营销环境分析方法，开展对服装行业营销环境的分析，具体分析工作分为下列 4 个子任务:

(1) 认识营销环境的重要意义;

(2) 分析服装营销宏观环境;

(3) 分析服装营销微观环境;

(4) 制定服装企业适应营销环境的对策。

本环节的学习与训练将围绕以上 4 个方面的子任务，根据服装企业营销环境分析的能力指标逐渐开展。相信通过本任务的学习和演练，读者将会在掌握营销环境分析有关理论知识的基础上具备开展营销环境分析的操作能力，也将能够为陈老板提供一个有效的营销环境分析报告。

2.1 认识营销环境的重要意义

建立正确的服装营销环境分析意识，首先要了解熟悉营销环境的基本内涵，然后要能熟知营销环境的基本特点，最后要结合服装行业、企业的实际工作认识到营销环境分析的重要意义。本任务将带领大家了解服装企业营销环境基本内涵。

学前小思考

1. 有企业认为营销决策没有想象的那么复杂，有感觉就行了。你怎么看呢？
2. 有的营销者认为，只要想做的事情都可以做成。真是这样吗？

知识大扫描

2.1.1　认识营销环境内涵

1. 营销环境构成

营销环境是指与企业营销活动有必然关系的内部和外部因素的集合，这些因素在一定程度上决定了企业营销活动的走向。营销环境分为内部环境和外部环境。

根据营销环境和服装企业营销活动的密切程度，采用美国营销专家菲利普·科特勒的划分法，把服装营销环境划分为微观营销环境和宏观营销环境(图 2.1)。

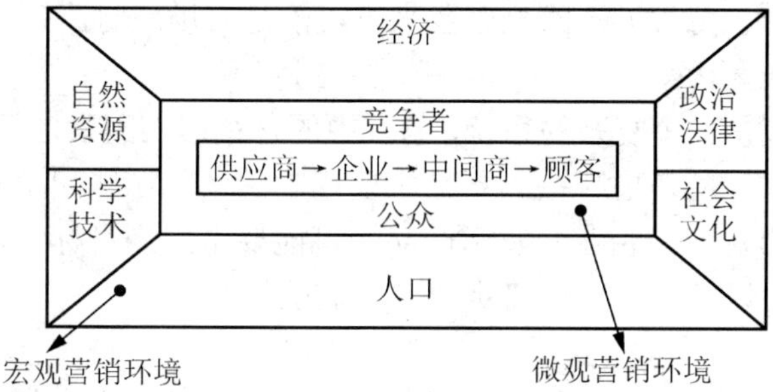

图 2.1　服装企业营销环境构成

1) 微观营销环境

微观营销环境是指直接影响和制约服装企业经营活动的环境因素。在服装企业的微观环境中，顾客永远是企业所要瞄准的第一目标。在案例导入中，陈老板批发生意的没落，关键就在于顾客的需求发生了变化，来自上游品牌厂家的压力对陈老板的生意更是雪上加霜。

2) 宏观营销环境

宏观环境是指大范围影响服装企业营销决策的社会约束力量，也称外部环境。就服装企业而言，人口、经济环境对其的影响最为直接，这点在案例导入中也得到了充分体现：在消费者收入水平相对较低阶段，批发这种大流通方式具有旺盛的生命力，一旦消费者收入水平得到有效提升，批发就会逐渐失势。在所有的宏观环境中，由于服装服饰本身就是一种典型的社会文化载体，因此社会文化对服装行业的影响最为深远。

资料补充 2-1

我国的服装分层化消费

随着国家内需刺激政策的陆续出台，国内城镇居民的可支配收入在不断提高，国内市场的消费能力也在不断增加，导致服装消费层次持续发生着变化。从 2007 年以来，服装消费的增长速度接近 13%，这为未来服装市场消费向中高档甚至奢侈品转移提供了基础。同时，居民消费档次划分日益清晰，尤以中低档次为主转向中档需求为主，高档需求也占有一定的份额。据悉，目前我国的大城市有 2 000 万的中产阶级，可支配年收入超过 6 000 美元，在未来一段时间内，高档品牌仍将继续以大城市为主要市场。

2. 服装营销环境特征

服装行业无时无刻不受到营销环境的影响，而营销环境的变化无法超脱其自身特点。服装企业营销环境的特征主要表现为以下几个方面。

1) 客观性

服装市场营销不可能离开特定的社会环境而独立存在，不管企业如何经营，企业的营销活动总会受到社会环境的影响或制约。因此，服装企业决策者在进入一个新的市场之前，必须认真评估社会环境对市场营销行为产生的影响及应对措施。

2) 差异性

服装市场营销环境的差异性主要表现在不同的企业在特定的社会环境下受到的影响，不管是积极的影响还是负面的影响，都是不相同的。例如，不同国家、民族、地区，在人口、经济、社会文化、政治、法律、自然地理等各方面存在着广泛的差异性，这些差异对部分企业来讲可能是市场机会，而对另一部分企业来讲可能是市场威胁。

3) 相关性

服装市场营销环境是一个复杂的系统，系统中的各个影响因素之间可能会产生交互影响。因此在进行环境分析时，应考虑哪些因素是主要影响因素，哪些因素是次要的影响因素，哪些因素之间存在交互影响等。企业开发新产品，可能要考虑到目标市场的经济因素、社会文化因素，从而对产品的风格定位、价格定位产生影响。

4) 动态性

服装营销环境并不是一成不变的，有时甚至会非常活跃。从人类的历史长河来看，服装环境发生了巨大的变化，即使在一个相对短暂的阶段内，随着经济水平变化、流行文化发展，以及技术水平的提高，服装的环境也在不断发生着变化。这从我国服装发展史中可以清晰地发现。

资料补充 2-2

中国的服装演变

辛亥革命结束了中国2 000多年的封建君主专制，中华民族的服饰进入了新时代。传统的袍、衫、袄、裤、裙越来越多地接受西方服饰影响，并被许多新品种新款式取而代之。①男装。民国初年出现西装革履与长袍马褂并行不悖的局面。穿中西装都戴礼帽，被认为是最庄重的服饰。20世纪20年代前后出现中山装，逐渐在城市普及。广大农村一直沿用传统的袄裤，头戴毡帽或斗笠，脚穿自家缝纳的布鞋。②女装。辛亥革命带来了多样化，一身袄裤之外，又多穿用袄裙套装。20世纪20年代以来，妇女喜爱旗袍，旗袍逐渐成为时装而经久不衰。

中华人民共和国成立后，服饰崇尚简朴实用。20世纪50—70年代，中山装逐渐成为男子主体服装，此外流行过军便装、人民装；女装受苏联影响，连衣裙风靡城市，此外还流行过列宁装等。但在农村，上衣下裤一直是大多数农民的传统装束。1978年后，中国实行改革开放政策，体现时代精神、具有中华民族特色的服饰如雨后春笋般发展起来，面貌簇新。20世纪80—90年代西装盛极一时，21世纪前十年却是休闲装的天下，而如今大众化的休闲装已经逐渐失去了吸引力，取而代之的是个性与时尚在服装界的大行其道。因受需求、技术、文化、政策变化的影响，服装的外部环境总在动态发展中。

5) 可适应性

有人认为现代企业外部环境的变化远远快于企业内部因素变化。因此，企业发展越来越依赖于其适应外界环境变化的能力。生态营销观念已经很清楚地说明了企业对环境的适应性，并提出了“适者生存”的法则。在现代营销观念中，在强调企业要适应环境的同时，也提出了更积极的营销观念，就是企业应能用自己的营销行为去改变环境。这是一个很大胆的设想，当然，改变环境并不是件容易的事情，需要有雄厚的经济实力。

2.1.2 分析服装营销环境的目的

分析研究营销环境是企业开展营销活动的前提和基础，也是企业生存和发展的重要保证。通过实施营销环境的分析，服装企业可以实现以下目的。

(1) 寻找市场机会。由于服装市场营销环境具有动态型和差异性，服装企业通过分析环境的变化，从中发现市场趋势和空白，找到属于自己的机会。

(2) 探寻市场特性。服装行业的结构十分复杂，不论是从产业链及产业链上某个环节的从业者看，还是消费群体的广泛性和多样性看，服装行业充斥各种各样的机会和陷阱。作为服装市场的经营者，避免陷阱的重要环节就是对营销环境进行充分的分析，明确了解目标市场的特性，如经营的风险、消费结构、消费者的需求。

(3) 为服装产品设计提供系统的素材支撑。服装产品设计是一个充分反映社会文化和技术因素的平台，诸多社会变化都可以通过服装反映出来。实施服装营销环境的分析可以清晰展现社会的变化，如流行文化、政策法规、技术变革等，而这些变化正好能够为服装设计提供良好的素材支撑。

(4) 预知并消除企业外部环境的障碍。服装企业若想持续健康地运行，必须要不停地在环境中寻找机会，规避风险。外部环境障碍，如环保要求、安全要求、劳工保护等都在一定程度上对企业的日常经营带来困难，作为企业来讲，要预知这些环境的变化并提前采取措施比如使用新工艺、使用新面料、更新设备等，以此来消除可能会出现的环境障碍。

(5) 动态组织企业资源，适应并局部改变外部的营销环境。由于营销环境具有动态变化的特征，因此，企业的营销活动需要与营销环境动态适应。企业的生存与发展依赖于它与环境的适应程度与应变能力。企业的应变能力(适应能力)，实质上是指企业应市场营销环境变化而自我调整经营管理决策，以保持同变化着的营销环境相适应的能力。

资料补充 2–3

我国服装企业产业机构的调整

2010年，中国服装产业总体经历着结构调整和转型升级。整个服装产业日趋成熟，国际竞争力正由劳动力成本优势开始向产品开发优势、产品质量优势、品牌创新优势、文化创新优势的高层次转变。中国服装产业成功应对了国际品牌加速在中国市场布局、外贸加工竞争国的迅速崛起，以及国内竞争加剧等变化。那么，2011年的中国服装产业又将是一个怎样的态势？

受原材料成本和劳动力成本上升、人民币升值等因素的影响，出口受到一定程度制约，众多企业开始转向国内市场。产业由东部向中西部的适度转移成为产业发展的新特点。由于行业整体用工缺口扩大、原材料价格上涨等因素导致中小企业恢复乏力，稀缺的产业资源加速向大企业流动也加速了中小企业的淘汰更迭。企业采取产业资源重组、品牌创新、渠道多元化、扩大融资等手段提高竞争力，中小企业生存环境更加严峻，优势男装企业将脱颖而出。未来几年，产业资源将提速向大企业流动，产业赢利能力将获得更大提升，产业投资、生产等规模性指标将提高到一个新的级位，中国服装产业将进入“大企业”发展时代。

学以致用

2008年2月，宁波雅戈尔集团以1.2亿美元收购了美国第五大服装企业KELLWOOD公司旗下的新马集团和SMART公司。通过并购，雅戈尔获得了在斯里兰卡、菲律宾和中国广东、吉林、深圳等地的14家生产基地，以及为POLO、Calvin Klein等20多个品牌代工的业务，雅戈尔的生产能力将达8 000万件，成为世界最大的男装企业。此次并购也获得了并购方所拥有的Nautica、Perry Ellis等5个授权许可品牌。随后，中国的服装企业频频出手收购国际品牌，在世界服装市场上掀起了一股中国并购旋风。

思考：引起雅戈尔作出这种战略决策的原因是什么？反映了雅戈尔怎样的环境应变状态？

2.2 分析服装营销宏观环境

宏观环境在根本上决定了服装企业的战略方向，对宏观环境的正确分析可以使服装企业避免方向性错误。服装营销的宏观环境包括了政治法律、经济、社会文化、科学技术、人口、自然条件6个方面。本任务将带领大家逐一熟悉宏观环境的六要素，并学会使用六要素分析企业的营销环境。

学前小思考

1. “天下大势，分久必合、合久必分”，这种说法对吗？其背后有着怎样的规律？
2. 2005—2009年，美国对中国的纺织服装产品实施了严格的进口配额制度。你是怎样看待这个问题的？

知识大扫描

2.2.1 分析政治法律环境

政治法律环境是指那些对企业经济行为产生强制或制约因素的国家的各项方针政策、法律法规等所组成的环境。政治环境引导着企业营销活动的方向，法律环境则为企业提供了经营活动的行为准则。

1. 政治环境

政治环境是指能够对企业营销活动产生影响的各种国内和国际政治因素的总和。一个国家或地区所推行的方针和政策，如国家的改革开放政策、经济发展目标、对外贸易政策、产业发展政策等，以及重大的政治事件或政局变动，这些环境因素都有可能对服装营销活动产生影响。历史上，政治环境曾深刻影响了人们的服装消费行为。我国封建社会妇女一直受到严重的着装歧视，但到了当代，由于政治管制的解除，女性在服装消费上异彩纷呈，成为服装消费的核心力量，这种情况在国外也不罕见。可见，在人类社会发展过程中，服装消费观念的变化与政治的变革有着千丝万缕的联系。因此，服装企业应密切关注政治环境的变化，充分利用有利因素而规避不利因素。

资料补充 2-4

中美纺织贸易战殃及出国展

2005年的纺织品“后配额时代”仅仅存在了133天，4月，美国就对中国纺织品举起了设限和“特保”的大棒。因为美国大使馆不发签证，一些想去美国参加中国纺织品服装贸易展览会参展或参观考察的企业就不得不“望洋兴叹”了。6月16日，在美国纽约贾维茨举办的为期3天的“第六届中国纺织品服装贸易展览会”落下了帷幕，然而对于许多广东纺织企业来说，这个展会留下的不仅仅是遗憾，还有些许的无奈与愤慨。“今年3月申请签证还比较容易，60%～70%都拿得到签证，但到4月就不行了，20%都不到。这还不是中美纺织贸易大战的结果！”被拒签的企业老板和其他相关人员愤愤不平，余怒未消，但也无可奈何。

2. 法律环境

法律环境指国家制定的各项法律及规章制度。对企业来说，法律是企业在市场开展经营活动的基本规则，只有依法进行的各种营销活动，才能受到国家法律的保护。因此，企业开展市场营销活动，必须知法守法，自觉用法律维护自己的合法权益。作为服装企业来讲，与其密切相关的法律体现在环保方面如《中华人民共和国环境保护法》，市场秩序方面如《中华人民共和国反不正当竞争法》，消费者权益保护方面如《中华人民共和国消费者权益保护法》，此外还有一些日常经营方面如《中华人民共和国价格法》等。

2.2.2 分析经济环境

经济环境是指一个国家或地区的经济结构、国民收入水平及个人可支配的收入水平等。经济环境对市场规模、消费者购买力、市场竞争及企业的交易成本等方面有较大的影响。国民收入水平的高低及个人可支配收入水平的高低直接决定了消费品市场空间的大小。在进行服装市场空间的估计时，往往使用国民收入、社会商品零售总额等宏观经济指标。在选择服装目标市场时，基础行业的规模和水平往往是决策过程中的一个重要因素。企业在进行资源配置时，应充分考虑目标市场经济环境的优势与本企业资源优势之间的相互匹配性。

目前，我国服装企业面临的经济环境呈现以下特点：

(1) 我国经济发展水平已整体步入小康阶段，东部沿海及大城市开始进入中等发达国家发展水平，国民消费能力大大增强。据国外发展经验，在人均GDP达到4 000美元时，服装将会实现从一般日常消费品向展示性消费品的转变，其研发、生产、营销将会发生巨大的变化。

(2) 随着我国住房、医疗、交通等方面福利制度的改革深入，居民消费结构正在发生深刻变化，主要表现在恩格尔系数显著下降，即生存性消费支出比例下降，而成长性、享受性和展示性消费比重不断上升。近年来，服装类消费比重上升较快，市场增长空间被打开。

营销小知识

所谓恩格尔系数，是指食品支出总额占个人消费支出总额的比例。联合国根据恩格尔系数制定的评价国家、地区或家庭贫富的标准如下：

恩格尔系数	贫富标准
>59%	绝对贫困
50%～59%	勉强维持

40%～50%	小康水平
30%～40%	比较富裕
<30%	最富裕

(3) 我国居民储蓄额和储蓄增长率均较高，企业如果能加大市场引导和刺激，调动消费者的潜在需求，可能获得意想不到的结果，这是一个机会与风险并存的市场。

(4) 消费者信贷正在步入高档消费市场，这将是企业今后面对的一个重要的市场。服装是一个高档消费、奢侈消费云集的行业，国际顶级奢侈品牌都与服装行业密切相关，代表性品牌有阿玛尼、杰尼亚、CK、香奈儿等。

(5) 从服装产业来讲，我国是传统的服装生产大国，已经形成了从原材料获取、纺织、印染、整烫、成衣加工到销售的完善产业链，具备了世界竞争力的产业环境。此外，由于巨大的就业容纳能力，国家对服装产业政策上也采取了倾斜措施。

案例 2-1

坚持服装为主的杉杉集团

杉杉集团除了服装板块之外还有投资板块、高科技板块，大大小小加起来差不多 200 多家公司。“服装做面，资本做里”的杉杉集团其实是投资控股集团，但郑永刚强调：“我们绝不会退出服装产业，因为服装业对‘杉杉’集团来讲是我们的优势产业，我们不但不会退出，而且会做强做大。”杉杉的目标是到 2010 年将拥有 30 个品牌，其中 50%以上是国际合作品牌，服装板块的营业额预计达到 100 亿元左右。在他眼里，服装是优势产业、时尚产业，它不是朝阳产业，也不是夕阳产业，它是日不落产业。

(6) 我国地区经济发展呈现东高西低的非均衡格局，这种格局导致服装企业在产业资源整合、规模设定、市场定位、产品设计等方面具有很大的差异，作为服装从业者应能注意到这种特点，充分利用优势，开发市场。

(7) 我国城市化进程在加快，包括服装在内的市场规模将会不断增长。城市聚集了社会的现代化要素，是一个中高端消费的阵地。城市化水平的提升，将会给体现时尚、现代、个性等诸多元素于一体的服装行业带来巨大的发展机会，近 30 年中国服装发展的历程也证明了这一点。

资料补充 2-5

我国的城市化水平

国家统计局 2011 年 9 月 17 日发布的报告显示，我国城市数量已从新中国成立前的 132 个增加到 2010 年的 663 个，城市化水平由 7.3%提高到 49.68%。

我国 100 万人口以上的城市已从 1949 年的 10 个，发展到 2010 年的 128 个。2010 年全国地级及以上城市(不包括市辖县)GDP 占全国的 67%。东部沿海地区密集的城市群，已经成为我国经济发展的核心。

城市化水平的计算就是城市人口除以总人口。城市化在推进过程当中有一个特点，就是它可以划分为 3 个阶段，初级阶段是城市化水平在 30%以下，这个阶段是一个缓慢的过程；中期阶段是城市化水平在 30%～70%，这是一个加速的阶段，我们中国目前就处在这样一个加速的阶段；后期阶段就基本上稳定了，城市化水平在 70%～90%。

2.2.3 分析社会文化环境

社会文化环境是一个国家或地区长期形成的、相对稳定的语言文化、教育水平、宗教、态度与价值观念、消费习俗等社会环境圈。社会文化环境孕育着服装文化环境，服装产品的开发必须符合现实社会文化环境及其变化。

1. 语言对服装营销的影响

语言是人类的交流工具，它是一面社会镜子，能反映出使用该种语言的国家或地区的思想、价值观念甚至社会偏见，也能反映出社会的稳定性及经济实力。服装的发展大大丰富了服装语言文化，而语言本身也成为了服装产品的一个组成部分。例如，服装的品牌、服装的文字图案、服装的使用说明等。语言本身具有极强的民族性、社会性，不同的国家或地区对语言使用的习惯、忌讳的用语都不相同。因此，在进行服装市场营销的过程中，必须充分了解目标市场的语言特点，避免在语言方面发生冲突或不适应。

2. 个人价值观念

消费行为实际上是个人价值观念的重现。服装消费的个性化正是个人价值观念在个人消费行为中得到充分体现的最好证明。服装市场营销与其说是服装产品的销售，还不如说是服装消费观念的销售，因此无论是服装产品的开发，还是服装产品的推广，都必须围绕“消费观念”这一主题展开。服装企业在推行服装名牌战略时，必须考虑消费者的个人价值观念，才能发挥名牌服装的心理价值效应，从而使消费者能从名牌产品的消费中产生强烈的消费体验，使之成为本企业服装产品的忠诚消费者。

3. 教育水平

教育水平的高低，反映一个国家或地区的经济实力，同时也直接影响消费者对服装产品的理解。接受教育水平高的消费者往往思想开放，容易接受高科技产品及新的消费观念，从而成为引导消费潮流的主力军。其在服装消费中，往往能成为服装消费文化的引导或示范性消费群体。

资料补充 2-6

生活方式变化与服装细分

日渐繁忙的工作，促使人们追求更加舒适、休闲、有品位的生活方式。在这种生活方式继续改变的影响下，人们对于服装的需求也会有相应的变化，穿着趋向休闲化、多样化、个性化、时装化和品牌化。从市场消费的情况来看，采用天然原料(如羊绒、纯棉、真丝、麻)的服装将继续为消费者所青睐。衣服的款式也从过去的朴素、大方、实惠转向追求自然、舒适、浪漫、个性等。此外，随着新兴产业的发展、受教育程度的提高及多元文化的发展，女性经济地位不断提高，其品牌意识将会更加强烈，导致服装品牌的细分将不断深化，品牌效应将更加明显。

4. 宗教信仰

宗教信仰对人们认识事物的方式、价值观念和行为产生影响，进而影响人们的消费行为或产生特殊的市场需求。许多宗教信仰及其禁忌限制了教徒的消费行为，宗教组织对企业产品进入市场也会产生影响。因此，企业在进入一些宗教色彩浓厚市场时，应充分了解他们的宗教信仰，提供适合其需要的产品。

案例 2-2

“入境问俗”的市场开发策略

1984 年，一个比利时地毯商人，为了让自己的地毯打进阿拉伯市场，根据阿拉伯国家穆斯林跪在地毯上做朝拜时，必须面向麦加城方向的特点，特意设计了一种地毯。这种地毯中间嵌有永远指向麦加城方向的指针，这样，教徒只要铺上了地毯，就能知道麦加城的方向所在。这种地毯一上市，就受到了穆斯林的欢迎，成了供不应求的热门货。

5. 审美观

审美观代表消费者对产品的好坏、美丑的评价标准，也代表了消费者的个人偏好，应该受到尊重，这一点在服装经营中更应该予以关注。例如，在销售过程中，不能一味用自己的审美观向消费者进行产品的销售工作。

6. 风俗习惯

风俗习惯是人们在长期的生活中逐渐形成并世代相袭的一种风尚或生活方式。风俗习惯在饮食、服饰、居住、婚丧、信仰、节日、人际关系等方面表现比较突出。我国是由 56 个民族组成的多民族的国家，从服装营销的角度看，少数民族市场及其文化都极具市场开发价值。

2.2.4 分析科学技术环境

技术是最活跃的生产力，它既是建设性的，又是破坏性的。新技术的运用，不可避免地导致企业从制度到生产方式进行全面的革新。服装工业高科技的生产设备，不仅提高了服装加工的效率，而且对服装的传统工艺及服装高等教育都带来了直接的冲击，服装 CAD 软件的运用，更为服装工业生产时装化创造了有利的条件。科技环境对服装企业营销的影响主要表现在以下几个方面。

(1) 科学技术会带来新设备、新生产工艺、新生产流程，提高了生产要素的利用率，同时也对企业的管理程序和市场营销活动产生影响。

(2) 科学技术加速新品种、新款式、新功能、新材料的产品在市场上推出，从而导致消费结构发生变化。

资料补充 2-7

“莱卡”的影响

杜邦公司发明的“莱卡”，曾被《财富》杂志列入“20 世纪影响人类生活的十大服装品牌”，这个有着“世界纺织业八大品牌”之誉的东西，其实既不是成衣品牌，也不是布料和制衣原料，而是一个中间辅料型产品——杜邦独创的“人造弹性纤维”。它不可单独制纱，只是作为面料的一种添加物，通过与其他纤维的交织混纺，用其独特的延伸性与回复性来改善衣物的外观和手感。现在，“莱卡”的合作伙伴，不仅仅有阿玛尼、宝姿、黛安芬、香奈儿、Boss 等世界著名品牌，还有越来越多的本土服装制造企业，像逸飞、三枪、豪门、AB 等都与其建立了合作关系，参与分享“莱卡”已经形成的品牌优势。

(3) 科学技术将会使人们的生活方式、消费模式发生变化，从而形成新的市场。例如，在手机成为大众消费品的时代，众多服装企业在产品设计中融入了手机要素，有的设计与手机风格匹配的服饰，有的在服装上设计方便手机拿取的口袋等。

(4) 科学技术将会大大提高营销效率，如高效的交通运输工具、信息通信设备、多媒体信息传媒手段等，都会大大降低营销周期，提高企业与消费者沟通的时效。企业信息管理系统的大量使用，带来了企业内部管理手段的巨大变革，也极大提升了企业效率，对那些需要整合成百上千家供应商、成千上万家销售商的大型服饰企业更是如此。

(5) 互联网作为跨时空的超级媒体，与传统的营销观念结合起来，对企业营销观念将产生深刻影响。网络销售已经成为一个不可逆转的营销手段受到众多服饰企业的追捧，目前国内服饰行业各细分市场中的主流品牌商都纷纷采用了网络销售。

2.2.5　分析人口环境

消费者是市场中最活跃的因素，人口因素不仅决定了市场的潜在容量，也会影响市场的结构。描述人口因素的变量包括：人口数量、人口年龄结构、地理分布、婚姻状况、人口密度、人口流动性、文化教育等绝对指标及由此而产生的一些相对指标。从我国人口环境来看，服装企业面临的人口因素有以下几个方面的特点。

(1) 人口总量庞大。据第六次人口普查数据，我国人口总数已达13.39亿，较第五次人口普查的12.95亿增加了0.44亿。从国际上看，全球总人口已经达到64亿。服装作为必不可少的生活品，与人口数量呈密切正相关关系，因此服装市场空间十分庞大，而且还存在较大的增长空间。

资料补充 2-8

快速增长的纺织服装产品

据国家统计局公布的数据显示，2012年1～3月，我国社会消费品零售总额为38 374亿元，同比增长17.9%，比上年同期加快2.9个百分点。分商品类别来看，纺织服装类商品零售实现较大幅度增长。3月，服装鞋帽、针纺织品类零售额404亿元，同比增长25.4%；1～3月，服装鞋帽、针纺织品类零售额1 510亿元，同比增长23.9%。

(2) 老龄化日益严重。随着我国经济水平和生活水平的提高，人口老龄化现象将日趋严重，针对老龄化现象的市场营销将是今后的一个营销方向。据中国社会科学院2010年6月发布的《中国财政政策报告2010/2011》透露，2011年中国现有老龄人口已超过1.8亿，且每年以近800万的速度增加。有关专家预测，到2050年，中国老龄人口将达到总人口的三分之一，届时中国将是全球人口老龄化程度最高的国家。但与此同时，老年服装远不如其他年龄阶段服装市场来得繁荣，不论生产、销售、品牌均处在低、小、散、乱状态，尚未出现一个有影响力的全国性品牌。

营销小知识

人口老龄化是指总人口中因年轻人口数量减少、年长人口数量增加而导致的老年人口比例相应增长的动态过程。国际上通常把60岁以上的人口占总人口比例达到10%，或65岁以上人口占总人口的比例达到7%

作为国家或地区进入老龄化社会的标准(图 2.2)。

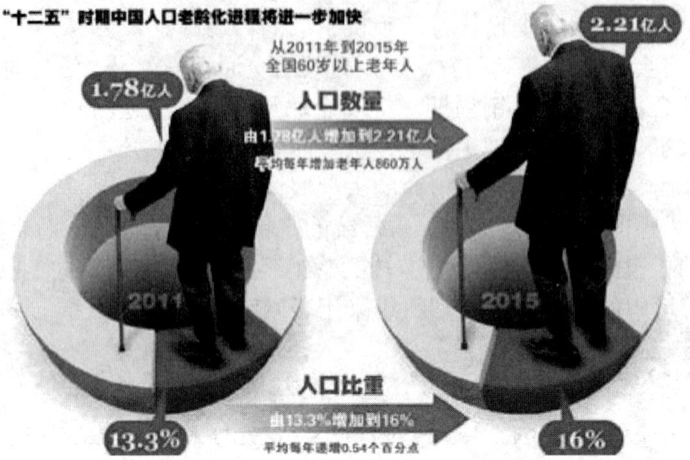

图 2.2　我国人口老龄化进程

(3) 儿童服装消费持续上升。中国目前儿童数量已经达到 3 亿，并且在家庭中逐渐占据了主要地位，成为消费增长的主力军。自 2002 年开始，国内服装企业发力儿童服装市场，这是中国经济持续发展及生育控制政策给市场带来的机会。目前，儿童服装市场以年均 20%的增长速度高速发展，而且这一趋势将继续强化。

(4) 家庭规模不断缩小。越是经济发达地区，家庭规模就越小，这对家庭性的消费产品将产生直接影响。

(5) 人口分布不均衡。我国人口主要集中在东南沿海，西北地区人口较少，大城市人口密度很大，而农村人口密度较小。此外，我国人口流动性较大，导致某些地区的消费结构具有不稳定性，使得服装企业在市场开发和维护上遇到了很大的困难。

2.2.6　分析自然环境

自然地理环境是指由气候、地形、人口分布等自然地理因素构成的自然地理环境圈。自然地理环境的区域性分布规律在人们的服装衣着上能明显地体现出来。例如，我国从南到北，从沿海到内陆，气温及湿度的年度分布有明显的差异，南方沿海气温较高，湿度较大，在服装面料的选择上偏重于轻薄的棉麻织物，服装的色彩偏重轻淡，对服装产品的包装、长袖文化衫功能等方面也有差异。又如，因为西北风沙灰尘多，浅色衣服特别是白色衣服的市场需求就不如南方市场大。因此，服装企业在进行服装产品设计时，自然地理环境是一个必须考虑的重要因素。

随着经济的发展，许多工业生产活动中的废气、废水、固体废弃物的不合理排放与处理，使自然环境遭到严重的污染和破坏。环境问题日益成为世界各国政府与公众广泛关注的一大普遍性问题，人们越来越关注生存的环境质量，关注绿色产品或服务的消费。这些，无疑会给企业造成很大的压力，但同时也给企业创造了良好的营销机会，为那些控制污染的设备与产品、不破坏生态环境的新产品、新材料创造了良好的市场机会，如绿色营销已成为现代市场营销的新趋势，催生了众多绿色产品、绿色技术、绿色包装和绿色市场的诞生。

案例 2-3

酷(Cool)文化与 Nike 的市场营销

作为企业来说，可以借助某种文化的力量，使消费者通过使用一些产品来体现其价值观，进一步形成某种生活方式，就形成了独具特色的文化营销。近几年以来，“酷”逐渐成为一个时髦的词汇。尤其是青少年，他们的行为取向不再如以前那样仅以“漂亮”、“潇洒”为准则，而是以“酷”为荣，“酷毙了”、“帅呆了”是他们的口头禅。阿诺德·施瓦辛格在影片《终结者》中，凭一句“酷毙了”的经典台词“I Will Be Back”风靡世界。酷对于社会，尤其是青少年影响很大，已深入到社会生活和每个人的性格当中。酷已成为一种文化，酷文化实质上是一种流行文化。

20 世纪 80 年代，耐克(Nike)产品开始从田径场和体育馆进入大众消费市场，因为其目标市场以青少年为主，耐克公司拓展市场的首要突破口便选中了青少年。这一市场上的消费者有着这样一些个性特征：热爱运动、崇敬英雄人物、追星意识强烈、希望受人重视、思维活跃、想象力丰富并充满梦想，耐克必须像 Lee’s 牛仔一样，成为青年文化的组成部分和身份象征。到了 1986 年在一则宣传耐克充气鞋垫的广告中，耐克公司采用了一个全新的创意：由代表和象征嬉皮士的著名甲壳虫乐队演奏的著名歌曲《革命》，在反叛图新的节奏、旋律中，一群穿戴耐克产品的美国人正如痴如醉地进行健身锻炼……这则广告准确地迎合了青少年叛逆的个性心理特征，又适逢刚刚出现的健身运动变革之风和时代新潮，给人耳目一新的感觉。此举使得耐克公司更能适应其产品市场的新发展，耐克的市场份额也一举超过锐步公司成为美国运动鞋市场的新霸主。篮球飞人乔丹成为耐克公司的形象代言人后，耐克随着乔丹在球场上一次次精彩的灌篮，其品牌形象也在潜移默化中深植在了顾客的心里。乔丹成为酷明星，而耐克运动鞋也成为“酷哥”们叱咤运动场的必备物品。耐克公司在短短的二三十年时间里，由一家小鞋业公司成长为行业霸主，并一举超过了曾雄踞市场的领导品牌阿迪达斯、彪马、锐步，被誉为是“近 20 年世界新创建的最成功的消费品公司”。

学以致用

1. 拜丽德是温州一家知名休闲装企业。从 2005 年开始，该企业就试图利用互联网实施销售，但由于各方面原因，该策略没有取得预期效果。该企业是不是应该放弃网络销售呢？请谈谈你的看法。

2. ZARA 是 Inditex 集团旗下的子公司，1975 年设立于西班牙。ZARA 拥有超过 200 位的专业设计师，平均年龄只有 25 岁。他们随时穿梭于米兰、东京、纽约、巴黎等时尚重镇观看服装秀，每年推出超过 12 000 款仿真高时髦感的时尚单品，全球同步更新。ZARA 以设计优异、价格低廉的产品，深受全球时尚青年的喜爱。目前，ZARA 在世界各地 72 个国家拥有 1 757 家专卖店(自营专卖店占 90%，其余为合资和特许专卖店)。

思考：ZARA 成功背后的深刻市场背景是什么？

2.3　分析服装营销微观环境

微观环境影响了服装企业具体营销措施制定和实施的效果，对微观营销环境的分析可以使服装企业清晰地制定自己的营销策略体系，在细节上保证企业营销活动的成功。服装营销的微观环境包括了供应商、营销中介、企业自身、顾客、竞争者和公众 6 个方面。本任务将带领大家逐一熟悉微观环境的六要素，并学会正确的分析方法。

学前小思考

1. 只有善于合作、善于整合资源的企业才能长久获胜。你是如何看待这句话的？
2. 专业的营销人员为什么不会当众与顾客发生冲突？

知识大扫描

2.3.1 认识微观环境结构

微观环境是由企业的供应商、营销中介、顾客、竞争者、公众及企业内部组织所构成的，对企业实现经营目标产生直接影响的力量。供应商、企业、营销中介、顾客构成企业的核心营销系统，是企业价值链条的核心要素，但企业市场营销活动的成败，还直接受另外两个群体的影响，即竞争者和社会公众。

2.3.2 分析企业自身

服装企业开展营销活动要考虑企业内部的环境力量。企业本身包括最高管理层、市场营销以及研究开发、采购、制造、财务等职能部门。企业营销部门在制定和执行营销计划时，必须与企业内部其他部门目标一致，配合默契，实行整体营销，以便企业营销决策和营销方案的顺利实施。服装企业在实施企业自身分析时要关注以下几点。

1. 企业组织体系

组织功能的完备可以保证企业执行力的高效。对服装企业而言，一般会形成以营销总经理、营销总监为核心的高层管理，以市场经理、销售经理、企划经理、生产经理为主的中层管理，以市场人员、销售人员、企划人员、车间主任、班组长等为主体的基层管理和执行人员。此外，在企业的组织体系中，要强调其他各部门与营销部门的密切协调配合，以实现企业总体目标。

2. 企业资金实力

资金是企业的血液，企业资金充足的程度直接决定了企业营销活动的成败。服装企业在制定营销策略、开展营销活动时要充分认知企业的资金状况，要满足资金运转的需要。例如，企业资金周转不灵的时候，可以采取紧缩或者加快销售的降价措施。

3. 企业生产能力

良好的生产能力可以为持续的销售活动提供充足的产品，企业营销活动要建立在对企业生产能力有效的把握基础上。在服装企业的运作中，不一定要拥有所有的生产能力，如采取外加工的方式就是一个不错的选择。在这个方面，以“虚拟经营”缔造休闲装帝国的美特斯邦威就是一个典范。

资料补充 2-9

虚拟经营

虚拟经营已经成为国内服饰企业普遍采用的一种经营模式。虚拟经营是 1991 年由美国著名学者罗杰·内格尔(Rager Nagel)首先提出来的。虚拟化经营是指企业在组织上突破有形的界限，虽有生产、行销、设计、财务等功能，但企业体内却没有完整执行这些功能的组织。企业在有限的资源下，为了取得竞争中的最大优势，仅保留企业中最关键的职能，而将其他的功能虚拟化——通过各种外力进行整合互补，其目的是在竞争中最大效率地利用企业有限的资源。目前国内运用虚拟经营最为成功的当属美特斯邦威，在1994年采用这种方式取得快速发展之后，温州本土的鞋服企业纷纷采取这种模式拓展自己的市场。虚拟经营已经成为了行业内企业首选的品牌发展和渠道构建模式，导致后来出现的童装品牌、内衣品牌也在采用，并取得了极大的发展。其中最为典型的是森马集团旗下的第二品牌——巴拉巴拉，2003年推出时便沿用了森马品牌虚拟经营的方式。2008年，巴拉巴拉童装的销售和品牌影响力已经远远超越了它的竞争对手，确立了童装行业的领导地位，2012年更是以21.1亿元的营销收入雄踞国内童装市场的龙头位置。

4. 企业销售能力

市场销售能力的打造是企业核心的工作任务，企业资源的整合要以销售能力为基础。服装企业通常采用批发、经销、特许、直营等方式经营市场，随着企业实力的提升，会逐渐将销售环节直接控制在自己手中。服装企业究竟采取何种销售方式，取决于企业的实力，特别是销售和管理能力。

营销小知识

特许经营(franchising)是指特许经营权拥有者以合同约定的形式，允许被特许经营者有偿使用其名称、商标、专有技术、产品及运作管理经验等从事经营活动的商业经营模式。

2.3.3 分析服装企业的供应商

服装企业在服装生产的过程中需要各种要素的加入，给服装企业提供要素的企业或个人就是供应商。供应商对服装企业的经营有着十分重要的影响，如一个面料提供商，其面料的品质、数量、价格及交货期在很大程度上决定了服装企业能否及时生产出需要的服装产品来。

在服装企业生产中，考虑到流行和避免库存的原因，成衣企业往往会考虑少量多批次的生产方式，而这种方式的成功必须要求面料供应商每次都能保证一致的供应质量。而实际中，服装企业经常出现的色差等现象就是因每批次面料染色不一致而导致。因此，服装企业在安排营销、生产活动时要认真分析其供应系统。为了确保供应体系的稳定，有的企业如雅戈尔集团就实施了后向一体化的战略。

营销小知识

后向一体化就是企业通过收购或兼并若干原材料供应商，拥有和控制其供应系统，实行供产一体化。后向一体化是指企业利用自己在产品上的优势，把原来属于外购的原材料或零件，改为自行生产的战略。在生产过程中，物流从反方向移动。即通过获得供应商的所有权或增强对其控制来求得发展。在供货成本太高、供货方不可靠或不能保证供应时，企业经常采用这种战略。

2.3.4 分析服装企业的营销中介

服装企业营销中介是指为企业销售产品提供各种服务和便利、并独立存在于企业之外的组织或个人。按职能差异，可以将营销中介划分为以下几种类型。

1. 销售商

销售商是指帮助服装企业分销产品的组织或个人，包括批发商、零售商、代理商等。目前，服装企业的销售商往往以经销、代理、特许零售、终端零售等方式存在，销售商一般活跃于各种批发市场、百货商场、大卖场、超市、专卖店等终端形态上。

资料补充 2–10

与零售商的结盟

服装企业与零售业结成联盟的好处包括：缩短交货时间，实现快速回应。在供应链中剔出其不必要的部分，降低储存成本，鼓励高效、准确和全面地理解顾客的需要。对中国的服装工业来说，服装零售业的联盟有利于按消费者的需要提升质量。在西方，零售商代表消费者，是真正的质量控制者，有一些大的零售商更是质量标准的制定者。中国纺织品的质量整体还处在中低档的水平，跟国际上大的零售商的联盟有利于中国提升产品的品质和档次。

2. 物流商

货物实体分配商是帮助生产经营企业将商品从原产地或者采购地运到目的地整个过程中存储和运送货物的仓储、运输企业。由于服装产品具有变化快、批量小、品种多，以及存在强烈的地域性消费差异、需要持续不断降低成本等特点，而这些特点都要求服装企业的物流配送必须做到及时、准确，能够尽量缩短交货周期，因此需要借助强大的物流系统，以确保给服装企业有力的铺货支持。随着第三方物流的兴起，服装企业特别是大型连锁服装企业开始探索将物流外包给第三方机构，这在提高物流配送效率的同时也大大降低了服装企业的运行成本。

案例 2–4

北京西南物流中心有限公司

目前，物流整体外包对于服装企业来说，仍是个梦想。这个梦想难以实现的原因有二：一是服装企业意识不够，不愿将自己的产品和销售信息透露给第三方；二是市场上缺乏能为服装行业提供专业化服务的第三方物流公司。然而，在北京西南四环外的一个村庄里，有一家物流公司承担了七匹狼、九牧王、欧时力、依文等众多知名品牌在北京地区的物流配送业务，这就是北京西南物流中心有限公司。

2006 年，余如刚刚走马上任七匹狼北京分公司的总经理，为了找一个合适的库房而到处奔波。当他找到四环外的西南物流中心谈租库事情时，看到这个主营图书托管业务的物流中心库房简洁干净，图书码放井井有条。于是，余如向七匹狼老总周少雄作了汇报，希望将北京地区的配送业务外包给北京西南物流中心有限公司。周少雄同意了，他在随后的实地考察中感到很亲切，因为他的第一份工作就是新华书店的图书管理员。于是，他对西南物流中心负责人说："要管好书就很不容易了，你们既然能管好书，我相信你们肯定能把服装管好。"

至此，七匹狼开始了与西南物流中心的合作。现在，这家物流公司已经承担了 15 家服装企业、30 多个服装品牌在北京地区的配送业务。

3. 营销服务机构

营销服务机构包括市场调研公司、广告公司、传媒机构和营销咨询公司等，其主要职能是为企业提供市场调研、市场定位、产品促销、营销咨询等方面的服务。随着服装企业品牌化运作趋势的形成，借鉴专业的营销咨询机构提升品牌影响力成为众多品牌服装企业的重要选择。2009 年，森马集团斥资 500 万元聘请奥美广告为其做品牌推广的整体设计，以期在 2007 年成功合作的基础上再将合作关系推上一个新的高度，而事实证明这次合作对森马服饰 2011 的上市起到了非常重要的作用。

因此，服装企业在市场营销过程中，应做好营销中介的分析工作，充分利用和处理好与营销中介的关系。

营销小知识

奥美环球(Ogilvy & Mather Worldwide)于 1948 年由“现代广告之父”大卫·奥格威(David Ogilvy)在纽约始创。在中国、韩国和越南市场，奥美是第一家成立分支机构的外资广告代理商，并拥有亚太区最大的关系行销集团。2002 年奥美以 5.89 亿美元的总收入排名全球第 11 位。过去 50 年来，奥美帮助许多跨国企业建立了品牌，如美国运通、西尔斯、福特、壳牌、芭比、旁氏、多芬、麦斯威尔、IBM、摩托罗拉、联合利华和柯达等。

2.3.5　分析服装企业的社会公众

服装企业的社会公众主要包括：金融公众，如银行、投资公司、证券公司、保险公司等；媒介公众，如报纸、杂志、电视台、电台等；政府公众，如政府机构和企业的主管部门；社会团体，如消费者协会、保护环境团体等。

2.3.6　分析服装企业的顾客

顾客是企业服务的对象，根据企业顾客的购买特点，顾客可以分为个人消费者、组织购买者和国际购买者等类型。不同类型的顾客，其购买的习惯、决策类型等都有差异，营销策略也不相同。作为服装企业来讲，其主体顾客为个体消费者，但不能忽视另外一个购买群体，即团体购买者(又称工装市场)的发展，随着我国企业规模的发展，众多企业越来越强调形象的一致性，而着装则是重要的形象表现，这就给工装市场带来了巨大的市场机会。

案例 2–5

百年老屠的工装

刚过完年，百年老屠公司的屠康林又为宁波开连锁店的事忙开了。“这只是第一步，公司的目标是省内各地级市都开出‘百年老屠’连锁店。”这是他的新春愿景。

1. 做业内老大

“剪平头、蓄胡须、长着一对大耳朵的老屠形象，‘百年老屠、工装世家’的广告语”相信无论是在柯桥还是市区，大家都不会陌生。“百年老屠”已经成为职业工装界一块响当当的招牌。柯桥万达广场、宝业集团和江苏昆山某台资企业等，都是老屠的“一线客户”，靠的就是“百年老屠”的品牌知名度。屠康林说，在绍兴乃至省内的职业工装界，他要坐头把交椅。

2. 夯实连锁基础

在百年老屠公司看到保安服、保洁服、文员服、广告服等各式职业服装应有尽有，琳琅满目。日益提升的知名度，让屠康林做内贸游刃有余。通过电子商务，他还做起外贸，目前公司加工业务遍及美国、加拿大、德国、西班牙、利比亚、马来西亚等国，一年出口十多个货柜。随着业务快速发展，注册地在杭州的老屠服饰有限公司的生产能力远满足不了市场需求。为此，他外联300名缝纫工，配备十多名专业设计和质检人员，严把产品质量关。老屠说，拥有属于自己的设计师和加工能力，在工装企业中并不多见，这恰是开连锁店所必备的。

2.3.7 分析服装企业的竞争者

竞争者是服装企业研究的重要对象，一方面，竞争者可能是企业经营的标杆，企业经营战略调整的信号源于竞争对手。另一方面，竞争对手可能是企业最主要的威胁，只有关注竞争对手的经营行为，才能保证企业的经营不会受到竞争对手致命的打击。对竞争对手的分析可从以下几个方面进行。

(1) 竞争力分析：主要从同行业竞争者数量、进入退出市场的障碍、替代产品数量、购买者价格谈判能力、供应商价格谈判能力5个方面进行分析。

(2) 识别企业的竞争者：对企业现有竞争者识别是比较容易的。但许多企业并不是被老的竞争对手所击败，而是被一些后起的新秀所击败。根据竞争者不同的层次，竞争者可分为品牌竞争者、行业竞争者、一般竞争者和愿望竞争者。

(3) 了解竞争对手经营特点：主要从竞争者的战略、目标、优势与劣势、对竞争行为的反应等方面进行分析。为了获取这些信息，企业必须建立一个竞争情报系统。

(4) 行业竞争模式的分析：对于一些大的企业，从行业的角度来界定竞争者是通常的做法，在每个行业都集聚着一群相互密切的、生产相互替代产品的企业。对行业竞争的分析可从销售商的数量、产品差异化的程度、进入退出障碍、流动性、成本结构、一体化程度、国际化程度等方面进行分析。

营销小知识

迈克尔·波特(Micheal Porter)的竞争五力模型

新进入者威胁。新竞争者的加入必然会打破市场平衡，引发现有竞争者的竞争反应，也就不可避免地需要调入新的资源用于竞争，因此使收益降低。

替代品的威胁。市场上可替代的产品和服务的存在意味着原有的产品和服务的价格将会受到限制。

买方的讨价还价能力。如果买方拥有讨价还价能力，他们一定会利用它。这会减少你的利润，其结果是影响收益率。

供方的讨价还价能力。与买方相反，供方会设法提高价格，其结果会影响你的收益率。

现有竞争者的竞争能力。竞争会导致对市场营销、研究与开发的投入或降价，结果同样会减少你的利润。

学以致用

1. 2010年，康师傅与家乐福因价格和账期等问题发生了严重的断供风波，在社会上也闹得沸沸扬扬，此事件给两家企业都带来了严重影响。请问，如果你是家乐福的高管，你会怎样看待这件事？又会采取什么对策？

2. 服装企业要登陆资本市场，这过程中需要处理与哪些公众的关系？请按照重要性进行排序，并解释原因。

2.4 制定服装企业适应营销环境的对策

对服装企业营销环境分析的目的在于掌握环境的构成，知悉环境变化对企业的影响，最终为企业顺应环境变化而制定符合自身特点的应对措施。一个服装企业也只有能实时顺应环境的变化才能长久生存下去。本任务环节将带领大家熟悉服装企业分析营销环境的常用工具，能够正确制定服装企业应对营销环境的对策。

学前小思考

1. 中国是服装大国，而非服装强国。你认为中国能成为服装强国吗？为什么？
2. 兵法云：知己知彼，百战不殆。就服装行业而言，我们究竟需要知道什么呢？

知识大扫描

2.4.1 熟悉 SWOT 模型

营销环境的不断发展和变化给企业经营带来不确定性，在无法事先完全知晓的情况下也只有积极反应才能够求得自身的生存和发展，但这并不意味环境分析的无效性，相反，环境分析是企业制定经营战略和营销战略的先决条件。

服装企业在进行环境分析时，一种简单易行的方法就是 SWOT 分析法。这是一种能够较客观而准确地分析和研究一个单位现实情况的方法。利用这种方法可以发现对企业有利的因素和不利的因素，借此从中寻找企业的机会，明确以后的发展方向。

SWOT 所代表的含义是：strengths(优势)、weaknesses(劣势)、opportunities(机会)、threats(威胁)。

营销小知识

SWOT 分析法模型(也称 TOWS 分析法)即态势分析法，20 世纪 80 年代初由美国旧金山大学的管理学教授韦里克(Weihrich)提出，经常被用于企业战略制定、竞争对手分析等场合。

PEST 分析是指宏观环境的分析，宏观环境又称一般环境，是指影响一切行业和企业的各种宏观因素。对宏观环境因素作分析，不同行业和企业根据自身特点和经营需要，分析的具体内容会有差异，但一般都应对政治(political)、经济(economic)、社会(social)和技术(technological)这四大类影响企业的主要外部环境因素进行分析。

2.4.2 辨析服装企业外部环境与威胁

环境机会，具体地讲就是企业从宏微观环境中可能获得的重大的有利形势，如市场的较快增长、出现较多的新增顾客、竞争对手出现重大决策失误、与供应商关系改善等；而环境威胁，则指环境存在重大不利因素，构成对企业发展的约束和障碍。各种宏观、微观环境因素的变化对不同的企业所产生的影响是不同的。同一个环境因素的变化对某些企业可能是机会，而对另外一些企业则可能是灾难。在进行环境分析时，应具体问题具体分析，深入比较分析各种机会和威胁，其实现可能性大小，以及对企业的影响程度，从而找出那些对企业影响最重要的环境机会和威胁，并按轻重缓急或影响程度等排序。例如，通常要将那些对组织发展有直接的、重要的、重大的、迫切的、长远的影响因素排在前面，优先考虑。

服装行业作为一个传统的、高度成熟行业，其外部环境相对清晰，影响因素相对确定。对服装企业而言最大的外部变动来自于竞争变化，其次来自于国家的宏观经济政策调整和行业技术变革。作为服装企业来讲，要紧盯竞争状况和国家宏观政策，迅速辨清机会和威胁，快速制定应对措施。现举例说明某童装企业的外部环境，见表 2-1。

表 2-1　某童装企业外部环境分析

外部环境	机会(O)	威胁(T)
	1．居民收入持续快速增加 2．童装市场高速发展 3．政府实施优惠税收政策 4．面料技术不断提升	1．劳动力短缺 2．市场竞争日趋激烈 3．运输成本持续高涨 4．国家环保条件日益严格

服装企业在分析了外部环境后，可以采取以下措施。

(1) 对抗——试图限制或扭转不利因素的发展。

(2) 缓解——通过调整市场营销组合等来改善环境适应，以缓解环境威胁的严重性。

(3) 转移——决定转移到其他赢利更多的行业或市场。

(4) 改进——对自身及其产品进行改进，增强对环境威胁的防御能力。

(5) 利用——可理解为利用“威胁因素”，使其变成机会。即“因势利导”以“化害为利”。

2.4.3　分析企业内部优劣势

企业的优势和劣势，通常是指消费者眼中一个企业或它的产品胜于或劣于其竞争对手的东西，它可以是产品的质量、可靠性、适用性、风格和形象、价格的竞争性、渠道便利性及服务的及时，态度的热情等。

决定服装企业竞争优劣势的因素主要涉及企业的生产、技术、资金、人员、营销、管理等方面，具体可从研发能力、生产成本、产品竞争力、员工素质、财务状况、营销能力、组织管理能力等方面进行分析。需要特别注意的是，衡量一个服装企业是否具有竞争优势，只能站在现有潜在用户角度上，而不能站在企业的角度上。现举例说明某童装企业的内部环境，见表 2-2。

表 2-2　某童装企业内部环境分析

内部环境	优势(S)	劣势(W)
	1．企业管理层具有较强的开拓能力 2．企业有充足的资金实力 3．设计师队伍素质高 4．具有较强的质量管控水平	1．企业整体规模不大，属中小型企业 2．销售管理能力不足 3．客户忠诚度不足 4．营销策划、市场推广能力差

2.4.4　制定服装企业的应对策略

在对企业内外部环境因素进行全面分析和评价的基础上，就可以进一步运用系统分析和综合分析的方法，制定企业的经营策略以更好地促进企业的发展。具体见表 2-3。

表 2-3 企业经营策略

外部环境分析 / 内部优势分析	机会(O)	威胁(T)
优势(S)	S. O. 对策	S. T. 对策
劣势(W)	W. O. 对策	W. T. 对策

(1) 制定企业应对策略的基本思路是：发挥优势因素，克服劣势因素，利用机会因素，化解威胁因素；考虑过去，立足当前，着眼未来。具体有 4 种对策可供选择。

① 最小与最小对策(W. T. 对策)，即考虑劣势因素和威胁因素，目的是努力使这些因素都趋于最小。

② 最小与最大对策(W. O. 对策)，即着重考虑劣势因素和机会因素，目的是努力使劣势趋于最小，使机会趋于最大。

③ 最大与最小对策(S. T. 对策)，即着重考虑优势因素和威胁因素，目的是努力使优势趋于最大，使威胁趋于最小。

④ 最大与最大对策(S. O. 对策)，即着重考虑优势因素和机会因素，目的在于努力使这两种因素都趋于最大。

(2) 通过分析企业应对营销环境的 4 种策略，可以制定上述某童装企业的营销策略。

① 如果采取 WT 对策，由于企业在规模、客户、销售方面存在严重问题，同时外部环境企业也不容乐观，企业必须要考虑采取科学的应对措施，如果资源不足以支撑措施的实施，企业必须放弃该市场，采取退出策略。

② 如果采取 SO 对策，企业应该充分利用市场快速发展的有利时机，充分发挥自己在资金、设计师队伍方面的优势，并强化这种优势在产品研发领域占据市场的制高点。

③ 如果采取 ST 对策，企业可以利用充足的资金实力，通过提升员工待遇而稳定员工队伍；利用强大的设计能力和质量管理水平在环保上处于领先；利用管理层的开拓能力获取新的业务增长点。

④ 如果采取 WO 对策，企业要利用童装市场的快速发展和国内消费水平的快速提升的机会，迅速将企业规模做大，如采取快速的市场开拓策略、广泛的分销策略及新细分市场的渗透等。

学以致用

1. 基于对银发市场的看好，某企业计划进入老年服装市场。请利用 SWOT 分析方法对老年服装市场进行分析。如果进入，请制定企业应对策略。

2. 请课后查阅著名服装电子商务品牌 PPG 的破产，请分析导致其破产的深层次原因是什么。

任务小结

1. 市场营销环境是指制约和影响企业营销活动的一系列条件和因素，包括微观营销环境和宏观营销环境，服装企业应该正确认识环境的特征与作用。

2. 宏观营销环境包括：政治与法律环境、经济环境、人口环境、科学技术环境、自然环境、社会文化环境等。由于这些因素间接作用于企业(以微观营销环境为媒介)的营销活动，因此也称间接营销环境；微观营销环境包括供应者、竞争者、营销中介、顾客、公众、企业自身等因素。

3．服装企业必须重视分析和研究营销的宏观环境与微观环境，根据SWOT及PEST分析模型在不断变化的环境中，制定相应的营销战略与营销策略，以实现企业目标。

知识巩固

一、名词解释

1．市场营销环境　2．恩格尔系数　3．市场机会　4．市场威胁

二、不定项选择题

1．根据恩格尔定律，恩格尔系数越低，说明这个国家人民的生活水平(　　)。

A．越高　B．越低　C．不一定　D．不变

2．企业得以生存的关键，在于应对环境变化时所拥有的(　　)。

A．应变能力　B．自我调节能力

C．适应能力　D．创造力

3．微观环境指与企业紧密相连，直接影响企业营销能力的各种参与者，包括(　　)。

A．企业本身　B．市场营销渠道企业

C．顾客　D．公众　E．竞争者

4．对环境威胁的分析，一般着眼于(　　)。

A．威胁是否存在　B．威胁的潜在严重性

C．威胁出现的可能性　D．威胁的征兆

E．预测威胁到来的时间

5．SWOT分析方法的“O”是(　　)。

A．机会　B．威胁　C．优势　D．劣势

三、判断题

1．微观环境和宏观环境之间是一种并列关系，微观环境并不受制于宏观环境，各自独立地对企业营销活动发挥着作用。(　　)

2．在经济全球化的条件下，国际经济形势也是企业营销活动的重要影响因素。(　　)

3．营销活动只能被动地受制于环境的影响，因而营销管理者在不利的营销环境面前可以说是无能为力的。(　　)

4．我国南北方人民在饮食口味上存在着很大差异，导致对食品需求也不同，这是宏观环境中经济因素形成的。(　　)

5．市场营销环境是一个动态系统，每一环境因素都随社会经济的发展而不断变化。(　　)

6．文化对营销环境的影响是最为深刻的。(　　)

7．人口的多少直接影响市场的潜在容量。(　　)

四、思考题

1．分析市场营销环境对于服装企业有什么重要作用。

2．服装企业营销环境包括哪些内容？

3．我国人口老龄化问题日益突出，请列举这一变化给服装企业带来的市场机会。

4．试述科学技术的发展对市场营销组合的影响。

技能演练

一、案例分析

1997年，美国和加拿大之间围绕“古巴睡衣”问题发生了一场政治纷争，而夹在两者之间的是一家百货业的跨国公司——沃尔玛。当时，争执的激烈程度从下面的报纸新闻标题中可见一斑：“将古巴睡衣从加拿大货架撤下：沃尔玛引起纷争”，“古巴问题：沃尔玛因撤下睡衣而陷入困境”“睡衣赌局：加拿大与美国赌外交”“沃尔玛将古巴睡衣放回货架”。

这一争端是由美国对古巴的禁运引起的。美国禁止其公司与古巴进行贸易往来，但在加拿大的美国公司是否也应执行禁运呢？当时沃尔玛加拿大分公司采购了一批古巴生产的睡衣，而那样做违反了美国赫尔姆斯一伯顿法。这一法律禁止美国的子公司与国外的古巴通商。而加拿大则因为美国法律对其主权的侵犯而恼怒，他们认为加拿大人有权决定是否购买古巴生产的睡衣。这样，沃尔玛便成了加拿大和美国对外政策冲突的牺牲品。沃尔玛在加拿大的公司如果继续销售那些睡衣，则会因违反美国法律而被处以100万美元的罚款，而且还可能会因此被判刑。但是，如果按其母公司的做法只是将加拿大商店中的睡衣撤回，按照加拿大法律，会被处以120万美元的罚款。

问题：

(1) 造成沃尔玛困难处境的原因是什么？

(2) 结合案例说明政治环境与法律环境之间的关系。

(3) 国内企业在国外市场该如何规避相关的政治和法律风险？

二、实训操作题

SWOT分析方法往往被用来对企业营销环境实施分析。请选择一个你熟悉的企业，并就其最近的一次重大营销行动进行SWOT分析。

【实训操作指令】

1．完整再现企业背景资料。

2．用图表的方式展现SWOT信息。

3．按照四种环境匹配分析企业的营销对策。

【实训名称】 SWOT分析实训。

【实训目标】 让受训者亲身主导背景企业的SWOT设计过程，操练SWOT分析的基本能力。

【实训组织】

1．受训者4～5人一组，采取自由组合方式分组，每组设组长一名。

2．在规定的时间内完成SWOT分析方案，每个小组派成员进行PPT汇报。

3．指导老师组织受训者就分析方案进行讨论，形成基本判断。

【实训考核】

1．小组完成方案设计的表现占40%。

2．小组成员的团队合作表现占20%。

3．PPT汇报的表现占40%。

【实训成果】 完整的SWOT分析方案＋汇报PPT。

任务3 分析服装购买者特性

能力目标

完成本任务的教学，受训者应该具备以下基本能力：

1. 了解消费者购买行为模式
2. 分析消费者购买行为影响因素
3. 能够分析消费者购买服装决策过程

核心能力

在本任务的教学中，导师应重点关注受训者如下能力目标的实现：

1. 能分析消费者购买服装的影响因素
2. 能准确识别服装消费者购买行为及制定营销对策

知识目标

为了完成本任务，受训者需要的理论知识：

1. 服装购买行为模式理论
2. 服装消费者购买行为影响因素
3. 服装购买者决策过程

任务分解

3.1 掌握服装购买行为模式理论
3.2 分析影响服装消费者购买行为因素
3.3 分析服装消费者购买决策过程

案例导入

蚂蚁阿诺开拓中国儿童服装市场

深圳蚂蚁阿诺儿童用品有限公司是由德国 SANYU 公司授权的中国境内 ANTANO(蚂蚁阿诺)品牌的独家运营商。蚂蚁阿诺品牌自 2000 年进入中国市场以来，在全国各地开设了多家专卖店，蚂蚁阿诺成功开拓童装市场是由于对中国儿童市场存在的问题进行了深入分析，进而采取了针对性营销组合措施。

(1) 中国童装市场消费群体与生产能力反差巨大。中国 16 岁以下儿童有 3 亿多人，其中 6 岁以下有 1.71 亿人，7～16 岁达 1.7 亿人，占全国人口的 1/4，其中独生子女占儿童总数的 34%。但是，中国童装在服装市场中所占的比例仅为 1%，有品牌的专业童装生产企业不到 200 家。

(2) 国内品牌缺乏竞争力。童装虽然在整个服装市场中份额不大，但竞争激烈。目前，国外品牌童装占国内市场的 50%，国内厂家占有的 50%的市场份额中，只有 30%拥有品牌，70%的童装处于无品牌竞争状态。

(3) 品牌服装价格偏高。近年来国内童装市场出现了“一休”、“蓝猫”、“好孩子”等国内品牌，以及“米奇妙”、“卡通天地”、“史努比”、“丽婴房”等国际品牌，虽然他们在质量和款式上比无品牌童装更具优势，但价格偏高。由于经济欠发达，目前我国主要仍以中低档的童装消费为主。

(4) 产品结构不合理。目前国内的童装市场中，产品结构不合理，市场上以婴儿服(0～1 岁)、幼童服(1～3 岁)、小童服(4～6 岁)居多，中童服(7～12 岁)、大童服(13～16 岁)偏少，尤其是大童服装断档严重。

思考：蚂蚁阿诺是怎样根据中国童装分析开拓市场的？

(资料来源：http://www.docin.com/p-232302266.html.)

任务明确

企业营销的核心是通过满足顾客的需求和欲望而获取利润，从而求得自身生存和发展。因此企业要有效地开展市场营销活动，既要准确地把握市场营销环境，也要着重研究与剖析市场需求和购买者行为，以实现企业营销目标与购买者购买行为的统一。

购买行为研究通常包括两部分，即消费资料购买者行为研究和生产资料购买者行为研究。作为购买商品的行为，消费者行为与生产者行为两者有一致性，但由于商品用途、购买角色、购买组织等方面的不同，两种购买行为又各具自身的特点。本环节将对服装消费者的购买特性进行分析，具体有下列 3 个子任务：

(1) 掌握服装购买行为模式理论；

(2) 分析影响服装消费者购买行为因素；

(3) 分析服装消费者购买决策过程。

本环节的学习与训练将围绕以上 3 个方面的子任务，根据服装消费者购买特性和影响因素逐渐开展。通过本环节的学习和训练，使读者可以具备分析消费者购买行为与心理的基本能力，并能提出相应的营销对策。

3.1　掌握服装购买行为模式理论

“购买行为模式研究”一直是市场营销学研究的一个重点问题，随着社会化大生产的发展及营销领域中的竞争日趋激烈，许多企业已经意识到，营销目标是满足目标顾客需求和欲望。然而，“认识顾客”却不是容易的事情。顾客往往隐藏自己的内心世界，甚至言行不一。企业在营销活动中必须研究消费者的购买心理和行为，企业营销策略的制定才能有据可依。

学前小思考

1. 有人说，消费者购买服装的行为无规律可循。你认为这种说法对吗？
2. 顾客购买服装往往心口不一，怎样揭示顾客隐藏的内心世界？

知识大扫描

3.1.1 消费者购买服装行为模式

消费者购买行为是指消费者为获取、购买、使用、评估和处置预期能满足其需要的产品和服务所采取的各种行为。消费者购买服装行为复杂多变，服装营销者应深入了解消费者的不同需求，掌握各种心理活动的规律，预测服装消费趋向，为制定服装生产和经营策略服务。消费者是服装产品的最终购买者，他们的购买行为，不仅影响着企业的产品价格决策，而且影响着销售渠道和促销方式的选择。因此，研究服装消费者购买行为模式、影响消费者行为的主要因素和消费者购买决策过程，对于有效开展市场销售活动至关重要。

服装企业对消费者购买行为的研究，关键是要弄清楚：谁是企业的消费者？人们为什么会购买服装？通常在什么时候、什么地方购买？在当今市场上要从事有效的营销活动，必须要弄清楚 6 个“W”和 1 个“H”。由于这些问题都包含以英文字母 O 开头的关键词，西方市场营销学家将这些决策归纳为研究消费者购买行为的“7Os”架构，也称“6W1H”研究方法(表 3-1)。

表 3-1 6W1H 模式

由谁构成(Who)	购买者(Occupants)
购买什么(What)	购买对象(Objects)
为何购买(Why)	购买目的(Objectives)
谁参与购买(Who)	购买组织(Organizations)
怎样购买(How)	购买方式(Operations)
何时购买(When)	购买时间(Occasions)
何地购买(Where)	购买地点(Outlets)

1. 服装消费者市场由谁构成

“谁”(Who)即需要了解哪些人购买消费这些服装。消费者是谁，指的是生产经营企业的目标顾客是谁；购买者就是实际完成购买行为的人；决策者是对是否购买及怎样购买有权进行最终决策的人。在许多商品的购买活动中，消费者、购买者、决策者往往也是分离的。因此，要搞清楚在消费者购买服装的购买行动中，谁是购买者、谁是决策者、谁是消费者，谁对购买行为有重大影响，这些对于生产经营企业的营销人员来说都是至关重要的问题，企业只有弄清这些问题后，在确定了自己的目标市场时，才能掌握消费者心理，更有针对性地实施产品、价格、渠道及促销措施和策略。

2. 消费者购买什么

“什么”(What)即了解消费者需要什么、知道什么、购买什么等。例如，某品牌服装店开业，该服装店不仅要了解消费者是否知道其已开业，还要了解消费者需要什么，购买什么，该店经营的服装能否被消费者接受。通过调查，可以了解消费者的爱好和购买动机，以制定针对该品牌的营销策略。

3. 消费者为何购买

“为什么”(Why)即了解和探索消费者行为的动机或者影响其行为的因素。消费者为什么喜欢这个品牌的服装而不喜欢另外一个品牌的服装；为什么单单购买这种款式的服装而拒绝接受其他款式等等。只有调查了原因和动机，生产经营企业才可以比较全面地了解消费者的需要。我们应从服装本身的款式、质量、颜色、价格等方面满足不同类型的消费者的需求。

4. 消费者怎样购买

“怎样”(How)既要包括了解消费者怎样购买、喜欢什么样的促销方式，又要包括搞清楚消费者对所购买的商品如何使用。生产经营企业清楚了解了这两个方面的问题之后，不仅可以针对不同商品的用途来突出商品的差异，还可以作出适当的促销决策。例如，运动品牌服装更适合请体育明星做广告代言。

案例3-1

美特斯邦威以签约张韶涵拓宽目标顾客范围

美特斯邦威集团一向在争夺年轻休闲装市场方面有着优异表现，借着签约新代言人张韶涵的机会，首次将其品牌策略进行了调整，在2007年春装发布会上首次推出校园和都市两大系列服饰。将目标消费群体定位在18～25岁时尚年轻人群的美特斯邦威，已不满足于仅仅做大学生心目中最满意的品牌。推出都市系列，就是希望能让初入社会的年轻职场白领，也能选择美特斯邦威。

5. 消费者在什么时间购买

“何时”(When)即了解消费者在一年中的哪个季节、一季中的哪个月、一月中的哪个星期或者一个星期中的哪一天、一天中的什么时间实施哪类购买行动和需要什么样的商品或者服务。搞清楚消费者什么时候购买某种商品和服务，对于生产企业开发新产品、拓宽服务领域、增加服务项目有重要的意义。

资料补充3-1

母亲节礼物

母亲节(Mother’s Day)，是一个感谢母亲的节日。这个节日最早出现在古希腊，而现代的母亲节是每年5月的第二个星期日，起源于美国。20世纪80年代，母亲节逐渐被中国内地的民众所接受，20世纪末，随着中国与国际的日益接轨，母亲节这一节日在中国各地日益推广开来，越来越多的人开始接受母亲节概念，在每年5月的第二个星期日，中国人和全世界其他国家的人们一道以送鲜花、服装、健康品等各种各样的方式表达对母亲养育之恩的感谢。

6. 购买者在什么地方购买和使用

“何时”(Where)即在哪里购买，即了解消费者在购买某种商品时的习惯。例如，女性内衣产品，购买者愿意在专卖店购买还是喜欢在百货商场购买？生产经营企业掌握后，可以据此研究商品及服务适当的销售场所和地点；在哪里使用，就是要了解消费者是在什么样的地理环境、气候条件、什么场所穿着该服装。根据消费者使用的地点、场所的特征进行设计服装，使企业提供的服装更具有适应性。例如，上班穿正装；旅游时穿休闲装；参加晚宴时穿晚礼服；回到家里穿便装等。

以上方面揭示了消费者购买服装的主体、客体、动机、时间、地点及购买的具体状态，指明了消费者购买服装行为的基本内容。但这些问题的难易程度有所不同。谁来购买，消费者要购买什么，购买时有谁参与，在什么时间购买，在什么地方购买和使用，经常采用什么样的方式购买，这几个问题相对来说还是比较简单的。“为什么购买”这个问题是生产经营企业需要了解解决的重要问题，但是这个问题又是隐蔽在消费者内心的、错综复杂的和难以捉摸的，就如“暗箱”一样，明明知道里面运转不停，但却看不见。因此，其对企业的营销人员来说是一个谜，这个谜底就在这个神秘的“暗箱”之中。

许多学者试图从不同的角度解开这个谜，企业的营销人员更是跃跃欲试。设想在这个“暗箱”内建立一套机械性的理论模式，以解决企业最想知道的消费者“为什么购买”的问题。于是各种各样不同的解释“暗箱”这个消费者心理活动的模式被设计出来了。

3.1.2 “市场营销刺激”与“购买者行为反应”模式

随着对服装购买者行为研究的深入，服装生产和经营企业的营销人员开始认真考察购买者对本企业所策划的市场营销策略、手段的反应，这对于营销活动的成败至关重要。

“暗箱”理论的提出，使生产经营企业的营销人员有可能了解购买者行为心理过程的隐蔽性，这隐蔽的部分恰恰是市场营销人员和研究人员最想知道的、最应明了，也是最难观察的。尽管如此，营销人员并不是束手无策，他们试图利用行为心理学家沃森(Watson)的“刺激—反应”理论，从各种各样的“市场营销刺激”对购买者行为所产生的反应中，推断出“暗箱”中的部分内容，也就是购买行为产生的影响。

行为心理学家的创始人是沃森，他建立的“刺激—反应”理论指出，人类的复杂行为可以被分解为两部分：刺激—反应。人类的行为是受到刺激的反应，这种刺激主要来自于两方面：身体内部的刺激和体外环境的刺激，而反应总是随着刺激而呈现的。按照这一原理分析，从营销者角度出发，各个生产经营企业的许多市场营销活动都可以被看作是对购买者行为的刺激，如产品、价格、销售地点和场所、各种促销方式等。所有这些，我们称之为“市场营销刺激”，是企业有意安排的，是对购买者的外部环境刺激。除此之外，购买者还时时受到其他方面的外部刺激，如经济的、技术的、政治的和文化的刺激等。所有这些刺激，进入购买者的“暗箱”后，经过了一系列的心理活动，产生了人们看得到的购买者反应——购买还是拒绝接受，或者是表现出需要更多的信息，如果购买者一旦决定购买，其反应便通过其购买决策过程表现在购买者的购买选择上，包括产品的挑选、品牌的挑选、购买时间的挑选和购买数量的挑选。营销刺激与消费者反应模式如图 3.1 所示。

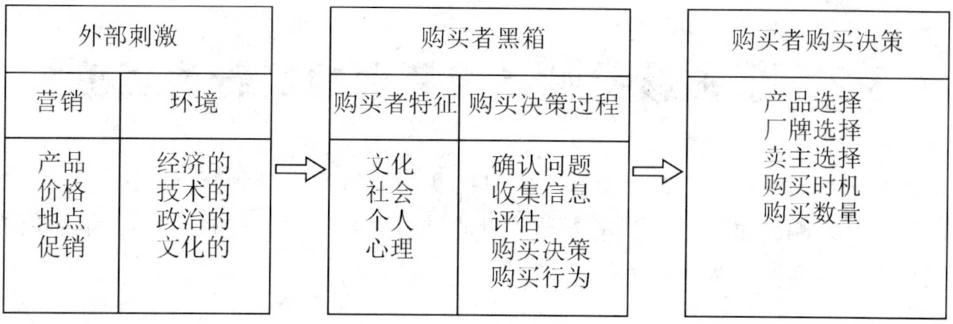

图 3.1 营销刺激与消费者反应模式

从这一模式中我们可以看到，具有一定潜在需要的消费者受到企业营销活动的刺激和各种外部环境因素的影响而产生购买取向；而不同特征的消费者对于外界的各种刺激和影响又会基于其特定的内在因素和决策方式作出不同的反应；从而形成不同的购买取向和购买行为。这就是消费者购买行为的一般规律。

案例 3-2

刺激—反应模式与老年人的购买行为

周末，某老年服装店里来了四五位消费者，从他们亲密无间的关系上可以推测出这是一家人，并可能是专为老爷子来买衣服的。老爷子手拉一个十来岁的孩子，面色红润、气定神闲、怡然自得，走在前面，后面是一对中年夫妇。中年妇女转了一圈，很快就选中了一件较高档的上装，要老爷子试穿；可老爷子不愿意，理由是价格太高、款式太新，中年男子说反正是我们出钱，你管价钱高不高呢。可老爷子并不领情，脸色也有点难看。营业员见状，连忙说，老爷子你可真是好福气，儿孙如此孝顺，你就别难为他们了。小男孩也摇着老人的手说好的好的，就买这件好了。老爷子说小孩子懂什么好坏，但脸上已露出了笑容。营业员见此情景，很快将衣服打包好，交给了中年妇女，一家人高高兴兴地走出了店门。

在这一购买模式中，“外界刺激”是可以看得到的，购买者最后的决策和选择也是可以看得到的，但是购买者如何根据外部的刺激进行判断和决策的过程却是看不到的，这就是心理学中的所谓“暗箱”效应。购买者行为分析就是对这一“暗箱”进行分析，设法了解消费者的购买决策过程及影响这一决策过程的各种因素的影响规律。所以对消费者购买行为的研究主要包括两个部分，一是对影响购买者行为的各种因素的分析，二是对消费者购买决策过程的研究。

学以致用

近期媒体做了一个全国网购最活跃的 30 个城市的调查，调查显示，服装网购已经占据网购市场的三分之一，这种趋势还将一直持续，多数消费者关注的是款式而不是品牌，所以服装企业应该注重款式的开发。

思考：你在网上购买服装时关注什么？

(资料来源：www.sjfzxm.com 2012/5/25.)

3.2 分析影响服装消费者购买行为因素

消费者购买行为的形成是错综复杂的，其购买行为的产生受到其外在因素和内在因素的相互促进和交互影响。服装企业营销人员可以通过对影响消费者行为的外在因素和内在因素进行研究来进一步掌握消费者行为的规律。

学前小思考

1. 俗话说："女人的衣橱里，永远少一件衣服"，女性购买服装为何冲动？
2. 为什么在校大学生喜欢穿休闲装，毕业进公司当了白领，立刻换上了正装？

知识大扫描

3.2.1 影响购买者行为的主要因素

消费者作出服装购买决策，既与服装的特性，如样式、颜色、做工、价格有关，又与消费者的文化、社会、个人及心理等因素有密切关系。影响购买者的主要因素如图 3.2 所示。

文化因素	社会因素	个人因素	心理因素
文化 亚文化	社会阶层 相关群体 家庭 角色和地位	年龄 性别 职业 经济状况 生活方式 个性和自我观念	动机 感受 态度 学习

图 3.2 影响购买者行为的主要因素

3.2.2 影响消费者服装购买行为的外在因素

影响消费者服装购买行为的外在因素主要包括文化因素和社会因素。

1. 文化因素

1) 文化

文化是一个广泛的概念。从广义上讲，文化是指人类在社会历史实践中创造的物质财富和精神财富的总和；从狭义上讲，文化是指社会的意识形态，以及与之相适应的制度和结构。这里所说的文化指的是狭义的文化。任何社会都有其特定的文化，文化是决定消费者欲望和行为的最广泛和最深层的因素。

2) 亚文化

亚文化是指存在于一个较大社会群体中的一些较小社会群体所具有的特色文化。例如，民族亚文化群体、宗教亚文化群体、种族亚文化群体、地理区域亚文化群体等。处在不同亚文化群体中的消费者，其消费习惯和需求往往有很大的差异，如中国的不同民族，有自己的民族服装。生产经营企业的营销人员在选择目标市场和营销方案时，必须了解和考虑目标市场的文化背景，尤其是不要违反当地的风俗语习惯、不要触犯禁忌等。

案例 3-3

“上海滩”服装店成功之路

1994 年，一位全球知名的社交名流在香港开设了一家专门出售中式流行服饰的小店，名为“上海滩”。在 1997 年香港回归之前，它满足了香港同胞急于认祖归宗的心态，生意大好。1995 年之后，这家店在纽约，伦敦及亚洲的其他城市开设了店铺。然而，在香港之外的这些地方，顾客只是把“上海滩”当做一种猎奇之地造访，因为它彻头彻尾的中式风格，并不能被外国朋友完全接受。于是进入 21 世纪之后，“上海滩”的行政主管开始采用慢慢从一定程度上削弱这个品牌服饰上的中国风格的策略，采取了以东方味道适应西方时尚的混搭政策。最终，“上海滩”这一品牌的服饰开始变得适合在中国以外的环境穿戴，“西方化”后的中国服饰深受外国朋友的欢迎。分析“上海滩”成功的原因，就在于管理者认识到了不同国家的文化差异，进而会影响消费者不同的审美观。中国风格的时尚虽然很酷，但也需要适合外国消费者的生活方式，才会被外国的顾客接受，也只有这样才能让西方人接受东方风格。

资料补充 3-2

着装的内涵

古今中外，着装从来都体现着一种社会文化，体现着一个人的文化修养和审美情趣，是一个人的身份、气质、内在素质的无言的介绍信。从某种意义上说，服饰是一门艺术，服饰所能传达的情感与意蕴甚至不是用语言所能替代的。在不同场合，穿着得体、适度的人，会给人留下良好的印象，而穿着不当，则会降低人的身份，损害自身的形象。在社交场合，得体的服饰是一种礼貌，在一定程度上直接影响着人际关系的和谐。

资料补充 3-3

社会阶层的划分

美国社会学家将社会划分为 7 个阶层:

上上阶层，这个阶层占总人口不到 1%，出身豪门望族、靠继承祖上的遗产过着极其奢侈的生活，挥金如土，购物只求满意，对价格完全不在意，他们是所有奢侈品的主要销售对象。

上下阶层，这个阶层约占总人口的 2%，主要是一些具有专业知识或经商才干的高薪人士，多数是由中间阶层升上来的。他们喜欢能显示自己身份和地位的商品。

中上阶层，这个阶层占总人口的 12%，他们主要是一些既无显赫家族、也无巨额财产的经理、医生、学者等专业技术人员，但他们有较高的文化素质和专业知识，重视教育，重视文化的内涵。

中间阶层，这一阶层占总人口的 31%，是由具有平均薪金的白领阶层(小企业主、职员)和蓝领贵族(领班、工头)所组成。他们都是一些从事正当职业的工作者，在进行购买时对价格比较敏感。

劳动阶层，这一阶层占总人口的38%，主要是具有平均工资的蓝领工人，是中低档商品的主要购买者，他们的旅游多在城市的周边地区或郊区。他们旅游的目的主要是为了获得旅游的经历，多选择经济的酒店，只注意酒店的干净、舒适。

下上阶层，这一阶层占总人口的9%，是比较贫困的蓝领工人，他们文化水平不高，工作不稳定，而且很少有升迁的机会，收入又很有限，因此他们很少有旅游的需求。

下下阶层，这一阶层占总人口的7%，处于社会底层，非熟练工人，文化水平很低，收入水平很低，失业率很高，生活贫困，因此，基本没有旅游需求。

2. 社会因素

消费者的购买行为也经常受到一系列社会因素的影响。社会因素主要有社会阶层、相关群体、家庭、角色和地位等。

1) 社会阶层

社会阶层是指由具有相同或类似社会地位的社会成员组成的相对持久的群体。同一阶层的人具有相似的价值观、兴趣爱好、行为方式。处于不同的社会阶层的人，有着不同的生活方式、经济能力、兴趣爱好、业余生活及接触大众媒介的方式，这些都会直接影响其成员对商品的选择和偏好、购买习惯和购买方式。不同阶层的消费在消费行为上存在较大的差异，在服装的选择上也会表现出差异性。生产经营企业的营销人员要针对不同阶层的爱好，通过适当的信息传播方式，在适当的地点，提供适当的产品和服务。

2) 相关群体

相关群体指能够直接或间接影响一个人的态度、行为或价值观念的团体。既包括社会的、经济的团体，也包括各种各样职业的团体。根据消费者与相关群体关系程度的不同，可以将其分为两大类：

(1) 参与群体。参与群体是指消费者置身于其中的群体，这类群体按其发挥的作用又可分为主要群体与次要群体。能直接对消费者产生影响的群体被称为主要群体，如消费者的家庭、来往密切的朋友、邻居、同事等，这类群体往往对消费者的爱好、兴趣、价值观影响最大。次要群体是指对消费者购买行为产生非直接作用的团体，如出于某种兴趣和信念而组合在一起的各种各样的协会、宗教团体等群体，由于他们直接交往，同一团体中的人作为消费者也相互受到影响，但由于沟通的频度低于前一类团体，它所产生的作用和影响也小于主要群体，但是这类群体对消费者的购买行为所产生的影响也是不容企业营销人员低估的。

(2) 非所属群体。非所属群体是指消费者置身其外，但对消费者购买行为有影响的群体。非所属群体有两种情况，一种是向往性群体，另一种是回避性群体。所谓向往性群体是指消费者渴望成为其中一员的群体。这类群体，消费者虽然身不在其中，但对此类群体羡慕向往、追随和效仿，此类群体主要有电影明星、运动健将及各方面的名人等。所谓回避性群体，与向往性群体相反，指的是某种群体的价值观、行为受到某些消费者的拒绝或者抵制。消费者往往认为这种群体与自己的身份、教养、爱好不相称，甚至相冲突，从各方面极力与这种群体划清界限，由不喜欢某一类人到抵制这类人经常使用的商品及以这类人做广告画面的商品和服务。

由于服装具有流行和自我表现的特点，在样式、颜色、品牌的选择上都会深受相关群体的影响。按现代流行理论的观点，服装流行中通常存在着成为人们模仿和追随的“时装革新者”和“时装指导者”。服装企业在制定生产和营销策略时，要选择同目标市场关系最密切、传递信息最快的相关群体，了解其爱好，做好产品推销工作。

案例 3–4

古天乐取代任贤齐代言报喜鸟男装

品牌代言人配合品牌策略的实施与形象传播，已成为现代企业在商战中的一大制胜法宝。对服装行业来说，由于对形象、感受、视觉、时尚、品位的格外重视，明星代言人可以让消费者快速、直观地感觉到品牌的这些要素，国际服装名牌对明星代言人的运用也十分重视。2010 年 9 月，报喜鸟在代言人方面做了调整，F4 之一的周渝民签约时尚男装品牌圣捷罗，而古天乐取代了任贤齐代言报喜鸟男装。

3) 家庭

家庭是社会中最重要的消费者购买组织，消费者的购买模式无疑会打上家庭影响的烙印。不同规模的家庭、不同的家庭生命周期及家庭的购买决策方式等，会直接影响消费者的购买行为。

不同规模的家庭有着不同的消费特征与购买方式。复合型家庭、核心家庭、单亲家庭和独身家庭等，其购买服装行为有着较大的差异。

不同家庭生命周期有着不同的消费特征与购买方式。消费者的家庭状况，因为年龄、婚姻状况、子女状况的不同，可以划分为不同的生命周期，在生命周期的不同阶段，消费者的行为呈现出不同的主流特性。

(1) 单身阶段：处于单身阶段的消费者一般比较年轻，几乎没有经济负担，消费观念紧跟潮流，注重服装品牌和价格。

(2) 新婚夫妇：经济状况较好，具有比较大的需求量和比较强的购买力，购买服装量高于处在家庭生命周期其他阶段的消费者。

(3) 育婴阶段(满巢期Ⅰ)：有 6 岁以下孩子的家庭。处于这一阶段的消费者往往用于夫妻的服装消费下降，用于孩子的服装消费增加。

(4) 育儿(满巢期Ⅱ)：有 6～18 岁孩子的家庭。孩子在逐步长大，家庭消费主要在孩子身上，除孩子的学费支出外，服装支出比重大而且品牌化消费趋势明显。

(5) 未分阶段(满巢期Ⅲ)：有 18 岁以上尚未独立生活的孩子的家庭。处于这一阶段的消费者经济状况尚可，消费习惯稳定，服装消费的品牌化程度高。

(6) 空巢期：指子女相继独立生活的家庭。处于这一阶段的消费者收入大幅度减少，消费更趋谨慎，倾向于购买有益健康的产品。

(7) 鳏寡期：尚有收入，但是经济状况不好，消费量减少，集中于生活必需品的消费。对服装要求舒服即可。

资料补充 3–4

家庭购买决策的 4 种方式

家庭购买决策的方式对于购买行为的研究同样十分重要，其涉及对购买组织和营销对象的认识。对于不同产品的购买，家庭决策是以什么方式作出的，谁在决策中发挥最大的影响力？戴维斯(Davis)等人在比利时所做的一个研究识别了家庭购买决策的 4 种方式：

(1) 妻子主导型。在决定购买什么的问题上，妻子起主导作用。

(2) 丈夫主导型。在决定购买什么的问题上，丈夫起主导作用。

(3) 自主型。对于不太重要的购买，可由丈夫或妻子独立作出决定。

(4) 联合型。丈夫和妻子共同作出购买决策。

该研究发现，人寿保险的购买通常属丈夫主导型决策；度假、孩子上学、购买和装修住宅则多由夫妻共同作出决定；清洁用品、厨房用具和食品的购买基本上是妻子做主，而像饮料、花园用品等产品的购买一般是由夫妻各自自主作出决定。该研究还发现，越是进入购买决策的后期，家庭成员越倾向于联合作决定。换言之，家庭成员在具体产品购买上确有分工，某个家庭成员可能负责收集信息和进行评价、比较，而最终的选择则尽可能由大家一起作出。

4) 角色和地位

角色和地位是社会对每个人的态度和行为的期望。社会总是希望个人的服装消费行为与所对应的角色和地位相一致，为此，人们总是根据不同的社会角色来选择不同的服装。尽管实际生活中并没有硬性的服装规则，但群体会建立起自己的标准作为对角色的期望，而个体在“群体压力”下，通常会在符合期望的标准范围内选择着装，力求使自己的服装与群体期望保持一致。

3.2.3 影响消费者服装购买行为的内在因素

影响消费者服装购买行为的内在因素很多，主要有消费者的个人因素和心理因素。

1. 个人因素

在服装消费决策时，消费者的个人因素起很大作用。这些因素主要有年龄、性别、职业、经济状况、生活方式、个性和自我观念等。

1) 年龄

年龄不同的人对服装的款式、颜色、质地、舒适度等有不同的偏好和需要。年轻人喜欢追赶潮流，穿着流行的服装或表现个性的服装，讲究服装的名牌效应；老年人则注重传统，喜欢实用和舒适的服装。

2) 性别

由于生理和心理上差异，不同性别消费者的欲望和消费构成有所区别。一般来说，男性购买行为较理性，受外界影响较小，作出购买决策果断；购买服装时，重视品牌、质量。女性较为感性，购买动机具有强烈的感情色彩，易受外界影响，从众动机明显；购买服装时注重款式、流行。

3) 职业

职业对消费者的需求和行为模式有着重要的影响，公司经理与职工的需求不同，大学教师与影视明星的消费服装需求也有很大的差异。服装公司应尽量发现对其产品和服务具有特定需求的职业群体，并根据其特点来开发适销对路的服装，从而取得更好的经济效益与社会效益。

案例 3-5

诺奇的会员数据库营销

美国西北大学的EMBA案例中收录了一个中国品牌——诺奇。诺奇坚持“快时尚”和“低成本”，销售以会员制为核心，门店95%的消费来自会员，而且会员中有80%以上产生重复消费。从2001年开始，诺奇开始实行门店会员制，即当消费者第一次在诺奇门店购物时，会被要求填写顾客信息表，并登记成为诺奇会员，会员能在消费时享受折扣优惠。会员信息表包括顾客的生日(生日时享受折扣或派送生日礼物)、家庭背景、职业、教育背景、身高、体重、着装的风格和色彩的喜好等。诺奇还通过会员日常的消费记录来对其进行消费行为分析，如消费习惯、商品风格偏爱等。这个数据库非常独特，诺奇是中国第一批真正将顾客数据库运用到生产和营销过程中的企业之一。首先，通过消费者购买行为数据库，诺奇可以预测哪些款式将会畅销，哪些原料应该预先准备，甚至哪些款式配送到哪些门店，从而大量减少库存。数据库营销对诺奇至关重要，一旦有满足会员偏好的新产品上架，诺奇会通过发送手机短信、彩信或 E-mail 等方式通知会员，有意向的会员们会及时到门店购买。诺奇的会员人数也增长得很快，到 2010 年历史消费会员数已突破 50 万，每位会员平均每年的消费额在 1 000 元左右。

4) 经济状况

经济因素指消费者可支配的收入、储蓄、资产和借贷的能力。经济状况是决定购买行为的经济因素。经济状况越好时，消费者购物量越大，购买决策时间越短，购买行为的实施越容易，企业营销的难度相对越小；当经济状况不好，消费者收入较低时，购买就会很慎重，注意价格因素，企业营销的难度就大。因此，营销者应特别注意居民个人收入、储蓄、存款利率、股市行情的变化，以及消费者对未来经济、商品价格走势的看法，及时调整自己的营销方案。

5) 生活方式

所谓生活方式，是指人们在世界上的生活模式，集中表现在人们的活动、兴趣及看法上。根据美国斯坦福研究所国际公司的阿诺德 • 米歇尔(Arndd Mithchell)提出的新分类法，美国消费者的生活方式群体有以下几种类型：幸存者、支撑着、归属者、竞争者、成功者、自我主义者、体验者、社会良知者、集优点于一身者。虽然有些人属于同一社会阶层和亚文化群体，但由于生活方式不同，活动、兴趣、看法也不尽相同。因此，实际需求和购买行为和与其相同社会阶层的消费者大相径庭。根据上述分析，营销者了解消费者的生活方式是非常重要的。因为，市场营销向消费者提供了适合不同生活方式的产品和服务，使消费者可以按照个人的偏好，选择最适当的生活方式。

6) 个性和自我观念

个性是一个人比较固定的特性，是人对环境产生比较一致和持续的反应。个性和自我观念使人们在服装偏好上各异其趣，性格外向的人和内向的人，情绪稳定的人和不稳定的人对服装式样、色彩、花纹等有着不同偏好。

2. 心理因素

影响消费者购买行为的心理因素主要包括 4 个方面：动机、感受、态度、学习，这 4 个方面存在一定的逻辑联系。在服装消费上，人首先需要产生动机，然后通过感觉和知觉，形成对特定服装的整体概念，并通过学习形成忠诚度和偏好，从而形成完整的消费心理基础。消费者在选购服装时，通常会对不同式样品牌的服装形成一定的信念，这些信念便构成了消费者心目中的品牌形象。例如，某一消费者对某一品牌的信念是，做工精细、质量上乘、价格合理、款式流行。这种观念可能会导致消费者的实际购买。营销人员所要做的事情是引导消费者建立有利于自己产品的信念和态度。

1) 动机

需要是人的一种不满足感而想获得满足的一种状态。就消费者而言，需要表现为获取各种物质需要和精神需要。马斯洛(Maslow)的“需要层次论”提出，需要分为生理需要、安全需要、社会需要、尊重需要和自我实现需要 5 个层次。

资料补充 3–5

马斯洛的需要层次理论

马斯洛，美国著名心理学家，他在 1954 年发表的代表作《动机与个性》里提出了需求层次理论。马斯洛的需要层次理论的要点归纳起来主要有以下 5 点：

(1) 肯定了人是有各种需要的。

(2) 把人的基本生存需要置于需求层次结构的最低层次，强调他们的满足是其他需求发展的基础。

(3) 不同的需要可按顺序分为不同的层次，在不同的时期各种需要对行为的支配力量不同。当最重要的需要得到满足后，这个需要便不再是激励因素，失去了对行为的刺激作用，人们会转而追求其下一个重要的需要。

(4) 需要层次越高，可塑性、变异性越大，越长久。

(5) 高层次需要的具体表现形式更丰富，与他人和社会的关系更密切。

需要产生动机，但并非所有的需要都必然产生动机。一种需要必须激发到足够大时才能发展成为动机。所以动机是一种具有强烈压力而迫使人们不得不去满足的需要。动机与行为有直接的因果关系，动机导致行为。

消费者购买动机包括生理性动机和心理性动机两大类。

生理性购买动机是指生物学意义的欲望，如冷了就要加衣服，夏季到来就要减少衣服等；心理性购买动机是与社会环境有密切的联系的，如对安全、尊重的需求等。

在实际生活中，特别是在具体购买时的心理活动要复杂得多，常见的有求实、求廉、求名、求新、求美动机等。要确切掌握消费者动机认真调查研究，根据经济、文化环境，对消费者的收入、文化、职业、性格等因素综合分析，力求准确把握。

2) 感受

感受是消费者在其了解的范围内，通过人的感官来实现的，是对外界刺激的心理上的反应，这就是感受对消费者购买行为的影响。感受指的是人们的感觉和知觉。

消费者一旦有了购买动机后，便会付诸行动，但他们如何行动还要看消费者对外界刺激物或情境的反应，即感受的影响。例如，两个消费者同时去一个皮鞋展销会参观，并都有购买皮鞋的动机。但结果大不相同，也许其中的一位认为这些皮鞋非常漂亮，非常时髦，对自己非常的合适，价格也公道，因而选购了 3 双皮鞋，而另一个人可能非常失望，认为这些皮鞋样式陈旧，做工不够精细，所用的皮革不考究，色彩不够艳丽，以至于空手而归。这样的事例在现实生活中比较常见，这就说明处在同样的情境和同样的刺激物下的消费者，由于其感受不同，购买决策和购买行为也可能不相同，这主要是由于每个人的先天禀赋和后天经验不同，对吸收、组织和理解由感官所接受的信息的角度不同所造成的。

资料补充 3–6

感受的特性

(1) 选择性感受。一个消费者从早到晚要接触大量的信息和刺激。举例说，一个消费者每天接触的媒体广告数以百计，然而，如果我们进行一个调查，一个消费者是不可能说出他所接触的每一个广告的具体内容的，但是总会有一些广告会被消费者记住，而影响到这位消费者的购买行为，这种忽略了绝大部分、只选择极少数部分的特征就是感受的选择性。

(2) 选择性曲解。有时有些信息已被购买者注意和接受了，但其发生的影响与发布者的初衷不一定相同。这个原因就可能是由于接受者在对其所接受的信息的加工处理过程中，自觉不自觉地加进了个人的一些观点，往往会按照自己的理解进行解释，个人的理解不同，就会造成了即使受到相同的刺激，不同的人也会产生不同的感受。这就是选择性曲解。

(3) 选择性记忆。是指人们所获得的信息绝大部分都被遗忘了，只记住一些与自己的意见、观点一致，或者自己感兴趣的信息，而忘掉其他的信息。例如，人们都会记住第一，却记不住第二就是这个道理，如中国的第一块奥运会金牌得主是许海峰，那第二块奥运会金牌得主是谁，能记住的人恐怕就不多了。

3) 态度

态度通常是指个体对事物所持有的喜欢与否的评价、情感上的感受和行为倾向。态度不仅是在后天环境中产生的，也是针对某一对象产生的。消费者态度对消费者的购买行为有很大的影响。

消费者的态度还包含 3 个相互联系的成分，即信念、情感和意向。

(1) 信念。是指人们认为确定的、真实的事物，一般说来，信念是来自于知识、见解，也有来自于信任的。在实际生活中，消费者不是根据知识，而常常是根据见解和信任作为他们的购买决定的。而信任往往产生于名牌商品、良好的信誉、优质的服务、公道的价格等。

(2) 情感。是指商品和服务在消费者情绪上的反应，如对商品或者广告喜欢还是厌恶。情感往往受消费者本人的心理特征与社会规范影响。

(3) 意向，即态度的动作倾向。是指受消费者采取某种方式行动的倾向，是倾向于采取购买行动，还是倾向于拒绝购买。

对于生产经营企业的营销人员来说，研究消费者态度的形成，利用市场营销策略和手段，让消费者了解生产经营企业和商品或者服务，帮助消费者建立对本企业的正确的信念，培养对企业商品和服务的情感，让本企业的产品和服务尽可能适应消费者的意向，使消费者的态度向着有利于企业的方面转变，这无疑是一项艰巨的工作。

4) 学习

学习，即指在相似的情况下，由过去的行为所引发的行为改变，换言之，学习是指由于经验而引起的个人行为的改变。人的行为，除很少一部分是属于“先天”本能行为，其余都是通过学习得到的，即是“习得性”行为，显然，购买行为就是“习得性行为”。学习是通过驱策力、刺激、诱因、反应和强化的相互影响、互相作用而进行的。学习流程如图 3.3 所示。

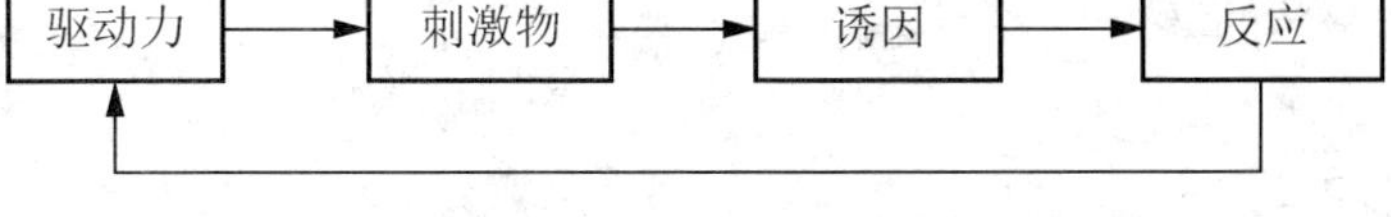

图 3.3　学习流程图

学以致用

又是一个快乐的星期天，杨珊和好朋友李莹约好一起逛街。在太平洋百货的门口，她们看见了一派热闹的情景：大幅“十年店庆”的标语和红灯笼，还有门口熙熙攘攘的人群……最吸引她们注意的是“全场三折”的价格优惠，惹得两个人心里直痒痒。对于她们来说，太平洋百货的商品价位一向是比较高的，虽然漂亮的衣服和鞋子很诱人，但每月只有 2 000 多元的工资，让她们只好望而却步。今天真是难得的机会，于是两人异常欣喜地跨进了店门……

思考：你会在商场促销打折时踊跃前往购买吗？为什么？

3.3 分析服装消费者购买决策过程

不同消费者在制定购买决策过程有特殊性，也有一般性。对此加以研究可以更有针对性地开展营销活动，满足需求，扩大销售。那么，消费者购买行为有什么特点？消费者购买行为中有哪些类型？同时是怎样作出购买决策的？购买的整个过程是怎样的？这些问题都是营销人员重点研究目标顾客时最关心的问题。

学前小思考

1. 你在购买服装时，与购买日用品时的行为表现一样吗？
2. 消费者购买价格较高服装时，为什么会犹豫不决，拿不定主意？

知识大扫描

3.3.1 消费者购买服装行为的主要特点

1. 服装消费者多而分散

服装市场的消费者几乎包括所有的人，这就使这个市场人数众多，而且地理位置分布极其分散。对多数的服装来说，消费需求的变化迅速，不同的性别、年龄、习惯的消费者在服装消费需求上存在较大的差异性和复杂性。

2. 消费者购买服装量小，购买次数频繁

由于受到消费者人数、需求量、购买力等因素的制约，消费者每次购买的服装数量不可能很多，同时受到服装季节和流行的影响，这就使消费者购买服装的次数频繁。

3. 消费者购买服装的差异性较大

消费者购买服装因受年龄、性别、职业、文化程度、民族、宗教等影响，其服装需求有较大的差异性，对服装的要求也各不相同。

资料补充 3-7

女性顾客购买心理

根据一家市场调查公司对北京、广州和上海 3 个城市 900 多受访者进行调查的结果表明，93%的 18～35 岁的女性都有过“情绪消费”行为，也就是冲动性购买行为。她们在到商店前并没有明确的购买目的，但受到促销、打折和广告影响，很容易就引发了购物的冲动。有很多女性经常会在买东西回家以后，才发现自己买回来的东西根本没有必要。

4. 消费者购买服装有明显层次性

因消费者的收入水平不同，所处社会阶层不同，其服装需求表现出一定的层次性。一般收入的消费者购买服装重视物美价廉、实用；收入较高的消费者购买服装时对品牌和功能要求较高。

5. 消费者的购买服装多数属于非专家购买

消费者对服装的性能、品牌较熟悉，消费者购买服装受广告宣传和促销手段的影响较大，多属于非专家购买。

6. 消费者购买服装的流动性较大

随着市场经济发展，商务性活动、休闲旅游和外出务工等人口流动性加大；同时由于各地经济发展水平不同，市场上各种服装的质量、价格、款式、品种等有较大的差异，这就使消费者的服装消费行为在地区间发生流动。

3.3.2　消费者购买服装行为的主要类型

企业营销人员在了解消费者服装购买行为的影响因素基础上，还要学会分析和研究消费者购买服装行为的主要类型、消费者购买服装决策过程的主要步骤。

美国营销学家亨利·阿萨尔(Henry Assael)根据购买时介入程度的高低(即购买一件商品所花费的时间、精力的大小)和商品品牌的差异，将购买行为分成 4 种类型，如图 3.4 所示。

(1) 复杂的购买行为(complex buying behavior)。特点：品牌之间有明显的差异，消费者要花较多的时间精力去完成的购买行为。这样的商品一般价格较高，购买风险大，如名牌服装、包等。营销这类产品应尽力向消费者介绍产品的功能、特点，以及与其他品牌相比较的优势。

品牌差异 \ 介入程度	高	低
有明显差异	复杂的购买行为	寻求多样化购买行为
无明显差异	减少不协调购买行为	习惯性购买行为

图 3.4　亨利·阿萨尔的消费者购买行为分类

(2) 减少失调感的购买行为(dissonance-reducing buying behavior)。特点：品牌之间差别不大，但消费者要花较多的时间、精力去购买，购买后往往会后悔的购买行为。这样的商品一般价格较高，购买风险较大，如地毯。营销措施：合理定价，注意售后的沟通。

(3) 习惯性购买行为(habitual buying behavior)。特点：品牌差异不大，消费者不花多少时间精力去购买的购买行为。这样的商品一般价格较低，购买风险小，是消费者经常要购买的商品，如家居服、袜子等。营销措施：价格优惠，有的可多做广告。

(4) 寻求多样化购买行为(Variety-Seeking buying behavior)。特点：品牌有明显差别，消费者不花多少时间精力购买，但经常变换品牌，这种变换不是对某种品牌不满意，而是为了变换款式，如毛巾等。营销措施：占据有利的货架位置，经常做提醒广告，有时还可以采取多品牌策略。

3.3.3 消费者服装购买决策过程

消费者服装购买决策过程可以分成 5 个连续的步骤，即确认需求、寻求信息、评估比较、购买决策、购后评价。消费者购买决策流程如图 3.5 所示。

图 3.5 消费者购买决策流程

案例 3–6

李明购买运动鞋的决策过程

暑假到来了，李明决定与同学一起去旅游，但他发现没有合适的鞋子，于是决定购买一双。他对自己的资金作了预算，确定可以花费 300 元左右购买一双运动鞋。他在 QQ 上和同学们讨论各种品牌的运动鞋，最终确定李宁和特步这两个品牌。然后他开始浏览 C2C 网站，经过几个小时的搜索，他最终决定购买李宁牌，参考价格为 298 元。他输入运动鞋型号并按卖家信用排列搜索结果，将卖家所在地限定为杭州。最后他确定了一个卖家，售价约为 290 元，通过银行转账给支付宝。

1. 确认需求

确认需求是购买过程的起点，当消费者意识到自己的实际状态与期望状态存在差异时，就产生了需求。对服装而言，促使消费者确认需求的原因可能有以下几个方面。

(1) 自然破损。衣服破损，失去了使用价值，必须更换。

(2) 心理欲求的不满。衣服本身并无破损，仍可穿着，但因已过时，不合潮流而放弃，从而添置新潮时装。

(3) 经济收入的变化。收入增加会刺激更多的需求，相反会使需求降低或减少。

(4) 环境地位的改变。环境地位的改变会使人们改变自己的着装，以适应不同角色和地位。

(5) 时尚潮流或新产品的影响。款式新颖的流行服装会吸引人们的注意、刺激人们的需求，手感良好、外观漂亮的新面料也会诱发人们的购买欲。

(6) 服装的整体搭配。由于服装整体配套协调的穿着很重要，已日益引起人们的重视。如买了名牌套装的女士，需要相应的内衣、丝巾、鞋、包等配套。

营销人员在这个阶段的任务是，了解与本企业服装有关的现实和潜在的需求；了解消费者需求随时间推移，以及外界刺激强弱而波动的规律性，以便设计诱因，增强刺激，唤起需求，最终唤起人们采取购买行动。

2. 录求信息

消费者的需求被引发以后，就会收集需要购买的服装的有关信息。需求者寻找信息的渠道主要有 4 种。

(1) 个人渠道，如家庭、朋友、邻居、熟人等，这是最有效的信息来源。

(2) 商业渠道，如广告、商店、推销员，商品包装、商品展销及有关商品说明书等所提供的商品信息，这是消费者收集信息的主要来源。

(3) 公共渠道，如报纸、杂志、广播、电视和公共组织等，追求品牌知名度的人会从公共渠道来获得更多的有关名牌的信息。

(4) 实际体验，接触、检查及使用某产品和服务得来的经验。注重实用的人，可能更多地从试穿某件服装中去体验。

一般说来，消费者得到的商品信息，大部分出自商业来源，而影响力最大的是个人来源。各种来源的信息对消费者购买决策都有相当的影响，在正常情况下，商业来源主要起到通知的作用，个人来源主要起到评估的作用。

3. 评估比较

在比较复杂的购买行动中，消费者对已经获知的信息进行估价、比较，以便对商品属性作出价值判断。在消费者的评估选择过程中，营销者应该注意：一是产品性能是购买者所考虑的首要问题；二是不同消费者对产品的各种性能给予的重视程度不同，或评价标准不同；三是多数消费者的评价过程是将实际产品同自己理想中的产品相比较的过程。因此，营销人员要注意了解并努力提高本企业产品的知名度，使其列入消费者比较评价的范围之内，才有可能被选为购买目标。同时，还要调查研究消费者比较评价某类商品时所考虑的主要方面，并突出进行这方面的宣传，对消费者购买选择产生最大影响。

案例 3-7

某消费者购买休闲服筛选信息过程

某一消费者想购买一件运动休闲服饰，图3.6中最左边的方框表明所有休闲品牌的组合；他所熟悉的一些品牌称为该消费者的“认识组合”，这些品牌中只有一些符合他的购买要求，这些品牌构成了“考虑组合”，随着消费者了解到更多的有关品牌信息，将仅有少数品牌留在他的选择范围之内，这些品牌组成了“选择品牌”，最后，他决定购买耐克休闲服。

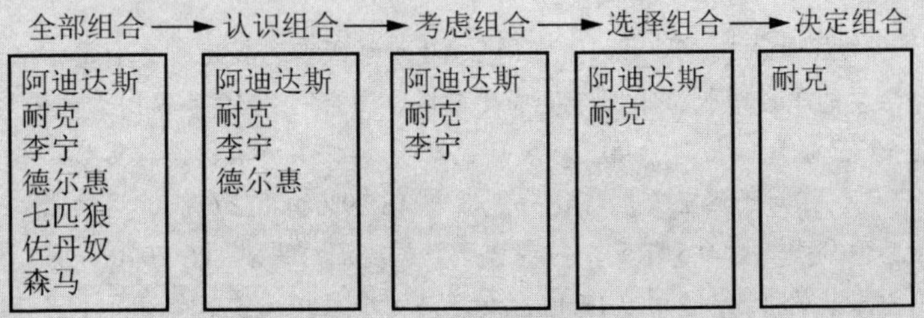

图3.6　某消费者购买休闲服筛选信息过程

4. 购买决策

经过评估比较阶段，消费者可能会形成某种购买意图。然而在购买意图与购买决策之间，有两种因素会影响其作出购买决策。

(1) 他人的态度。其他人如果在消费者准备进行购买时提出反对意见或提出了更有吸引力的建议，会有可能使消费者推迟购买或放弃购买。

(2) 出现未预料的情况。在消费者准备进行购买时所出现的一些意外变故也可能使消费者改变或放弃购买决策。例如，服装的折扣程度并非自己的预期，或喜欢的款式没有合适的尺码。

影响消费者进行最终购买决策的根本问题是消费者对购买风险的预期。如果消费者认为购买之后会给其带来某些不利的影响，而且难以挽回时，消费者改变或推迟购买的可能性就比较大。所以营销者必须设法降低消费者的预期购买风险，这样就可能促使消费者作出最终的购买决策。

5. 购后评价

消费者已经作出了实际购买，但并不意味着购买过程的结束。消费者购买后有 3 种心理状态：购后满意、不满意和购后疑虑。消费者的满意度取决于其期望与产品实际绩效之间的对比，如果实际绩效能够达到消费者对产品的期望则消费者会感觉满意，反之则不满。因此，企业对服装产品的广告宣传要实事求是，不要夸大其词，否则消费者的期望不能实现，就会产生强烈不满，甚至退货及阻止他人购买。消费者购后感觉和行为如图 3.7 所示。

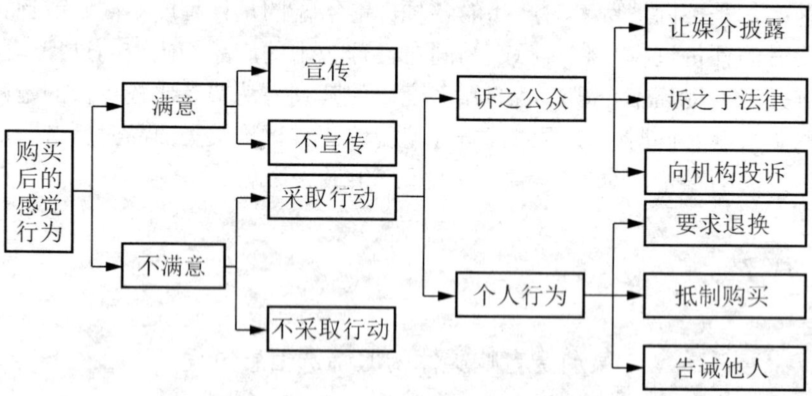

图 3.7 消费者购后感觉和行为特征

学以致用

根据 Enfodesk 易观智库最新数据显示，淘宝网 2010 年第四季度服装成交金额环比增长 123.7%达到 429 亿元，相对于前 3 个季度的平缓增长，第四季度成交激增。淘宝网 2010 年第四季度服装分类中，“女装”分类交易金额最高，达 177.2 亿元，相对于第三季度环比增长 144.3%；其次是“男装”和“女鞋”分类，分别达 68.6 亿元和 47.3 亿元，相对于第三季度环比分别增长 185.9%和 172.6%。“运动服、运动包、颈环配件”分类的成交金额低于其他分类，为 9.5 亿元。易观智库数据监测结果表明，2010 年第四季度淘宝网女装成交金额和成交人数分别为男装的 1.58 倍和 2.13 倍，女装购买金额和人数都要远高于男装，包括甚至男装消费者中女性的消费比例 2010 年第四季度达到 43%接近一半，因此女性消费者为淘宝网服装购买的主体，也是网上零售服装购买的主要力量。

思考：为什么女性会成为网购服装的主体？女装网购者搜集信息的方式有哪些？

任务小结

服装企业在满足消费者需求的过程中，企业必须分析各类消费者购买行为的产生和形成，从而掌握营销的主动权。服装企业要在市场从事有效的营销活动，必须清楚 6 个“W”和一个“H”，即什么人、在什么时间、什么地点、为了什么原因、购买什么商品，是如何购买的。

服装消费者市场是指消费者个人或家庭为满足自身生活需要而购买服装的市场。影响消费者购买服装行为的因素主要包括内在因素和外在因素。内在因素即个性心理特征，包括动机、感受、态度、学习等方面。外在因素包括社会阶层、相关群体、家庭生命周期阶段、文化状况等。

消费者的购买行为类型主要有 4 种，即复杂的购买行为、减少不协调购买行为、习惯性购买行为和寻求多样化购买行为。购买者购买的慎重态度会随着购买情况的复杂性而变化。复杂的购买行为可分成 5 个步骤：确认需求、寻求信息、评估比较、购买决策和购后评价。企业营销人员需要了解消费者在每一阶段的行为及其对购买决策的影响，为目标市场制定有效的营销计划。

知识巩固

一、名词解释

1．市场营销刺激　　2．消费者市场　　3．感受　　4．相关群体

二、不定项选择题

1．西方人婚礼喜欢穿白色的礼服，而中国人偏爱红色，这是在(　　)差异上的表现。

A．文化　　B．亚文化　　C．观念　　D．个性

2．消费者不可能在真空里作出自己的购买决策，其购买决策在很大程度上受到文化、社会、个人和心理等因素的影响。其中，社会角色与地位属于(　　)。

A．文化因素　　B．社会因素　　C．个人因素　　D．心理因素

3．消费者对某一品牌评价较差，就会在相当长的时间内保持不变，并且会对使用该品牌的所有产品都有不好的评价。这种心理因素是(　　)。

A．动机　　B．态度　　C．知觉　　D．学习

4．按照马斯洛需要层次理论，人们在满足了生理的需要之后，就会追求(　　)。

A．尊重的需要　　B．安全的需要　　C．社会的需要　　D．自我实现的需要

5．消费者得到的商品信息，大部分出自(　　)。

A．商业来源　　B．个人来源　　C．公共来源　　D．经验来源

6．王刚经过反复思考长时间比较选择后，决定购买一套名牌的西装。其购买行为属于(　　)。

A．习惯型购买行为　　B．变化型购买行为

C．协调型购买行为　　D．复杂型购买行为

7．服装消费者市场的特点是(　　)。

A．市场比较集中　　B．购买人数多而分散

C．多属专家购买　　D．缺乏弹性

8．冬天到了，小王见同事小张买了件羽绒服，觉得很好，于是准备星期天也上街选购羽绒服。这时小王处于购买决策过程的(　　)阶段。

A．确认需求　　B．寻求信息　　C．评估比较　　D．购买决策

三、判断题

1．对消费者的需求和购买行为影响面最广、最普遍的因素是社会文化因素。（　）
2．动机与行为没有直接的因果关系。（　）
3．需要是人的一种不满足感从而想获得满足的一种状态，需要产生动机。（　）
4．态度不仅是在先天环境中产生的。（　）
5．产品越特殊，购买频率越高，购买者越容易受其他人的影响。（　）
6．消费者对某商品越缺乏知识，受相关群体作用影响就越大。（　）
7．不同的家庭类型，家庭成员在购买决定中的作用往往是不同的。（　）
8．文化状况对消费者购买行为起决定性的作用。（　）
9．恩格尔定律认为，当家庭收入增加时，多种消费的比例会相应增加，用于购买服装支出的比例也会上升。（　）

四、思考题

1．影响消费者行为的内外在因素有哪些？
2．相关群体是如何影响消费者购买行为的？
3．分析消费者购买名贵服装的决策过程。
4．简述服装消费者市场的特点。

技能演练

一、案例分析

李女士的超级省钱买衣法

李女士在上海一家讲究仪表的公司工作，大家都很讲究穿着。有个收入相同的同事，光是刷卡买衣服一年就有 12 万元。而李女士穿得不比她差，一年总共不过用 1 万元。算起来，一年中，李女士有 62%的时间是在办公室的，所以上班可以穿的衣服是利用率最高的。其他的晚装是没机会穿的，运动装，家居服可以适当添点，但比例也不能超过 38%。

(1) 先购基本款服装，基本色，基本款，料子要硬点，不皱可水洗。外贸货最好，如两件套的针织服装、黑色西装套装、直身短裙、白色衬衣。200 元可以买到一件极好的西装。

(2) 再补充点艳色的时尚衣服，如 T 恤一类，50 元以下。

(3) 便宜又有特色的小饰品多置点，如各色腰带，胸针，项链，3 元一条的腰带质地也很好。

(4) 再有看家的包和鞋子，基本款的可以买打折的品牌货(反正款式多年不变)，价格控制在 200 ~ 500 元。耐用的款式可以用 10 年。又可以提升整体的档次，值得投资。

(5) 瑞丽伊人杂志 20 元一个月，看完可以将旧衣服配出 N 套新花样。这一方法值得强力推荐。

来看看李女士的得意之选：

No.1 服饰：用于工作、见客户

在淮海路的小店，买了一条古奇的吊带裙，50 元。料子是有弹性的棉布，花样是今年最兴的白地蓝色大花，很满意。

最近比较喜欢去 M 街，买了一件阿玛尼的长袖白西装，是收腰的款式，腰上还有条蓝色的带子，正好跟上面的裙子是绝配，唯一的缺点是会皱。但想想自己也只有这一件短款的白西装。

No.2 服饰：用于周末、日常穿着

上衣是 DKNY 正品的双层纱衣，在 XS 广场买的。外层是花纱，上面有小小的亮片，里面是红纱，也是好搭配的。裙子是黄色的军装裙，在XS广场对面的商场买的。包是襄阳路买的便宜货，其颜色与衣服很相配，但背起来带子太硬，不舒服。

No.3 服饰：用于宴会、party

基本款式是一件黑色无袖、无吊带的连衣裙。上身搭配有两种：一是配米色西装，显得既随和又精干；二是配JESSIC的粉红上衣，兼顾淑女、休闲与工作。在非正式场合，也可以不再另配上衣，而只配一条香奈儿的腰链，显得很时尚的。

问题：

(1) 分析李女士的购买行为类型。

(2) 分析李女士的购买决策过程。

二、实训操作题

模仿一次购物行为，就本次购物中消费者的心理和行为表现进行分析。

【实训操作指令】

1．扮演者可以事先设计也可以即兴模仿消费者的购物情景。

2．要将购物过程中的必要情景予以体现。

3．分析讨论按照情景展开并可以延伸。

【实训名称】消费心理和行为分析。

【实训目标】重点分析影响同学购买行为的因素，分析清楚同学们购买各阶段的特点。

【实训组织】以4～5人为一小组，小组长为主持人进行分组活动。小组长应在事先选好一个典型的商品购买行为，让同学事先要有所准备，情景活动后每个成员的发言不得少于5分钟，且由小组长或指定的某位同学做好记录。小组长事后应有点评。

【实训考核】

1．小组情景活动设计占40%。

2．小组成员的团队合作表现占20%。

3．分析报告汇报的表现占40%。

【实训成果】每小组应形成一份有价值的分析报告。

任务 4　实施服装市场调查与预测

能力目标

完成本任务的教学，受训者应该具备以下基本能力：

1. 认识服装市场调查的概念、类型、内容
2. 能够熟练运用市场调查方法
3. 能够按照调研的基本要求实施调研

核心能力

在本任务的教学中，导师应重点关注受训者如下能力目标的实现：

1. 能准确界定服装企业面临的营销问题
2. 能准确就营销问题实施调查并撰写调查报告

知识目标

为了完成本任务，受训者需要的理论知识：

1. 营销调查的概念、作用、内容、类型
2. 营销调查的程序

任务分解

4.1 掌握市场调查基本知识
4.2 实施服装市场调查
4.3 进行服装市场预测

案例导入

阿迪达斯公司的市场跟踪调查

阿迪达斯公司始终以市场为导向，公司大部分的精力都花在研究顾客的需要和购买行为上。公司经常追踪分析最新的有关一般市场状况的资料，包括国内经济形势、体育用品消费趋势。在密切关注各种趋势并探索新的发展方向的同时，阿迪达斯公司也仔细研究竞争对手在设立新店、市场策略及产品价格方面的情况。

阿迪达斯公司的职员主要的职责之一，就是密切关注世界各地市场发展状况，定期提供报告给公司最高主管，并搜集各地的情报加以分析整理交给营业部门。市场资讯是公司策略规划及计划的基础，就像阿迪达斯公司的负责人所说："现代体育运动迅猛发展，体育用品的生产，必须以市场为导向，时刻注意改进产品，以适应顾客的需求，否则就有被挤垮的危险。"

思考：重视市场调查会给阿迪达斯公司带来怎样的收益？

任务明确

市场营销的目的主要是为了比竞争对手更好地满足市场需要以取得竞争优势，进而取得比竞争者更多的利润和收入。如果想达到这样的目的，服装企业经营者就必须开展市场营销调查，广泛收集市场营销信息，并根据取得的信息进行分析、预测市场的发展趋势，从而制定市场营销战略。

在服装行业，伴随设计、生产和销售而产生的各种信息成为服装企业取得市场优势的重要资源，需要牢牢把握。对服装市场的调查与预测工作分为下列3个子任务：

(1) 掌握市场调查基本知识；

(2) 实施服装市场调查；

(3) 进行服装市场预测。

本环节的学习与训练将围绕以上3个方面的子任务，根据服装企业的调查与预测工作逐渐开展。相信完成本任务的学习和演练，读者将会在掌握市场调查与预测的概念、类型、内容和步骤、方法等有关理论知识的基础上，具备服装市场调查与预测的操作能力。

4.1 掌握市场调查基本知识

服装市场的多变性与复杂性需要企业重视市场调查，以提高对市场的反应能力来满足目标市场的需要。市场调查工作需要有科学方法，而对科学方法的掌握就需要熟悉市场调查的基本知识。本任务将介绍市场调查的基本概念、作用和类型，为后面市场调查技能的学习打下基础。

学前小思考

1. 有人认为，企业不需要进行调查，调查太浪费时间、金钱。你是如何认为的？
2. "没有调查，就没有决策权"，这句话背后深刻的含义是什么？

知识大扫描

4.1.1 服装市场调查的概念及作用

1. 服装市场调查的概念

在市场竞争日趋激烈、“商场如战场”的今天，“知己知彼，百战不殆”散发出令人更为瞩目的睿智。企业懂得了产业信息的重要性，开始注意对市场进行调查研究。在服装营销实践中，企业会遇到各种各样的问题，如新市场的拓展、新产品的开发、新品牌的引入、销售的滑坡、品牌的老化等，这些都是服装企业在营销的特定时期需要解决的特定问题。解决这些问题的方法很多，但不管采用何种方法来解决问题，调查都是必不可少的。服装市场调查就如同企业营销管理活动的“耳目”，具有至关重要的作用。

所谓服装市场调查，是指服装企业为了达到特定的经营目标，运用科学的方法并通过各种途径、手段去收集、整理和分析研究有关市场营销方面的信息，从而掌握市场的现状及其发展趋势，以便为企业的决策提供参考依据的一种活动。它既是企业营销活动的起点，又贯穿于整体营销过程的始终，在企业的市场营销活动中起着举足轻重的作用。

营销小知识

市场调研业是现代信息咨询业的重要组成部分。它是根据特定目的，采用科学的调查手段，运用现代技术工具和研究方法，为解决经济、社会等方面问题而进行的咨询活动，是第三产业中有效利用智力资源服务于客户的智力密集型产业。发达的市场调研业是经济繁荣的必要条件，也是衡量一个社会文明进步的重要标志。

2. 服装市场调查的作用

企业经营成败的关键是预测未来市场的需求，而预测未来市场需求的关键是市场信息的收集和使用，市场信息的收集则在调查活动中开展。因此，服装企业必须重视市场调查工作。市场调查的作用具体表现在以下几个方面：

1) 了解服装市场现状，为管理者提供制定市场决策的依据

市场调查可以为企业的市场决策提供最直接有效的依据。一个企业要解决服装营销实践中遇到的问题，市场调查是必不可少的。如何解决问题和采取怎么样的做法，都取决于经营者对当前服装市场的认识，这一认识必须符合客观实际，仅凭经验而对市场情况作出的判断往往带有很强的主观性，不符合市场客观实际的决策，会对服装企业经营造成风险。

案例 4-1

市场调查的重要性

在美国，曾经有一家很大的运动鞋生产厂商，他的篮球鞋销售占国内市场篮球鞋销售总量的三分之二。在20世纪70年代末，开始出现了越野活动，公司的决策层认为这只是暂时的潮流，所以并没有生产跑步鞋。在随后的几年里，成千上万的爱好运动的美国人在公园和森林跑步，他们都穿着特定的跑步鞋。耐克、彪马和阿迪达斯等品牌顺应了市场的这一趋势，取得了迅速的发展。如果这个生产商一开始就意识到，不是凭直觉，而是及时地进行市场分析，那么他肯定不会失去那么多的机会。我们可以从中得到结论：应重视市场调查，应该认真地对待信息并作出相应的情报分析。

2) 了解竞争者的重要经验与最新研究成果，及时调整经营手段

在市场竞争中，一个尚不完善的服装品牌，尤其是尚未成为业内领头羊时，通常将某个与自己旗鼓相当的对手作为竞争的目标品牌。通过市场调查，弄清目标品牌的底细，为赶超对手提供客观依据。

大部分市场业绩良好的服装品牌都会是其他服装品牌悄悄瞄准的目标品牌，前者有什么新的技术，什么产品好销、销量多少，后者通过市场调查即可一目了然，并且据此调整产品结构及生产经营手段，努力使自己产品占得更大市场份额。

3) 增强服装企业竞争的应变能力

企业管理的基础工作决定着企业管理水平的高低，而基础工作的重要内容之一就是收集和整理市场信息。在市场调查过程中，企业通过收集其经营活动中的内部和外部信息，并对原始信息加以分析和整理，才能对市场变化趋势作出较为科学的预测。通过市场调查，无论是品牌运作发生困难之时，还是销售业绩增长之际，明智的企业都会及时作出一定的市场战略调整，以适应新情况的发生。

上述 3 项服装市场调查的功用，在现今的企业环境形态下更显重要。近年来，我国服装的生产技术与消费者的知识结构均大幅度提高，服装产品的颜色、款式、材质变化多样，而消费者更有能力根据个性特点选择适合需要的服装产品。随着我国服装市场由生产者主导的“卖方市场”向由消费者主导的“买方市场”的转变，服装企业要想立足于买方市场，就必须了解消费者的需求，再配合这些需求进行生产与营销活动。由于不同区域的消费者对服装产品需求的多样化，想要确切掌握消费者的需要，并获得更多相关的信息，就必须以科学化的方法进行服装市场调查。

资料补充 4-1

市场调查咨询服务的市场现状

为满足企业掌握市场咨询的需要，市场调查与咨询服务业应运而生，并且发挥日益重要的作用，市场调查与咨询服务已经成为企业借助外脑的重要方面。例如，美国有 1 300 多家公司直接从事市场调查与咨询服务业务，年营业额达到 70 亿美元；英国有各种市场调查与咨询服务公司 300～400 家，在海外的咨询专家有 1 000 多人，分布在世界几乎所有的国家和地区，1995 年他们使英国出口增加了 160 亿英镑；日本有 600 多家市场调查与咨询服务公司和 8 万多名“诊断士”队伍，每年为成千上万家工商企业服务；业界估计，我国以市场研究为主业的公司在 1 500 家左右，营业额在 30 亿人民币以上。这一切都显示市场调查与咨询服务业具有巨大的市场潜力和发展潜力。

4.1.2　服装市场调查的类型与内容

市场营销调查经常遇到不同性质的问题，需要以不同的方法取得不同的资料。按其研究的问题、目的、性质和形式的不同，一般分为以下 4 种类型。

1. 市场调查的类型

1) 探测性调查

探测性调查用于探询企业所要研究问题的一般性质。如果研究者对所需要研究的问题或

范围不甚明确时，可采用探测性调查，以便发现问题，确定研究的重点。例如，某公司近几个月来产品销售量一直在大幅度下降，是什么原因造成的？是竞争者抢走了自己的生意？或是经济衰退的影响？或是顾客的爱好发生了变化？或是广告支出的减少？显然，影响的因素很多，公司无法一一查知。企业只好先用探测性研究法来寻求一些最可能的原因，从一些用户或中间商那里去搜集多方面的信息资料，从分析中发现问题，以便进一步调查。

探测性调查的目的是明确的，但研究的问题和范围较大。在方法上比较灵活，事先不需要进行周密的策划，在研究过程中可根据情况随时进行调整。探测性调查的资料主要来源于二手资料或请教一些内行、专家，让他们发表意见，谈自己的想法，或参照过去类似的实例来进行，多以定性研究为主。

2) 描述性调查

描述性调查主要进行事实资料的收集、整理，着重回答消费者买什么，何时买，如何买等问题，是通过详细的调查和分析，对市场营销活动的某一方面进行客观的描述，是对已经找出的问题做如实的反映和具体回答。多数的市场营销调查都为描述性调查。例如，对市场潜力和市场占有率、竞争对手的状况描述等。在调查中，搜集与市场有关的各种资料，并对这些资料进行分析研究，揭示市场发展变化的趋势，为企业的市场营销决策提供科学的依据。这类调查的目的在于对某一专门问题提出答案，所以比探测性调查更为深入细致，研究的问题更加具体。在研究之初，通常根据决策的内容，把研究的问题进一步分解。描述性调查需要事先拟订周密的调查方案，并做详细的调查计划和提纲，包括各项准备工作，以确保调查工作的顺利进行。

3) 因果性调查

描述性调查可以说明某些现象或变量之间的相互关系，但要说明某个变量是否影响或决定着其他变量的变化，就要用到因果性调查。

因果性调查的目的就是要找出关联现象或变量之间的因果关系，一般是为回答调查中“为什么”的问题提供资料。如要了解企业可控制的变量，如产品产量、产品价格、各项销售促进费用等与企业无法控制的变量，如产品销售量、市场的供求关系等之间的变化关系和影响程度，需通过因果性调查得知。因果性调查是在描述性调查的基础上进一步分析问题发生的因果关系，弄清原因和结果之间的数量关系，揭示和鉴别某种变量的变化究竟受哪些因素的影响及影响程度如何。

4) 预测性调查

对未来市场的需求进行估计，即预测性调查，是企业制定有效的营销计划和进行市场营销决策的前提。它是在前述调查的基础上进行组织处理信息，估计市场未来需求，对于企业今后发展有着一定的意义。预测性调查涉及的范围比较大，可采用的研究方法比较多，研究方式较为灵活。

资料补充 4-2

市场调查的执行主体

市场调查是自己进行还是交给代理公司？毫无疑问，市场调查应由营销专家负责进行，可以是本公司的一名或多名员工，也可以委托外面的代理公司进行市场调查。代理公司具有充分利用市场分析代理机构智能和经验的优势，与其他公司相比，著名的代理公司拥有经验丰富、知识全面的高级专家。市场调查公司有专门化的特征：某些市场分析家从事工业市场的研究，而另一些专家的重点是消费者市场。这些代理机构有一套标准化的、非常有效的提问方式。例如，他们不直接询问有关收入的令人尴尬的问题而了解被提问者的富裕程度。通常，应该认识到，委托外面的代理机构进行市场调查需要较高的费用，如果由自己公司来从事这项活动就可以省掉这笔开支，但前提是自己公司应拥有经验丰富和合格的市场专家。

2. 市场营销调研的内容

企业市场营销调查的内容很多，凡是影响企业市场营销的因素，都是营销调查的对象。但重点应放在对目标市场的调查上。

1) 市场调研

调研目的是了解市场状况，发现企业的潜在市场，为企业今后制定市场营销策略提供可靠的资料。调研内容有经济形势、货币情况、市场潜在容量、市场供应量、进出口量及其发展趋势。

2) 消费者调研

消费者需求是企业一切活动的中心和出发点。营销调研应该以消费者为重要内容，调研内容有消费者数量、消费者地区分布、购买动机、购买行为、品牌偏好、购买数量，以及对企业产品的满意度等。

案例 4-2

环球时装公司的消费者调查

日本服装业之首的环球时装公司，从20世纪60年代创业时的零售企业发展成日本有代表性的大企业，主要靠的是掌握第一手“活情报”。他们在全国81个城市顾客集中的车站、繁华街道开设侦探性专营店，陈列公司所有产品，给顾客以综合印象，售货员主要任务是观察顾客的采购动向；事业部每周安排一天时间全员出动，3个人一组、5个人一群分散到各地调查，有的甚至到竞争对手的商店观察顾客情绪，向售货员了解情况，找店主聊天。调查结束后，当晚回到公司进行讨论，分析顾客消费动向，提出改进工作的新措施。全国经销该公司时装的专营店和兼营店均制有顾客登记卡，详细地记载每一个顾客的年龄、性别、体重、身高、体型、肤色、发色、使用什么化妆品，常去哪家理发店及兴趣、嗜好、健康状况、家庭成员、家庭收入、现时穿着及家中存衣的详细情况。这些卡片通过信息网储存在公司信息中心，只要根据卡片就能判断顾客眼下想买什么时装，今后有可能添置什么时装。如此细致的销售调查，使环球公司迅速扩张，且利润率之高，连日本最大的企业丰田汽车公司也被它抛在后面。

3) 产品调研

调研目的是能够按消费者需要，不断推出新产品。调研内容有产品设计、产品功能及用途、产品品牌或商标、产品包装、产品生命周期、产品销售服务及产品开发。

4) 价格调研

调研目的是为了制定正确的定价策略。调研内容有影响企业定价的因素、产品需求弹性、不同价格策略对产品销售的影响等。

5) 销售渠道调研

企业需要了解中间商情况，建立合理的销售渠道来完成企业营销目标。调研内容有中间商的信誉、实力及需要中间商数目。

6) 促销手段调研

通过对广告及其他促销手段的调查，制定最佳促销策略。调研内容有广告媒体、广告效果、广告费用、推销人员分配情况及如何选择推销方式。

7) 竞争状况调研

企业要在市场上站住脚，保持和扩大市场占有率，必须对市场竞争情况进行调查。调研内容有竞争对手的市场占有率、产品特点及服务特色等。

8) 宏观环境调研

社会的经济、政治、文化环境对企业营销具有不同程度的影响，是营销调研的重要内容。调研内容有国家经济发展状况、政府有关方针、政策和法令、世界政治环境、本地区民族构成、宗教信仰、教育程度、文化水平状况等因素对市场、消费者的影响。

4.2 实施服装市场调查

在市场调查中，调查人员首先要了解什么是市场调查，开展市场营销调查有什么作用，市场营销调查可以分为哪些类型。在对这些内容有了初步认识后，接着就要考虑市场营销调查的程序。本任务将带领大家根据调查目的，选定调查方法，着手进行市场调查的操作。

学前小思考

1. 凭着营销人员的工作经验，进行市场调查的操作是否可行？
2. “只要调查结果正确，决策就没有风险”，这句话对吗？

知识大扫描

4.2.1 市场调查的程序

市场营销调研程序是指在具有一定规模的调查中，从调研准备到调研结束整个活动过程的具体步骤。在市场调研中，按照正确的程序进行，有助于提高调研工作的效率和质量。由于市场调研目的范围和内容不同，市场调研的程序也不完全相同。在这里，仅就一般情况，把市场调研分为 3 个阶段。

1. 调研准备阶段

调研准备是整个过程的开端。在这个阶段上，主要是确定需要调研的具体问题。问题确定得准确与否，决定着调研能否取得成效。如果问题确定得不准确，整个调研将是无效劳动。所以在正式调研之前，必须做好调研准备工作，确定市场调研的主要问题，即制定调研课题。具体可以分为以下步骤：

1) 发现问题

发现问题是解决问题的前提。所谓的问题就是主观与客观的不适应，企业营销存在的问题就是企业营销与市场环境的不适应，如产品质量问题、价格问题、促销方面的问题等。营销问题一般会在市场销售中表现出来。

发现问题有多种渠道，可以来自经营者的观测，可以来自信息资料的分析，也可以来自业务部门或用户的反映。注意确定的问题不要太宽，也不能太窄。

2) 分析问题

发现经营中存在的问题以后，接着要对问题进行分析，判断问题的症结所在，弄清应该调查什么。

3) 确定调研课题

对所要调查的问题比较明确了，就可以有针对性地把确定的问题转化为调研课题。调研课题要注意以下几点：①调查的课题必须是企业营销中的关键问题或主要问题；②必须是企业的可控因素；③应该是企业力所能及的。根据调研课题确定具体的调研提纲。

4) 制定调研计划

详尽的调研计划是搞好营销调研的保证。调研计划中应确定以下问题。

(1) 资料来源。根据调研内容来确定具体资料的来源。营销调研所收集的资料分为第二手资料和第一手资料两种。第二手资料是指企业在以往营销过程中收集、整理并可以运用、保存起来的信息，以及存在于企业外部有关市场营销信息的政府资料、商业资料、行业资料。第一手资料是为特定的调研目标而专门收集的信息。

(2) 调研方法。当企业决定需要收集第一手资料时，可以采用的方法主要有询问法、观察法和实验法。可根据调研内容来确定具体的方法。

(3) 调研工具和方式。在收集第一手资料时，可以使用的调研工具主要是调查问卷，问卷就是根据调查目的和对象而设置的调查表。一般的营销调研都是采用抽样调查的方式，这就需要决定样本大小即向多少人进行调查的问题。

(4) 调研日程安排。调研日程的安排涉及3个要素：人员、时间和活动。调研日程一般是以流程图为基础安排的。根据调研任务，可以利用流程图把从事某项调研的有关活动、所需时间和人员分工有机结合起来进行具体安排。

(5) 调研费用预算。在编制调研预算时，通常先把某项调研的所有活动或事件都一一列明，然后估算每项活动的费用，最后再汇总；或者先估计完成每项活动所需的时间，再乘以标准小时工资或日工资，最后再汇总。预算仅仅是一种估计，所以应有一定的灵活性，即预算金额要有一个上下差异幅度，如某调研项目的预算为40 000元×(1±10%)。

2. 正式调查阶段

这一阶段的主要任务，是组织有关人员深入实际，按照调研计划要求，系统地收集各种可靠的资料。这一阶段可按下列内容进行。

1) 明确调查任务、要求

市场调查是一项繁杂而细致的工作，因此要进行合理的分工协作，更重要的是让调查人员明确每一阶段自己的调查任务，了解每项调查内容的要求，掌握应用的调查技术。

2) 收集现成资料

第二手资料是他人调查和整理的现成资料，取得这部分资料比较容易，付出的精力也比较少。在市场调查中，应该根据调查要求，组织调查人员收集第二手资料，即现成资料，尽量减少那些不必要的劳动。只有在第二手资料难以提供决策所需信息的情况下才有必要去收集原始资料。第二手资料的收集应该按照“先里后外，由近及远”的原则行事。即先从企业内部收集，后从企业外部收集；先收集时间相隔较近的，后收集时间相隔较远的。具体资料来源如下。

(1) 内部来源。有企业档案包括会计记录、推销员报告和其他各种报告。以发票为例，销售发票是企业有关销售的会计记录的基础；从销售发票里可以找出诸如客户名称、客户地址、货物名称、成交数量、金额、折扣、装运日期、运输方式、销售地区等信息。有企业内部知情人包括企业内部的推销员、技术员、调研人员、产品经理、公关经理和企业的代理商、经销商和广告代理商等都可以提供有关信息资料。

(2) 外部来源。可以分成组织机构、文献资料、网络信息、企业外部知情人和专业营销调研公司。在企业外部有许多能向企业提供营销资料的机构，如图书馆、各级商会、贸易促进机构、同业公会、研究所、银行、消费者协会和其他企业等，上述各类组织机构提供的资料大多来自他们的各种出版物和网站。

案例 4–3

日本尼西奇公司发展的秘诀

日本尼西奇公司自 1921 年开始创建以来，就一直以生产和销售婴儿尿垫为主。但同时也生产雨衣、旅游帽、卫生带等橡胶制品，企业规模虽小，但仍然经常订货不足，企业经营不稳定。有一次，当尼西奇公司经理看到一份人口普查的报告，得知日本每年大约出生 250 万婴儿的信息。他想，现在人们生活方式都在变化，收入在不断提高，如果每个婴儿用两条尿垫，一年就需要 500 万条，这是一个相当广阔的尿垫市场。如果把眼光放到国外，市场更大，而生产尿垫，正是尼西奇公司的专长。于是公司决定致力于专门生产尿垫，把尼西奇公司变成尿垫生产的专业公司，以集中力量，创立名牌。

尼西奇牌的婴儿尿垫现在已经和丰田汽车一样在世界上有名，几乎所有大的百货公司、超级市场、儿童用品商店里，都陈列着尼西奇公司的产品，尼西奇公司已成为日本首屈一指的“尿垫大王”。如果当初尼西奇的经理没有关注到那份人口普查报告，也就不会有今日的尼西奇了。

(3) 收集第一手资料。第一手资料是通过自己进行调查取得的原始资料，取得这部分资料投入大，时间也长。但第一手资料的优点在于资料的及时性、准确性和可靠性。这一步骤就是进行现场的实地调查。在收集第一手资料时，应该根据调查方案确定的调查方式，选择好被调查对象，运用适当的调查方法，准确收集有关资料。收集第一手资料，是调查人员运用具体的调查方法取得资料的活动。由于选择的调研方法不同，资料收集技术的要求、难易度也是不同的。

案例 4–4

ZARA 的信息收集方式

成立于 1975 年的西班牙的 ZARA 品牌，属于 Inditex 集团众多品牌之一，为全球排名第三、西班牙排名第一的服装零售商，在全球各地 56 个国家内，设立超过两千多家的服装连锁店。ZARA 的浩大规模，完全不逊色于美国第一大连锁品牌 GAP，而且其 2004 年的获利率比 GAP 多出 3.5%，其成功之因，有赖于无懈可击的经营模式：快速响应经营模式。

ZARA的时尚情报信息主要来自于3条线索：第一条线索是自己设计团队中的那些时装设计师，他们可谓空中飞人，经常出没于米兰、巴黎举办的各种时装发布会之间，或者出入各种时尚场所，观察和归纳最新的设计理念和时尚动向；第二条线索来自于他们特聘的一些时尚买手和情报搜集专员，他们凭借灵敏的嗅觉，将所买下时装的款式或所看到的青年领袖的服饰特征，汇报给位于拉科鲁尼亚的设计总部；第三条线索来自于ZARA自己的门店，ZARA门店每天汇报总部的数据不但包括如订单和销售走势等硬数据，也包括如顾客反应和流行等软数据，当然这种软数据要细化到风格、颜色、材质及可能的价格等。为了方便每位门店经理即时地向总部汇报最新的销售信息和时尚信息，ZARA还专门为每位店长配备了特制的手提数据传输设备。

除此之外，设计群也实时与全球各地的ZARA店长进行电话会议，通过各地的销售状况与顾客反应，灵活变通调整商品的设计方向，满足客人的百变口味。而且在顾客购买的同时，店员已经将商品特征及顾客数据输入计算机，借由网际传输将数据送回ZARA总部，设计群则可掌握各种精确的销售分析与顾客喜好，再加上本身专业的时尚敏锐度，来决定下一批商品的设计走向与数量。如此一来，商品即可发挥最大销售率，也意味着能有效压低库存的出现率。

3. 资料处理阶段

资料处理阶段是调查活动的最后阶段。这一阶段如果草率行事，就会前功尽弃。所以，必须重视这个阶段的工作。

1) 资料的整理

对所搜集的资料一是要审核其真实性和准确性；二是要将资料分类、统计并制成图表，以便利用。

2) 资料的分析

对收集的资料进行整理后，运用“回归分析”、“相关分析”、“因素分析”、“判断分析”、“聚类分析”等方法来进行研究。对营销环境各因素的分析要客观、全面、准确。具体地说，分析出影响营销活动的营销环境因素有哪些，这些因素对企业的营销活动会产生什么影响；分析在这些因素中哪些是有利因素，哪些是不利因素；分析它们各自的影响程度如何，它们各自出现的概率有多大。

3) 提出结论汇成调查报告

调研的目的在于寻找市场机会，避开环境威胁，为营销决策提供依据。因此，调研结果必须要提出结论，写成调研报告。

调查报告是调查基本情况的陈述和提出调研结论，调研结论是调研报告的核心内容。

4.2.2 市场营销调查的方法

1. 观察法

所谓观察法，就是指调查人员直接到现场观察获取资料的方法，是市场调查中最简便的方法，它一般用于探索性调查。观察法的优点是凡是观察到的都是比较真实的、可靠的，可以搜集到调查对象不能自我提供的资料，具有较大的灵活性；其缺点是观察对象有局限性，观察结果容易受观察者和外界因素的影响，观察不到内在因素。因此，为了提高观察的信度和效度，就要提高观察者本身的观察能力，注意消除观察中的偏见，灵活安排观察程序，对观察活动进行有效的组织，充分利用科学的仪器或工具，如照相机、摄影机、录音机、望远镜等。

资料补充 4-3

市场调查中"神秘顾客法"的运用

在市场调查中，调查人员经常对商场的运行情况、消费者的消费倾向、销售情况、客流量情况等采用观察法来获取信息。其中"神秘顾客法"应用十分广泛。

神秘顾客的监督方法最早是由肯德基、诺基亚、飞利浦等一批国际跨国公司引进国内为其连锁分部服务的。该种方法是指由经过严格培训的调查员，在规定或指定的时间里扮演成顾客，利用事先设计的问卷和录音笔、针孔摄像机、手机等设备，对提供产品或服务的供应商自身的品牌形象、市场地位、公众价值等进行评估或评定的一种调查方式。由于被检查或需要被评定的对象事先无法识别或确认"神秘顾客"的身份，故该调查方式能真实、准确地反映客观存在的实际问题。由于神秘顾客来无影、去无踪，而且没有时间规律，这就使销售卖场的经理、雇员时时感受到某种压力，不敢有丝毫懈怠，从而时刻保持饱满的工作状态，提高了员工的责任心和服务质量。

2. 询问法

询问法是指通过面谈、电话询问、书信等形式搜集材料的一种调查方法。询问法是收集原始资料最主要的方法，最适宜于收集描述性信息。如果企业需要了解人们的知识水平、偏好、满足程度及购买行为，可采用询问法。使用询问法，调查问题的设计是关键，常见的问题类型如下：

1) 两项选择题

这是最简单的询问方式，仅要求对方回答"是"或"否"。例如，您喜欢某某服装的广告吗？喜欢；不喜欢。这种形式可以明确表明被访者的态度，但不能表示其意见的程度的差别。

2) 多项选择题

这是应用较多的一类问题。凡是存在多种可能答案的情况下，如征求用户意见，了解用户状况或爱好，调查购买意向，研究广告宣传效果，分析竞争前景等，都可采用这种提问类型。要用该类型的问题时，调查人员应事先设计好被调查者可能会想到的各种答案，并列在问题后面，供对方选择。例如，某多项选择题及其答案是这样设计的：

在购买服装产品时，您对哪一种促销方式最感兴趣？

A．打折优惠时　　B．购物返券

C．幸运抽奖或有奖销售　　D．赠送礼品或相关产品

E．VIP 会员活动　　F．购物积分

G．购物满一定金额赠优惠卡　　H．其他

3) 自由回答题

即由对方随意发表意见的问题，调查人不事先设计好答案。这种类型一般用于调查产品开发信息或广泛征求意见。例如，贵单位购买工作制服时考虑的因素有哪些？此类问题的优点是可以使被访者尽量发表自己的意见，这样易于收集到一些有建设性的参考意见。但缺点是结论很不一致，归纳、分类及整理工作很繁杂，对于一些不能描述意见或想不出什么答案者来说，会以"不知道"来应付，这样不利于统计工作。

4) 比较题

即调查者事先列举若干答案，由被访者依自己所喜欢的程度对题中各个选项加以比较和

评定，并列出前后顺序。在调查用户购货心理、产品竞争能力等方面时常用这类问题。

在问卷设计好以后，一般还应在小范围内进行试调查，以检查问卷设计是否合理，使用中是否会出现问题。通过试验并针对出现的问题对问卷加以修改后，才可以使用问卷进行正式的调查工作。

3. 实验法

实验法即通过小规模小范围的市场试销试验，观察分析顾客反应和市场结果，然后决定是否值得大规模生产和大规模推广。实验法是收集因果关系方面信息最适当的方法，包括包装实验、新产品销售实验、价格实验等。例如，研究包装或广告对产品销售量的影响，在其他因素不变的情况下，某种包装或广告使用前后销售量的变化，就可看作是该包装或广告的效果。经过实验可取得可靠的市场信息，对企业营销决策有重大参考价值。

案例4—5

包装改变实验法

某服装企业欲了解产品从经济型包装改为豪华包装是否能增加销量，选择了所属6家连锁专卖店进行试点。其中3家为试验组，改用豪华包装；另3家为控制组，仍使用经济型包装。试验了一个月，销售情况见表4-1。

表4-1 包装改变实验的实验数据

组别	试销前月销额/元	试销后月销售额/元
实验组	320 000	420 000
控制组	315 000	385 000

由表4-1可以看出，实验组与控制组的销量都上升了，但实验组销量上升得更快一些。这说明改变包装是有作用的，其对销售额的净影响是

$$420\,000-385\,000\div315\,000\times320\,000=28\,889(\text{元})$$

净影响率为

$$28\,889\div320\,000\times100\%=9\%$$

即经济型包装改为豪华包装能使销售额增加9%。

学以致用

某服装加盟店发现近一个月来消费者很少光顾，销售额大幅下降，欲找出其中原因。

思考：该服装加盟店应调查的内容有哪些？

4.3 进行服装市场预测

市场预测同市场调查和营销决策紧密相连。市场调查是市场预测的依据，市场预测是营销决策的基础，调查和预测的目的是为了实现营销决策的科学性和准确性。那么，如何进行市场预测呢？本任务将带领大家着手进行市场的预测。

学前小思考

1. “市场预测就是大家拿着调研数据开会讨论一下，举手表决一下”。这句话对吗？
2. “凡事预则立，不预则废”背后有着怎样的现实意义？

知识大扫描

4.3.1 市场预测的概念及作用

1. 市场预测的概念

预测就是根据过去和现在推测未来，从已知推测未知的一种活动。预测的应用范围十分广泛，包括自然界和人类社会的各个领域。

所谓服装市场预测，就是在市场调查的基础上，服装企业运用科学的方法对决策者关心的市场变量的未来变化趋势及其可能水平作出估计与测算，是为决策提供依据的过程。它是预测科学的一个重要组成部分。

市场预测以市场活动为研究对象，对未来市场商品供求及其发展变动趋势、发展前景作出推测和估计，同时对有相互联系、相互制约、相互影响的有关事件及其影响程度也要作出估计，它是人们对未来不确定市场事件的认识活动。预测结果与将来市场实际情况是不是相符合，主要取决于：市场本身的发展进程；人们自觉控制其发展趋向的把握程度；受偶然因素干扰的状况；人们认识市场客观经济事物的能力。也就是说，预测能否接近未来实际的关键在人们能否把握市场活动的内在联系和发展变化规律。

由此可见，市场预测是一种科学的预见。它是在市场调查的基础上，运用预测理论和方法，对市场情报信息资料进行分析研究，并测算未来一定时期内市场发展的前景和可能达到的水平及其变化趋势，从而为生产部门和流通部门制定经营决策提供科学依据。

案例 4–6

日本汽车工业的预测

美国汽车制造一度在世界上占霸主地位，而日本汽车工业则是20世纪50年代学习美国发展而来的。但是时隔40年，日本汽车制造业突飞猛进，充斥欧美市场及世界各地，为此美国与日本之间出现了汽车摩擦。

在20世纪60年代，当时有两个因素影响汽车工业：一是第三世界的石油生产被工业发达国家所控制，石油价格低廉；二是轿车制造业发展很快，豪华车、大型车盛行。但是擅长市场调查和预测的日本汽车制造商，首先通过表面经济繁荣，看到产油国与跨国公司之间暗中正酝酿和发展着的斗争，以及发达国家消耗能量的增加，预见到石油价格会很快上涨。因此，必须改产耗油小的轿车来适应能源短缺的环境。其次，随着汽车数量增多，马路上车流量增多，停车场的收费会提高，因此，只有造小型车才能适应拥挤的马路和停车场。再次，日本制造商分析了发达国家家庭成员的用车情况。主妇上超级市场，男主人上班，孩子上学，一个家庭只有一辆汽车显然不能满足需要。这样，小巧玲珑的轿车得到了消费者的宠爱。于是日本在调研的基础之上作出正确的决策。在70年代世界石油危机中日本物美价廉的小型节油轿车横扫欧美市场，市场占有率不断提高，而欧美各国生产的传统豪华车因耗油大、成本高，销路大跌。

2. 市场预测的作用

近几十年来，由于受到电子计算机和信息技术等科学技术方面重大突破的影响，商品经济迅速发展，市场规模空前广阔，市场竞争日趋激烈，商品交换已打破地区、国家和洲际界限。无论从宏观还是微观上讲，控制和影响市场的因素都增多了，市场结构及其运作规律变得更加复杂。因此，服装企业必须加强市场预测工作，才能在市场中求得生存与发展。市场预测的作用具体表现在以下几个方面。

(1) 市场预测是引导企业生产、满足消费者需求的重要手段。利用市场预测，企业可以根据市场已有的信息资料和其他影响需求变动的因素，对未来一定时期的市场需求作出预测，以需定产，最大限度地满足消费者的需求。

(2) 市场预测是企业制定科学的决策的重要依据。企业只有通过市场预测，才能根据消费者对其生产经营的商品的规格、品种、花色、性能、质量和数量等的具体要求，制定合理的生产经营计划，保证产销协调平衡地发展和企业再生产的良性循环。

案例 4–7

杉杉西服的市场决策

20 世纪 80 年代中期，“西装热”席卷了中国大地，数以万计的企业一哄而上，大做特做西服，仿佛一夜间要把中国人的穿着全盘西化。甬港服装厂从德国、日本引进了当时国际上最先进的生产线。谁料“西装热”如昙花一现，急剧降温，大批国产西服滞销积压，许多工厂或关门或停产。甬港厂也不能幸免，生产时断时续，经济指标一跌再跌，直至 1989 年的上半年，累计亏损 300 多万元，银行借贷高达 800 万元。资不抵债，濒临倒闭。

危急之中，郑永刚走马上任。从上任之日起，他就一直把工夫花在市场调查上。一个为报刊所猛烈抨击的现象给了他启迪：为什么一些年轻人会甘冒沾上传染病的风险掏钱购买走私西服？是贪便宜吗？是，也不是。这种西服制作不同于常见的传统工艺。它轻而薄，软而挺，洗后不易变形，在中国市场上很少看到。可见得西服市场萧条的关键不仅仅在于产大于销、供过于求，而是消费者的需求有了变化。而这种新工艺西服又不是什么“新大陆”，走私西服中有个海外名牌——苹果牌，不就是自己厂为香港、日本加工制作的？过去我们生产的新工艺西服都出口了，没料到别人把它们穿旧了再拿来赚我们的钱。怎么我们就没想到为同胞们生产几件这种新工艺西服呢？

市场上的这个大空当被郑永刚捕捉到了，于是一场轰轰烈烈的传统西服世界的革命爆发了。他在国内 90%的专业西服店高悬“不惜血本大甩卖”揽客牌、多数同行纷纷转产之际，作出令世人震惊的决策——大幅度削减为外商定点加工业务，筹措 180 万元资金，生产以“杉杉”为牌子的新工艺西服。新一代“杉杉”牌西服在市场上一炮打响，迅速走红。在看似不合理的市场预测基础上，企业家的决策让企业取得快速发展。成功企业家的过人之处在于：他掌握着市场规律性的东西，有敢于创新的勇气和魄力。

(3) 市场预测是增强企业在市场中的应变能力和竞争能力的重要途径。通过预测未来市场需求，企业可以预见市场新动向，提前开发新产品，增加产品的功能，提高产品的性能，这就是一种强有力的竞争手段。市场竞争是一种收集信息的竞争，谁掌握了市场信息，谁就能在竞争中处于一种优势地位。市场是变化的，这给企业营销活动带来一定的风险，但通过市场预测，企业在市场变化中可以积极采取各种应变措施，调整产品结构和营销策略，就能顺应市场形势，抓住市场机会，开拓新市场。同时，企业通过预测未来时期市场的需求变化动态，可以调整内部管理机构，合理配置人力、物力和财力，从而不断提高企业的管理水平。

(4) 市场预测能提高企业经济效益。通过市场预测，企业可以减少经营决策中的主观性、盲目性和随意性，以及由此产生的决策失误，掌握市场竞争的主动权，克服滞销、脱销、流通受阻等不良状态，提高劳动生产率，降低成本和流通费用，加速商品流通和资金周转，减少费用开支，从而提高企业经济效益。

4.3.2 市场预测的类型

在市场营销活动中，市场预测的方法很多。从按预测方法的性质可划分为定性预测与定量预测。

1. 定性预测

1) 对比类推法

对比类推法是指利用事物之间具有共性的特点，把已发生事物的表现过程类推到后发生或将发生的事物上去，从而对后继事物的前景作出预测的一种方法。对比类推法，依据类推目标，可以分为产品类推法、地区类推法、行业类推法和局部类推法。

(1) 产品类推法。有许多产品在功能、构造技术等方面具有相似性，因而这些产品的市场发展规律往往又会呈现某种相似性，人们可以利用产品之间的这种相似性进行类推。

(2) 地区类推法。地区类推法是依据其他地区(或国家)曾经发生过的事件来进行类推。这种推算方法是把所要预测的产品同国内外同类产品的发展过程或变动相比较，找出某些相类似的变化规律，用来推测目标的未来变化趋向。

(3) 行业类推法。这种对比类推往往用于新产品开发预测，以相近行业的相近产品的发展变化情况，来类比某种新产品的发展方向和变化趋势。

(4) 局部类推法。这种方法是指以某一个企业的普查资料或某一个地区的抽样调查资料为基础，进行分析判断、预测和类推某一行业或整个市场的市场量。在市场预测中，普查固然可以获得全面系统的资料，但由于主客观条件的限制，如不可能进行全面普查，只有进行局部普查或抽样调查。因此，在许多情况下，运用局部普查资料或抽样调查资料，预测和类推全面或大范围的市场变化，就成为客观需要。

2) 集合意见法

集合意见法又称集体经验判断法，它是利用集体的经验、智慧，通过思考分析，判断综合，对事物未来的发展变化趋势作出估计。由于企业内的经营管理人员、业务人员等比较熟悉市场需求及其变化动向，他们的判断往往能反映市场的真实趋向，因此这是进行短、近期预测常用的方法。这种方法费用低、效率高，就是召集经理人员来座谈，研究市场的前景和展望。由于他们贴近市场，对市场情况和发展方向较清楚并有见地，让他们提出估计，然后综合意见，作出预测。

具体操作方法是，请几名销售人员分别估计某一产品在未来的销量及可能发生的概率，然后求出它们的期望值，最后把平均期望值作为销售额的预测值。

案例 4-8

某服装企业利用销售人员意见综合法预测下一年度的市场需求。选择了 3 位销售人员 A、B、C 进行预测。预测的指标主要有最低销量、最可能销量、最高销量及每种销量的概率，见表 4-2。

表 4-2 某服装企业预测表

销售人员	预测项目	销售额/万元	概率	销售额×概率/万元
A	最高销售量	4 000	0.2	800
	可能销售量	3 100	0.5	1 550
	最低销售量	2 000	0.3	600
	期望值			2 950
B	最高销售量	3 500	0.3	1 050
	可能销售量	3 000	0.6	1 800
	最低销售量	2 500	0.1	250
	期望值			3 100
C	最高销售量	3 000	0.2	600
	可能销售量	2 400	0.6	1 440
	最低销售量	2 000	0.2	400
	期望值			2 440

如果 3 位销售人员的权重相同，则平均销售预测值为

$$\frac{2\,950+3\,100+2\,400}{3}=2\,830(\text{万元})$$

由于企业销售人员、代理商与经销商最接近顾客，所以此种预测很接近市场状况，更由于此方法的简单，无须具备熟练的技术，所以也是中小企业乐意采用的方法之一。

3) 专家调查预测法

这种方法又称专家意见法，是指根据市场预测的目的和要求，向有关专家提供不一定的背景资料，请他们就市场未来的发展变化作出判断，提出量的估计。专家调查预测法在具体运用中，基本上采用两种形式，即专家会议法和专家小组法，又称德尔菲(Delphi)法。

营销小知识

德尔菲是古希腊地名。相传太阳神阿波罗(Apollo)在德尔菲杀死了一条巨蟒，成了德尔菲主人。在德尔菲有座阿波罗神殿，是一个预卜未来的神谕之地，于是人们就借用此名，作为这种方法的名字。

1946 年，兰德公司为避免集体讨论存在的屈从于权威或盲目服从多数的缺陷，首次用这种方法用来进行定性预测，采用匿名发表意见的方式来进行预测。德尔菲法最初产生于科技领域，后来逐渐被应用于任何领域的预测，如军事预测、人口预测、医疗保健预测、经营和需求预测、教育预测等。此外，还用来进行评价、决策、管理沟通和规划工作。

资料补充 4–4

德尔菲法的使用流程

1. 确定市场预测目标

调查的组织者首先要拟定预测提纲，明确预测目标，并准备好有关的信息资料及调查问卷，还要选择既熟悉业务、又善于与专家打交道的工作人员来负责预测工作。

2. 选聘专家

根据调查主题的需要，事先挑选一些专家，一般为 10～50 人。专家名单确定后，即可由工作人员将预测提纲及有关信息资料、征询表格送交到每个专家手中，请他们用书面方式，在规定的时间内各自作答，并定期交给工作人员汇总整理。

3. 反复征询专家意见

在第一轮调查意见回收后，工作人员以匿名的方式将各种不同的意见进行综合、分类和整理，然后分发给各位专家，再次征询意见。专家们根据新的提纲和资料，对原来的估计予以修改，提出新的判断估计，并要说明修改的理由，再交回给工作人员集中整理。如此几经反馈，一般在 3～5 轮后，各位专家的意见即渐趋一致。

4. 汇总处理

将各位专家最后一次征询的意见进行汇总统计处理，作为调查预测的结果。

4) 购买意见法

这种方法又称用户意见法。是通过一定的调查方法选择一部分或全部潜在购买者，直接向他们了解预测期购买商品的意向，并在此基础上对商品需求或销售作出估计的方法。听取用户意见的方式多种多样，可直接上门调查，也可打电话询问，或者是通过订货会、展览会等形式，听取用户的购买意向和了解购买力水平。这种方法特别适用与本企业有固定协作关系的老顾客，能作出比较准确的预测结论。在缺乏历史统计数据的情况下，运用这种方法，可以取得数据，作出推断。因而，这种方法在市场调查预测中得到广泛的应用。特别是对高档耐用消费品比较适用，能使供应商对市场提供适销对路的产品。但该预测方法的缺点是只能预测一些具有共同特点的产品，而对某种具体品牌的产品缺乏指导意义。

5) 预购测算法

这种方法是根据顾客的预购订单和预购合同来推测估计产品的需求量。这种方法主要运用于一些生产企业和批发企业的微观预测。对生产企业来说，宜用这种方法测算新产品、特需商品的需求量，这样可以避免由于产品资金的积压而给企业带来的损失。对商业企业而言，特别是商业批发企业，常用此法来估计销售额，用这种方法可以避免在数量和品种上造成的适销不对路。

2. 定量预测

定量预测也称为统计预测，是以有关统计样本资料为依据，运用概率与数理统计方法，不仅对某一事物的未来情况作出方向的说明，而且要求提供其变动大小的数值。按数值的表现形式还可以分为点值预测和区间预测。点值预测是给预测变量以某一定值，而区间预测是给预测变量的未来值一个可能分布区间。

常用的简单定量预测法有时间序列法、因果关系分析预测法等。

1) 时间序列法

所谓时间序列法，就是将过去的历史资料和数据按时间顺序加以排列和整理，从中找寻过去该事物随时间而演变的趋势，并据此预测未来的一种方法。该方法的特点是，假定预测对象在预测时期的变化规律、趋势和速度，与过去的发展变化规律、趋势和速度相同或大体一致。因此，只要将时间序列的倾向性进行统计分析并加以延伸，就可以推测出市场需求的变化趋势，从而作出预测。这种方法简便易行，应用非常广泛。但经济事件的未来状态不可能只是过去的简单重复。所以，该方法只适用于短期预测或中期预测。并且对事物未来发展变化中的转折点，往往很难推算出来，还必须结合其他方法，特别是定性预测方法进行综合预测，才有可能达到预期的效果。

经常使用的时间序列分析法有简单平均法、加权平均法，移动平均法、指数平滑法及季节指数法等。下面主要介绍前3种。

(1) 简单平均法。

如果产品的需求形态近似于平均形态或产品处于成熟期，可用此法加以预测。其计算公式为

$$\bar{x}=\frac{\sum x_i}{n}\ (i=1,\ 2,\ 3,\ \cdots,\ n)$$

式中：$\bar{x}$ 为预测值的简单算术平均数；x_i 为观察期内时间序列的每个数据；i 为时序数；n 为时间序列资料数据的个数。

这种方法的优点是计算方法简单，可以消除偶然性因素的影响；缺点是如果时间序列呈现某种趋势，如上升、下降、周期性变化，则预测结果不可靠。

(2) 加权平均法。

若过去的实际销量有明显的增长或下降趋势时，就不宜使用简单平均法，此时就可采用加权平均法。即逐步加大近期实际销量在平均值中的权数，然后予以平均，确定下期的预测值。其计算公式为

$$y=\frac{\sum_{i=1}^{n} w_i x_i}{\sum_{i=1}^{n} w_i}\ (i=1,\ 2,\ 3,\ \cdots,\ n)$$

式中：y 为预测值的加权平均数；x_i 为观察期内时间序列的每个数据；i 为时序数；n 为时间序列资料数据的个数；w 为权数。

这种方法能克服简单平均法的不足，考虑到预测对象的近期实际值更能反映其发展趋势，因而加大了近期值的权数。缺点是权数的确定依据是经验，所以预测结果带有一定的主观性。

(3) 移动平均法。

移动平均法是在简单平均法的基础上发展起来的。简单平均法是对时间序列的全部数据求平均数，而移动平均法是采取分段、移动平均的方法，即从时间序列的第一期数据开始，数次按一定的观察期数(跨越期)由前向后有序地移动求出每个跨越期的平均数，通过比较误差，以确定一个最佳的跨越期，即一组最佳的数据来求出预测值。移动平均法又分为一次移动平均法、加权移动平均法和二次移动平均法等。这里只介绍一次移动平均法。

一次移动平均法，是指对时间序列按一定的观察期数，顺序移动，平均只计算一次移动平均数作为预测值的一种时间序列预测法。其计算公式为

$$\hat{y}_{t+1}=\frac{x_t+x_{t-1}+\cdots+x_{t-n+1}}{n}$$

式中：$\hat{y}_{t+1}$ 为第 t 期预测值；x_t 为第 t 期实际值；n 为期数。

一次移动平均法适用于预测目标时间序列长期趋势基本呈现出水平样式，即每期数据是围绕着某个稳定值上下波动的情况。

2) 因果分析预测法

因果分析预测法，又称相关分析法。是根据市场现象中变量之间所存在的因果关系，通过统计分析和建立数学模型，来揭示预测变量与其他有关的经济变量之间的数量变化关系，再据此进行预测的一种方法。在市场预测中，虽然可以用时间序列分析法来测算市场供需关系的变动趋势，以此来直接预测未来的变化，但并不能说明全部问题。因为市场预测中，非确定性的因果关系是大量存在的，而因果分析预测法针对市场中普遍存在的因果关系问题进行研究预测，尤其在对市场现象的深层次、综合性、更准确的研究预测中更显示出它的优越性。因此，该方法是一种具体的、行之有效的、实用价值很高的、常用的市场预测方法。但它需要具备一定的条件，当应用该方法的条件不充分时，应考虑用其他方法进行预测，如时间序列分析法。其运用的条件为：

(1) 预测对象与影响因素之间必须存在因果关系，且高度相关。数据在 20 个以上最佳。

(2) 要有足够的统计数据。一般所取数据应在 20 个以上，因为数据过少会影响预测的准确性。

(3) 数据呈现的规律能反映未来的变化趋势，并且若数据的分布确有线性趋势，可采用线性解；若不是则用非线性解。

因果分析法中主要是回归分析预测法。回归分析法又可分为一元线性回归法、多元线性回归法、非线性回归法等。这里只介绍一元线性回归法。

一元线性回归法是分析一个因变量和一个自变量之间呈现出线性相关关系的回归分析预测方法。其基本数学预测模型为：

$$\hat{y}=a+bx$$

式中：$\hat{y}$ 表示因变量或预测值；x 表示自变量；a、b 表示回归系数。

回归系数的计算公式为：

$$b=\frac{\sum x_i y_{ai}-\bar{x}\sum y_{ai}}{\sum x_1^2-\bar{x}\sum x_i}$$

$$a=\bar{y}_a-b\bar{x}$$

式中：$\bar{x}$、$\bar{y}_a$ 分别表示因变量、自变量的平均值；a、b 回归系数计算公式是根据最小二乘法原理推算出来的，这里不作介绍。

总之，市场预测是一门科学。要做好市场营销预测，不仅需要学习统计学中的预测理论与方法，而且必须结合市场营销环境及企业本身的具体情况，根据其市场预测项目的具体内容及要求选择预测方法的类型，再根据数据资料的变化特点选择具体预测模型。在实际预测中为保证预测的效果，通常采用定性分析与定量分析相结合的方法进行预测，以取得最佳预测效果。

学以致用

请课后查阅相关资料，预测服饰奢侈品牌在中国的发展趋势。

任务小结

要完成市场营销调查与预测工作任务，首先要懂得市场营销调查的含义与作用，还要懂得归类，要明确调查的内容，重点应放在对目标市场的调查上。有了这些基础知识准备，接着进入调查程序。在实施调查当中，要注意方式方法，观察法、询问法、实验法等都是较好的方法。市场预测的类型包括了定性预测和定量预测，预测内容包括市场需求预测、市场供给预测、市场价格与竞争形势预测等。

知识巩固

一、名词解释

1．市场调查　　2．市场预测　　3．德尔菲法

二、不定项选择题

1．当市场调查人员分析问题时，除了亲自收集的资料外，先前为了一定的目的收集的资料也是一个重要的信息来源，这些资料被称为(　　)。

A．单一来源　　B．第二手资料　　C．最初数据　　D．便利数据

2．(　　)是收集原始资料的最主要的方法。

A．询问法　　B．市场观察

C．收集因果方面信息　　D．专家调查

3．市场营销经理要了解顾客的态度，了解顾客是怎样看待他们的产品和服务的，了解顾客是如何看待他们的竞争对手的，了解哪些客观因素对他们有利等，他就需进行(　　)。

A．市场营销规划　　B．市场营销组合设计

C．市场营销调查　　D．预测市场需求

4．实验法最适宜(　　)。

A．收集描述性信息　　B．实地观察

C．收集因果方面信息　　D．专家调查

5．回归分析技术是(　　)预测方法的主要工具。

A．对数直线趋势　　B．线性变化趋势

C．时间序列　　D．因果分析

三、判断题

1．定性预测的主要优点是简便易行，但缺乏客观标准。　(　　)

2．实验法是收集原始资料最主要的方法。　(　　)

3．因果分析法中主要是平均分析预测法。　(　　)

4．询问法、实验法、观察法都是常见的一手资料收集方法。　(　　)

四、思考题

1．服装企业开展市场调研的主要原因是什么？

2．服装企业收集资料的来源有哪些？

3．市场预测的方法主要有哪些？

技能演练

一、案例分析

李维斯公司：点纱成金

做好市场调查树立牢固的市场观念，按用户需要组织生产是李维斯公司成功的市场决策。

李维斯公司的创始人李维•施特劳斯是德国犹太人。他抛弃了国内的职业，追随哥哥到美国做杂货商。19世纪40年代后期，美国加利福尼亚州发现了金矿，掀起了“淘金热”。这给李维•施特劳斯“点纱成金”造成了可贵的机遇。一次，他乘船到旧金山开展业务，带了一些线团类的小商品和一批帆布供淘金者搭帐篷。下船后巧遇一个淘金的工人。李维•施特劳斯忙迎上去问：“你要帆布搭帐篷吗？”那工人却回答说：“我们这需要的不是帐篷，而是淘金时穿的耐磨、耐穿的帆布裤子。”李维深受启发，当即请裁缝给那位“淘金者”做了一条帆布裤子。这就是世界上第一条工装裤。如今，这种工装裤已经成了一种世界性服装。

牛仔裤以其坚固、耐久、穿着合适获得了当时西部牛仔和淘金者的喜爱，大量的订货纷至沓来。李维•施特劳斯于1853年成立了牛仔裤公司，以淘金者和牛仔为销售对象，大批量生产“淘金工装裤”。在李维斯公司的发展历程中，始终坚持搞好市场调查，树立牢固的市场观念，按用户需要组织生产。为了满足市场需要，李维斯公司十分重视对消费心理的分析。为此，公司设立了进行市场调查的专门机构，在国内外进行市场调查，为公司的决策提供依据。根据市场调查和长期积累的经验，李维斯公司认为，应该把青年人作为目标市场。为满足青年人的需要，李维斯公司坚持把耐穿、时髦、合体作为开发新产品的主攻方向，力争使自己的产品长期占领青年人市场。近年来，他们了解到许多美国妇女也喜欢穿牛仔裤。根据这种情况，李维斯公司经过深入调查，设计出适合妇女穿的牛仔裤、便装和裙子，1978年的妇女服装销售情况看好，销售额增加了58%。

正确的市场决策，带来了李维斯公司的大发展。公司在20世纪40年代末销售额只有800万美元，1979年增加到20亿美元，30年增加了250倍。近20年来，李维斯公司已发展成为活跃于世界舞台的跨国企业，公司按地区分为欧洲分部、拉丁美洲分部、加拿大分部和亚太分部。各分部分管生产、销售、市场预测等项事宜。

问题：

(1) 李维斯公司成功的原因是什么？

(2) 结合案例说明市场调查的意义。

二、实训操作

由于市场竞争激烈，某服装公司为了应对市场变化，决定生产一批适合大学生的服装，需要对在校大学生进行调查。假设我们每个小组的同学是该公司的营销部职员，选出一位营销经理，负责组织职员进行市场调查。

【实训操作指令】

1．运用至少两种市场调查方法。

2．设计一份市场调查报告。

【实训名称】市场调查实训。

【实训目标】培养市场营销调查的能力，进一步理解市场营销调查在市场营销中所起的重要作用。

【实训组织】

1．受训者 4～5 人一组，采取自由组合方式形成，每组设组长一名。

2．在规定的时间内完成市场调查报告，每个小组派成员进行 PPT 汇报。

3．指导老师组织受训者就调查报告进行讨论，形成基本判断。

【实训考核】

1．小组完成方案设计的表现占 40%。

2．小组成员的团队合作表现占 20%。

3．PPT 汇报的表现占 40%。

【实训成果】 完整的调查报告＋汇报 PPT。

任务5 确定服装企业目标市场

能力目标

完成本任务的教学，受训者应该具备以下基本能力：

1. 能使用市场细分的基本方法
2. 会进行服装目标市场的选择
3. 能对服装市场进行初步的定位

核心能力

在本任务的教学中，导师应重点关注受训者如下能力目标的实现：

1. 能准确细分服装市场
2. 能为不同的服装企业准确选取目标市场

知识目标

为了完成本任务，受训者需要的理论知识：

1. 服装市场细分的标准和方法
2. 服装目标市场选择的标准
3. 服装市场定位的方法

任务分解

5.1 细分服装市场
5.2 服装目标市场选择
5.3 实施服装市场定位

案例导入

李宁国际化品牌定位的茫然

借助2008年北京奥运的东风，李宁在2009年一度超越阿迪达斯，仅居耐克之后而成为中国运动服装品牌的榜眼。李宁是一家优秀的公司，其品牌积淀、战略规划、系统运营乃至公司的严谨规范，都比同期的竞争对手耐克、阿迪达斯更迎合国人的“胃口”，也比后起的追赶者“福建帮”更显档次。近些年来，李宁一直在努力摆脱地域对品牌发展的束缚，致力于打造国际化体育运动品牌形象。然而，在它频频调整起跳方式，试图飞跃国际化的龙门时，这家企业似乎总是难以持续，伟大的战略时常悬在半空，不仅国际市场不见起色，其国内市场又被阿迪达斯疾步赶上，同时还面临安踏的全面赶超之势。李宁公司最初的品牌形象，是运动服装的国家队，当时定位也非常精准，而在实施国际化品牌战略时却出现了目标消费者不清晰的状况。在“品牌重塑”过程中，李宁不断强化自己国际化的形象，李宁究竟是一个国际化的品牌还是本土化的品牌，却显得非常模糊。

服装品牌定位是我国服装产业成败之关键，很多服装品牌在实施市场定位过程中常常出现类似李宁这种品牌个性不鲜明，品牌面临被遗忘的困局。

思考：导致李宁在重新定位的过程中出现问题的原因是什么？你认为李宁服装在进军国际化的道路上应该如何定位？

任务明确

服装业的特殊性决定了服装商品种类繁多、需求量大而且复杂。随着人们生活水平的提高，对着装已经超越了蔽体御寒这些简单的需要，需要服装企业为市场提供多样化的产品。但是在实际中，企业无法用有限的资源来生产纷繁复杂的服装种类以满足每一个顾客的需求。如案例所述，李宁品牌在转型过程中就面临着该如何重新确立目标客户群以及该如何进行产品的重新定位的问题。

如何从企业自身的特色与能力出发来开发与经营服装市场，STP营销(市场细分、目标市场和产品定位)是关键所在。服装企业要实施差异化营销战略，就必须进行准确的消费者市场细分、目标市场选择及产品定位。本环节将遵循一般行业的目标市场营销方法，开展对服装行业营销目标市场的分析，具体分析工作分为下列3个子任务:

(1) 细分服装市场;

(2) 服装目标市场选择;

(3) 实施服装目标市场定位。

本环节的学习与训练将围绕以上3个方面的子任务，根据服装企业选择目标市场的方法和步骤逐渐开展。相信通过本任务的学习和演练，读者将会在掌握服装目标市场营销有关理论知识的基础上具备服装产品STP营销的操作能力。

5.1 细分服装市场

选择正确的目标市场，是服装企业抢占市场、扩大市场份额的重要任务。进行目标市场营销首先划分出服装企业面临的许多不同细分市场机会，针对每个细分市场进行评估，决定要以哪些细分市场作为进军的目标。本任务将带领大家从服装企业市场细分的基础入手，初步认识目标市场细分的标准和有效实施市场细分的方法。

学前小思考

1. 服装市场是根据什么标准进行细分的呢？
2. 只要服装款式好就能卖得好。这种说法对吗？

知识大扫描

5.1.1 服装市场细分

1. 我国服装行业的目标市场营销发展的3个阶段

1) 大量营销阶段

此阶段的服装企业大量生产和销售单一产品以吸引所有购买者。20 世纪 70 年代之前，由于商品短缺和特殊的社会政治背景，人们穿着单调，缺乏色彩，成衣业像生产工业标准件一样缝制服装。例如，20 世纪六七十年代服装厂加工出大量相似的中山装供应给所有男性消费者。

2) 产品多样化营销阶段

20 世纪 80 年代，随着改革开放的实施和经济形势的好转，长期被压抑的对服饰美的追求终于得以实现。这个阶段，各种款式、色调、面料的服装争奇斗艳，服装企业开始注意开发新的品种，服装市场品种开始丰富。但这一时期本质上属于大规模经营，虽然市场上服装品种繁多，但实际上大多数服装款式雷同，模仿、抄袭成风，没有明确的目标市场。例如，80 年代的喇叭裤迎合多数年轻顾客的需要，但它们在这之前并未对市场进行细分和确定各种产品的需要者。

3) 目标市场营销阶段

在市场细分的基础上，选择一个或几个子市场作为目标市场，针对目标市场的需要开发产品和制定营销计划。进入 90 年代，随着市场经济的形成，国外服装零售业的引入和服装消费层次的多元化，新的消费观念开始形成，服装成为不同生活方式、不同社会地位与角色、不同价值观、不同理想与追求的象征。消费者希望以合适的价格在合适的商店买到中意的服装，以满足不同场合的穿着需要。先期进入国内市场的境外服装企业品牌和零售店，开始以 STP 模式经营，参与国内市场角逐，也迫使传统服装企业进行改革。

2. 服装市场细分的概念

市场细分(segmenting)的概念是美国市场学家温德尔·史密斯(Wendell Smith)于 20 世纪 50 年代中期提出来的。市场细分就是指按照消费者欲望与需求把一个总体市场划分成若干个具有共同特性的子市场的过程。

分属于同一细分市场的消费者，他们的需要和欲望极为相似；分属于不同细分市场的消费者对同一产品的需要和欲望存在着明显的差别。对同一产品细分市场的依据很多，细分的结果也不同。服装市场细分不是根据服装品种、服装系列来进行的，而是从购买者的角度进行划分的，是根据市场细分的理论基础，即购买者的需求、动机、购买行为的多元性和差异性来划分的。服装市场细分的客观基础是同一产品消费需求具有多样性。

从需求角度来看，各种产品的市场可以分为同质市场和异质市场两类。

1) 同质市场

凡消费者或用户对某一产品的需要、欲望、购买行为，以及对企业营销策略的反应等方面具有基本相似性，这种产品的市场就是同质市场。例如，建筑工人的服装都需要耐磨的布料制作。只有极少一部分产品(主要是初级产品)的市场属于同质市场，显然，同质市场无须细分。

2) 异质市场

消费者或用户对这种市场中的产品的质料、规格、档次、花色、款式、质量、价格、包装等方面的需要与欲望是不相同的，或者在购买行为、购买习惯，以及对企业营销策略的反应等方面存在着差异性。正是这些差异，使市场细分成为可能。市场细分，也可以说就是把一个异质市场划分为若干个相对来说是同质的子市场的过程。绝大多数服装的市场都是异质市场。

当然，同质市场和异质市场也是可能相互转化的。例如，男士西装在以前是相对的同质市场，但是随着人们生活水平的提高，这个市场愈来愈成为异质市场，这样以前只需要按档次标出价格的服装，此时却需要进行细分，分出不同人群需要的款式和质地了。

市场细分并不总是意味着把一个整体市场加以分解。实际上，市场细分常常是一个聚集的过程，即依据一种或多种变量把对某种产品的某些特点敏感的消费者或用户集合成群，以使其规模能够达到实现其目标的水平。

案例 5-1

阿依莲的市场细分策略

阿依莲是一家集设计、生产、销售于一体的专业化服装公司，自 1999 年创立，经过公司的不断努力及各地客户的鼎力支持，至今已遍布中国各大城市，地区分销机构 20 多家。

经过多年的发展，我国女装已经基本满足了女性衣着需要，但是却只有少数女装有着自己的个性。而现代的消费者着装都追求个性化，追求自我风格和完美，各个年龄阶段的女性消费者对品牌服装的要求也越来越高，这就使市场产生了分化，不同年龄层次、不同经济地位、不同文化背景的消费者需要不同的服装。因此谁能在女装中拥有自己独特的设计理念和风格，谁就能在消费者心中占有一席之地。地处经济发达的大中城市 18～30 岁的青年白领女性属于品牌服装的主要消费群；同时，中低档消费开始渐渐向中档消费转变；当代女性服装消费在朴素、大方、实惠的基础上，将朝着时尚、典雅、自由、自信的方向改变。阿依莲服装的购买人群是国内 16～25 岁校园女生和年轻女性白领，以及对粉色和淑女造型有特殊情怀的女性。

3. 服装市场细分的作用

市场细分是目标营销的基础，它对于企业经营获得成功具有很大的作用。其作用具体有下面几点。

1) 有利于选择服装目标市场和制定服装市场营销策略

市场细分后的服装子市场比较具体，容易了解服装消费者的需求，企业可以根据自己的经营思想、方针及生产技术和营销力量，确定自己的服务对象即目标市场。针对较小的目标市场，便于制定特殊的营销策略。同时，在细分的市场上，信息容易被了解和及时反馈，一旦消费者的需求发生变化，企业可迅速改变营销策略，以适应市场需求的变化，提高企业的应变能力和竞争力。

2) 有利于发掘服装市场机会，开拓新市场

企业可以对每一个细分服装市场的购买潜力、满足程度、竞争情况等进行分析对比，发现有利于本企业的市场机会，使企业及时作出投产与销售决策或根据本企业的生产技术条件编制新产品开拓计划，以更好地适应市场需要。

3) 有利于集中人力、物力投入目标市场

服装企业通过细分市场，选择了适合自己的目标市场，可以集中有限的人、财、物等资源去争取局部市场上的优势，然后再占领自己的目标市场。例如，杉杉、雅戈尔、培罗蒙就是以生产男士西装的优势，确定了国内中高档男式服装的地位，逐步扩展到男士衬衣、夹克、制服等服装类别上。

4) 有利于服装企业提高经济效益

上述几个方面的作用都能使企业提高经济效益。除此之外，通过服装市场的细分，企业可以面对目标市场生产出定位准确的服装，既能满足市场需要，又可增加企业的收入；服装适销对路可以加速商品流转，加大生产批量，提高产品质量，降低企业的生产销售成本，全面提高企业的经济效益。

4. 服装市场细分的要求

企业实施市场细分化策略，必须注意市场细分的实用性和有效性。事实上，无论是消费者市场，还是组织市场，并非所有的市场细分都有效或有用。例如，将童装按儿童的长相来划分，显然是没有任何实际意义的。成功、有效的市场细分，应当考虑5个方面的条件。

1) 可衡量性

细分的市场必须是可以识别的和可以衡量的，亦即细分出来的市场范围比较明晰，能大致判断其大小。为此，据以细分市场的各种特征应是可以识别和衡量的。例如，男女性别的人数，各年龄组的人数，各收入组的家庭数，都是可以测量的。然而，也有一些因素是不易测量的，如要测量有多少服装消费者是"爱好家庭生活的人"。凡是企业难以识别、难以测量的因素或特征，都不能据以细分市场，否则，细分的市场将会因无法界定和度量而难以描述，市场细分也就失去了意义。

2) 效益性

细分出来的市场必须大到足以使企业实现它的利润目标。在进行市场细分时，企业必须考虑细分市场上顾客的数量，他们的购买能力和产品的使用频率。有效益的细分市场，应是那些拥有足够的潜在购买者的市场，并且他们有充足的货币支付能力，使企业能够补偿生产与营销成本，并获得利润的市场。为此，市场细分不能从销售潜力有限的市场起步。例如，服装制造公司不应该对身高1.4米以下的成年人再进行市场细分。

3) 可进入性

细分的市场应是企业的营销活动能够通达的市场，是企业能够对顾客产生影响、产品能够展现在顾客面前的市场。这主要表现在两个方面：一是企业能够通过一定的宣传媒体把产品信息传递给该市场的众多消费者；二是产品能够经过一定的销售渠道抵达该市场。考虑细分市场的可进入性，实际上就是考虑企业营销活动的可行性。很明显，对于不能进入或难以进入的市场进行细分是没有意义的。

4) 差异性

细分出来的各个子市场，对企业营销组合中任何要素的变动都能作出差异性的反应。如

果几个子市场对于一种营销组合的变化按相似的方式作出反应，就不需要为每一个子市场制定一个单独的营销组合。例如，如果所有子市场按同一方式对价格变动作出反应，就无须为每一子市场规定不同的价格策略。这样，也就没有必要进行市场细分。

5) 稳定性

有效的市场细分所划分的子市场必须具有相对稳定性。如果市场变化太快，变动幅度又很大，这样的细分也毫无意义。

资料补充 5-1

“快时尚”的含义

“快时尚”主要包含3方面的含义，即上货时间快、平价、紧跟时尚潮流。ZARA、H&M 等是“快时尚”的开创者。国际大牌最新款式发布后，ZARA 就会进行模仿和整合，其生产的服装在各零售门店上架，只需要两周左右的时间，消费者可以只用不到一半甚至十分之一的价格买到与顶级国际品牌类似款式的服装。“快时尚”每一款服装的生产数量都很少，这样不仅减少单款的陈列，同时人为制造稀缺，带动购买欲。

5. 市场细分的程序

进行服装市场细分的通用程序如下。

1) 确定潜在顾客范围

任何企业都应有自己的使命和目标，并以此作为制定发展战略的依据。当其决定了进入哪一个行业，就应考虑选定可能的顾客范围。潜在顾客范围应以市场的需求而不是产品特性来定。例如，对于森马公司，从产品特性来确定潜在顾客范围的话，它可能认为休闲装只会是低收入人群来购买，但是从市场需求的角度分析，便可看到许多公司白领，也是潜在顾客。

2) 列举潜在顾客的基本需求

选定潜在顾客范围后，企业的营销部门可从地理变量、行为和心理变量等方面，大致估算潜在的顾客有哪些需求。

3) 分析潜在顾客的不同需求

在上面初步分析的基础上，企业再按人口变量作进一步的调查，向不同的潜在顾客了解上述需求中哪些对他们更为重要。

4) 删去潜在顾客的共同需求

这就是删去各细分市场或各顾客群的共同需求。这些共同需求固然很重要，但只能作为设计营销组合的参考，不能作为市场细分的基础。

5) 进一步认识各细分市场的特点

接下来是企业应该更深入地考察各细分市场的特点，以便进一步明确上述各细分市场有没有必要再作细分，或重新合并。这也是为以后采取营销措施做准备，如发现同样的服装款式设计，能同时适合某两类顾客，可以对他们的广告宣传和人员推销的方式有所不同。

6) 测量各细分市场大小

以上步骤基本决定了各细分市场的类型。最后，企业就应着手测量每个细分市场潜在顾客的数量。因为企业进行市场细分，是为了寻找获利的机会，这就取决于各细分市场的销售潜量。如果有的细分市场潜在顾客很少，那么这一细分市场对企业的意义就不大，如女装 1.8 米以上的特长款式。

5.1.2 服装消费者市场细分

由于构成服装产品的要素众多，而消费者的需求又各不相同，因此理论上的细分组合是无限的。但对于服装企业来说，细分的目的主要是选择有足够容量、有利可图并且是可操作的目标市场。在进行服装市场细分时，应广泛开展市场调研，收集消费者信息，听取销售、店铺人员等专业人员的见解，分析竞争对手业绩。然后根据市场差异和发展趋势、竞争者的战略和策略，以及企业自身的能力细分市场，并确立企业的战略目标。

案例 5-2

H&M 进入我国市场前的准备

瑞典服装跨国企业 H&M，在全世界 1 500 多个专卖店销售服装、配饰与化妆品，雇员总数超过五万人。H&M 买最便宜的布料，所有代工加工点都选在劳动力最便宜的地区，如中国、土耳其等。H&M 的商业理念是“以最优价格，提供时尚与品质”。

H&M 在进入我国市场前，首先选定有代表性的与欧洲文化有较大兼容性的上海市场作为调研对象。不仅调查了主要国际服装品牌在上海的策略、经营模式、产品种类、价格档次和零售分布，还针对上海消费者对价格、面料、色彩、服装类型和款式的喜好作了调研，为最终确定细分市场和应对策略提供参考依据。

服装市场可分为消费者市场、团体市场(如防尘工作服、抗高温劳保服等)和政府采购市场(如政府机构制服、军服等)，本环节重点介绍消费者服装市场的细分方法。影响服装消费者需求差异的变量很多，如居住地区、气候、年龄、性别、收入、家庭状况、生活习惯等，导致不同的消费者群都对服装会有不同的需求与动机。

而这些不同的需求与动机，也即所谓的“细分变数”正是细分消费者市场的标准。具体而言，细分消费者市场所依据的变数可分为：地理变数、人口变数、心理变数和行为变数四大类，见表 5-1。

表 5-1　市场细分标准变数

细分变数	举　例
1．地理变数	
气候区别	热带、温带、寒带
国家区别	发达国家、发展中国家
地域区别	华北、东北、东南、西南、中南
城乡状况区别	大城市、中小城市、乡镇、农村
2．人口变数	
年龄	老年、中年、青年、少年、儿童、婴幼儿
性别	男性、女性
职业	工人、农民、公务员、教师
收入	高收入、中等收入、低收入
教育	大学以上、大专、中专、高中、初中、小学
家庭规模	5 人以上、4 人、3 人、2 人、1 人
家庭生命周期	单身、成家、满巢、空巢
民族	汉族、回族、蒙古族、壮族
宗教	佛教、伊斯兰教、基督教

续表

细分变数	举　例
3．社会心理变数	
社会阶层	蓝领、白领、富豪
性格	外向型、内向型、理智型、冲动型、冒险型、守旧型
生活方式	奢侈、豪华、实用、节俭
购买动机	炫富、求实、求安、求新、求美、怀旧、慕名、从众
4．行为变数	
使用场合	社交、工作、居家、户外旅游、运动
使用动机	日常购买、应急购买、冲动购买、慎重购买
品牌忠诚度	绝对、强烈、中等、一般
追求利益	品牌、质量、舒适、功能、表现力、廉价
使用者状况	非使用者、曾使用者、潜在使用者、初次使用者、经常使用者
使用程度	大量使用、中量使用、少量使用
对服装的态度	投入、热心、肯定、无所谓、不关心

1．地理细分

地理状况这一细分变数，主要包括消费者所居住的地区，如东北、华北、西南、华南或山区、平原、内陆、沿海，以及这些地区的自然特点，如人口密度、气候、城市规模等。消费者的需求常常受到这些地理变数的影响，如我国北方注重对冬季室外服装的御寒保暖要求，服装色彩稳重，而南方的服装相对明快艳丽。同为沿海地区，广东、福建的服装具有港台风格；大连、青岛毗邻日韩，注重合体与做工；而上海在穿着方面比较含蓄，对各种文化具有兼容性，形成了独特的海派服饰风格。因此企业可以分别利用各个地理变数或其组合来细分自己的市场。

1) 按地理位置细分

地理位置不同，首先会反映文化和社会价值观的差异。例如，某一地区可能会比别的地区更保守，不易接受新潮服饰，时装难以流行。又如，有的城市有自己的地方电视台，有的城市却没有，这就使得服装经销商很难把商业信息传给附近城市的消费者。以女装为例，国内女装品牌带有强烈的区域色彩，还没有一个能在全国形成规模和影响。例如，颜色鲜艳、色块较大、结合时尚流行款式的“汉派”服装，带有江南文化气息的以素雅著称的杭州女装产业和具有港澳风格的深圳、广东虎门女装产业。

2) 按人口多寡及密度细分

人口多寡和密度意味着该地区是否有足够的居民以产生相当的销售额，以及开展一项营销活动的代价有多大。尤其以人口密度不同细分出的城市、郊区、乡村市场，其现实意义更大。

3) 按气候细分

地区气候不同会影响一系列商品的消费，如东北地区对服装的需求就与华南有较大区别，羽绒服在寒冷的北方市场的需求量就比温暖的南方市场大得多。

2．人口细分

按人口统计的市场细分是以描述人口一般性特征的人口统计变数，如年龄、性别、收入、职业、教育、宗教、种族或国籍等将市场划分为不同群体。由于以人口设计变数来细分市场比其他变数更容易衡量，且适应范围比较广泛，许多消费者市场都可按这一方法进行细分。

1) 按年龄细分

人们在不同年龄阶段，由于生理、性格、爱好的不同，对服装的消费需求往往有很大的差别。见表 5-2，女装市场可按年龄范围细分出许多各具特色的消费者市场，如少女装市场、青年装市场、少妇装市场、中年服装市场、老年服装市场等。

表 5-2　女装市场的年龄细分

类型	个性特色	对服饰的要求	营销特征
少女 (花季期) 14～18 岁	生理心理不稳定、好动、爱新奇、爱引人注目。需求大	款式活泼新奇、鲜艳夺目	注重款式、颜色的跳跃、节奏、名牌效应、装饰配件、价格较低、对做工面料不讲究、运动装需求大
青年 (婚恋期) 19～29	生理心理趋成熟、刻意装扮、执著爱美、对他人的评价和穿着反应敏感、表现欲强烈、收入少、负担轻	追求时髦、关注服饰流行性、对服饰变化有强烈要求且目的明确	款式颜色应符合潮流；易受广告诱惑；价格适中；时尚的套装、礼服、休闲装具有潜力
少妇 (成熟期) 30～39 岁	有生活、社会经验和较高的文化素养；收入稳定；追求时尚	欣赏水平高，对衣着有独特的见解	款式颜色应符合流行趋势、面料考究、做工精细；名店、名师、名牌效应，价格较高；高档正规套装、休闲装
中年 (不惑期) 40～55 岁	生活经验丰富，其中一大部分为职业女性；有较高文化素养、稳重；对渐去的青春留恋与回忆	雅致、俏而不艳，对服饰的选择标准趋于稳定，注重服装品质	颜色冷而凝重、款式设计线条简洁、庄重而不古板，面料质地优良。对正装、休闲装需求量大，不受广告诱惑
老年 (随意期) 55 岁以上	退休家居，生活趋于简单	舒适、自然，色彩鲜艳	面料以棉麻为主，服饰舒适大方。居家休闲两用，低价策略

2) 按性别细分

男装或是女装是任何设计师首先要考虑的。拉夫·劳伦(Ralph Lauren)的 POLO 品牌主要以绅士为目标，而 DKNY 则以女士为服务对象；培罗蒙以定做男西装盛名，而朋街则擅长缝制女装。女装一直是服装界最为重视的主要商品，变化多，表现与创作的余地大。社会对女性服装比较宽容，女子穿背心、超短裙出入公共场合被认为是活泼而富有朝气的表现，而男子穿背心和短裤参加集会则被认为是不文明的表现。我国男装品牌中大型服装企业的市场占有率高，分销渠道遍布全国；但女装品牌普遍规模偏小，扩大规模需要服装企业具有高超的策划、设计和分销能力。

3) 按收入细分

人们收入水平的不同，不仅将决定其购买商品的性质，还将影响其购买行为和购买习惯。服装消费市场高、中、低档品种同时并存，为的是适应不同消费层次的需要。我国与世界发达国家生活水平差距还相当大，即使考虑到一部分国民收入较高，有炫耀性消费因素存在，但能接受高价时装消费的人数毕竟有限。国内市场销售的海外品牌如真维斯、班尼路等专卖店的目标市场是收入尚不丰厚的青年或学生，其款式新颖，产品在国内生产，成本较低，价格适中。这种策略显然符合国内民众的收入层次分布现状。

4) 按民族细分

我国是多民族的国家，这些民族都各有自己的传统习俗、生活方式，过着不同的社会经济生活，从而呈现出各种不同的商品需求。不同民族的服饰，都有明显的民族特色，只有按民族这一细分变数将市场进一步细分，才能充分满足各族人民的不同需求，并进一步扩大企业的产品市场。

5) 按职业及教育状况细分

从事不同职业的人其消费需求是有很大区别的。其主要原因是由于从事不同职业的人所获收入的不同，另外不同职业的特点，也会引起许多需求上的差异。

资料补充 5–2

服装的职业性

服装作为一种表达个人社会地位、角色和成就的载体，是职业表现的主题之一，凭借穿着往往可以判断此人的职业类型。艺术家对客观世界颇为敏感，处世自由而有个性、热情而有创造力；教师则不宜在课堂内穿得过于花哨，须保持为人师表的穿着准则，因此色彩与款式的选择相对传统拘谨；白领女性为了体现公司形象和个人的自信及成就感，穿着新颖、选料做工考究、款式高雅稳重，为了表达个性，一般拥有较多套装，以满足各种社交与商务活动的需要；而大学生，大多数时间穿休闲装或休闲运动装。至于教育状况的不同会引起不同的需求，也是显而易见的。因为教育程度不同的人，在志趣、生活方式、文化素养、价值观念等方面都会有所不同，因而会影响到他们的购买种类、购买行为和购买习惯。

3. 心理细分

按心理的市场细分是将购买者按其生活方式、性格、态度而细分成不同的群体，依同一人口统计的人对产品的需求表现出差异性甚大的心理状况，可将消费者细分为不同的市场。不同的社会阶层、生活方式和个性特征组成了不同的群体，显示出迥然不同的心理特征。有人喜欢时装，有人喜欢传统服装。有的服装企业为“富有女性气质”的妇女设计服饰，而有的则为职业女性设计强者形象。细分要素主要有以下几方面。

1) 按社会阶层细分

服装具有表现个人社会地位方面的特殊作用，社会阶层在服装市场细分中是一种重要变量。例如，梦特娇是为上层社会中消费意识稳重的男士设计的；而佐丹奴似乎更多地在一般青年学生中流行；“布鲁克兄弟”(Brooks-Brothers)品牌西服不仅价高，店址也选择在如华尔街那样的繁华商业中心，店面装潢凝重，目标细分市场是商界人士或有社会成就的男士。

2) 按生活方式细分

生活方式是人们生活和花费时间及金钱的模式。可根据消费者的不同生活方式划分出各种明显的细分市场。例如，深居简出者，他们大都在家里度过闲暇时间，是以家庭为中心的人；时髦人物则大都热衷于社交活动；事业心重的人则将大部分闲暇时间用在考虑工作上。这样，就可根据消费者所花时间从事的活动进行服装市场细分。休闲旅游和体育运动是青年人现代生活方式的一种趋向，相应的服饰商品开始流行。女装制造商，为“甜纯女性”、“时髦女郎”或“男性化女士”设计不同款式的时装。

3) 按购买动机细分

按购买动机细分是指按消费者对所购产品追求的不同利益来分类。这种方法首先要断定消费者对有关产品所追求的主要利益是什么，追求各种利益的各是什么类型的人，该类各种品牌的商品提供了什么利益，然后根据这些信息来采取相应的市场营销策略。快时尚服饰品牌，如西班牙的ZARA、瑞典的H&M、日本的优衣库就是利用人们追求时尚、欣赏大品牌元素的心理，低价快速制作、销售当期的时尚服饰。

4. 购买行为细分

将购买者按其对服装的理解、态度、使用或反应来细分成不同的群体，具体来说包括下列各种细分。

1) 按对服装的态度细分

根据消费者对公司及其商品的态度进行分类并采取相应的营销措施。例如，对服装抱积极态度的消费者(“某品牌是市场上最好的产品”)，应利用接连发出的广告、与消费者适时进行服装信息沟通的办法加以巩固；对持中间态度的消费者(“我曾听说过某品牌，但我并不真正了解它”)，应大力开展资料丰富的、有说服力的促销活动；对待消极态度的消费者(“某品牌比另外某品牌大大低劣”)，要改变其态度是较困难的，应在广告宣传上具体化，并改进产品质量，提高公司形象。

2) 按使用情况细分

使用情况是指消费者从前是否有使用过某种产品或服务的经历，可细分为未使用者、曾使用者、潜在使用者、初次使用者和经常使用者。市场占有率高的公司特别重视将潜在使用者转变为实际使用者，而小公司则努力将使用竞争者品牌的顾客转向使用本公司的品牌。对潜在使用者和经常使用者应分别采用不同的营销方法。

3) 按品牌忠诚度细分

使用者忠诚性是指一个购买者不得不购买某一品牌服装的一种持续信仰和约束。服装消费者中不少人是品牌忠诚者，他们有自己明确的品牌倾向、定位；有的则只是追逐名牌却不知道品牌的理念和内涵；还有的处于游离状况，可有可无。设计师品牌通常希望以明确定位和理念来培养忠诚的顾客群；但也有一些不成熟的创新者，对新潮服装流行有一定的推动作用。中国女装排行榜第一名的“哥弟”品牌，就在全国拥有很多品牌忠诚的消费者，她们选购衣物以“哥弟”为首选。

案例 5-3

佐丹奴的市场细分策略

港资品牌佐丹奴在20世纪90年代初开始进驻国内市场，短短几年里，其专卖店数量发展迅猛，而且其销售和利润率都跃居同行业榜首，成为成功实施品牌战略的经典之作。首先，从面料的考究和选择来看，棉布面料以其透气性好，吸水性强，手感舒适，耐用廉价等特点，而表现出其永恒的生命力。因此该品牌服装从T恤、衬衫、夹克衫、长裤、内裤和袜，无一不是由全棉或高含棉面料制成。这样就满足了各种年龄阶段的消费者的需求，为获得尽可能多的消费者群体奠定了基础。再根据价格和款式突出服务于18～45岁的中青年人，因为这一年龄层的人士，服装购买欲最旺盛、更新换代频率最高。

其次，从服装的价格细分来看，佐丹奴敏锐地察觉到我国服装市场上中高档价格男装花色品种的匮乏，尤其是款式表现为“大路货”的断档。针对这种情况，佐丹奴将产品价格定位为全棉长短袖T恤50～150元，棉布衬衫100～200元，长裤100～300元，皮带100～200元，夹克与加厚棉料夹克200～400元，风褛500元左右，羊毛衣150～300元。这种价格定位很适合我国现阶段大中城市居民的消费水平。

再次，从该品牌服装款式的确定来看，不难发现其经营者深谙国人的着装心理和习惯，对我国的服装文化也下了一番工夫进行研究，把握较准，较之于西方民族更含蓄和传统。尽管现在我们生活水平提高很快，与西方文化也有所交融，但自身的穿着打扮却有其自身渐进的发展进程，大多数人并不追求新奇。针对这种市场状况，佐丹奴服装款式设计力求简明、流畅，而不见粗陋。给人感觉透着古典、浑朴的平凡，但又毫无落伍、过时之感，体现出一贯秉承的“优雅中愈见洗练的沉稳风格”。

四大类细分变数各有侧重，各有优劣，而现实中企业多是采取多变数综合分析。而且，在进行产品细分时，可以循序渐进，越分越细。每次可以根据消费者对商品的潜在需求，取几个对消费需求影响可能较大的因素作为细分标准。一个理想的细分市场往往是用一连串的因素组合起来的。

学以致用

女装市场一直是服装市场的大头，引领着时尚和潮流，是时尚、个性的代表。女性购买服装的频率和金额是所有服装消费群体中最多的，有“得女装者得天下”一说，因此众多企业混战在女装市场里。女装品牌众多但各品牌之间差距不大，据统计，排在前十位的品牌之间市场综合占有率总和也只在15%左右。国内女装品牌带有强烈的区域色彩，还没有一个能在全国形成规模和影响。众多国内女装品牌其定位基本是在中低档市场，在中高档市场上还没几家知名品牌。

思考：女装市场细分的主要变量有哪些？

5.2 服装目标市场选择

服装企业根据市场细分来发现市场机会，然后根据服装的特色针对特定的人群进行营销，即目标市场营销。目标市场的选择是建立在对各细分市场的评估之上的，根据不同细分市场的特色，实施不同的目标市场营销策略。

学前小思考

1. 服装市场的目标市场是怎样确定的？
2. 如果企业规模大，就全面生产各式服装，这样销量就能提高吗？

知识大扫描

5.2.1 目标市场的选择要求

目标市场(targeting)是指通过市场细分，被企业所选定的，并将以相应的产品或服务满足其现实或潜在消费需求的某一个或几个细分市场。

企业在选择目标市场时可依据下列条件进行。

(1) 该市场不但存在尚未满足的需要，而且要有一定的发展潜力，这是首要条件。

(2) 该市场有一定的购买力，能取得一定的销售和利润，这是选择目标市场的重要条件。

(3) 该市场的竞争状况和竞争趋势可接受。如果市场上的竞争对手多，竞争激烈，竞争者完全控制市场，企业选择这种目标市场就没有意义。

(4) 本企业有开拓该市场的能力，并且进入该市场符合企业目标。

在这些条件中，前三点均属外界条件。第四点是企业选择目标市场必备的自身条件，主要是指企业的人力、物力、财力及经营管理水平状况。目标市场的选择要与企业的发展目标及综合实力相适应，如果细分市场上的市场机会与本企业的任务、发展目标和实力不一致，那么不应选为自己的目标市场。

案例 5-4

森马的目标市场选择

森马，国内休闲服行业迅速崛起的领军品牌。森马集团有限公司以“创大众服饰名牌”为发展宗旨，积极推行特许经营发展模式，休闲装和童装品牌连锁网点遍布全国 29 个省、自治区、直辖市，形成了完整的市场网络格局。集团公司现有休闲装“Semir”及童装“balabala”等两个知名服装品牌。在竞争激烈的服装市场上，森马为了进一步占领市场，满足消费者的需求，公司对其品牌定位、品牌形象及营销战略作出决策和执行，分析如下。

1. 森马的目标市场

森马是以中国二三线城市为主力市场的全国休闲服饰领先品牌，其核心消费群体为 16～25 岁的年轻人群。森马目前已经覆盖全国各大省市及二三线城市，伴随着中国的城市化进程，森马品牌的门店将继续深入新兴城市进行拓展覆盖。目前森马拥有“活力”和“时尚”两条产品线，其产品的定位如下。

活力产品线:

针对于 16～22 岁的学生群体，适合在校园生活、集体活动、同学聚会、郊游等场景穿着，产品具有颜色丰富多彩，款式简洁明快，款式间的混搭性较强的特点。

时尚产品线:

针对于 18～25 岁都市化生活的职业人群，将穿着场合定位在逛街、购物、约会、派对等休闲场景，服装款式变化多，颜色紧跟流行趋势，更注重通过服装表达个人态度，强调视觉冲击力。

2. 森马的品牌形象

“穿什么，是什么”是森马的品牌口号及标语，也体现了其品牌核心及与其他同类产品的差异化定位。森马将目标市场定位为中国的“潮”一代。森马将追“潮”大众的个性定义为敢于尝试新事物，不愿落伍，渴望别人的认同，希望展示自我，并渴望拥有代表自己的穿着风格。

5.2.2 目标市场的类型

企业对目标市场的选择方法有 5 种。

1. 单一市场(产品)选择

企业只生产某一消费者群的某种产品。例如，某服装制造企业只生产年轻男性的新潮夹克衫(图 5.1)。

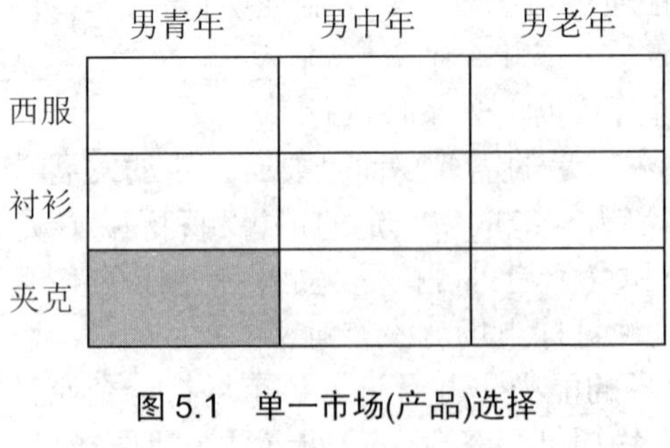

图 5.1 单一市场(产品)选择

2. 专一产品选择

企业生产一种专业化产品，提供给不同的消费者群。例如，某服装制造企业只生产男衬衫，分别满足老年、中年、青年对衬衫的不同需求(图 5.2)。

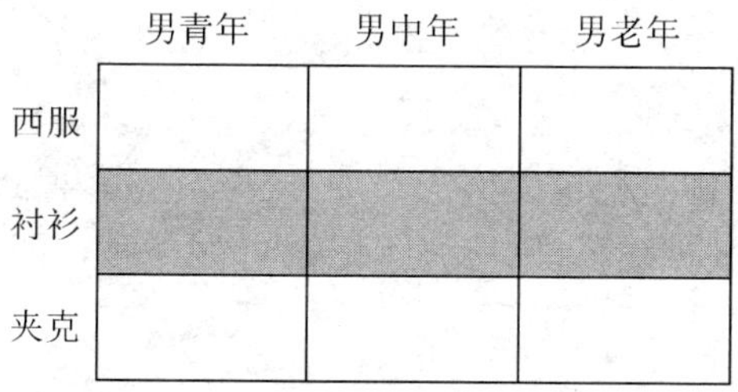

图 5.2　专一市场选择

3. 专一市场选择

企业向某一消费者群提供各种产品，满足其各种需要。例如，某企业分别为中年男士生产西服、衬衫、夹克衫，满足中年男士的各种不同的服装需求(图 5.3)。

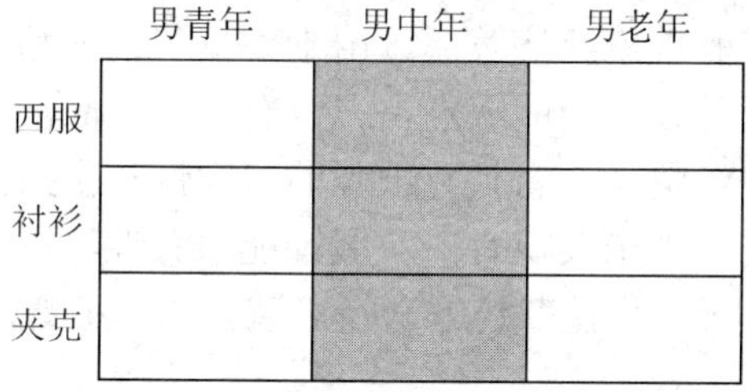

图 5.3　单一市场选择

4. 选择性专业化

企业同时进入几种不同的细分市场，针对不同消费者群的需求特点，有选择地生产和提供各种不同的产品。例如，某服装企业根据市场情况和企业能力，分别为男青年提供衬衫，为中年男性提供西服，为老年男性提供夹克(图 5.4)。

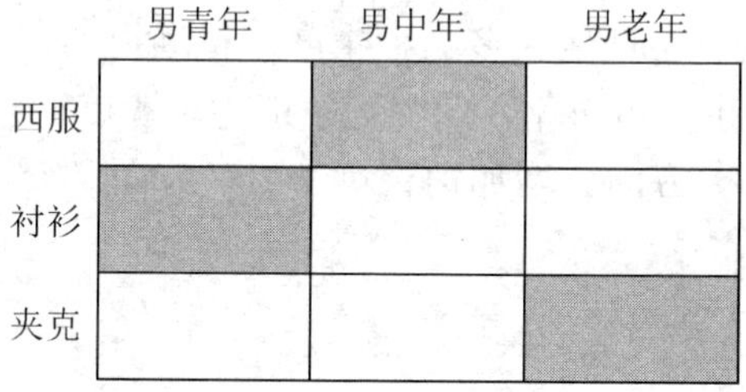

图 5.4　选择性专业化

5. 全方位进入

企业为所有的消费群生产各种产品，如企业为老、中、青男性消费者生产各种服装。其特点是企业的资源分散，但目的在于覆盖全市场(图 5.5)。这种类型适合大型企业。

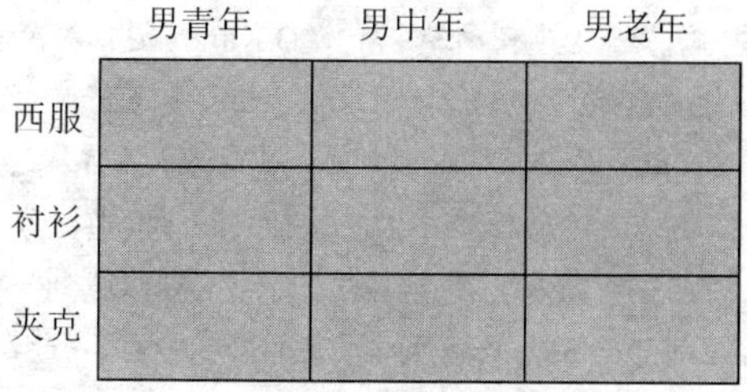

图 5.5　全方位进入

5.2.3 目标市场策略

目标市场策略应当保持相对稳定。但当企业外部环境或内部状况发生重大变化的时候，也要相应地作出变更。企业选择的目标市场营销策略有 3 种，即无差异营销、差异营销和集中营销。

1. 无差异营销

无差异营销是一种针对市场共性的、求同存异的营销策略，即以整个市场中的共性部分为目标，不管细分部分的差异性，只求满足最大多数顾客的共同性需要。因此，企业所设计的产品和营销方案，都是针对大多数顾客的。例如，早期的西装、中山装都是力图以一种款式吸引所有的购买者。

无差异营销的优点是获取规模经济效益。由于大量营销，品种少批量大，可节省费用，降低成本，提高利润率。无差异营销的缺点是很少有一种产品能一直受欢迎，不适应消费变化。服装的消费有别于其他消费品，它具有很强的时间性和个人倾向，到目前为止，尚未发现一款服装能被所有人接受，也未发现有一款服饰能永久性流行，更没有一个企业能以一款服装取得长久畅销的先例。无差异性营销方式在服装营销中被普遍认为是行不通的。

2. 差异营销

差异营销是在市场细分的基础上，选择多个子市场作为目标，企业针对每个目标市场的特点，设计、生产、经营不同的服装产品，采取不同的市场营销组合，分别满足不同的消费者群的需要。例如，某服装公司，原来只生产男衬衫，后来随着市场的发展和竞争对手的增加，按照不同消费者的爱好和要求，分别设计生产男西服、女西服、女礼服、夹克衫、休闲服饰等，尽量满足各种服装消费者的需要，以适应新的市场竞争。

采用差异性营销的优点是小批量、多品种生产，机动灵活，可以更好地满足各种不同的消费者的需要，有利于提高市场占有率，增强竞争能力。缺点是会增加企业的各种营销成本。因此，企业采用这一策略，一方面会增加销售量，另一方面又会增加成本。

资料补充 5—3

女装的差异性市场策略

服装企业采用差异性营销，大多通过二线品牌进行产品延伸，这样，既有利于企业满足不同消费者需要，又能保护主品牌。例如，Donna Karan 是多娜用于价格昂贵、面料考究、款式舒适简洁的高档服饰品牌；Dkny 的目标对象是以她的女儿加比瑞(Gabby)为代表的纽约年青一代，这个品牌活力四射，穿着方便，更符合她们积极而轻松的生活方式，也更具有革新精神；D Karan 是相对年轻些的品牌，专为 30 岁以下的人设计，风格轻松；Dkny Kids 是多娜的童装版本；Dkny Jeans 是牛仔服装。

1995 年深圳企业创立 JENE STORY 品牌，中文取名为经典故事。品牌理念最初源自世界经典名著《简·爱》的主人公 JANE，以表达女性自强不息、追求独立自主的精神层面。经典故事希望将欧式设计风格及现有的生活形态相结合，以满足现代女性的期望与需求。在精心的设计中，可以找到多样的服装款式以满足不同女性的生活需求。优雅的仪态，流行的款式，精准地诠释了此服装品牌的精神，让注重时尚感的女性，无论在工作、约会、外出或是参加舞会，均可得到满足。

3. 集中营销

集中性营销是指企业只选择一个或少数几个细分市场作为目标市场，集中全力为该市场服务，以便争取优势地位。例如，某女装公司，在创业初期什么服装都加工，忙于应付，在市场上处于被动境地。后来在对市场进行调查分析后，决定定位在职业女装这个层次上，集中精力专门设计生产适合职业女性穿着的、高雅大方的服装，从而在该目标市场上站稳了脚跟，打出了自己的品牌。再如著名服饰品牌 Odbo，它设计生产的所有服装只用黑白两种色彩元素，风格张扬但不夸张，吸引着一部分消费者经常光顾。

采用集中性营销策略的优点是，由于集中力量为某一个或少数几个细分市场服务，企业能较深入地了解这个细分市场消费者的需求情况，充分发挥自己的优势，提高市场占有率和企业知名度；同时，由于企业在生产和营销上能够实行专业化，因而能够大量节省生产成本和营销费用，提高企业投资利润率。但是，这种策略风险性较大。由于市场狭小，一旦市场上突然发生变化，如消费者的兴趣发生变化、强大的竞争者进入市场或者市场价格猛跌，企业就会陷入困境。因而，服装企业如实行集中性营销，应做好应变准备，加强风险意识。

学以致用

当服装业还在为日趋激烈的价格战烦恼时，森马则在温州一隅开始引领休闲服产业；当不少企业跟风转入休闲服时，森马又将战车导向品牌童装，并以迅雷不及掩耳之势，在城市大街小巷占据有利位置，品牌门店遍地开花。如今，森马童装巴拉巴拉的发展令人瞩目，市场占有量全国第一；成人休闲装仅次于美特斯邦威，列全国第二。依靠休闲装和童装两驾马车，森马一跃进入本年度浙企百强榜，也是榜单中唯一主打童装的民企。

思考：森马采用的进入目标市场类型是什么？

5.3 实施服装市场定位

在确定了目标市场及其进入方式以后，服装企业必须决定自己的产品和品牌在自己的目标市场中占据何种地位。服装市场定位是指本企业的品牌在潜在的消费者心中的印象，亦即服装产品及其品牌在消费者心目中的地位。服装企业设计出自己的服装、品牌形象，还必须通过有效的沟通，在目标消费者群中确立与众不同的地位。

学前小思考

1. 你了解的品牌服装有哪些？这些品牌服装有什么特点？
2. 你是如何看待名牌服饰的？

知识大扫描

5.3.1 市场定位的概念

市场定位(positioning)，就是根据竞争者现有产品在市场上所处的位置与企业自身条件，为企业或其产品在市场上树立一个区别于竞争者产品的、符合消费者需要的突出位置，从而确定企业的整体形象。

服装是消费者用以表达个人在社会中的角色与地位的一种“语言”，随着消费者收入的提高，消费观念、生活方式、生活态度的差异性越来越显著，导致消费者在购买服装过程中，越来越注重服装品牌形象与自身的特点的符合程度。对消费者而言，服装市场定位有很实际的意义，许多消费者喜欢某种款式，或者某种品牌的服装，就是因为它适合“我”。例如，某些欧美国家上层社会中一些保守取向的男性喜欢穿拉尔夫·劳伦的Polo衬衫，某些商界人士或其他有成就的男士喜欢穿布鲁克兄弟衬衫。可见，许多消费者是在买“品牌”，因为他们对这些品牌的取向风格相当熟悉或偏爱。应该说，越是成熟的消费者，这种倾向越明显，其自我定位越清晰。对于服装企业，只有使自己的产品品牌明确定位，才能明显区别于其他服装公司的品牌，进而吸引目标消费者，形成忠诚的消费者群。

5.3.2 市场定位的步骤

市场定位一般要经过如下步骤。

1. 调查研究影响市场定位的因素

1) 竞争者的定位状况

要了解竞争者的产品在顾客心目中的形象，衡量竞争者的竞争优势。

2) 目标顾客对产品的评价标准

要了解购买者对所要购买的产品的最大愿望和偏好，以及他们对产品优劣的评价标准是什么。不同产品评价标准是不同的，一般来说服装消费者主要关心的是产品质量、价格、款式、服务等。

3) 企业在目标市场上的潜在竞争优势

一般来说，竞争优势有两种形式：一是在同样条件下比竞争者价格更低，从而在价格上具有竞争优势；二是提供更多且更具特色的产品，从而在产品特色上具有竞争优势。

2. 选择定位优势和定位战略

企业通过对顾客喜好与偏爱的分析，以及与竞争者在产品、成本、促销、服务等方面的对比，就可以准确判定企业的竞争优势所在，选择合适的定位战略，进行正确的市场定位。

3. 准确传播企业的定位观念

企业在市场定位后，还需花大力气进行定位的广告宣传工作，才能把企业的定位观念准确地传播给目标顾客和社会公众。

企业要避免因宣传不当而在顾客心目中造成 3 种误解。一是宣传定位太低，不能体现企业特色。例如，企业以高质量定位，却片面宣传价格如何低廉，或在一些信誉不高的小报上做宣传，结果使顾客对产品质量产生不信任。二是宣传定位太高，不符合企业的实际情况，使公众认为企业经营的是高档产品，实际上是高档产品的需求者看不上，中低档产品的需求者不敢光顾，反而失去了目标顾客。三是宣传上混淆不清，在顾客心目中没有统一、明确的形象。例如，有时宣传产品是高档享受，有时又宣传是真正的低档消费，致使同一产品在消费者中有人认为是高档的，有人认为是低档的。

5.3.3 常用的服装定位方法

确定了目标市场，服装企业和设计师必须决定在这些细分市场中应占据何种地位。消费者将可供选择的商品归类，即对产品、服务和公司的形象和其他公司做比较，在心理上形成一种可确认的综合形象。因此，服装商品最终定位是由顾客确定的。而企业决策人员和设计师所做的一切是完成消费者需求的服装商品形象，企业必须有意识地塑造认知的形象定位，使自己的服装商品在竞争中占据有利位置。

1. 服装品牌形象定位

品牌是商品的名称、图案或某种设计、或他们的组合，以区别于竞争商品的一种标志。对于服装品牌，不仅仅是质量保证或购买识别的符号，更是明确表达某种服装流行、风格、文化价值、个人理想、社会角色的标志。由于服装本身的组合要素(如款式、面料、色彩等)易被模仿，区别困难，因此品牌具有强化服装作为一种标志象征的作用，能区别其他与之竞争的服装商品，使之容易被顾客认知。因此，服装品牌自然成为市场定位的最佳载体，或者说借助品牌，服装的市场定位才更有可能和有效。综上所述，品牌定位是服装企业首先要做的且需要持之以恒的重要决策因素之一。

另一方面，如果盲目追求品牌是不成熟服装消费现象的话，那么具有明确定位的品牌意识则是构成消费者市场与服装业繁荣的基础。因此，品牌的形成决不像给小孩起个名字那样简单，它依赖于对整个市场的深思熟虑，取决于服装营销者持久的努力。

品牌定位要点如下。

1) 品牌属性

品牌可分为——设计师品牌，如DKNY、香奈儿等；服装制造商品牌，如Benetton(贝纳通)、Levi's(李维斯)、雅戈尔、三枪等；零售商品牌，如JcPenney、GAP、开开、优衣库等。通常设计师品牌出售高档服装，但并不是所有的设计师品牌都会被顾客认可。由于市场细分和目标消费者的不同需求，服装制造商往往集中开发某一大类服装。例如李维斯以牛仔产品为特色，贝纳通以针织休闲系列服饰为主；Liz(利兹)则以职业女装为目标；而零售商品牌服装商品线更宽一些，如优衣库品牌的休闲服装男女老少均适宜。

2) 同类品牌的产品定位

服装目标市场可以与竞争者相同，但必须以定位与之区别。同为休闲系列的贝纳通，以意大利的浪漫，强烈对比色彩为显著特征；而Esprit(埃斯普利特)以成熟都市人的冷静、自由、宽容和向往纯真为宗旨。埃斯普利特之所以能在上海市场获得成功，就是因为它的定位与海派文化较为相近。图5.6所示为服装品牌的流行定位。

专一市场产品进行市场定位时，还应分析目标顾客对服装不同需求的各种因素。例如，一段时间内，国内男士高档衬衫好销。这一方面可归因于职业白领男士阶层的增长和一般男士参与社交活动机会的增多，另一方面则说明越来越多的顾客追求高品质与独特，他们在没有很多选择的情况下往往以高价作为判断标准。实际上，目前市场上并没提供足够多独特的、各种类型的衬衫，如休闲衬衫、礼服衬衫、免烫衬衫；各种款式的衬衫如伦敦领、扣领、大方领、小尖领；各种面料的衬衫等等。这些市场缺口为男衬衫品牌的定位提供了足够宽阔的领域。

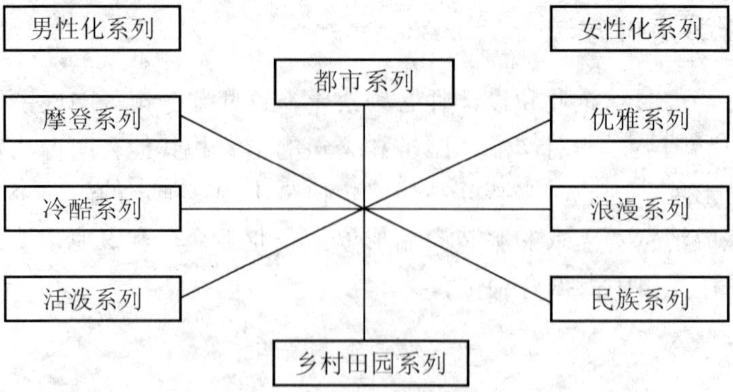

图 5.6　服装品牌的流行定位

3) 企业品牌定位

根据目标顾客的特点与趋势和企业与竞争者的优势比较，进行企业品牌定位。例如，国内的美特斯邦威集团的品牌定位美丽、独特、个性、威风，立志成为国内休闲品牌的领导者，以扬国邦之威。

营销小知识

质量标志(quality mark)又称品质标志。表示产品质量不同属性的文字说明或图形记号。为确保产品经常保持相同的质量，满足消费者的使用要求，通过立法或注册手段简明扼要地说明产品的原产地、特征、材料成分、使用保管方法等内容。服装质量标志常用的有商标、纯羊毛标志、使用标志等。

2. 设计师定位

设计师同样有自己的目标市场和借以赢得目标消费者的风格和特色，如娜玛·卡玛利(Norma Kamali)为像她那样的妇女设计时装，每件新衣都要亲自试穿，以自己穿着满意为准；香奈儿设计的时装半个世纪以来年年推陈出新，虽然香奈儿已不在世了，但香奈儿品牌的服饰风格依旧，高雅、雍容、线条勾勒清晰，后继的香奈儿品牌设计师执著地维持着她的定位。同其他艺术一样，名家一定有独特的理念和风格，时装设计师必须有鲜明的形象或能从成百上千的设计师中被识别出来，有了鲜明的定位，他(她)的作品才能从千万种服装款式中被顾客选择使用。

资料补充 5-4

设计师的不同定位风格

时装设计师是流行趋势的归纳者，从生活中获得灵感，选择符合消费者评价准则的时装式样；时装设计师又是流行的引导者，他(她)以在时装界中独特的地位居高临下地影响着流行；而作为营销者，时装设计师又必须从市场中获得利益。这种角色的转化使设计师定位和市场定位既要统一又要有自己的特色。

香港设计师邓达智在进行定位时，十分重视吸纳中国文化与世界文化精髓，努力提高设计品位，同时，又要考虑他的目标市场是中低层的大量消费者。高田贤三和三宅一生通过时装发布会展示的作品，从材料、颜色到款式设计，都非常前卫甚至怪诞，通常离生活甚远，但使人感到奇特新鲜，印象深刻，他们的零售店里也保持着这种奇特而富有创造性的氛围，但是所销售的服装却是可以被社会接受的。

高田贤三服装设计的首要原则是“自然流畅、活动自如”，这是指结构，追求对于身体的尊重。高田贤三是第一位采用传统和服式的直身剪裁技巧，不需打折，不用硬身质料，却又能保持衣服挺直外形的时装设计师。他说：“通过我的衣服，我在表达一种自由的精神，而这种精神，用衣服来说就是简单、愉快和轻巧。”

3. 根据服装产品的属性定位

服装产品属性，包括制造该产品采用的技术、设备、生活流程，以及面料、辅料、产地等因素。例如，布利杰(Bridge)T 恤，是宁波一家服装公司生产的，这家公司在为国际著名的名牌 T 恤(如苹果、鳄鱼等)加工产品的过程中，积累了一定的资金和技术，推出了自己的品牌——布利杰，其一开始就突出“有鳄鱼品质”这一特性。中国有很多服装企业，在为国外著名品牌加工过程中积累了先进的技术和管理经验，在其自己品牌推广初期使用这一定位方法，都取得不错的效果。

由于服装产品特性不同，使服装产品有很多的细分市场，服装企业的定位也存在着多样化。例如，李维斯是以牛仔产品为特色，贝纳通以针织服装为主，凯喜雅以丝绸服装为主，三枪、宜而爽以内衣为主等。

4. 根据使用者特性定位

使用者特性包括性别、年龄、职业、文化、社会地位、经济状况等因素。由于每个消费者的特性状况不一，他们选择服装的要求也不尽相同。尤其是消费者的生活水平达到一定程度，对服装产品的差异性需求就很明显。华伦天奴以高贵、有成就、有地位的男士为目标，香奈儿以高雅、雍容的女士为服务对象，而李宁则以平民化为定位目标。罗蒙西服以成熟男性为主，而埃斯普利特以休闲服饰为专长，利兹则介乎休闲装与上班装之间。休闲类的贝纳通以意大利人的浪漫、强烈的色彩对比为显著特性，而埃斯普利特以成熟都市人的冷静、自由、宽容和向往纯真为宗旨。法涵诗的女装设计富有东方神韵，中国香港的邓达智的设计品牌以中国文化和世界文化的融合点为特色，日本的高田贤三的设计品牌以怪诞著称。

以使用者特性来定位，须注重服装的品牌形象与目标消费者的生活观念、价值观念和性格取向的吻合程度。

案例 5-5

哥弟女装的品牌定位

在中国的服装市场上，哥弟女装以“儒文化”为品牌内涵，以其准确的目标市场定位而在国内女装界占据一席之地。哥弟品牌绝不二价，颜色花而不哨，价格高而不贵，剪裁贴而不紧，完完全全对准了这群消费中坚的“胃口”。执著的坚持获得了执著的支持，哥弟女装将一大批忠实的顾客招揽在其周围，固定的客源消费支撑起其市场位置，不管市场环境多恶劣，有顾客不变的支持为其遮风挡雨。哥弟品牌成功的一个重要原因就是市场细分化策略的选择得当，在其他品牌把产品大都定位在年轻人身上大做文章、激烈竞争时，哥弟瞄准中年白领这一中坚市场。从服装设计、营销网络到形象设计都做足文章，从而也获得了这一年龄段消费者的青睐，并在国内女装的销售额上一直名列前茅。

5. 根据服装产品的质量与价格定位

由于中国服装企业的发展水平参差不齐，产品的质量差异较大，就大部分消费者而言，收入并不高，服装消费的支出占家庭总消费支出中的比例较小，在他们购买服装时，价格仍是考虑的主要因素之一，但是他们又希望买到的服装不是劣等货。因此，这种质量—价格的定位方式，也是一种能被消费者所广泛接受的定位方式。

作为一种竞争手段，有些服装企业采用“物美价廉”的定位方式。例如，国内服装行业中一较知名品牌，在其发展初期，虽然经国家技术监督局市场抽查屡次获质量第一，但在相同款式、面料的众多品牌中，其价格比其他知名品牌略低。其目的是加速市场渗透，增强竞争能力。也有些服装企业采用质价相符的定位方式，如皮尔·卡丹、娜玛·卡玛利定位于高质高价。

价格定位应该与目标市场的期望相一致，与目标市场的购买力相一致，与品牌定位相一致。但可以与设计师定位有不同的呼应。例如，我国大多数民众收入水平较低，但其中不乏一些时装潮流领导者，考虑到这种国情，一些高质量、高品位的时装以中档的价格投入市场可能更易被目标顾客接受，而高价厚利的策略只适用于少数设计师品牌和与之相对应的目标市场。

服装企业采用质价相符的定位方式时，在向消费者传递服装信息的过程中，要突出宣传服装的质量，让消费者愿意以相应的价格接受企业的产品。而采用高质低价的定位方式时，除了要传递“低价”的信息之外，更要突出宣传价格较低的原因和理由。若只强调较低的价格，而不重视服装质量信息的传递，那么，此品牌服装在消费者头脑中可能会造成“质量差”的印象，便宜无好货，造成定位策略的失败。

营销小知识

国际羊毛局(International Wool Secretariat，IWS)制定了“纯羊毛标志”、“高比例混纺标志”及“羊毛混纺标志”等是行业标准。这些产品除羊毛含量外，产品标准是一致的，只有质量完全达到国际羊毛局品质标准要求的产品才能使用IWS羊毛产品标志。各羊毛标志的毛纤维含量是，使用纯羊毛标志要求纯新羊毛不少于93%；使用高比例混纺标志，羊毛含量不得少于50%；使用羊毛混纺标志要求羊毛含量介于30%～50%。

6. 定位的扩展和重新定位

由于服装定位策略的最后确定和成功需要长久的努力，因此只要定位与趋势基本相符，就不应该作过于频繁和过大的变动，以免造成混乱。当企业在经营过程中发现实际运作比原有定位偏高，甚至已造成负面影响时，需要修正定位。例如，由于个别营业员的不慎行为对商店或对品牌形象造成伤害，再如商店的新装潢与原有定位不一致等，这时就必须采取补救措施以重塑形象。

当营销者发现有新的市场机会或扩大新的目标市场时，应考虑定位的扩展。若新的目标市场与原目标市场有较多的共同之处，则可利用原有的定位优势扩展或略加修正，这样代价较低；若新的目标市场与原有市场有较大区别，则应非常谨慎地选择定位扩展策略，如原来以女装为主而现在向男装市场发展。对拥有较多品牌产品的企业，利用新品牌作新的定位是较安全的做法。如果原有的定位与时代发展不相适应，需要重定位，这种情况下企业的损失较大，代价也较大，所以在重视流行趋势变化的同时应注意定位的相应进化。

我国有许多传统名牌，如培罗蒙、亨生男装，朋街、鸿翔女装，这些服装品牌以选料讲究、做工精湛为传统特色，但在一段时间内未能与现代技术和流行趋势相适应，从而出现市场定位的错位。因此，这些经典品牌应重新定位，才能发扬光大。

学以致用

北京晴晴阁服装有限公司，根据服装品牌定位与自身特点，瞄准细分的目标市场，在特定消费群体上做文章，填补了市场空白。该品牌另辟蹊径，打“简约”牌，专攻胖美女市场，开发中高端大码女装。与柒牌、报喜鸟及凡客诚品、梦芭莎错位，具有互补性。这种品牌差异性策略，使得晴晴阁品牌在竞争中一枝独秀，拥有众多的消费群体。由于设计新颖、工艺精湛，很快赢得广大客户的信赖。

思考：结合案例，服装企业应如何确定目标市场营销策略。

任务小结

服装企业为选择自己的市场并有效地为其服务，公司必须执行目标市场营销，瞄准自己的市场。目标市场营销(STP)包括3项关键活动：市场细分、选择目标市场和市场定位。

市场细分是指将整个市场划分为若干个具有不同需求和反应的不同顾客群的行为。消费者市场的主要细分变数包括人口统计、地理、心理、行为等基本要素。这些变数可单独运用也可以综合运用。在选择目标市场时，公司可根据企业状况确定进入目标市场的类型，以及公司在差异性市场营销与无差异市场营销之间进行选择。

服装市场定位的核心是要使公司的产品与竞争者的产品有差异，主要定位方式有产品品牌形象定位、设计师定位、根据服装产品的属性定位、根据使用者特性定位、根据服装产品的质量与价格定位、定位的扩展和重新定位。

知识巩固

一、名词解释

1．市场细分　　2．目标市场　　3．差异性营销　　4．集中性营销　　5．市场定位

二、不定项选择题

1．服装市场常用的定位方法是(　　)。
　A．服装品牌　　B．设计师　　C．服装产品
　D．使用者特性　　E．产品质量/价格

2．无差异性目标市场营销策略的最大优点是(　　)。
　A．策略的有效性　　B．成本的经济性
　C．实施的便利性　　D．结果的可控性

3．在细分服装消费者市场的标准中，属于心理因素的有(　　)。
　A．生活方式　　B．态度　　C．收入　　D．利益追求

4．服装市场定位是指(　　)。
　A．服装产品在市场上所处的位置　　B．服装产品在消费者心目中所处的地位
　C．服装产品的销售对象选择　　D．服装产品的销售渠道选择

5．影响目标市场策略选择的因素有(　　)。
　A．企业资源　　B．产品特性
　C．产品生命周期阶段　　D．竞争者策略

6. 作为一种竞争手段，有些服装企业采用“物美价廉”的定位方式。其定位方式为(　　)。

A．设计师定位　　B．品牌形象定位

C．质量价格定位　　D．产品属性定位

7. 消费者对某种产品的需求和爱好比较接近，服装企业在选择目标市场可采取(　　)。

A．无差异性目标市场策略　　B．差异性目标市场策略

C．集中性目标市场策略　　D．密集性目标市场策略

8. 对服装消费者市场进行细分的标准有(　　)。

A．地理因素　　B．人口因素　　C．心理因素　　D．行为因素

9. 目标市场营销策略 STP 是指(　　)

A．市场细分　　B．目标市场选择

C．顾客需求　　D．市场定位

10. 差异性目标市场策略主要适用于(　　)情况。

A．企业实力较强　　B．产品性质相似

C．市场竞争者多　　D．消费需求复杂

三、判断题

1. 具有明确定位的品牌意识是构成消费者市场与服装业繁荣的基础。(　　)

2. 年龄是服装市场细分消费者市场的比较常用的标准之一。(　　)

3. 差异性市场营销策略追求的不是在较大市场上占较少的份额，而是在较小的市场上占有较大份额。(　　)

4. 大型服装企业在选择目标市场营销策略时，通常采用无差异性营销策略。(　　)

5. 目标市场是企业拟投其所好为其服务的那个有颇为相似需求的顾客群的市场。(　　)

6. 市场定位是市场细分的前提，而市场定位的前提是市场调查。(　　)

7. 市场细分是选择目标市场的目的和归宿。(　　)

8. 服装企业进行市场细分所依据的有效条件是可衡量性、可进入性和可获利性。(　　)

9. 无论是消费者市场，还是组织市场，并非所有的市场细分都有效的。(　　)

10. 市场定位就是进行目标市场选择。(　　)

四、思考题

1. 服装市场实行目标市场营销一般包括哪几个重要步骤？
2. 服装市场细分有何作用？
3. 进行有效服装市场细分应具备哪些条件？
4. 服装消费者市场细分的变数有哪些？
5. 服装的市场定位常见定位策略有哪些？

技能演练

一、案例分析

“十八淑女坊”于 1998 年诞生于广州，发展到现在成为拥有占地面积约 20 000 平方米工业园区的大型专业经营淑女服饰的现代化的品牌服装公司。

十八淑女坊的整体风格以突出东方女性浪漫温婉、纯真甜美、率真自我的淑女形象为主，展现东方女性自信优雅的独特魅力，以及健康自然的生活态度。产品设计中贯穿时尚、休闲、简约的流行元素，强调服装的舒适性、可穿性及搭配性。十八淑女坊女装设计创意源自欧洲、韩国的时尚风潮，聘请张嘉倪作为品牌代言人，张嘉倪甜美的淑女气质与产品本身要传达的品位很相符。

十八淑女坊目标市场定位为年轻淑女群体，价格上偏高。此外，服装的年龄与其品牌年龄定位不符，从风格上看只适合学生穿。在近几年的市场竞争中淑女坊的品牌知名度迟迟得不到提升，经营规模也难以扩大。

(案例来源：http://www.18snf.com.)

问题：

(1) 影响十八淑女坊的业绩提升的问题出在哪里？

(2) 结合案例分析十八淑女坊该如何重新定位。

二、实训操作题

【实训操作指令】

1．选择一具体服装企业为背景。

2．根据其服装特色进行服装市场细分和目标市场选择。

3．确定其市场定位

【实训名称】 STP 分析实训。

【实训目标】 让受训者亲身主导背景企业的 STP 决策过程，操练 STP 分析的基本能力。

【实训组织】

1．受训者 4～5 人一组，采取自由组合方式形成，每组设组长一名。

2．在规定的时间内完成背景企业的选择和资料准备，根据 STP 分析方案，每个小组派成员进行 PPT 汇报。

3．指导老师组织受训者就分析方案进行讨论，形成基本判断。

【实训考核】

1．小组完成方案设计的表现占 40%。

2．小组成员的团队合作表现占 20%。

3．PPT 汇报的表现占 40%。

【实训成果】 完整的 STP 分析方案＋汇报 PPT。

任务6 制定服装产品策略

能力目标

完成本任务的教学，受训者应该具备以下基本能力：

1. 认识服装产品内涵的能力
2. 能够合理进行产品组合的分析
3. 能够设计服装产品不同生命周期阶段的营销策略

核心能力

在本任务的教学中，导师应重点关注受训者如下能力目标的实现：

1. 产品组合的优化与调整
2. 不同生命周期阶段营销策略的制定

知识目标

为了完成本任务，受训者需要的理论知识：

1. 产品的概念与层次
2. 服装产品组合的具体形式
3. 服装产品不同生命周期阶段的特征

任务分解

6.1 理解服装产品概念
6.2 规划服装产品组合
6.3 服装产品生命周期

案例导入

光彩四溢的香奈儿

香奈儿是一个有 90 多年历史的著名品牌，香奈儿时装永远有着高雅、简洁、精美的风格，她善于突破传统，早在20世纪40年代就成功地将“五花大绑”的女装推向简单、舒适，这也许就是最早的现代休闲服。香奈儿最了解女人，香奈儿的产品种类繁多，每个女人在香奈儿的世界里总能找到合适自己的东西，“当你找不到合适的服装时，就穿香奈儿套装”那句至今仍在欧美上流女性中流传的衣经名言足以表现香奈儿品牌服饰的魔力和功用。

对一个有90年历史的品牌，突破传统，抛弃束缚，便是香奈儿的一贯原则。正应了50年代香奈儿的这句话：“只有女人才真正了解女人”。成名于第一次世界大战前后的香奈儿借助妇女解放呼声日高之机，成功地将女装原本复杂、累赘的衣装推向简单、舒适的时代。香奈儿制作过前所未见的夏季休闲服，那是廓型宽松的除去腰部线条的针织服。将加诸于女性身上的束缚彻底解除，香奈儿由此成了当时被称为“青春派”服饰的主持。在香奈儿之风吹起的时候，亚麻裙、海军服、开口宽衫，简单的帽子……成为那时期的特色。

男装风格特征的融入，低领及男用衬衫配以腰带，这便是早期的香奈儿风格，且沿袭至今。第一次世界大战期间，又推强调利于行走、活动等功能的女装。将服装上所有矫饰一一卸下，代之以长及臀部的围巾。香奈儿是第一批将裙摆提高至足踝以上的设计师。

香奈儿有句名言：时尚来去匆匆，但风格却能永恒。香奈儿品牌高雅简洁的格调，堪称独树一帜，全然摆脱19世纪末的传统保守与作风，开创了一种极为年轻化、个人化的衣着形式，奠定了20世纪女性时尚穿着的基调。香奈儿时装所强调的廓线流畅，质料舒适，款式实用，优雅娴美，均被奉为时尚女子的基本穿衣哲学。

思考：香奈儿是怎样用产品形态来诠释市场需求的？

任务明确

企业价值的实现与增值需要借助一个具体的载体，这个载体就是产品本身。产品是企业开展营销活动，寻找与消费者沟通的桥梁与纽带。服装产品具有特殊性，不仅体现在服装产品能够解决人类最基本的生理需要，更为重要的是服装产品被赋予了个性、文化、情感等因素。在服装行业中诞生了众多知名的公司，世界奢侈品牌基本上都与服装有关系，就如案例导入中的香奈儿。一个看似没有什么特别的产业却在引领着社会文化的发展，深深地影响着人类的生活方式，这与服装企业在产品上的不断探索与创新密切相关。作为服装企业，需要在清晰自己的企业定位、产品定位的基础上有效规划自己的产品策略。不断发展创新自己的产品系列，为市场提供更加有竞争力的产品组合，是服装企业提高附加值的重要途径。

产品策略是满足目标市场欲望的主要策略，也是企业创造差异化经营的核心手段。本环节根据服装行业的基本特征和产品策略的主要内容，将具体学习下列 3 个子任务：

(1) 理解服装产品概念；

(2) 规划服装产品组合；

(3) 服装产品生命周期。

本环节的学习与训练将围绕以上 3 个方面的子任务展开，通过本任务的学习和演练，我们将会在掌握服装产品基础理论知识的基础上具备开展进行初步产品规划与管理的操作能力。

6.1 理解服装产品概念

当我们以营销的观念来对消费者购买动机进行分析的时候，发现消费行为一定是基于一个没有得到满足的需求而产生。对这个需求的满足不是单单拥有一个物品那样简单，而是这个物品给消费者带来的一组利益，对这个利益的分析需要明确产品概念。本任务带领大家熟悉产品的基本概念和概念层次，为建立正确的营销思想打下基础。

学前小思考

1. 你是如何理解“人靠衣装马靠鞍”这句话的？
2. 从明星着装偏爱国际知名品牌你想到了什么？

知识大扫描

6.1.1 熟悉产品的概念

对服装产品的研究首先要明确什么是产品。一般来讲，产品是看得见、摸得着的具有某种特定物质形态和用途的物品。但随着现代经济生活的快速发展，市场对产品的需求已经逐渐从有形转向无形，从物质层面转向精神层面，因此市场营销学对产品理论的研究也在不断发展和深入，对产品内涵的界定也已经超越了有形的层次。服装产品是自然性和社会性的统一体，其在具有一般自然属性的同时更多体现的是社会属性。

市场营销中的产品是指能够通过交换满足购买者某一需求和欲望的任何有形物品或无形服务，包括实物、劳务、构思、意识、情感等有形或无形的内容。有形产品包括能满足消费者需求的产品实体及其品质、式样、特色、包装、品牌商标等。无形产品是指能够给消费者带来附加利益和心理上满足感及信任感的售后服务、保证、产品形象、销售者声誉等，即象征性价值。

6.1.2 服装产品概念的 3 个层次

1. 核心产品

核心产品也称实质产品，指产品能够提供给购买者的基本效用或益处，是购买者所追求的中心内容。消费者购买产品的真正目的不是在于得到产品本身，而是为了满足某种特定的需要，这种需要就是核心产品。服装原始的作用是御寒蔽体，这是服装的核心作用和功能，如消费者需要买一件羽绒衣，这时候的消费者对羽绒衣首要考虑的就是保暖性，这是购买得以产生的前提。因此，企业在开发、宣传服装产品时应明确地确定产品能提供的核心利益，产品才具有吸引力。

资料补充 6-1

优衣库商品：基本、功能、平价、优质

优衣库的产品介于生活必需品和时尚品之间，与 ZARA、H&M 时髦张扬的路线不同，优衣库将注意力放在“基本款”领域。百搭、功能性商品、廉价的时尚一直是优衣库给消费者最直观的印象。6 年前的 2007 年，其上市的具有吸湿发热功能的“HEATTECH”系列商品更是以“更温暖呵护、更舒适体验、更适宜的价格”掀起了一股时尚热潮，该款服装在日本市场取得了约 2 000 万件的销售业绩。

2. 有形产品

有形产品是产品在市场上出现时的具体物质外形，它是产品的形体、外壳，核心产品只有通过有形产品才能体现出来。服装产品的有形特征主要指质量、款式、特色、包装。中国有句俗语“人靠衣装马靠鞍”，这句话恰当地体现了服装的社会性，所以消费者往往很在意服装的装饰性和社会角色的识别作用，而这一作用就是通过服装的有形产品来实现的。

3. 附加产品

附加产品指顾客购买产品所得到的各种附加利益的总和。它包括：安装、使用指导、质量保证、维修等售前售后服务。企业价值不仅仅在产品被购买的那一刻体现，更是在被购买和被消费过程中得到认同和信赖，基于此，企业需要给予消费者稳定、成熟的消费支持。与高科技的机械、电子信息类产品不同，服装产品本身的技术含量与消费者本身的消费没有必然直接的关系，但这并不意味着企业可以放松或忽视消费者在消费过程中可能会存在的问题。现代服装企业在品牌化运作过程中越来越强调终端的作用，就是因为这个环节最能体现服装的附加产品，这点可以从店铺装修、陈列、导购服务越来越人性、越来越贴心等现象中看出。可以预见，随着市场竞争的激烈展开和消费者要求不断提高，附加产品越来越成为服装企业获取竞争优势的重要手段。

学以致用

在竞争日益激烈的市场中，消费者变得越来越挑剔，某西装品牌拟加强服务来吸引消费者。但由于预算有限，该西装品牌在以下3种服务策略中只能选择两项，这3种策略是：提供终生免费干洗服务、提高店铺的导购素质、引进先进的人体试衣软件。

思考：如果你是决策者，你将怎样考虑？

6.2　规划服装产品组合

产品组合好比一个交响乐团，各种产品就像是各种乐器一样绝妙组合又各司其职，演奏出让消费者心动的乐章。服装企业要根据市场的需求状况合理进行产品定位与生产，规划好产品组合，形成一个具有战斗力的产品团队。本任务将带领大家熟悉服装企业的产品组合基本情况，掌握产品组合分析的基本方法，使读者能够进行产品组合的优化与调整。

学前小思考

1. 如果一个大众化的服装品牌推出一个价位相对较高、风格稍有变化的产品系列，请分析其原因。
2. 当你走进品牌服装店，面对越来越多的产品，你会有怎样的感觉？

知识大扫描

6.2.1　熟悉服装产品组合

服装产品组合是指服装生产或服装销售企业所经营的全部产品大类、产品项目的组合。

对于服装企业而言，提供给市场的不是也不能是单一的产品，而是一个经过精心设计和安排的产品组合，包括不同的类型、款式、风格、价位等，通过这种组合能满足不同的消费需要，有效提升品牌黏度和品牌影响力。

营销小知识

品牌黏度是指消费者对品牌的关注度、接触次数及购买频率。品牌黏度是反映品牌竞争力的关键性指标。

服装产品组合由产品线和产品项目组成。

产品线：产品线是指满足消费者同类需求，而规格、款式、档次不同的一组产品。

产品项目：在服装行业中，产品项目就是指产品单位，可以依据尺码、颜色进行区分。借用库存管理的概念就是SKU，指某一款式中的某一颜色中的某一尺码的产品。

营销小知识

SKU(stock keep unit)指保存库存控制的最小可用单位，不同货号对应的就是不同的SKU。

每一个服装企业都希望拥有尽可能多的产品品种，每种产品的数量也尽可能多，这样就可以给消费者更多的选择机会，同时又能避免断色断码的出现。但实际上由于受生产能力、库存管理、资金实力，以及市场风险控制等方面因素的影响，服装企业往往需要对拥有的产品品种进行合理规划，在资源保障和利益最大化方面作出有效的平衡。对企业的产品组合进行设计规划之前需要了解产品组合的4个基本维度：宽度、长度、深度和关联度。

(1) 产品组合的宽度是指一个企业的产品组合中所拥有的产品线的数目。

(2) 产品组合的长度是指一个企业的产品组合中所有产品项目的总数。

(3) 产品组合的深度是指一条产品线中的产品项目有多少个品种(如规格、颜色等)。

(4) 产品组合的关联度是指各条产品线在最终用途、生产条件、分销渠道或其他方面相互关联的程度。

对产品组合4个维度的把握，可以为服装企业开展产品组合决策提供依据。加大产品组合的宽度，可扩展企业的经营领域，实行多样化经营，分散企业投资风险；增加产品组合的长度，使产品线丰满充裕，可以成为更全面的产品线公司；加强产品组合的深度，可以占领同类产品的更多细分市场，满足更广泛的市场需求，同时，可增强行业竞争力；加强产品组合的关联度，可以使企业在某一特定的市场领域内加强竞争和赢得良好的声誉。因此，对产品组合的决策，就是企业根据市场需求、竞争形式和企业自身能力对产品组合的广度、长度、深度和关联度方面作出的决策。

6.2.2 产品组合状况分析

产品组合状况分析就是企业根据市场需求、竞争形势和企业自身能力对产品组合作出系统的分析和评价，并决定是加强还是剔除某些产品线或产品项目，涉及产品组合的宽度、长度、深度及关联度的调整。在对产品组合进行分析的时候可以对产品项目采取利润贡献法和波士顿分析法。

1. 利润贡献法

服装企业的产品项目往往较多，每个产品项目的市场表现各不相同，可以通过销售和利润等指标对其进行分析。特别是对拥有多条产品线的企业，在进行产品项目优化或调整决策的时候就需要对产品线、产品项目的具体贡献进行分析。如果在一条产品线上，销售额和盈利高度集中在少数产品项目上，则该产品线较脆弱，企业必须细心保护，并努力发展拥有良好前景的产品项目。若某个产品项目的销售额和利润只占整个产品线销售额和利润的极少部分，且无长远发展前景，就可以剔除掉。

资料补充 6-2

充分利用渠道商资源进行产品分析

代理制是本土服装品牌的生存策略之一。据招商证券分析师王薇的一份报告显示，2011 年七匹狼 70%以上收入来自加盟渠道。遍布国内市场的代理商、经销商就像是品牌服装企业的信息采集点，为企业提供了大量的市场、设计、产品等方面的有效信息。服装企业每年都会根据季度和货品企划举行订货会，每次订货会其实就是一次产品讨论会，哪些产品需改进，哪些需继续保持，这对总部产品更新是一笔十分可观的财富。

2. 波士顿矩阵分析法

市场占有率和销售增长率可以用来反映竞争力和发展潜力，波士顿矩阵(BCG Matrix)分析法就是通过这两个指标来对企业的产品组合或业务组合进行科学的分析，以作为实施产品或业务调整的依据。在波士顿矩阵分析法中，根据相对市场占有率和销售增长率两个指标将产品分为 4 种类型：明星类、金牛类、问题类和瘦狗类。我们可以利用波士顿矩阵分析法对服装企业的产品组合进行深度分析，如图 6.1 所示。横轴代表产品相对市场占有率，它是本公司某产品的绝对市场占有率与其主要竞争对手产品绝对市场占有率的比值，而且以某个关键值为区分高低的标准。纵轴表示该产品的年市场销售增长率，它是本公司某产品的当年市场销售额相对于去年市场销售额的净增长率，市场销售增长率反映经营单位、产品或服务的市场吸引力大小。

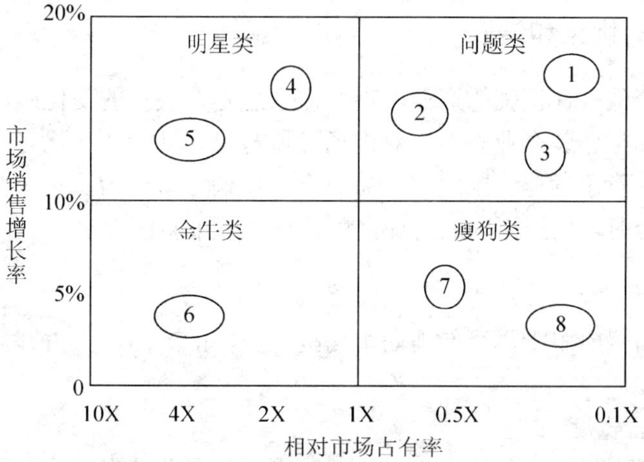

图 6.1　波士顿矩阵分析法

营销小知识

波士顿矩阵分析法又称市场增长率—相对市场份额矩阵、波士顿咨询集团法、四象限分析法、产品系列结构管理法等，是由美国著名的管理学家、波士顿咨询公司创始人布鲁斯·亨德森(Bruce Henderson)于1970年首创的一种用来分析和规划企业产品组合的方法。这种方法的核心在于，要解决如何使企业的产品品种及其结构适合市场需求的变化，只有这样，企业的生产才有意义。同时，如何将企业有限的资源有效地分配到合理的产品结构中去，以保证企业收益，是企业在激烈竞争中能否取胜的关键。

根据波士顿矩阵图，明星、金牛、问题、瘦狗这4类产品在市场上的地位不同，公司对它们的期待也不同，因此就需采取不同的战略措施。

(1) 明星业务是指市场增长率和相对市场占有率都较高的业务，是公司的经营实力所在，最好制定能维护其稳定增长的战略，加强其所需资源的保证力度。

(2) 金牛业务是指那些有较低的市场增长率和较高的相对市场占有率的业务，能为公司带来较高的销售额和利润。对金牛业务只需投入必要的资源以维护其市场份额。

(3) 问题业务是指市场占有率较低而市场增长率却较高的新兴业务。对于问题业务需要进行认真分析，如果公司已经投入较多资源但销售及利润的增长都少，可以考虑放弃；如果该产品拥有较好的市场潜力，只是因为投入不够而导致业绩不佳，则需要加大投入以拓展其市场，以确保未来的盈利支撑。

(4) 瘦狗业务是指其相对市场占有率和市场增长率都较低的业务。顾名思义，这种业务已很难获利，最佳战略选择是放弃该业务，立即转向新业务。

在对各业务单位进行分析之后，企业应着手制定业务组合计划，确定对各个业务单位的投资战略：拓展、维持、收割或放弃。

服装企业通过上述战略可以达到优化业务(或产品)组合的目的。但是，需要指出的是，上述4类战略业务单位在矩阵图中的位置不是固定不变的，任何产品都有其生命的周期，随着时间推移，这4类战略业务单位在矩阵图中的位置就会发生变化。因此在使用这种方法时要尽量占有更多资料，审慎分析，避免因方法的缺陷造成决策的失误。

6.2.3 产品组合的优化和调整

服装产业是一个流行性很强的产业，市场需求总是在快速的变化中，这就导致新产品的推出也层出不穷。如果服装企业不能针对市场环境与自身环境的变化对产品组合进行优化调整，将会使企业丧失竞争优势，因此，产品组合优化调整就成为服装企业重要策略。企业在调整和优化产品组合时，依据不同的情况，可选择如下策略：

1. 扩大产品组合

扩大产品组合策略着眼于尽可能地向市场提供更多的产品，大力开拓产品组合的宽度，加强产品组合的深度。

1) 开拓产品组合宽度

在原有产品组合中增加产品线，扩大经营范围，使企业获得新的发展机会。当服装企业通过市场调查和分析，预测到现有产品线的销售量和利润将有可能下降时，可考虑增加新的具有高盈利能力的产品线。

资料补充 6-3

单品服装品牌延伸的动机

其一，当初企业进行服装单品生产经营和品牌建设时，市场远没到白热化竞争。今日的市场更趋成熟，消费者需求日趋多样化、离散化和细分化，服装单品已越来越难以适应市场和消费者的变化。

其二，近年服装增速趋缓，实际零售价格下降，后金融危机时代的竞争格局变得更加严峻，服装单品所承受的竞争压力越来越大。

其三，受全球气候变暖影响，羽绒服、羊绒衫/羊毛衫、皮衣等服装单品品牌的应季销售未达到预期；并且消费者越来越理性的消费态度也影响了羽绒服、羊绒衫/羊毛衫、皮衣等服装单品品牌的反季销售。

其四，国内服装品牌经营的不断成熟，单品品牌所专长的服装单品已经不可避免地成为男装、女装、休闲装、童装等品牌商品组合中的一个品类，并且凭借这些服装品牌雄厚的设计开发力量，以及对时尚和目标市场的深刻理解，使开发出来的品类比服装单品品牌商品显得更时尚、更适合消费者需求。

其五，如羽绒服、羊绒衫/羊毛衫、皮衣等服装单品毫不例外地存在一个明显的局限性，即季节性强，销售和消费时间短。这对存在四季差异的国内大部分市场而言无疑是一个硬伤。

2) 加强产品组合深度

在产品线中增加产品项目的个数，如开发出更多的款式、色彩、规格、型号等，以更好地满足消费者的需求。当现有产品线的销售额和盈利率将要下降时，或者现有产品线市场已经饱和，而企业又有剩余资源时，企业就会在产品组合中增加新的产品线，扩大企业经营范围，发展新的顾客群体；而现有产品线发展良好，市场潜力巨大时，企业则会加强产品线深度，促使顾客增加购买频率，培养顾客忠诚度，吸引新顾客加入。

扩大产品组合是服装企业通常采取的方法，也是被很多知名企业证明可行的方法。服装名品的系列化发展是对产品组合的宽度进行拓展，增加新的产品线。国际知名品牌，如迪奥、香奈儿、古奇等几乎都经历了从女装到男装、香水、领带、皮鞋、皮具等的不断扩展，最终覆盖到精品世界的方方面面，而且各系列的风格、品味相互陪衬，搭配出整体的和谐。另外，随着服装企业规模的扩大和实力的增强，会对消费者的服装需求进行进一步的细分，进而在同一产品线中增加新的产品项目，或增加新的产品线。

扩大产品组合可以充分利用服装企业的有效资源，利用剩余生产能力，有助于降低成本，丰富品牌形象，增加企业竞争力，同时还可以减少季节性和市场需求的波动，分散企业的经营风险，使企业在更大的市场领域中发挥作用。特别是对名牌服装，该策略最有价值的一点就在于可以充分利用其深厚的品牌资产，利用原有产品的信誉使推出的新品迅速在市场上获得成功，这将大量节省创建新品牌所需要的营销费用。需要指出的是，扩大服装产品组合往往会分散经销商和销售人员的精力，增加管理难度，有时会使边际成本加大，甚至由于新产品存在的品质等问题而影响品牌形象及原有产品的声誉。

案例 6-1

雅戈尔的产品组合

雅戈尔集团公司在衬衫市场取得了良好成绩之后，先后增加了西服产品线、休闲服装产品线、T恤产品线，在服装行业的多个子市场取得进一步的发展；在服装业发展到一定程度之后，又增加房地产及金融投资两条产品线，使集团形成以服装业为主、房地产与金融投资为两翼的经营格局。雅戈尔集团的产品线扩展，首先是在相关度较大的服装业，这样可以充分利用集团在服装市场上品牌优势及市场声誉，扩展难度相对较小；当集团具备较强实力之后，才开始向服装业之外扩展。正是这种先易后难、先长大后强大的经营思路确保了雅戈尔的稳步发展。

2. 缩减产品组合

当市场繁荣时，较长、较宽的产品组合会为许多企业带来较多的赢利机会，但当市场不景气或原料、能源供应紧张时，缩减产品反而可能使总利润上升。服装的流行性和季节性，往往会使得服装企业需要应对市场环境而对现有的产品组合进行适当的缩减。缩减的方式有以下两种。

1) 缩减产品线

剔除获利很小甚至无利可图的产品线，使服装企业集中资源于优势产品线的生产经营。

2) 缩减产品项目

剔除盈利能力差的产品项目，集中资源提高产品质量，降低消耗，提高促销和分销效率，同时减少资金占用，加快资金周转。采用本策略的服装企业将取消一些产品系列或产品项目，集中企业力量实行高度专业化，试图通过生产经营较少的服装产品来获得更多利润。名牌服装只在某些特殊情况下才偶尔采用该策略。驰名世界的李维斯公司最著名的产品是牛仔裤，后来在此基础上又发展了高档运动服装系列，但是不久企业便由于竞争激烈等多方面因素而进入困境，连牛仔裤也大失市场。到了 20 世纪 80 年代，企业为了恢复其原有的竞争优势，便果断地将产品组合缩减为只生产李维斯单一牛仔裤，这才保住了李维斯牛仔裤在牛仔王国的霸主地位。如今，类似的情况也出现在耐克品牌上。

案例 6-2

耐克频繁转手子品牌，集中火力 PK 阿迪

遭遇高库存和业绩下滑困扰的耐克，寄希望于集中资源，依靠核心品牌攻坚战与阿迪达斯分庭抗礼。继关闭在华唯一自有鞋厂，并停止对亚洲多家运动鞋代工厂下单和终止与数家亚洲服饰代工厂合作后，全球最大运动鞋和服装生产商耐克公司继续瘦身。2012 年 6 月，耐克开始“叫卖”茵宝及 Cole Haan 品牌。当时，耐克方面表示，出售旗下的品牌是为了削减成本，从而更好地专注于 Nike、Jordan Brand、Converse 以及 Hurley 这些核心品牌的发展。行业内人士认为，在频繁转手子品牌的背后，实则是耐克在整合核心品牌，剔除那些可能和主品牌产生竞争的品牌。耐克总裁兼 CEO 帕克表示：“剥离任何业务都是一项艰难的决定，但这项操作将有助于我们更加专注于具有高潜在增速机遇的业务。”

3. 产品延伸

基于资源的有限性，企业刚刚进入市场的时候往往对产品有一个明确的定位，只为某个细分市场提供合适的产品。当企业完成了初步的资金及市场积累后，一旦出现机会，企业往往开始跨越原有范围，追加产品线提供给其他细分市场。产品延伸策略指全部或部分的改变公司原有产品的市场定位，具体做法有以下 3 种。

1) 向下延伸

向下延伸是指企业原来生产中高档产品，后来决定增加低档产品。服装企业采用向下延伸策略可能基于以下原因。

(1) 中高档市场容量有限，增长缓慢，甚至停滞或衰退，资金设备得不到充分利用，不能给企业带来满意的回报。

(2) 期望利用高档服装品牌的声誉吸引更多购买力水平较低的消费者购买本企业较低档次的产品。

(3) 企业可能注意到低档市场存在的强劲增长机会。

(4) 填补企业产品线的空白，以排斥新的竞争者。

(5) 企业最初进入高档服装市场的目的就是为了树立品牌形象。

(6) 企业可能希望通过进入低档市场来直接打击来自低端市场的竞争者，因为这些竞争者正试图进入中高档市场。

服装企业采用向下延伸策略会面临一些风险，如可能会影响企业形象和声誉；新的低档服装可能会蚕食企业自身的高档市场；或者可能会促使竞争企业转而开发高档服装市场等。

2) 向上延伸

向上延伸是指服装企业原来生产低档产品，后来决定增加高档产品。服装企业采用向上延伸策略可能基于两个原因：首先是高档服装市场有较高的销售增长率和利润率；其次是企业重新进行产品定位，期望能把自己定位成有完整产品线的服装提供商，并以高档产品来提升企业整体产品的层次。

服装企业采用向上延伸策略会面临一些风险，如企业竞争压力增大；消费者比较难以相信推出的高档服装产品的品质；企业的销售代表和经销商可能缺乏高档服装分销的相应能力和知识等。

3) 双向延伸

双向延伸是指原定位于中档产品市场的企业掌握了市场优势以后，决定向产品大类的上下两个方向延伸，一方面增加高档产品，另一方面增加低档产品，扩大顾客群体，充分享受品牌带来的价值。

案例 6-3

闽派男装的抢位营销：从单品到商品系列化

仔细比对闽派男装的发展与崛起，可以发现一条“统一”的路径：前期采取聚焦战略在某个单品获取领导地位，再用单品带动整个品牌的发展。闽派男装分别拥有了自己的主打产品，如九牧王的男裤、七匹狼与劲霸的夹克、利郎的风衣、柒牌的中华立领等。在闽派男装中，利郎聘请陈道明代言，凭借“简约而不简单”的理念获得飞跃发展。而柒牌男装则在 2012 春夏推出 3 种不同产品线特色，商品系列化水平得到提升。

以九牧王为例，自创立之日起，它一直专注于男裤研发、生产与销售，并在 2000 年成为中国细分市场的王者。令人惊叹的是，自 2000 年至 2011 年的 12 个年头，九牧王牢牢占据国内男裤品类的市场领导者地位。事实上，在深耕单品的同时，早在 2001 年九牧王就已经启动了“以男裤为核心，以男式西服、休闲服饰为两翼”的系列化男装战略延伸。

九牧王的产品延伸是从突破商品系列化的源头抓起，2010 年郑重聘请有“御用设计师”美誉的赵玉峰出任首席设计师。正如九牧王董事长林聪颖所说的：“所谓世界级的品牌，便是要被全世界的消费者认同。除此之外，还应该具备以下几点：第一，要有一个能被全世界都接受的文化理念；第二，要有文化传播的力量；第三，产业链的配置要全球化。”经过深入思考，2012 年的九牧王开始了由内而外的结构性调整。

4. 产品线填充策略

即服装企业在现有产品线范围内增加新的产品项目。服装企业采用产品线填充策略可能基于以下原因。

(1) 期望获取增量利润。

(2) 满足那些经常抱怨由于品种缺乏而失去销售额的服装经销商。

(3) 试图利用企业剩余生产能力。

(4) 争取成为领先的产品线完整的服装企业。

(5) 设法填补市场空隙，防止竞争者的入侵。

需要注意的是，有些服装企业为了丰富产品组合而尽量增多产品项目，虽然也能达成服装品类及款式多样化的策略性目的，但过多的产品会给消费者带来选择上的困难，可能会导致新旧产品项目之间的市场残杀，同时也会增加更多报表填写和库存管理上的费用。因此，服装企业在采用该策略时一定要考虑上述可能会发生的问题。

案例 6-4

卡尔丹顿：高级定制的通路密码

深圳市卡尔丹顿服饰股份有限公司创立于 1993 年，定位为中高端的成衣服装企业。基于传统服装领域的经营压力，以及对未来高端定制市场的看好，卡尔丹顿于 2011 年开始正式推出高级定制业务，并计划经过 3～5 年的发展，将该部分业务占到总体销售规模的 10%～30%，利润的 30%～40%。卡尔丹顿把服务的高端客户大致分为 3 类：第一类是担任领导职务的行政官员；第二类是商业领袖，也是主要的消费群体；第三类是思想领袖，包括专家学者、医生、律师等各行各业的专业人士。从这 3 个基本定位出发，又划分为不同的活动情境，如商务会议、宴请、谈判、聚会等；甚至再细分，在宴请的类别下又能派生出“宴请领导”、“宴请客户”或者“宴请投资人”的子目录。

“高级定制面向高端客户，因此客户的数据严格保密，并不进行联网服务;而是通过高级定制的 VIP 服务管家的专享通路，从总部或者大区向下委派执行。”专享通路是 24 小时的服务热线，上至高管，下至普通工作人员都要求随时待命。接到客户要求之后，首先根据其所处环境、遇到的情境进行形象设计指导，然后告知公司的营运中心，由后者通知距离客户最近的店铺做好量体裁衣的准备，那么当客户到达，就可以即时提供便利服务。不仅如此，卡尔丹顿的服务还延伸到了服装之外，如其他产品的代购。“为客户做一套谈判系列的服装，完全可以再为其准备一些谈判系列的签字笔。”刘丹表示，“服务体系的打造是卡尔丹顿高级定制的重点项目，而高级定制业务也将推动整个服装产业的转型升级。”

5. 产品线现代化

服装企业不改变产品线长度，而是在现有产品组合中有选择地改进现有产品，被称为产品线现代化。产品线现代化有两种方式：一种是渐进式现代化；另一种是一步到位式现代化。服装企业采用该策略时必须选择改进产品的最佳时机，使之不至于过早或过迟。名牌服装常使用改进设计、版型等方式来适应新的市场或满足消费者不断变化的需求。例如，皮尔·卡丹在进入中国市场时，面临东西方人种体型结构的差异，为使欧洲服装版型中国化，皮尔·卡丹对中国市场进行了全国性的调查，对原有版型进行调整，最终生产出适合中国消费者穿着的西装。

学以致用

2000年以后，国内出现了很多以类似于99元、128元这样单一价格进行销售的裤业单品店，如基梵·至喜、联邦·欧诗兰等。起初的时候，这种模式发展很迅速，但自2005年以后，这些单品裤店都纷纷进行了产品线的拓展，如引进了夹克、T恤、毛衫等。

思考：为什么会出现这种变化？

6.3　服装产品生命周期

市场在不断变化，企业需要有针对性地进行产品创新来应对这种变化，这就涉及产品的生命周期。对产品生命周期的把握是建立服装企业持久竞争力的基础。本任务将带领大家熟悉服装产品生命周期的基本阶段和特征，使读者能根据服装产品不同生命周期阶段制订合理的营销策略。

学前小思考

1. 一到季末，很多服装品牌往往打折促销，请问导致这种情况的原因是什么？
2. 快时尚服装品牌往往不追单，而是不断推出新产品，促使其采取这种方式的深层次原因是什么？

知识大扫描

6.3.1　产品生命周期概述

典型的产品生命周期一般可分为4个阶段，即介绍期、成长期、成熟期和衰退期，如图6.2所示。

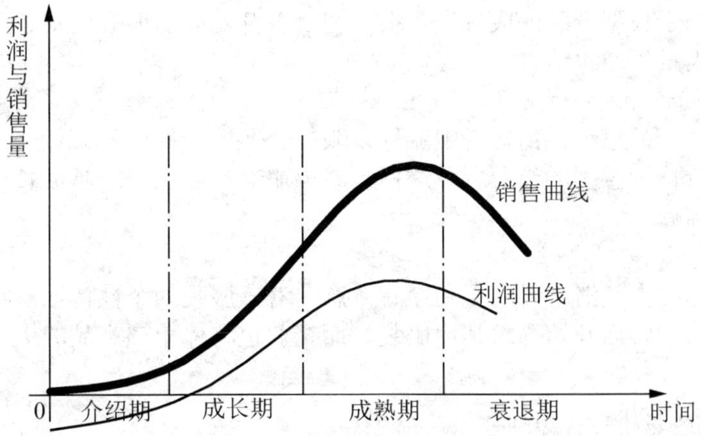

图6.2　产品生命周期曲线图

1. 介绍期

新产品投入市场，便进入介绍期。此时，顾客对产品还不了解，只有少数追求新奇的顾客可能购买，所以销售量很低。为了扩展销路，需要大量的促销费用来对产品进行宣传。在这一阶段，由于技术方面的原因，产品不能大批量生产，因而成本高，销售额增长缓慢，企业不但得不到利润，反而可能亏损。

2. 成长期

当产品在介绍期的销售取得成功以后，便进入成长期。这时顾客对产品已经熟悉，大量的新顾客开始购买，市场逐步扩大。产品已具备大批量生产的条件，生产成本相对降低，企业的销售额迅速上升，利润也迅速增长。在这一阶段，竞争者看到有利可图，将纷纷进入市场参与竞争，使同类产品供给量增加，价格随之下降，企业利润增长速度逐步减慢，最后达到生命周期利润的最高点。

3. 成熟期

经过成长期以后，市场需求趋于饱和，潜在的顾客已经很少，销售额增长缓慢直至转而下降，标志着产品进入了成熟期。在这一阶段，竞争逐渐加剧，产品销售降低，促消费用增加，企业利润下降。

4. 衰退期

随着科学技术的发展，新产品或新的代用品出现，将使顾客的消费习惯发生改变，转向其他产品，从而使原来产品的销售额和利润额迅速下降。于是，产品又进入了衰退期。

6.3.2 服装产品生命周期分类

基于一般产品生命周期的基本划分方法，根据服装行业本身的特点，我们可以作出如下划分。

1. 按市场销售特征划分

1) 创新阶段

创新阶段相当于典型产品的导入期。由于服装产品的新颖特色而吸引了一批对时尚和潮流特别敏感、愿意出高价购买的服装创新购买者。

2) 模仿阶段

模仿阶段相当于典型产品的成长期。很多消费者开始模仿服装创新者的衣着，该类型的服装产品也开始大量生产和销售。

3) 经济模仿阶段

这时该类服装产品已经在消费者中流行，服装企业以较低成本大量生产，产品价格也更低，以满足更多价格敏感型的消费者。这标志着该服装产品已经跨越成长期而进入成熟期，其销售逐渐达到高峰。

4) 衰退阶段

一旦服装产品被大量消费者购买和穿着，意味着该服装的个性特征已经消失，从而失去了原有的魅力，人们转而开始寻求其他服装，而企业也将停止该产品的生产。此时，该产品样式进入衰退期。

2. 按流行接纳与购买行为划分

1) 介绍阶段

处于介绍阶段的新款服装大多非常昂贵，天才设计师在强大的资金支持下通过改变服装的线条、外形、色彩、面料、结构、制作工艺等来创造新的时装与配饰。本阶段的服装因为成本高昂，只有少数人才能购买得起。

2) 流行阶段

对于少数服装倡导者(如各界名人、广告模特等)的新款服装，人们会表现出极大的关注和兴趣，可是却因为不菲的价格而无力问津。这时服装制造商们就会模仿这些新款进行批量生产，他们会选用较为便宜的面料或者改变一些设计细节以降低成本，然后以较低的价格销售出去。出于自我保护，许多高级时装设计师也设计二线服装、过渡服装和推广服装，他们就能以较低的价格大量出售那些原创服装的修改版。

3) 流行高峰阶段

通过快速传播和相互模仿，该类服装已经被广大消费者接受，市场需求量相当大，很多服装企业都加紧生产仿制版和修改版，且价格相差较多。

4) 流行衰退阶段

该类服装的流行程度和发展规模达到高峰后，同款服装随处可见，对流行敏感的消费者已经对此厌倦，开始寻求新的款式。虽然消费者仍然可以穿着这些产品，但已经不愿意按照原价购买了，于是经销商便把这些过季服装打折出售。

5) 过时阶段

消费者的注意力和兴趣已经转移，该类服装已经成为过时样式而被淘汰。

6.3.3　服装产品生命周期各阶段的特性

为从企业角度出发，此处采用按市场销售特征划分的方法，将服装产品生命周期划分为创新阶段、模仿阶段、经济模仿阶段和衰退阶段。各阶段的市场特性如下。

1. 创新阶段的特性

在此阶段，新品销售量有限，广告费用和其他营销费用较大，设计经费投入较多，利润较小甚至出现亏损。

一般来说，由于创新阶段服装企业在设计、裁剪、缝制和工艺上花费很大，所以新款刚进入市场的时候总是处于最高价位。当这种服装或配饰出售成功时，仿制品就会以较低价位现身市场。

2. 模仿阶段的特性

在此阶段，该类服装在市场上有较大吸引力并迅速为消费者所接受，成本大幅下降，市场价格逐渐回落，销售额迅速上升，企业的营销费用水平稳定或略有提高，但占销售额的比例下降，企业利润也得到明显改善。由于销售量迅速增长，致使竞争者纷纷加入，市场竞争日趋激励。如果新款被接受，大量的仿制品就会以不同价格在市场中出现。

3. 经济模仿阶段的特性

在此阶段，该类服装已经在消费者中广泛流行，服装企业以低成本大量生产，产品价格更低，以吸引更多价格敏感型的消费者，产品市场销售额从显著上升逐步趋于缓慢下降，同类产品竞争加剧，为维持市场地位必须投入更多的营销费用或者发展新的差异性市场，因此会导致企业利润趋于下降。不同服装产品的成熟期长短不一样，经典款式可能会持续几个季节，而流行款甚至不到一季。

4. 衰退阶段的特性

在此阶段，该类服装产品已经成为被消费者抛弃的过时样式，销售额下降的趋势继续增强，企业利润急剧下降并逐渐趋于零。

6.3.4 服装产品生命周期各阶段的营销策略

服装产品生命周期各阶段的特点不同，服装企业在各阶段的营销目标也不同，应根据这些特点来制定相应的营销策略。总的宗旨是尽可能使新品迅速被市场接受；经济模仿阶段尽可能使产品畅销；尽可能推迟衰退阶段，使产品缓慢地被市场淘汰。

1. 创新阶段的营销策略

新款服装商品化后，营销管理者可调整各个营销变量，如价格、促销、分销和产品等，运用恰当的营销策略使利润最大化。如果只考虑价格和促销这两个变量时，共有 4 种营销策略可供选择。

1) 快速撇脂策略

这一策略的特点是以高价格和高促销费用推出新产品。服装公司采用高价格是为了在每个单位销售中尽可能获取更多的利润；同时投入巨额促销费用是为了引起目标市场的注意，高水平的促销活动可以加快市场渗透率，使企业能尽快占领市场。

案例 6-5

法涵诗的高端营销

我国高级女装“法涵诗”就是运用这一策略进入市场的。1994 年 9 月 1 日，北京杉杉法涵诗有限公司正式成立，结束了中国高级女装业一片荒芜的历史。1997 年 4 月 10 日，正值北京国际服装博览会举办期间，北京天伦王朝大酒店举办了“走进东方”杉杉 97/98 秋冬女装发布会。该发布会以黑色拉开了中国女装历史的序幕，恢弘的气势、豪华的模特阵容、震撼人心的音响、华美的舞台灯光，在当时的中国堪称史无前例。同年 9 月 4 日，北京杉杉法涵诗有限公司首席设计师王新元携中国名模陈娟红、马艳丽飞赴巴黎，以世界一流的摄影、化妆、造型班底，拍摄“法涵诗”的形象片和第一个公司样本，并特聘国际模特新秀姬丝汀作为法涵诗的国际形象代表。基于上述营销努力及大量的促销费用，当法涵诗的定价比国内其他女装高出许多时，立即在公众中形成了“法涵诗女装——国内第一高级女装”的效应。

采用这种快速撇脂策略，必须满足以下几个条件：

(1) 潜在市场的大部分消费者还不知道该产品；
(2) 知道该产品的消费者渴望得到它，并有支付能力；
(3) 公司面临潜在竞争；
(4) 公司想在短时间内建立品牌偏好。

2) 缓慢撇脂策略

此策略即以高价格和低促销水平推出新产品。推行高价格是为了从每单位销售中获得尽可能多的毛利；低促销水平则是为了降低营销费用。

资料补充 6-4

高端品牌的低调营销

北京、上海、深圳等地的高档服装市场上充斥着形形色色的世界名牌高级成衣，价格昂贵。Yevs Saint Laurent 西服售价数万元。BOSS 西服打折后仍要数千元，而这些经销商或者代理商并没有采取大规模的促销。高价位低促销两者结合渴望从市场上撇取大量利润。

采用这种策略，应满足以下条件。

(1) 市场规模有限，如目前国内整体消费水平不高，能买得起数万元西服的顾客仍为少数。

(2) 大多数消费者已经知晓该产品，企业无需进行大规模的促销活动，如世界知名的成衣品牌均是如此，很难看到起大手笔的促销活动。

(3) 购买者愿意出高价购买。服装由于具有极高的价格模糊性，同时又具有很强的社会性，所以有购买能力的消费者愿意出高价。

(4) 潜在的竞争并不迫在眉睫。较弱的竞争性使得企业不必去争夺市场，故可以减少促销而定高价。

3) 快速渗透策略

此策略即以低价格和高促销水平推出新产品。这一策略的目标是期望能给服装企业带来最快速的市场渗透和最高的市场份额。

例如，皮尔•卡丹开拓中国市场就采用了低于其国际市场的定价，加上花样繁多的高促销手段，成功达到了快速占领中国市场的目的。1979年皮尔•卡丹在北京举办了时装展览会，这是有史以来外国人在中国举办的第一场时装展览会。时装表演给了国人以强烈的震撼，在消费者心目中树立起一个世界名牌的形象，并增加了品牌在中国的知名度。

采用这种策略应满足以下条件。

(1) 市场很大，如中国有十多亿人口，市场潜力巨大。

(2) 市场对产品不知晓，如20世纪70年代末期，国人的服装还为一片蓝灰，皮尔•卡丹以时装表演的形式唤起了人们对美的追求、对高级时装的渴望。

(3) 大多数购买者对价格敏感。皮尔•卡丹在进入中国市场的时候，考虑当时中国整体消费能力的有限，消费者的价格敏感度高的情况，就以低于国际市场的价格在中国销售服装，目的在于培养该品牌的消费群体。

(4) 潜在的竞争很激烈，一旦人们的收入水平提高，用于购买服装的支出增多，国内外就会有其他企业加入到服装市场的竞争中，竞争就会加剧。

4) 缓慢渗透策略

此策略即以低价格和低促销水平推出新产品。低价格将促进市场迅速接受该产品；降低促销成本则可以实现较多的利润。此时服装企业确信市场需求的价格弹性很高，而促销弹性很小。

这是众多中小服装企业所惯用的营销策略，由于企业规模较小，没有能力进行高水平的促销；又由于生产的是大众化服装，面对的是消费大众，消费规模很大，同时消费者对价格敏感，采用这一策略较为合适。

2. 模仿阶段的营销策略

模仿阶段的服装产品步入成长期，必然会有新的竞争者加入，因而此阶段的课题就是如何争夺市场占有率。主要策略有进入新的细分市场，进入新的分销渠道，产品差别化，将建立产品知名度的广告转向说服消费者购买等。

服装企业可以采取适当的优惠策略、有奖销售等促销手段与广告宣传配合，进一步鼓动消费者的消费热情，吸引更多的消费者购买。针对竞争对手的挑战，则可以展开“差别化”策略，强调产品的设计特色，突出产品的优越性及与其他同类产品的差异性。当有假冒伪劣产品冲击市场时，服装企业应积极、有力地开展打假活动，并适当发布提醒广告，借此提高产品的地位。

3. 经济模仿阶段的营销策略

此阶段大多数潜在消费者都已经接受了该类服装，市场总量和各品牌的市场占有率也趋于稳定，但销售量在创下高点后会由盛转衰，此时“市场占有率维持策略”是服装企业营销的主要课题。常见的策略有：

(1) 市场修正策略。寻求尚未使用过该产品的新市场，刺激目前使用者增量使用及市场重新定位。

(2) 产品改良策略。包括改变设计细节、更换面辅料、改善品质、增加产品特点等手段。

(3) 修正营销组合策略。例如，削价以吸引新的消费者，推出各种促销活动，开发销售新渠道，使用提示性广告等。例如，恒源祥为了强化其品牌记忆度，早期推出了一个广告语“羊羊羊——恒源祥绒线羊毛衫”，并有其“小囡”的品牌标志，即是提示性广告。

4. 衰退期的营销策略

几乎所有的服装产品都会步入衰退期，服装产品加速步入衰退期有两个重要的原因，一是流行趋势转向，消费者的喜好也发生了改变，现有产品已经过时；二是激烈的价格竞争导致产品无利可图，这个产品自然会从市场上消失。

衰退期可采用的营销策略有：

(1) 减少各项营销资源的投入；

(2) 缩小营销范围；

(3) 以最有利的方法结束该产品生命周期。

服装产品生命周期理论对企业的营销活动有十分重要的启发意义。但在制定具体营销策略时，必须结合服装企业和市场的实际情况加以灵活运用，才能取得良好成效。

学以致用

“家居服”指一般意义上家庭穿着的服装，但又不同于一般的内衣、睡衣。家居服更深刻地对现代居家的生活方式进行了诠释，它是追求生活品质的象征，因此，现在很多企业开始介入家居服市场。

思考：请根据你自己的理解分析家居服可能处于的生命周期阶段，并指出现今家居服可以采取的营销策略是什么。

任务小结

产品策略是服装企业实施战术性营销策略的基础，对此，服装企业需要有清醒的认识。对产品策略的规划，不能仅仅停留在简单而单一的有形产品阶段，需要从消费者的真实需求出发，规划和设计出能满足消费者多层次需求的产品。服装企业制定科学的产品策略，需要熟悉和了解以下3个内容。

第一，产品的概念及其3个层次，这3个层次是核心层、形式层和附加层。掌握这3个层次，就可以从消费者真实需求出发进行产品定位及规划与设计。

第二，熟悉产品组合及其优化策略。良好的产品组合是提高企业竞争优势的有效手段，企业需要合理进行分析，实时进行调整。优化与调整的手段有扩展、缩减和延伸。

第三，服装产品生命周期的基本特征和营销策略。产品的生命周期阶段可以分为导入期、成长期、成熟期和衰退期，由于服装企业的行业特点，其生命周期可以分为创新阶段、模仿阶段、经济模仿阶段和衰退阶段，每个阶段都有不同特征和相应的营销策略。

知识巩固

一、名词解释

1．产品　2．产品组合　3．波士顿矩阵　4．产品生命周期　5．双向延伸

二、不定项选择题

1．从市场营销学对产品研究的角度分析，产品分为(　　)。
A．有形产品　B．无形产品　C．有用产品　D．无用产品

2．服装产品概念的3个层次是指(　　)。
A．核心产品　B．有形产品　C．附加产品　D．便利品

3．从竞争的角度分析，现代服装企业应该将竞争的重点放在产品的 (　　)上。
A．核心产品层次　B．有形产品层次
C．附加产品层次　D．便利品层次

4．对于大众化青春休闲服饰而言，(　　)是在提高其产品附加层价值。
A．采用高级面料　B．聘请国际知名设计师
C．提高顾客店铺消费体验　D．加大广告宣传

5．服装产品组合的基本维度是(　　)。
A．产品组合的宽度　B．产品组合的长度
C．产品组合的深度　D．关联性

6．企业如果要想占领更多的细分市场，往往采取的是(　　)策略。
A．加大产品组合宽度　B．增加产品组合的长度
C．加强产品组合的深度　D．加强产品组合关联度

7．一般产品的生命周期阶段包括(　　)。
A．介绍期　B．成长期　C．成熟期　D．衰退期

8．按照市场销售特征划分，服装产品的生命周期包括(　　)。
A．创新阶段　B．模仿阶段　C．经济模仿阶段　D．衰退阶段

9．经济模仿阶段的常见的营销策略是(　　)。
A．市场修正策略　B．产品改良策略
C．修正营销组合策略　D．减少营销投入策略

10．企业增加产品组合的关联性，可以(　　)。
A．使企业资源、技术得到充分利用　B．充分发挥企业的特长
C．招徕更多的顾客　D．提高企业在某一地区、行业的声誉

三、判断题

1．产品就是指看得见、摸得着的具有某种特定物质形态和用途的物品。　(　　)

2．服装产品的社会属性往往要超过其自然属性。（　　）
3．国际顶级服装品牌的价位高主要是因为面料好、做工精细。（　　）
4．在营销学中，服装产品的生命周期就是其自然寿命。（　　）
5．服装企业扩大产品组合在提高了企业市场影响力的同时也会增加经营风险。（　　）
6．低端服装品牌在推出新品时往往采用撇脂定价策略。（　　）
7．采用向上延伸策略的服装品牌往往是为了提升品牌形象。（　　）
8．一般情况下，企业产品出现亏损往往出现在衰退期和介绍期。（　　）

四、思考题

1．简要介绍波士顿矩阵。
2．服装企业实施产品线往下延伸的原因是什么？
3．服装产品经济模仿阶段的营销策略是什么？
4．服装新品上市要采用快速撇脂策略，必须满足哪几个条件？

技能演练

一、案例分析

波司登：布局“四季化”战略

谈起波司登，人们的第一印象就是羽绒服，其“防寒服王者”的固有形象已深入人心。然而，波司登在幸福之余也有烦恼，其产品季节性单一，市场盈利状况受气候影响明显的弊端显现无疑。波司登寻求变化，转型升级已是必然。2012 年，一向怀有雄心大志的波司登集团董事局主席高德康在稳固羽绒服市场的同时，开始了自己从“一季”到“四季”的拓展，向综合性服装品牌运营商转型。

问题：

(1) 请试着解释什么是“四季化”战略。
(2) 请分析波司登实施“四季化”战略的背景。
(3) 要打破单一产品和单一模式的格局，波司登的面临的挑战是什么？

二、实训操作题

随着中国对奢侈品牌消费的快速发展，奢侈品牌在国内质量问题也日益突出。早在 2006 年年底，浙江省工商局对进口鞋类商品进行抽样检测的结果显示，批次合格率仅为 23.91%。这些皮鞋包括 LV、D&G 等 10 多个世界顶级品牌。上海市工商局此前的抽检也发现，包括巴宝莉、阿玛尼、香奈儿、迪奥等国际顶级品牌在内的进口服装，不同程度地存在脱色掉色、pH 值超标和面料成分与标志不符等问题。除了售后服务问题之外，在华销售的奢侈品牌还存在高价难保高质、“歧视性”分销体系、服务质量差、上新速度慢等问题。根据数据显示，2011 年 3 月 15 日—2012 年 3 月 15 日，中国消费者协会共收到各类奢侈品售后投诉 3 756 起。

请问：

导致出现以上问题的原因有哪些？如果你是以上品牌的营销人员，你会采取哪些措施消除顾客的不满？

【实训操作指令】

1．奢侈品牌产品概念的层次分析。

2．产品质量的改善措施分析。

3．基于产品策略的顾客关系改善措施分析。

【实训名称】产品决策经营决策实训。

【实训目标】让受训者合作完成服装企业产品概念的分析并就产品问题形成清晰的运作思路，培养其对产品认知与操作的能力。

【实训组织】

1．受训者 4～5 人一组，采取自由组合方式形成，每组设组长一名。

2．在规定的时间内完成案例分析指令，每个小组派成员进行 PPT 汇报。

3．指导老师组织受训者就分析方案进行讨论，形成基本判断。

【实训考核】

1．小组完成方案设计的表现占 40%。

2．小组成员的团队合作表现占 20%。

3．PPT 汇报的表现占 40%。

【实训成果】完整的品牌经营决策分析方案＋汇报 PPT。

任务7 规划服装品牌策略

能力目标

完成本任务的教学，受训者应该具备以下基本能力：

1. 认识服装品牌内涵的能力
2. 能够合理进行品牌名称设计
3. 能够分析服装企业品牌运行的基本策略

核心能力

在本任务的教学中，导师应重点关注受训者如下能力目标的实现：

1. 科学设计品牌名称
2. 合理开展品牌策略的制定

知识目标

为了完成本任务，受训者需要的理论知识：

1. 熟悉品牌内涵、定位和层次
2. 服装品牌运作的基本策略手段

任务分解

7.1 认知品牌内涵
7.2 服装品牌的设计
7.3 服装品牌运营的策略组合

案例导入

越飞越高的报喜鸟

报喜鸟服饰成立于 1996 年 3 月，2007 年 8 月 15 日在深圳中小板公开上市交易。在报喜鸟飞跃的背后，是公司掌门人吴志泽对报喜鸟品牌独特的设计与运营。

吴志泽对“兴于诗、立于礼、成于乐”(《论语·秦伯》)推崇备至，试图从民族文化心理层面找到报喜鸟品牌发展的力量之源。民族的才是世界的，这是吴志泽坚信不疑的理念。为此，公司贯彻“打造具有民族特色的国际品牌”的品牌发展目标，始终坚持“质量是品牌的基础、市场是品牌的活力、设计是品牌的灵魂、创新是品牌的根本、文化是品牌的源泉”的品牌运作理念。将目标消费者定位于中高收入群体，有效推广“报喜鸟”品牌，宣传自己的品牌文化主张，传达自己的流行文化，形成了“东情西韵、古风新律”的品牌风格。

为塑造符合品牌定位的品牌形象，报喜鸟实施了系列的品牌推广活动。1998 年底请任达华担当形象代言人；1999 年开始力推 CS 顾客满意工程；2005 年 10 月在敦煌举行了报喜鸟 2005“天垂丽象”品牌概念发布会，突出强调东方文化的神韵；2007 年 7 月，报喜鸟再次启动探寻母亲河大型品牌公益推广活动；2006 年以后又分别邀请任贤齐、古天乐担任品牌代言。在此期间，报喜鸟发展迅速，截至 2010 年年底，旗下报喜鸟品牌专卖店已发展到 856 家。如今，这个中国市场排名第三的西服男装企业，在拥有强大的品牌优势、网络优势、设计优势后，吴志泽决意进一步凸显核心竞争力：用这个民族品牌“讲故事”——在西装肘部纹上飞天，在衬衫上绣条龙，纽扣设计成蝴蝶结；而在门店陈设上，修饰中国古典风格的景泰蓝、中国结等等。

思考：报喜鸟似乎离金字塔的顶端只有一步之遥了，那么它能否成为世界顶级的西装呢？

任务明确

品牌不仅仅是一种声誉和识别，更演化为企业的核心资产。在竞争日益激烈的服装市场上，企业之间的竞争优势不仅仅体现在产品的创新和提升上，而应该体现在消费者心智的塑造和俘获上。一个品牌只有真正走进了消费者的内心，这个品牌才能获得持续发展。而要实现这一点，需要企业在意识上能重视品牌，在行动上能运作品牌。有着“品牌教父”美誉的宝洁公司正是凭借着卓越的品牌规划和运营能力成就了其在世界日化行业的霸主地位。服装产品作为一种典型的情感性消费品，品牌的作用就更为重要，众多服装企业也在努力打造属于自己的品牌形象，其中不乏成功者也有不少落寞失意者。通过多年的坚持，报喜鸟初步被塑造成一个富含本土文化的时尚服装品牌，报喜鸟之路还能走多远？最终能否成为世界顶级的西装呢？这需要我们对服装企业的品牌化运作有清晰的认知。

品牌化运作属于企业较高层次的运作，也是致力于获取持续经营能力的服装企业难以越过的阶段。本环节根据品牌运作的一般规律及服装行业的特点，将具体学习分为下列 3 个子任务：

(1) 认知品牌内涵；

(2) 服装品牌的设计；

(3) 服装品牌的运营。

本环节的学习与训练将围绕以上 3 个方面的子任务，根据服装企业品牌规划与运行的能力指标逐渐开展。相信通过本任务的学习和演练，读者将会在掌握品牌基础理论知识的基础上具备开展进行初步品牌设计与运作的操作能力。

7.1　认知品牌内涵

品牌是什么？对这个问题的回答，需要我们建立对品牌内涵的基本认知。品牌本身是一个被虚化的概念，有所指又无特定所指，不像产品概念因有明确所指而清晰，品牌的内涵丰富而复杂，需要深入探究。本任务带领大家从建立基本的品牌概念入手，熟悉品牌的构成与层次，了解品牌的价值与重要作用。

学前小思考

1. 当你穿上一件知名品牌的服装时，你会有怎样的感受？
2. 越来越多的服装企业开始重金打造品牌，这是好事还是坏事？

知识大扫描

7.1.1 认识品牌的含义与层次

1. 品牌的含义

基于不同的认识，品牌的含义有多重解释。菲利普·科特勒曾经给品牌的定义是，品牌是一个名称、术语、标记、符号或图案，或者是它们的不同组合，用以识别某个或某群销售者的产品或服务，使之与竞争对手的产品或服务相区别。从以上定义中可以发现，品牌是一个集合概念，包括品牌名称和品牌标志。

品牌究其实质而言，代表着产品制造者、经销商对交付给买者的产品特征、利益和服务的一贯性的承诺，久负盛名的品牌就是优良品质的保证。为了深刻揭示品牌的含义，我们可以从以下 3 个方面加以理解。

1) 品牌承诺

一个品牌对消费者而言是一种保证。消费者在消费行为中需要寻找一种安全感，这种安全感一部分来自于产品本身的品质保证，另外一部分来自于对厂商未来行为的确定。一个品牌往往凝结了企业明确的经营理念、价值观和文化观，并能在实际运营中予以贯彻，而这恰恰能让消费者对企业行为实施有效的判断。因此，品牌往往就形成了对消费者和社会公众的承诺。

2) 品牌个性

在现代营销中，品牌往往被赋予了极强的人格化特征，因而也就具有了一种个性。大卫·艾格在《品牌经营法则》中就提到品牌具有五大个性要素：纯真、刺激、称职、教养、强壮。将品牌个性化后，会使消费者更容易识别与接近。在服装消费行为中，人们往往会选择符合自己个性身份的品牌。例如，同在高端消费市场，年纪稍长、成熟稳重的女性往往会选择普拉达(PRADA)，而年轻时尚的女性会选择古奇(GUCCI)。

案例 7-1

Jeep 男装

Jeep 是戴姆勒·克莱斯勒公司的注册商标，是由合并前的克莱斯勒公司于 1941 年创立，主要用于公司生产的具有越野性能的四轮驱动车。其以一贯保持的独特外形和卓越性能而闻名于世，更因其经历了第二次世界大战的战场考验而声名远播，并多次荣获了四轮驱动车越野比赛的胜利，因此深受广大车手和车迷们的喜爱。自 1941 年起，Jeep 已成为一个自由和征服的象征，它本着无限的生命力而设计，追求在恶劣的环境下发挥出产品的最高性能。汽车文化、电影文化、快餐文化通称为现代的美国三大文化，而 Jeep

正是汽车文化中最具代表性的品牌，它集中体现了美国人勇于冒险和坚毅不屈的性格，被视为物化了的美国精神的象征。

Jeep男装服饰产品设计风格充分体现个性化、功能性及自然、舒适、实用的特点，令穿着者相信Jeep服装不仅仅适合他们，更适合他们所钟爱的生活方式。款式、面料都强调了户外活动服装所应该具备的功能性和舒适性。设计、生产严格遵循戴姆勒·克莱斯勒公司的产品理念，每款都必须经美方严格审批才得以上市。

由于Jeep男装的风格简约、粗犷，设计时充分考虑到服装功能性和舒适性，面料选择仍然大部分集中在纯天然纤维(棉、麻等)，纺线从捻度到纱支数都经过精心设计，最后通过洗水的处理，不仅使服装触摸起来感觉更加柔软和舒适，也能使穿着者在外观上呈现出一种自然而又有阅历的风格。

3) 品牌体验

消费者是品牌的最后拥有者，品牌是消费者经验的总和。在品牌整个形成过程中，消费者扮演了一个把关人的角色。他们对品牌的信任、满意、肯定等正面情感归属，能够使品牌历久不衰，而他们对品牌的厌恶、怀疑、拒绝等负面感知，必然使品牌受挫甚至夭折。品牌能够改变人们应用产品的真实情感，而这些往往就形成了一种无形的价值，通过改善服务于促销网络系统，减少顾客购买产品的时间、精力与体力的耗费，降低货币和非货币成本。

2. 品牌与商标

商标是企业用文字、语音、色彩、字形、图案等元素来表征自己品牌的法律界定。商标经过国家商标管理机构审核注册后，其所有人就有了使用该商标的各项权利。具体包括商标专用权、转让权、使用权、继承权和法律诉讼权等各项权利。

商标与品牌都是用于识别不同生产经营者的不同种类、不同品质产品的商业名称及其标志。但是两者的外延并不相同，商标与品牌既有联系又有区别，主要体现在以下两个方面：

1) 商标是品牌的一部分

在国内，品牌与商标这两个概念往往被混用，甚至被通用。其实，从品牌和商标的概念上来看，商标是品牌的构成部分，在品牌帮助消费者实现对商品甄别的依据中，商标是其中最直接的识别依据，因而商标是品牌元素的重要组成部分。

2) 商标属于法律范畴，品牌是市场概念

品牌是市场概念，强调的是独特市场优势的确立，如差异性的市场角色、消费者情感的满足等。商标是法律概念，强调的是对拥有者合法权益的保护。商标的法律作用表现在通过商标专用权的确立、续展、转让、争议仲裁等法律程序，保护商标权所有者的合法权益，当权益受到侵害时可以及时有效地启动保护程序。

注册商品和驰名商标是两个需要关注的概念。商标在国家工商行政管理部门注册并被批准使用后，就成为“注册商标”。注册商标具有排他性，不同企业的商标不能相同，一般来说同行业经营范围内商标必须是独家拥有。驰名商标则是为公众广为知晓并享有较高声誉的商标，往往代表着行业领先水平。

营销小知识

驰名商标的认定途径：通过商标侵权行政案件认定、通过商标异议案件认定、通过商标争议案件认定、通过商标侵权民事案件认定。

3. 服装品牌的层次

品牌是消费者实施产品识别的重要依据，从最初的产品品质的识别到情感归属的寻找和人格个性的塑造，品牌被赋予了众多的期待。对这些期待的发展和演化的思考，其实就是对品牌内涵层次的区分，不同的品牌层次给予了消费者不同的利益。服装品牌可以被细分为以下几个层次。

1) 产品品牌

此阶段服装品牌所体现的是它最基本的功能，即品牌的识别功能。它的作用是使顾客借助品牌名称和品牌标志识别拥有该品牌的服装企业及其产品。产品品牌的核心价值主要体现在产品和服务上，因此企业经营的中心任务是改善产品设计，提高产品质量和服务水平。现在对这个区分功能有了新的理解和相应的措施：把品牌的命名、设计、产品风格和包装共同作为形成品牌形象的个性要素加以考虑，把突出个性作为设计和推广的重点。

2) 概念品牌

当一个服装品牌引起顾客的关注时，它的象征意义就变得十分重要。根据这个原理，企业可以为品牌加上某个概念，如“白领阶层”、“自然主义者”等，其目的在于把品牌名称、标志和服装的设计元素、风格特点、实用功能与一个概念结合起来，从而使品牌和产品同某种特别的意义建立联系。这个品牌因此就成为某个兴趣、品牌、生活方式或价值观念的象征，顾客在接触这个品牌时，也会因思想和情感上的共鸣而对其产生好感。一个品牌被成功地赋予某种概念，就升级为概念品牌。顾客在购买服装商品时，由于某个概念而引起愉快联想和归属感，就会使他们首先考虑相应的品牌。

3) 企业文化品牌

如果能够成功地把企业文化注入品牌，使顾客面对品牌时能认识到企业所坚持的价值观念和行为准则，这就使得服装品牌升级为企业文化品牌。企业文化品牌可以体现出信用功能，即顾客通过品牌与企业文化的结合，看到了企业为品牌承担的一系列承诺和保证，从而与品牌建立起稳固而长久的关系，并因此形成品牌优越信念。

4) 理念品牌

此处的理念并不是设计理念或者消费理念，它所反映的是某种价值体系或生活态度，即生活理念。现实中每个人都会通过不同的方式来表达自己的价值观念，并且与他们所认同的社会观念相适应。当一个服装品牌能够被它的顾客群体用来表达某种生活方式或价值取向，甚至成为他们生活态度的象征时，就可以认为它是一个理念品牌。理念品牌的价值在于它超越产品本身，同时又不局限于某个具体的概念，而是上升到社会观念的层次，成为顾客生活方式的组成部分。因此理念品牌体现的不再是物品的价值，而是观念的价值。

5) 精神品牌

所谓精神，是指某种情感、意志、境界或信仰，是人在社会文化影响下形成的内心世界。精神品牌是服装品牌的最高层次，它具有丰富的文化内涵和强大的感召力，可以与顾客的内心世界产生共鸣，从而成为他们精神的寄托。精神品牌所代表的是一种人生哲学，是一种理想信念，是一种对现实的超越，它满足了顾客最高层次的需要，因而能够产生强大的凝聚力和广泛的影响力。精神品牌的核心价值是深远、持久和不可模仿的。

案例 7-2

耐克的吸引力

最令消费者信赖的品牌，也许在销量和市场占有率方面并不是第一，但他们通过消费体验来打动消费者，与消费者建立起了强有力的情感联系。在网站上，耐克公司宣称自己的使命是“为全世界所有体育爱好者带来激励和创新”，并且，“只要你有身体，你就是体育爱好者”。

达特茅斯学院塔克商学院的营销学教授、品牌顾问凯文·莱恩·凯勒(Kevin Lane Keller)认为，正是这种强有力的信息和主流口碑让这家体育服饰公司在全球消费者心中占据一席之地。凯勒说：“耐克一直非常关注消费者，其丰富的接入点令耐克品牌不仅受到专业运动员的欢迎，同时也吸引了普通大众。这个品牌强调的是自强不息，发挥自己最大实力，向每个人都发出了‘Just Do It’的邀请。”

耐克最大的优势在于不间断地产品开发，曾先后发明了耐克气垫和 Dri-Fit 面料等，凯勒表示，对消费者来说，越爱创新的企业就越显得专业。他说：“如果你常有创新，消费者就会更加信赖你，因为他们觉得这样的企业肯定是懂行的。耐克的第一个产品只是万里长征的第一步，经过无数的发明创新，耐克已经从一家单纯的高端运动鞋公司彻底转型为全能型体育用品生产企业，业务遍布全球，覆盖各种体育项目。”

凯勒认为耐克公司著名的创始人之一菲尔·奈特(Phil Knight)仍然参与经营也为品牌赢得了不少信任分，在一份调查问卷中受访者表示“相信奈特的公司会永远保持责任感”。凯勒强调，“当创始人仍在的时候，人们对品牌会有一份特殊的敬意，这是控制权早已转换多次的企业无法体会的。当他的声音和形象仍然与企业相连，消费者会对这家公司更有感情。”

7.1.2 服装品牌的价值与作用

为什么越来越多的服装企业不惜重金打造品牌，一定是基于品牌经营能带来的巨大回报，这种回报就是品牌的价值与作用。

1. 品牌的价值

可口可乐的前总裁伍德拉夫(Woodruff)说过：即使可口可乐公司在全球的所有工厂一夜之间化为灰烬，但凭借“可口可乐”这块牌子，它也能很快起死回生。因为可口可乐这块牌子放在世界任何一家公司头上，都会给它带来滚滚财源，由此可以见品牌具有极其重要的价值。一个品牌的价值主要由成本价值、关系价值、权利价值 3 个部分构成。

1) 品牌的成本价值

品牌的成本价值是指对品牌的各种货币形态和非货币形态的投入所形成的价值。从企业方面看，一个品牌从命名、设计、申请注册商标，到成为知名度较高的品牌，这个过程需要大量投入。美国美孚石油公司为更换“埃索”石油商标，聚集了语言学、社会学、心理学、统计学方面的专家，耗时 5 年，调查了 55 个国家的语言，设计了一万多个商标图案，共花费了 1.2 亿美元，才确定“埃克森”作为新商标。同时，企业为了提高品牌产品的质量，也需要投入大量资源。为了战胜竞争对手，争取顾客，企业在开辟市场、扩大市场份额、开展广告宣传与促销、进行营销渠道建设与管理、进行品牌形象设计、包装设计、开展售后服务等方面，也需要大量资金和劳动。企业所有这些投在市场营销活动上的有效劳动，都是品牌成本价值的来源。

资料补充 7-1

奢侈品缘何这么贵?

一个上万元的包，成本到底有多少？不少奢侈品公司都将之视为商业机密，丝毫不肯对外透露。世界奢侈品协会的数据分析，奢侈品的销售价格构成，平均下来原材料仅占售价的5%，加工成本占6%，关税及政府税率占20%，而在所有成本构成中，占比最大的是“品牌价值”，达到55%，剩下的部分，则由人力成本、公关费用和渠道费用组成。也就是说，一个1万元的皮包，其品牌价值就可达到5 500元左右，而原材料和加工成本一起，可能只在1 100元左右。

有经济学界人士指出，所谓“暴利”是指利润水平远高于行业平均利润水平。在一个充分竞争的环境中，企业的利润应该是既能覆盖经营成本，又能使其生存发展。而国内销售的奢侈品毛利率约为50%，用“暴利”来定义并不算过分。奢侈品行业为什么是暴利行业？财富品质研究院院长周婷用一句话概括：“它控制了定价权。”而越是大众消费品，越是竞争激烈的行业，如家电业，利润就越微薄。一般商品的定价是两种方式：一个是按成本来定价，一个按价值来定价。大众消费品、大众商品、快消品是以成本来定价，而奢侈品则不是这样，它们的定价权掌握在品牌手中，奢侈品市场是一个卖方主导的市场。也有学者认为，这也说明了国人消费观念不成熟，导致了越贵越买的现象出现。

2) 品牌的关系价值

品牌的关系价值是指建立、保持并发展某一品牌与顾客的长期关系的投入和由此给顾客与企业所带来的利益所体现的价值。顾客关系之所以重要和有价值，根本原因在于建立与发展顾客关系需要很大的投入，这种投入一部分进入品牌的成本价值，另一部分则形成品牌的关系价值。例如，为了保持老顾客所进行的跟踪调查、回访费用等。更重要的是，这种顾客关系一旦建立起来，又能给企业和顾客带来很大的好处。建立并发展品牌与顾客的长期关系可以使企业和顾客都能获得相关利益，这些利益所体现的价值，构成品牌关系价值。

资料补充 7-2

近年来国内服装企业著名的收购案

(1) 2009年8月，安踏全资附属公司原动力收购百丽国际(01880.HK)所持有的Full Prospect Limited 85%股权，同时还从百丽国际全资附属公司Lead Chance手中购买Fila Marketing(Hong Kong)Limited的全部股权。安踏收购Full Prospect的代价为3.32亿元。

(2) 2009年9月，香港YGM贸易公司正式收购了英国老牌奢侈品牌雅格狮丹(Aquascutum)在亚洲的独家及绝对控制权。YGM贸易公司原为雅格狮丹大中华区总代理。

(3) 2010年1月，广东温商潘长海、孙小飞等4人通过温州诚隆股份有限公司，完成了对皮尔·卡丹中国区皮具、针织服装、皮鞋等部分商标使用权的收购，价格为3 700万欧元(约3.7亿元)。

(4) 2010年5月，山东如意集团通过第三方增发新股的方式成为日本瑞纳株式会社的第一大股东，这是中国企业第一次收购日本的主板上市企业。被购方日本瑞纳株式会社是日本历史最悠久的大型综合类服装品牌运营企业之一，拥有国际一流的服装设计、企划、运营团队，目前运营35个男女服装品牌，在日本拥有2 400多家涵盖男女高中端正装、休闲装、运动装的百货店、大卖场、超市店等门店。

(5) 2011年3月，沪深两市男士休闲服装品牌第一股的福建七匹狼实业股份有限公司以7 000万元收购杭州肯纳服饰有限公司100%的股权。

(6) 2013年6月18日，森马服饰发布公告称，公司将以约20亿元的价格并购中高端休闲男装品牌“GXG”的拥有者宁波中哲慕尚控股有限公司71%股权。

3) 品牌的权利价值

在现实生活中，品牌权利价值的典型表现是商标专用权的有偿转让，其转让费是品牌权利价值的体现。品牌权利是法律权利和市场权利的有机统一，因此品牌权利价值在理论上也可分为品牌的法律权利价值与品牌的市场权利价值两部分。构成品牌权利价值的最重要部分是品牌的市场权利价值。这不仅是因为企业为取得并扩大品牌的市场权利需要大量的投入和付出长期的努力，更重要的是，品牌对企业的贡献主要来自于其市场权利。在品牌收购、商标转让中，对方看重的也正是品牌的市场权利。如果一个品牌或商标不具有市场权利或者市场权利很小，那么这种品牌或商标就不会受到多少关注，其权利价值也就不会大。

2. 品牌的作用

品牌在市场营销中有着极为重要的作用。在市场上经常可以发现，同类产品中，有的品牌消费者竞相购买，有的品牌则无人问津。因而，建立一个优秀的品牌，直接关系到企业的知名度和信誉，是企业营销战略的重要内容。

1) 对制造商的作用

(1) 有助于产品的销售和占领市场，品牌知名度形成后，企业可利用品牌优势扩大市场，促成消费者对于品牌的忠诚。

(2) 有助于稳定产品的价格，减少价格弹性，增强对市场的适应性，减少未来的经营风险。

(3) 有助于细分市场，进而进行市场定位。

(4) 有助于新品的开发，节约投入成本。借助成功或成名的品牌，扩大企业的产品组合或延伸产品线，采用现有的知名品牌，利用其一定知名度或美誉度，推出新品。

(5) 有助于企业抵御竞争者的攻击，保持竞争优势。

2) 对消费者的作用

(1) 有助于消费者识别产品的来源或产品的制造厂家，更有效地选择或购买商品。

(2) 借助品牌，消费者可以得到相应的服务便利，如服装退换或高端维护。

(3) 品牌有利于消费者权益的保护，如选购时避免上当受骗，出现问题时便于索赔和更换等，最佳品牌就是质量的保证，品牌实质上代表着卖者交付给买者的产品特征、利益和服务的一贯性承诺。

(4) 好的品牌对消费者具有很强的吸引力，有利于消费者形成品牌偏好，满足消费者的精神需求。

学以致用

假如你是某国际知名高端服装品牌的店铺导购员，当顾客因该品牌的价格过高而产生购买犹豫的时候，你会利用以上所介绍的有关品牌的哪些内容去打消顾客的犹豫呢？

7.2　服装品牌的设计

在激烈的市场竞争中，一个品牌要后来居上，首先要重视品牌的命名，要在对品牌总体把握的基础上，创造出新颖生动的品牌名称，但所有这些都需要建立在科学的品牌定位上。本任务带领大家从认识品牌定位的原则和程序基础上，掌握品牌名称设计的基本方法。

学前小思考

1. 请回忆并列举出你印象深刻的品牌名称，同时说说你印象深刻的原因。
2. 一个男装品牌现在要同名去做女装，你觉得如何？

知识大扫描

7.2.1 服装品牌的定位

服装品牌要获取消费者的购买意愿，必须要能向消费者提供购买支撑点，即购买理由，这个理由可以是基于对价格的判断，也可以是对产品的认可，也可能是情感的满足，而所有这些都无法绕开品牌的定位。品牌定位是品牌向市场传递的一个具体的概念或诉求，当该品牌一旦被提及的时候，消费者能够产生一个或者一组明确的联想。就服装企业而言，消费者往往需要强烈的价值感，因此企业需要通过清晰的品牌定位和鲜明的品牌形象去感染消费者，使他们能够理解、接受和认同，进而产生购买和忠诚。

资料补充 7-3

市场定位、产品定位与品牌定位

市场定位、产品定位与品牌定位是相互关联但性质不同的概念。市场定位是指服装企业根据自身的性质、特点及技术、资源配置，把产品和服务准确定位于一个顾客群体，又称目标顾客定位。产品定位是指服装企业根据目标顾客的具体特点和消费需要，对产品类别、功能、风格、价位等属性的确认。品牌定位则是服装企业通过市场定位，在以顾客为导向、以产品为基础的原则下，对服装品牌形象所做的定位。就三者的关系而言，市场定位是品牌定位的参照和前提，产品定位是品牌定位的内容之一。

服装作为一个集合功能、情感、时尚、个性等诸多特点属性的产品，消费者的购买行为属于典型的复杂购买，企业需要在综合考虑影响消费者服装购买具体因素的基础上审慎进行品牌定位。

1. 服装品牌定位的原则

成功的品牌是服装企业吸引消费者实际购买行为的磁石，是推动顾客购买偏好形成的催化剂。进行品牌定位需要坚持以下原则。

1) 明确品牌主张

品牌主张就是品牌定位时需要明确的诉求，通俗地讲就是要向消费者传递的一个概念。服装产品既是生活必需品，也是时尚的化身，同时还可以是思想与个性的代言，所以在品牌主张的确立上可以选择其中一个作为品牌内核进行明确。例如，报喜鸟一直围绕“喜”来诉求，即使自 2010 年后调整为“悦”，但核心内涵没有发生大的变化；安踏作为运动品牌，一直在诉求“永不止步”的品牌主张，品牌概念非常清晰，使得其品牌形象也得以强化。

2) 归纳目标群体特征

品牌定位得以成功的重要前提是能够找到与目标群体沟通的语言和方式，为此就需要充分考虑目标群体的心理特征、行为方式和消费习惯。例如，国内著名的女装品牌白领，就充分分析了女性白领成熟、稳重、精干高效等职业特征，在产品设计、传播策划、终端接触等环节都充分体现了目标消费群体的特征。

3) 充分考虑企业实际情况

品牌的打造是一个需要消耗大量资源的企业营销行为，要求企业具备较强的综合素质。因此，企业在进行品牌定位之前需要考虑企业的规模、产品开发能力、财务状况、供应链管理能力、市场推广与运作能力等。作为理性的企业决策者，在进行品牌定位的时候一定要建立在力所能及的基础上，不要好高骛远，进行不切实际的品牌定位，也不要妄自菲薄，丧失品牌发展的机会。

案例7–3

利郎的品牌计划

利郎的品牌重整计划已实施两年，根据未来继续提升终端支持力和品牌延展力的计划，2013年的营运毛利率有望扩展至24.7%。利郎将五年战略规划概括为“12345”：1个利郎基因，即1个利郎，多品牌发展战略；2是指双雄远景梦，2014年利郎进入中国服装双雄地位；3个追求目标，即以为人类提供一种简约而不简单的生活方式为企业使命、成为中国的乔治·阿玛尼、营业额达到新目标；4项价值观，创新、拼搏、分享、奉献；5个战略支柱，深化品牌延展力、提升终端支持力、强化经营执行力、培育持续创新力、优化供应链实力。

4) 品牌定位体现市场的差异化

服装企业在进行品牌定位时，应力求在品牌个性和形象风格上与竞争者形成明显差异，突出自己的不同之处，创立自己独特的风格。否则，服装品牌概念就可能因为缺少独特性而难以引起消费者的关注。

案例7–4

无印良品服饰：看似无牌的卓越品牌

无印良品(MUJI)这个创建于1980年的品牌，如今已经成为年销售额1 600多亿日元、拥有300多家本土店、70多家海外专卖店的庞大帝国。“无印”在日文中是没有花纹的意思，日本店名“无印”意为无品牌，日本著名设计师、无印良品艺术指导原研哉说：“无印良品没有品牌策略，我们的初衷就是没有品牌。”

无印良品诞生的30年前，正是日本的泡沫经济的时代。“当时，日本一般家庭的生活用品都已经很富足、很齐全了，开始想寻找些个性化的东西。当时的品牌主要向两个方向发展，一种是售卖同样的东西，追求价格便宜，另一种就是给产品加大宣传力度，用广告增加附加值。无印良品不想走第一条路，也不想走第二条路，我们希望站在使用者的角度考虑，去掉没有必要的包装，只留下最本质的东西。”无印良品的社长金井政明这样解释MUJI的缘起。

在这个时代的背景下，无印良品搜寻最宽容的材料、生产方法与形式，从“简单”中诞生出一种新的价值观和美学，是自然的富足感。然而，这并不是品牌效仿无印良品走“无品牌”之路的理由，“删繁就简、去除浮华、直逼本质、以人为本”，无印良品强大的内核、清晰的设计理念、精准的城市分布和人群定位，无疑构成了一个卓越品牌的成功要素，正所谓口中无牌，心中有牌。正如国际品牌大师沃利·奥林(Wally olin)斯所言：“即便无印良品是没有品牌的品牌(No-brandbrand)，但你也不可否认，这依然是一个品牌。”

2. 服装品牌定位的程序

首先，进行目标消费者分析。通过充分的市场调查，参考国内外现有知名服装品牌的消费者类型，熟悉这些类型的消费者对于服装有着怎样的更加详细的需求和消费习惯。要了解该类消费者的生活习惯、品位、消费习惯、他们在本类商品中期望得到的满足，即做好消费者心理定位。

其次，确定品牌的核心价值。服装品牌应该能够表现出一定的情感利益，人们才会为此而多付一些钱。例如，中档品牌服装要求最基本特点是与消费者平等。高档品牌有明显的附加价值，而且这个价值吻合消费者追求的价值。高档服装品牌是高于消费者需求的，因此消费者对它有一种强烈的追求。对于LV服装的追求，便是人们对于LV所代表的奢华的一种追求与向往。

营销小知识

打造高端品牌的五大禁区：①一味追求高价的炒家心态；②过分强调公关促销的明星效应；③忽视产品深层次内涵和积累；④产品单打独斗，缺乏产品组合；⑤忽视企业整体运作。

再次，设计鲜明的品牌形象。服装品牌不仅是一个名称、符号，而是具有一定精神资本的物质形式，从产业的构成、品牌精神的体现，到品牌的营销方式，都需要个性化设计才能实现。中高档品牌要求各品牌的相似度极低，这样的服装品牌对于品牌的个性、风格有着更高的要求。“传统”还是“现代”、“休闲”还是“正式”、“活力”还是“成熟”等，这些不同因素的拆分和组合可以使得品牌的形象更加清晰。寻求新的材料、新的技术手段、新的表达途径，更深入探索当代人与服饰的关系、设计与生产销售的关系、表达最新的衣着观念与生活体验，推崇新的时尚精神、服装文化和视觉美学来达到消费者的认同。品牌形象也可以通过名称设计来增加文化竞争力，如“红豆”使人联想到“红豆生南国，春来发几枝”的文化底蕴。采用著名设计师的名字作为服装品牌也可以突出品牌特色。例如，意大利品牌“普拉达”采用的就是设计师普拉达的名字，造型端庄严谨、线条流畅、色彩清新自然，简约主义的代表之一。而公司每推出一款服装，就告诉消费者一个设计师本人的故事，通过品牌与设计师的联系，为品牌构思一个独特的令人信服的典故对品牌竞争力的增强有明显的作用。

最后，做好品牌定位的宣传。品牌定位只有有效地传播到消费者的心中，在消费者心目中占有一定的位置，定位才算成功。我国服装品牌中，已经有些品牌形成了与众不同的思路，但是因为传播力度、方法缺乏，没有引起市场的关注。如三枪内衣早在1996年就针对少儿内衣市场推出的“三枪虎”少儿内衣，虽然成功发现了市场空缺，但时至今日也是知之者甚少。树立品牌之初就应考虑如何使消费者对“中、高档”这一品牌定位有所感知，并通过不断的宣传使得品牌定位深入人心。

资料补充7-4

国内休闲装的定位

一直以来，普通休闲装市场都是中国服装鏖战最酣的市场。一个词语“休闲”，将顾客生活中1/3的时间和部分职位的工作时间都包含在内，同时也将各个季节、各类区域、各类场所、各类行为的休闲服装包含在内。它们可以从中高档时装、高级休闲服那里随意抽取元素，也可以从运动装、旅行装那里拷贝整体风格。

但对于中国企业来讲，休闲装的定位却是一个大问题。目前来看，休闲装的档位分布已经逐渐清晰：高端有 Gucci、Chanel、LV 等国际大牌的休闲装；中端的有 I. T. (综合店)、Jack & Jones、Veromoda、Esprit、Oshirly、Only 等，新近加入 ZARA、H&M、Uniqlo 及 ZARA 的兄弟店 Pull and Bear 和 Bershka 等，另外还有正在上行的美特斯邦威、森马和下行的班尼路、真维斯等；低端有新兴的三福、E 库、热风、凡人、雅柔、生活秀、独辫子等。

7.2.2　服装品牌名称的设计

在激烈的市场竞争中，一个服装品牌要后来居上，首先要重视品牌的命名，要在对品牌总体把握的基础上，创造出新颖生动的品牌名称。品牌包括品牌名称和品牌标志两部分，这里仅就品牌名称进行介绍。

1. 品牌命名的基本原则

(1) 暗示产品类别。品牌命名时，要让消费者可以从名字中清晰分辨出该品牌属于哪一类产品。例如，宁波的一休童装，利用“一休”这个动画人物名称作为品牌名，就可以简单地表明了产品类别。

(2) 与公司形象和产品形象相匹配。例如，庄吉西服，我们可以从“庄吉”这个名字中体会到庄重、吉祥的风格特点，与西装的产品形象吻合。

(3) 语言上要易上口，以便于记忆与传播。这里所说的语言包括音、形、义 3 个方面的要求。第一是语音，要求发音容易，听起来使人感到愉悦，如江苏的好孩子童装品牌；第二是字形，要求简单，字数不超过 4 个字，另外不用生僻字，如森马服饰集团的童装品牌巴拉巴拉；第三是语义，要求内涵积极，使人联想美好，如杭州著名女装浪漫一生就具有很好的品牌联想。

(4) 注意遵循道德法律规范。主要是指品牌名称要具有专一性，一旦注册，就拥有独享性，受到法律的保护。否则，即使再好的名字，如果不能注册，得不到法律保护，仍然不是真正属于自己的品牌。

案例 7-5

奢侈品牌的“大意”

30 多年前进入中国市场仅注册英文商标“Hermes”的爱马仕，在发现其中文商标名称被达丰制衣有限公司抢注后，找到中国商标评审委员会(以下简称“商评委”)要求撤销，但被拒绝。此后爱马仕又将商评委告上法庭，理由是自己的中文商标属于未注册的驰名商标。但北京市中级人民法院依然维持商评委的原判。

屡次碰壁的爱马仕，对于这样的判决，显然还不服气。不管最后的判决如何，持久的拉锯战，着实给其他存有同样隐患的奢侈品牌敲响警钟。例如，原历峰集团亚太区首席执行官、顾腾顾问公司创始人弗朗西斯·顾腾(Francis Gouten)在接受采访时所说：“所有的品牌必须谨记，在中国要重视保护中文商标名字。”

和爱马仕存有同样疏忽的品牌还不是少数。当他们看到其中文商标出现在大街小巷的店铺里时，才如梦初醒。目前，达丰制衣在领带、婴儿服、泳衣产品上标注的爱马仕中文商标是有效的，只要不在鞋子、服装和袜子等超出核准范围的产品上标注，就不构成侵权的问题。究其疏忽的原因，一位不愿透露姓名的律师对本报记者分析：“公司欠缺商标上的国际化战略，以为一个英文商标就能行遍全世界，但商标品牌有着高度的地域性。而随着中国市场在其全球市场中战略地位的凸显，中文商标的重要性不言而喻。”

目前对于诸多奢侈品牌而言，中国市场都是其销售的巨大引擎，来自中国市场的销售甚至已占一些品牌全球销售份额的首要位置。而业内更是预计，到 2015 年中国奢侈品消费市场有望超过美国成为全球第一。另外，很多奢侈品牌通常都会犯的一个错误也导致类似爱马仕事件的发生。法国马赛商学院 MBA、EMBA 主任米歇尔·古泽兹(Michel Gutsatz)分析：“奢侈品牌通常只在自己所销售的产品种类中注册中文商标，如手表、珠宝等种类，而在其他诸如宾馆、餐厅等种类中并没有注册。这无疑给其他公司留下了操作的空间和可能性。当他们不希望有一个例如酒吧的名字和自己一样时，就得到法庭上解决。”

为此，米歇尔希望所有的奢侈品牌能以此为鉴，并建议在注册品牌名字时，要将可能的产品种类都注册掉，“这会是一项有回报的投资”。

(5) 要考虑品牌的延伸。在品牌命名时，要为品牌的未来发展留足空间，因为当品牌发展到一定阶段后势必要对原有的产品系列进行拓展，如果原有的品牌命名所指范围太窄就会影响这种拓展行为。例如，一个女性色彩比较浓的品牌要拓展到男装市场，就不能再采用原来的品牌了，必须要启用新品牌。一般情况下，一个无具体意义而不带任何负面效应的品牌名往往比较适合做品牌的延伸。

2. 品牌命名标准

品牌命名既是一种科学又是一门精深艺术，除了上述原则外，选择品牌名称还存在着通用的命名标准。

(1) 悦耳动听。这主要是指品牌的名称要听起来很舒服，不致使人产生某种不愉快的联想。纵观世界知名品牌的名称，其设计都很符合声韵学的规律，如阿玛尼(Armani)、杰尼亚(Zegna)。

(2) 赏心悦目。这主要是指品牌标记要醒目，让人看后赏心悦目，从而对品牌或服务留下良好的印象。例如，“鄂尔多斯”的美术字体看起来非常亲切，充分衬托了“温暖全世界”的主题。

(3) 易于记忆。这个标准是指名称要简洁而有深意，在捕捉顾客的视觉与听觉的同时，也留在了顾客的记忆深处。

(4) 倾注感情。这里是指品牌要有一定的文化韵味或一定的情感内涵，让消费者能产生一种精神上的愉悦。运动服饰品牌“NIKE”的品牌名来自于拉丁文，是指希腊神话中的胜利女神，用之作为体育运动用品的品牌，可以充分展示胜利的体育内涵。

3. 服装品牌命名策略

1) 以产品的暗示利益命名

这类品牌的命名，以产品带给消费者的不同利益分为功能型和情感型两种。

(1) 功能型品牌，是以产品的某一功能效果作为品牌命名的依据，如雪中飞羽绒服，特步运动服饰等，强调产品能在某一特定领域的优异特征。

(2) 情感型品牌，是以产品带给消费者的精神感受作为品牌命名的依据，如劲霸男装、与狼共舞男装，充分展现了目标消费群体的力量与进取特征。

2) 以品牌的文字类型命名

以品牌的文字类型命名，是指以品牌名称的文字书写方式来命名。具体可以分为：

(1) 用汉字作为品牌名称。这类品牌不仅是国内企业最主要的命名方式，而且也是一些国际品牌进入中国后实施本地化策略的命名方式。例如，PRADA(普拉达)、GUCCI(古奇)、Adidas(阿迪达斯)等品牌，在进入中国后都积极采取中文品牌进行市场推广，取得了良好的业绩。

(2) 用汉语拼音作为品牌名。以汉语拼音作为品牌的名称是国内服装企业的独特做法，如拼音品牌一般与汉字品牌组合使用，如李宁(LINING)。

(3) 用英文命名。随着世界经济一体化趋势越来越明显，作为国际通用语言，英文被广泛使用在品牌的命名上。国内服装品牌一方面要考虑走向国际市场，同时在国内市场也面临着国际品牌的竞争压力，因此众多国内品牌都开始采取英文命名，如雅戈尔的英文名为 Younger，森马的英文名为 Semir。

3) 根据姓氏人名命名

根据姓氏人名命名，是指直接以人物姓名作为品牌名称，可以分为创业者、设计者、古代名人或者有纪念意义的任务姓氏，其好处是利用人物的声望促进产品的销售。在世界知名服装品牌中，其创始人往往就是设计师，这些服饰品牌基本上都采取了姓氏人名方式进行命名。

资料补充 7–5

世界九大奢侈品服装设计师品牌

1. 唐纳·卡兰(Donna Karan)

创始人唐纳·卡兰(Donna Karan)是一个外表平和、貌不惊人的女子，为了使其服饰王国走向多元化，在 1984 年和丈夫联手创立了自己的公司，推出了一系列各具特色的产品：Dkny、Dknyclassic、Dknaactive、Dknyjesns，对纽约所汇聚的不同文化及其独特的生活气息作了一个全新的诠释。Dkny 以更前卫、更时尚、更休闲的手法描绘了纽约不同文化、不同生活方式的时代气息，以截然不同的语言体现 Dkny 独特的魅力。

2. 路易·威登(Louis Vuitton)

创始人是路易·威登(Louis Vuitton)，创立于 1854 年。路易·威登现隶属于法国专产高级奢华用品的 Moet Hennessy Louis Vuitton 集团。从设计最初到现在，印有“LV”标志这一独特图案的交织字母帆布包，伴随着丰富的传奇色彩和典雅的设计而成为时尚之经典。100 多年来，世界经历了很多变化，人们的追求和审美观念也随之而改变，但路易·威登不但声誉卓然，而今保持着无与伦比的魅力。

3. 香奈儿(CHANEL)

创始人是加布里埃·香奈儿(Gabrielle Chanel)，创立于 1913 年。香奈儿是一个有百年经历的著名品牌，香奈儿时装永远有着高雅、简洁、精美的风格，她善于突破传统，早在 40 年代就成功地将“五花大绑”的女装推向简单、舒适，这也许就是最早的现代休闲服。香奈儿最了解女人，香奈儿的产品种类繁多，每个女人在香奈儿的世界里总能找到合适自己的东西，在欧美上流女性社会中甚至流传着一句话“当你找不到合适的服装时，就穿香奈儿套装”。

4. 范思哲(Versace)

创始人是詹尼·范思哲(Gianni Versace)，1978 年，Versace 推出首个女装成衣系列，现成为著名意大利服装品牌。范思哲代表着一个品牌家族，一个时尚帝国，它的设计风格鲜明，是独特的美感极强的先锋艺术的象征。其中魅力独具的是那些展示充满文艺复兴时期特色的、华丽的具有丰富想象力的款式。这些款式性感漂亮，女性味十足，色彩鲜艳，既有歌剧式的超现实的华丽，又能充分考虑穿着舒适性及恰当地显示体型。范思哲以金属物品及闪光物装饰的女裤、皮革女装创造了一种介于女斗士与女妖之间的女性形象。

5. 迪奥(Christian Dior)

创始人是克里斯蒂安·迪奥(Christian Dior)，迪奥品牌一直是华丽女装的代名词。大 V 领的卡马莱晚礼裙，多层次兼可自由搭配的皮草等，均出自于天才设计大师迪奥之手，其优雅的窄长裙，从来都能使穿着者步履自如，体现了幽雅与实用的完美结合。迪奥品牌的革命性还体现在致力于时尚的可理解性；选用高档的上乘面料，如绸缎、传统大衣呢、精纺羊毛、塔夫绸、华丽的刺绣品等。而做工更以精细见长。几十年来，迪奥品牌不断地为人们创造着“新的机会，新的爱情故事”。在战后巴黎重建世界时装中心过程中，迪奥作出了不可磨灭的贡献。

6. 古奇(GUCCI)

创始人是古奇欧·古奇(Guccio Gucci)，创立于1923年。自Karl Lagerfeld接管Chanel以来，最吸引人最令人震惊的要算是Tom Ford接手Gucci的故事了。古奇尽管时装牌子令人眼花缭乱，风格却一向被商界人士垂青，时尚之余不失高雅，这个意大利牌子的服饰一直以简单设计为主，尤其是男装，剪裁新颖，弥漫着十八世纪威尼斯风情，再融入牛仔、太空和摇滚巨星的色彩，让豪迈中带点不羁，散发无穷魅力。

7. 瓦伦蒂诺·加拉瓦尼(Valentino Garavani)

创始人是瓦伦蒂诺·加拉瓦尼(Valentino Garavani)，1932年出生于意大利，1960年在罗马成立了瓦伦蒂诺公司，1968年～1973年瓦伦蒂诺公司被肯通(Kenton)公司接管，1973年瓦伦蒂诺重新购回了公司。瓦伦蒂诺曾获奈门·马科斯奖、意美基金会奖。富丽华贵、美艳灼人是瓦伦蒂诺品牌的特色。瓦伦蒂诺喜欢用最纯的颜色，其中鲜艳的红色可以说是他的标准色。精瓦伦蒂做工十分考究，从整体到每一个小细节都做得尽善尽美。瓦伦蒂诺是豪华、奢侈的生活方式的象征，极受追求十全十美的名流所钟爱。

8. 普拉达(PRADA)

创始人是缪西亚·普拉达(Miuccia Prada)。PRADA可谓说是一个老字号，但由于它的出品追求完美，所以无论老少，对此品牌的认知度绝不逊于其他任何牌子。PRADA开创于20世纪初，因当时活络的商业贸易与交通商旅频繁，创立人缪西亚·普拉达开始制造一系列针对旅行的手工皮件产品，并于1913年开设一间精品店。1978年缪西亚·普拉达与其夫婿帕吉欧·贝尔泰利(Patrizio Bertelli)共同接管PRADA，带领PRADA迈向全新里程碑。

9. 乔治·阿玛尼(Giorgio Armani)

创始人是乔治·阿玛尼(Giorgio Armani)，1934年出生于意大利，学习医药及摄影专业，曾在切瑞蒂任男装设计师，1975年创立乔治·阿玛尼。曾获奈门-马科斯奖、全羊毛标志奖、生活成就奖、美国国际设计师协会奖、库蒂·沙克奖等奖项。乔治·阿玛尼现在已是在美国销量最大的欧洲设计师品牌，他以使用新型面料及优良制作而闻名。

4) 根据物名命名

根据物名命名是国内较为普遍的一种命名方式。在这种命名方式中，往往会采用动植物名称来作为服装品牌名称，如七匹狼、鸭鸭、小猪班纳、太平鸟、红豆、七色花等。由于服装行业的特点，在命名时往往要倾注更多的文化、情感因素，而动植物的名字往往具有丰富的内涵，所以服装行业采取这种方式命名的不少见。

5) 改创新词命名

改创新词命名是指运用字典里找不到的词，但这些词又不是凭空捏造的，而是经过对原有词语的改造后为品牌量身定做的新词。这些新词一方面具有特殊性，使得品牌容易识别，也比较容易注册；另一方面也具备了较强的转换性，可以包容更多的产品品类，改创新词命名体现了品牌命名的发展方向，是今后常用的品牌命名方式。

学以致用

国内知名商务男装品牌利郎早期市场一直是不温不火，但在2002年因重新定义了消费者，提出了“简约而不简单”品牌主张，明确了品牌个性后获得快速发展。

思考：“利郎”这个品牌名称符合它现在的品牌内涵吗？你有没有更好的想法？

7.3　服装品牌运营的策略组合

在设计好品牌名称后，需要制定有效的品牌运营策略，以确保品牌能取得良好的市场业绩。品牌运营策略主要考虑企业是采用自有品牌还是借用他人品牌、是采用同一品牌还是分类设计及主副品牌如何配合等，这些促使企业从事品牌运营活动需要科学而合理的决策。本任务将带领大家熟悉品牌组合策略的具体内容和操作方法。

学前小思考

1. 有人认为只要有钱就一定能打造出强势的服装品牌，你觉得呢？
2. 现在有很多服装企业热衷于采用多品牌经营，你是怎样看待这种现象的？

知识大扫描

7.3.1　服装品牌的归属策略

确定产品应该有品牌后，就涉及如何决策品牌归属问题。对此，企业有 3 种可供选择的策略。其一是企业使用属于自己的品牌，这种品牌称为企业自有品牌或生产者品牌；其二是企业将其产品售给中间商，由中间商使用他自己的品牌销售产品，这种叫做中间商品牌；其三是企业对部分产品使用自己的品牌，而对另外一部分产品使用中间商品牌。

1. 自有品牌策略

自有品牌是品牌运营的基础，自有品牌策略也是品牌运营的首要选择。企业拥有品牌能使企业获得品牌带来的超越产品价值本身的附加利益，这也是企业品牌运营的主要目的。由于品牌的这种附加利益的存在与增大是企业营销努力的结果，所以，为实现品牌增值的目的，企业必须重视品牌运营全过程，并为此而投入人、财、物，包括研制科学有效的品牌运营策略及其实施等。也就是通过品牌建立起来的企业与消费者的关系须由企业去维护、培育。

案例 7-6

电商凡客背后的供应商，梦娜袜业探寻自有品牌出路

从鸡毛换糖的年代创业至今，梦娜如今已成全球袜子代工业巨头，欧美市场占比约 3 成，Puma、CK 等品牌的许多产品均出自它的工厂。2008 年 12 亿元的营收中，梦娜代工业占 60%，另外 40%，不少输往海外市场。

一个偶然的机会，凭一位记者介绍，梦娜袜业总经理宗科平遇到了凡客创始人陈年。2009 年凡客开始做女装，当年 10 月双方首度牵手合作，合作第一单是标的 30 多万的丝袜。双方都没想到，3 天内就卖完了，梦娜甚至难于迅速向凡客补货。双方开始深度合作，凡客确定客户群，筹划相关产品线的人员配备，而梦娜调整安排专门的生产计划。次年，梦娜开始向凡客大规模供货，2010 年订单额超过千万元，2011 年也有 400 万元，2012 年订单量截至目前已超过 5 000 万元。如今梦娜已揽下凡客棉袜、丝袜 80%的供应量。

尝到电商订单甜头后，宗科平的梦就不再简单了。站在代工门槛上，跨在线上线下，它正在小心翼翼地试探着自有品牌的出路。梦娜早有亲身尝试电商业的冲动，因为凡客的增速让他惊诧。但眼下，它的尝试还显得犹疑。梦娜自有品牌早已在京东上销售，不过这不是官方行为，而是由北京代理商操作的。但梦娜已成立电商部门，建了自有商城，并在淘宝上开了一家旗舰店。当然，淘宝上有它的更多经销商。

梦娜很少对外谈论它的电商梦想。小心翼翼的原因，第一个问题是品牌。梦娜可谓是目前国内袜业代工第一，但论品牌影响力它还逊于另一家向来舍得砸钱打品牌的同行——浪莎。另一个需要考虑的背景是，梦娜仍处于开拓摸索内销思路的阶段。梦娜相关人士说，外贸走弱后，公司转内销打算代工和自有品牌各占一半，但相关规划却仍不足够清晰，“现在的感觉是走一步看一步。”此外，梦娜崛起之地义乌的环境也使得他们品牌塑造需要经历更多的努力。宗科平说，义乌本地就是一个批发市场，它强大的辐射面在20世纪90年代是非常好的渠道，但如今却逐步成为制约，“这就好比原本在地摊上卖的货，如今要进商超就有些困难，原本在批发市场上铺得越开，如今品牌形象提升反而越难。”

目前梦娜的对策是不断强化已有的品牌，逐步树立自己的质量标准，而这显然需要缓慢的进程。此外，它还带来另一个问题：梦娜眼下显然需要集中优势资源锤炼一个品牌，但面对内销线上线下市场的分野，它短期内显然难于进行双品牌或多品牌的区分。

2. 中间商品牌策略

中间商品牌就是指中间商拥有所有权并投入运营的品牌。中间商拥有品牌，意味着中间商要承担品牌全部责任，履行品牌给消费者的各种承诺，使顾客满意地获得品牌利益。中间商品牌是市场竞争发展到一定程度的产物，是商业企业为了突出自身形象、维护竞争地位、获得竞争优势、充分利用自身的无形资产而采取的一种竞争策略。许多市场信誉较好的中间商都争相设计并使用自己的品牌。

通过对欧洲市场的一次调查显示，1980年所有的零售商品中有17%采用中间商品牌，1992年这个比例达到27%，到目前为止，中间商品牌商品的销售额已占全部销售额的40%以上，这就使得生产者品牌的支配地位大大下降了。西方一些营销评论家预言：除最强有力的生产者品牌以外，中间商品牌最终将击败其余所有的生产者品牌。

案例 7-7

杰西潘尼的品牌经营

杰西潘尼(J. C. Penney)公司是美国的零售巨头之一，由詹姆斯·潘尼(James Penney) 于1902年创立，总部位于得克萨斯州布兰诺市(Piano)，在美国和波多黎各运营着1 093家百货公司，以及全美最大的服装和家居产品网站，此外还拥有美国最大的通用商品目录业务，2009年总营业额达199亿美元。

杰西潘尼销售一系列国产、自有及独家品牌产品，产品包括男装、女装、童装、珠宝、鞋类、饰品和家居用品等，公司切实履行着“以合理的价格为用户提供款式和质量俱佳的商品”的承诺。杰西潘尼的经营定位是“美国中产阶级的最佳购物选择”，其将近50%的销售收入来自包括Okie Dokie、Theorizonz Jean co和Uproar等在内的众多品牌，包括自有品牌。杰西潘尼有自己的设计师群，在趋势、调查、设计、采购、物流、品控及品类管理上都具有独特竞争优势，使得杰西潘尼能够创建品牌。杰西潘尼最主要的营销战略目标之一就是不仅为顾客提供舒适、现代、符合潮流的购物环境，还以优良的服务及具有竞争力的商品价格来吸引顾客。

3. 其他生产者品牌

其他生产者品牌策略是指企业利用其他生产者的品牌实现产品销售并引导企业发展的做法。通常的做法是接受拥有品牌的生产经营企业的委托加工，企业实施贴牌生产。

企业放弃使用自有品牌而选择使用其他生产者品牌，是因为选择用其他生产者品牌比使用自有品牌能给企业发展带来更大的发展机会。对品牌运营企业来讲，与企业自有品牌相比，其他生产者品牌与中间商品牌一样，也能节约品牌运营费用、可借其他生产者的品牌声誉、销售网络，以及对市场需求准确把握的能力等优势。也正是因为如此，其他生产者品牌策略不失为那些缺乏核心生产技术、市场拓展能力弱小的企业开拓市场、壮大企业实力的一种理想选择。

7.3.2 服装品牌的统分策略

服装品牌策略选择是服装企业的根本性决策，也是服装品牌经营的指导性纲领。服装企业如果缺乏品牌整体运作的长远思路，就会导致品牌经营混乱无序，进而对品牌资产造成极大损失。从品牌运作的内容上看，品牌策略往往包括品牌归属决策和品牌运营策略，不同服装企业面临的内外部环境千差万别，因此所采取的品牌策略也各不相同，这里主要介绍服装企业的品牌运营策略。

1. 单一品牌策略

所谓单一品牌策略是指服装企业在公司所推出的所有类别产品上都采取同一品牌。例如，七匹狼集团公司经营的服装为“七匹狼”品牌男士服饰系列，皮尔·卡丹都统一使用同一品牌名。这种策略的好处可以节约传播费用，有利于推出新品和彰显品牌形象。在服装行业发展的早期，由于市场细分不是很精细，往往会采取这种单一策略。但这种方式不利于品牌向不同方向的延伸，同时不利于进行产品的市场区隔，一旦某个产品出现风险往往会累及其他产品。

2. 多品牌策略

随着企业实力的发展和市场竞争的激烈，众多服装企业会向不同类型、层次、风格的细分市场拓展，这时候就需要采取多品牌策略。所谓多品牌策略是指服装企业同时经营一个以上或相互关联或相互独立的品牌。例如，阿玛尼旗下就有Giorgio Armani(高级男女时装品牌)、Giorgio Armani Collezioni(高级成衣品牌)、Emporio Armani(二线成衣品牌)、Armani Exchange(价位稍低的三线品牌)、Armani Jeans(休闲装及牛仔装)、Giorgio Armani Junior(男女童装系列)、Giorgio Armani Neve(男女雪衣系列)、Giorgio Armani Golf(男女高尔夫球系列)等众多品牌。这些品牌针对不同的目标市场，采用不同的品类和市场推广方式。

资料补充7-6

多品牌策略的实现方式

(1) 品牌延伸。品牌延伸是将单一的服装品牌发展为相互联系的品牌家族。通常每个服装企业的产品线只是该行业的一部分，如果企业超出现有范围来增加产品线长度即成为产品线延伸，它包括向下延伸、向上延伸和双向延伸。国际知名服装品牌大多采取了品牌延伸策略，特别是向下延伸，即推出二线、三线品牌。

(2) 品牌拓展。品牌拓展与品牌延伸类似，是在原有成功服装品牌的基础上开发新品牌，但品牌拓展通常在名称上会比较独立，品牌形象也比较丰富，具有相互独立的品牌风格。由于每个品牌有不同的风格，因此可以满足不同风格消费者的需求，扩大市场占有率。不过，不同品牌的设计可能比较容易出现重复或相似的现象，这就需要各品牌设计师之间进行良好的沟通和协调。

(3) 品牌并购。近年来服装企业之间的并购有愈演愈烈的趋势，许多世界著名服装企业正利用资本和管理优势进行跨国并购，实现多元化和多品牌经营，以争取更多的市场份额。由于国际知名服装品牌都拥有较长的历史和深厚的文化积淀，而品牌延伸与品牌拓展则很难在短时间内使某一公司创立起众多的国际知名品牌，因此只能通过兼并欲收购来达到这一目的。

7.3.3 服装品牌的复合策略

1. 副品牌策略

所谓副品牌策略是指服装企业在推出多系列产品的情况下，给其所有产品冠以统一品牌的同时，再根据每种产品的不同特征给其取上一个恰如其分的名称，这就是“副品牌”。例如，康奈集团从鞋业延伸到服装行业后仍采用“康奈”这一主品牌，但为了有效区分各系列服装分别采用了“康奈休闲装”、“康奈内衣”的副品牌形式，形成康奈集团的品牌家族。

服装企业用主品牌的知名度来展示系列副品牌，并凸显副品牌不同个性和风格。艾格服饰的每个主品牌都会有其特定的个性与文化内涵，但在有些情况下，新产品秉承了这些个性并有所创新时，可以利用副品牌来突出其新意，这也能强化名牌的效应，对主品牌内涵进行补充诠释。相反，若新产品并未秉承原有品牌的个性和文化内涵，或者是与主品牌完全不相关甚至相悖，就会破坏主品牌的形象。例如，“金利来”是“男人的世界”，这一精确定位决定了如果利用这个品牌推出女性服饰就不能使用副品牌策略。

资料补充 7-7

副品牌反哺策略

副品牌运用得当还能反过来提升主品牌，品牌战略专家翁向东先生称之为副品牌对主品牌的反哺作用。策划副品牌策略时要充分考虑到对主品牌的反哺作用。副品牌不一定长期存在，因为不少副品牌所对应的具体产品、具体技术可能会过时，副品牌也会随之退出历史舞台，主品牌才是企业的主要无形资产。如果一个副品牌只限于成功推广某一新产品，而未能对主品牌的价值提升起作用，那是资源的巨大浪费，等于副品牌的运用只是起了不到一半的作用。

副品牌对主品牌的反哺作用具体表现为，低成本吸引眼球并提升知名度、强化品牌核心价值、活化主品牌、赋予主品牌年轻感、成长感、提升主品牌的各项美誉度指标如亲和力、技术感、高档感、现代感、时尚感等。例如，健康快车所张扬的童趣和对少儿健康的关注，在为品牌核心价值做加法，健康快车还给乐百氏品牌注入了技术感，海尔宝德龙彩电增加了海尔品牌的时尚感，海尔红薯洗则让消费者感受到海尔以消费者的方便与轻松为追求的理念。

2. 品牌联合策略

所谓品牌联合是指服装企业在同一个产品上使用两个或更多品牌，相互借势以实现更好的效果。在世界各时尚都市经常会有以“莱卡”为主题的各类时装秀和商业派对，这个曾被《财富》杂志列入“20 世纪影响人类生活的十大服装品牌”、有着“世界纺织业八大品牌”之誉的“Lycra”，其实既不是成衣品牌，也不是布料和制衣原料，它只是一种中间辅料型产品——美国杜邦公司 1958 年发明并生产的一种人造弹性纤维。莱卡非凡的伸展与恢复性能令所有织物大为增色，含莱卡的时装带来时尚、舒适的新体验，它改变了人类的衣着观念，代表了现代人一种全新的生活方式。莱卡品牌对消费者产生了独特的魅力，这是服装成衣厂家不能拒绝的，莱卡与服装制造商之间的合作，就是典型的品牌联合策略案例。

莱卡的合作伙伴不仅仅有阿玛尼、宝姿、黛安芬、香奈儿、Boss 等世界著名品牌，还有愈来愈多的本土服装制造企业，如逸飞、三枪、豪门、AB 等都与之建立了合作关系，把自己的品牌商标和“Lycra”的三角形商标图案精心编织在一起，参与分享莱卡已经形成的品牌优势。

随着服装行业品牌经营理念的不断发展，品牌特许经营和品牌虚拟经营也被众多服装企业采用，并展现了良好的发展势头，已经成为带动服装行业快速发展的主流品牌经营模式。有关品牌特许经营和品牌虚拟经营的相关内容将在任务 9 中进行介绍。

7.3.4 服装品牌的延伸策略

当一个服装品牌成功地塑造了自己的形象，就会对目标顾客形成一定的影响力，并且这种影响会随着品牌层次的提升而增强。一旦形成这样的局面，某品牌的目标顾客就会以这个品牌作为选择服装的标志。如果该品牌只有一种或有限的几种产品，那么这些忠诚的顾客就无法享受丰富多样的产品和服务，这无疑会成为目标顾客对该品牌产生动摇的理由。因此，成熟的服装品牌大都会选择品牌延伸策略，即通过建立二线品牌或扩展产品线来为顾客提供更全面的产品和服务，以维系与顾客的长期关系，稳固自己的市场地位。

1. 服装品牌延伸的动因

服装品牌延伸既可以节约推出新品牌的促销费用，又可使新产品搭乘原品牌的声誉便车，迅速得到消费者承认。但进行服装品牌延伸也有很大的风险，只有品牌的核心价值能包容延伸产品才可以进行品牌延伸。一般来说，服装品牌延伸策略必须与其他营销策略配套使用才能具有较好的效果。不同企业进行品牌延伸均有其不同的原因，主要有以下几种。

1) 降低新产品的市场风险及导入费用

服装企业通过品牌延伸则可以将新产品冠以名牌，迅速地打入市场，提高消费者对新产品(延伸产品)的认知率，为新产品占领市场赢得了时间；另外新产品的宣传也不必从零开始，这样不仅可以借助原有品牌，有效地降低新产品进人市场的风险，而且可以节省新产品推出时所需的费用。例如，金利来最初是领带领域的领先品牌，随后向衬衫、西服等男装服饰延伸。此举不仅降低了延伸风险及导入费用，而且提升了金利来品牌的市场占有率和市场知名度。

案例 7-8

百丽多品牌策略的优势

为了能在与商场的谈判中掌握话语权和定价能力，百丽通过并购和代理的手段，将百丽集团打造成一个多品牌的“鞋类帝国”。目前，百丽旗下自有品牌超过 10 个，包括百丽、天美意、TATA、思加图等，同时，百丽还是 Bata、Geox、Clarks、Mephisto、BCBG、ELLE、Merrell 及 Caterpillar 等多个国外品牌的国内代理。如此多的品牌资源让百丽拥有很强的话语权，很多商场为了提高档次、丰富品类，往往会以优惠的租金请百丽进驻。而它的竞争对手达芙妮则因“势单力薄”经常被“请出”商场。

2) 最大限度地利用品牌优势

服装企业实施品牌延伸策略，在新产品上使用已经确立起来的老品牌名称，能够有效地消除消费者对新产品的抵御心理，缩短新产品与消费者的心理距离，使新产品更易被消费者所认同和接纳，从而在竞争中获得优势。例如，耐克品牌在国际上极具知名度，年销售额达一千亿人民币以上，做运动鞋起家的耐克，现在涉足羽绒服、运动服、背包、袜子、帽子等运动产品领域，耐克品牌延伸的成功是因为充分利用了自身品牌优势。

案例 7-9

普拉达的品牌并购

普拉达是意大利著名品牌，其所属的公司已成为全球著名的奢侈品集团，它的并购策略是寻找类似的品牌和有相同经营理念的伙伴，并购后各公司基本保持自治，以此形成多元化品牌经营。

普拉达创始时以箱包和饰品为主，后来陆续推出鞋类、女装、男装及运动装系列，已拥有普拉达及其二线品牌 Miu Miu 两个世界知名品牌。1999 年普拉达销售额达到 10 亿美元，净利润 1.63 亿美元。普拉达在 1999 年年底～2000 年 5 月短短 5 个月的时间内就完成了对 Helmut Lang、Jil Sander 及 Fendi 的并购。并购后各品牌的市场定位也体现出 Prada 的多元化策略。Helmut Lang 的价格定位低于普拉达 25%，是成熟而又年轻的品牌；lil Sander 的价格定位高于普达拉 15%～20%，属于含蓄而时尚的风格；而 Fendi 的经营则会由普达拉与另一大股东路易 · 威登公司协商进行。而众所周知的路易 · 威登公司也已通过品牌并购成为世界另一大奢侈品集团。

3) 占领更多的细分市场

随着社会的发展进步，人们对服装的需求呈现多样化、个性化。消费者对任何服装的需求不可能完全一样，都有或多或少的差异。任何服装企业都不可能以一种或少数几种服装类别或款式满足所有消费者的不同需求。开发新产品，进行品牌延伸，则可以在更大程度上满足消费者的需求，从而占领更多的细分市场。例如，国际名牌 POLO 就延伸到了男套装、女时装、内衣、泳装、运动装、童装等，最大限度地满足了消费者的需求。

资料补充 7-8

服装多元化是品牌发展的必然趋势

市场越来越多元化，消费者的个性需求会越来越旺盛，需要更多的品牌去满足其个性化需求，同样收入、不同职业的人会有不同的兴趣爱好，同一个人也会处于不同的状态，在服装上也是如此，即需要不同品牌的风格。这个市场会被更多的品牌分化，如果单品牌运作只能抓住一小部分市场，只能尽可能把这部分放大，扩大企业的盈利空间。

企业推出一款新品牌，看似所涉及的资金、人员、设备等方面的投入会相当巨大，相应也会增大企业的运营风险。但要在服装行业有进一步的发展和提升，这是必经的一个阶段，唯有通过多品牌化运作，才能增强自身核心竞争力，也是从根本上、从长远发展上降低企业经营风险的选择。通过不同细分市场独立品牌运作可以将企业的整体风险进行分摊，从这一点上讲，再推出一个新品牌有利于公司的风险控制。

2. 服装品牌延伸的形式

近年来，服装企业的品牌意识普遍增强，许多企业开始在品牌延伸上大做文章。这里的品牌延伸，既包括产品线延伸，将在服装类产品中已树立起来的品牌，使用到服装类产品上，又包括跨类延伸，将在服装类产品中已树立起来的品牌，使用到其他种类产品上。服装品牌产品线的延伸，主要包括以下几种形式：

1) 跨性别延伸

此种形式包括两种情况：男装品牌向女装品牌延伸和女装品牌向男装品牌延伸。其中主要是男装品牌向女装品牌延伸。例如，红豆、衫衫、庄吉等男装早已试水女装，波司登以单品羽绒服的身份延伸到女装领域，这主要是由于我国女装市场是一个大市场、小品牌的行业，以及我国女性高级白领人士对品牌消费欲望的不断增强。

2) 跨档次延伸

此种形式包括两种情况：高档服饰品牌向中低档产品的延伸和中低档服饰品牌向高档产品的延伸。其中以高档服饰品牌向中低档产品的延伸为主。例如，阿玛尼是全球最顶尖的男装品牌之一，在阿玛尼品牌系列中，从二三十万人民币一套的顶级时装，到三万人民币一套的高档时装，再到数千元的中低档服饰，产品档次由高到低存在十几个价位。这是因为高档产品的消费群体注定是极少数的，这些知名企业为了拓宽消费群体、追求高额利润，往往会选择向中低档次产品延伸，让该企业的产品可供更多人挑选，同时使品牌看起来更具有亲和力。

案例 7-10

Dolce & Gabbana 的品牌延伸

1982 年，意大利两位男性设计师创始了高级成衣品牌 Dolce&Gabbana，通过品牌延伸方式，现在已经推出了 3 个品牌。

Dolce&Gabbana：针对高中收入消费者的一线品牌，也就是通常所说的正牌。该品牌内部又细分为奢华大胆的 Black Label 和优雅性感的 White Label 两条风格线，以适合不同个性的目标消费者。

D&G：针对中等收入年轻人的二线品牌。从市场渗透度来看，D&G 风头甚至超过了正牌。自由、个性及反叛的味道，这正是 D&G 给人的感觉。

&:&是 2000 年冬季推出的三线品牌，比 D&G 更年轻，是合适每日穿着、可以随意搭配的休闲服装，风格中性化，式样侧重基本款，价格也更便宜。

3) 跨类别延伸

在不同服装类别间延伸是指生产某种类别服装的企业，为了提高经济效益，增加品牌知名度，向其他服装类别发展。例如，全球最大的成衣上市公司——美国威富公司，其年净收入达 500 多亿美元。威富公司一直坚持服装专业化，它的品牌延伸严格遵守相关性原则。威富公司在经历了 40 多年的不间断并购美国和欧洲的著名服装企业，完成了从一个手套制造商到国际顶尖品牌的转变。现在主要经营牛仔、户外运动装、职业服装、时尚服装等，旗下包括 Lee、Wrangler、Riders 在内的 50 多个国际知名品牌。

案例 7-11

七匹狼品牌发展战略的轨迹

七匹狼公司曾推出过“与狼共舞”、“港士龙”等品牌。七匹狼公司的规划是：“七匹狼”为中高档，“与狼共舞”为时尚休闲，“港士龙”为时尚牛仔。2003年年底，出于上市的考虑，七匹狼公司将还处于成长期的“与狼共舞”、“港士龙”等品牌转让他人。多品牌的试运行增添了周永伟发展多品牌的信心，周永伟表示未来将从国内外收购一些女装、童装品牌或其他高档品牌来继续自己的品牌扩张。

2001年在国内诞生的马克华菲(Mark Fairwhale)让很多时尚消费者眼前一亮，当时很少有消费者知道这是七匹狼投资的品牌，这正是多品牌战略的特征之一：每一个多品牌都是独立运营的独立品牌，并低调处理投资企业。如今，马克华菲已经延伸出 Mark Fairwhale JEANS、F.C.U、Fairwhale SHAKE、M-Idea Forever、MF ART+(潮流概念店)等细分副品牌，成为时尚服饰品牌的成功案例，也是七匹狼的多品牌战略的成功案例。

圣沃斯是七匹狼的又一个时尚男装品牌，不过与马克华菲不同，圣沃斯不是独立品牌，而是隶属于七匹狼品牌的延伸品牌。七匹狼延伸出时尚品牌一定会加大品牌运营的难度，好在圣沃斯的价格区间符合七匹狼的定位。

七匹狼女装依然使用七匹狼商标，只能算是属于七匹狼体育用品类的一个产品单品类，而七匹狼童装则属于七匹狼的延伸副品牌，虽然有自己的品牌名称Swkids，但是和七匹狼的商标组合使用。另外，七匹狼还运用红标、黑标、绿标、蓝标的方式来区分七匹狼男装不同的品类，这种方式也不尽如人意，容易造成消费者的理解障碍，令七匹狼的品牌规划显得杂乱。总之，七匹狼在品牌发展战略的规划上还处于初步的成功与摸索阶段，思路还不够清晰。

4) 跨行业延伸

我国服装业的跨类延伸在大中型服装企业中比较常见。据统计，2007年全年服装行业平均利润率一直滑坡，行业平均利润率下降，这使得很多服装企业特别是大中型服装企业被迫进行产品结构调整，以保证企业的发展壮大。进行品牌延伸，进入新的领域成为许多服装企业的首要选择。例如，服装品牌杉杉，其股票上市后立即投资锂电池、金融、高科技等多元化产业。同时，雅戈尔、报喜鸟、七匹狼等一批知名企业不约而同地把多元化目标瞄准房地产，庄吉、法派等原本做男装的品牌向皮鞋行业进军等。

服装品牌延伸是目前服装企业常用的经营方式。其目的是通过品牌延伸构成品牌伞，从而提高品牌竞争力，最大限度地利用自身品牌价值。但服装品牌延伸也存在种种风险，服装企业在进行品牌延伸时，遵循相关性原则，可以大幅度降低服装品牌延伸的风险，从而避免一些不必要的损失。

学以致用

香港女装品牌欧时力(Ochirly)近两年以“类似”大牌的设计在内地热卖，走进该品牌专卖店，会看到带着 Chanel 气质的外套、背包，小一号和装有不同配饰的 Celine、Loewe 甚至 Hermes，但价钱仅为上述品牌的百分之一左右。有意思的是，这个品牌却收到了 LVMH 集团的橄榄枝。2012年4月，这家全球最大的奢侈品集团买下欧时力10%的股份，交易规模高达2亿美元。

思考：此次事件激起了业内一片热议，有人发出了这样的声音：奢侈品撑不住了？对此，你是如何认为的呢？

任务小结

随着中国经济的高速发展和世界经济一体化进程的加快，服装行业的品牌化经营已渐成趋势，并体现出了强大的市场效力，但品牌经营也成为很多传统生产型服装企业的滑铁卢。服装企业的品牌经营是个系统而复杂的过程，要成功运作品牌，需要对以下 3 个方面予以高度注意：

第一，需要深刻认识品牌的内涵，掌握品牌的概念、品牌概念的 5 个层次及品牌的价值与作用；

第二，需要认真做好品牌名的规划与设计，遵循基本的命名原则，合理确定品牌的基本定位，掌握合理的命名方法；

第三，要掌握品牌运行的基本策略，能够根据企业的具体环境选择合理的品牌策略，特别是对品牌延伸策略有十分清楚的认识。

知识巩固

一、名词解释

1．品牌　2．品牌定位　3．多品牌策略　4．副品牌策略

二、不定项选择题

1．为了更好理解品牌的含义，我们可以从(　　)方面入手。
A．品牌承诺　B．品牌个性　C．品牌商标　D．品牌体验

2．驰名商标的认定途径有(　　)。
A．通过商标侵权行政案件认定　B．通过商标异议案件认定
C．通过商标争议案件认定　D．通过商标侵权民事案件认定

3．品牌越来越受到服装企业的重视，因为品牌能够体现企业的(　　)。
A．成本价值　B．关系价值　C．权力价值
D．情感价值　E．竞争价值

4．品牌命名是一个复杂的过程，在实际操作中应该体现(　　)的原则。
A．悦耳动听　B．赏心悦目　C．倾注感情　D．易于记忆

5．多品牌策略的实现方式有(　　)。
A．品牌延伸　B．品牌拓展　C．品牌复制　D．品牌并购

三、判断题

1．经过注册申请的商标就是注册商标。(　　)

2．在市场拥有较高知名度和影响力的商标都是驰名商标。(　　)

3．针对老年人的服装品牌，其品牌命名一定要与老年人的特征有关。(　　)

4．如果一个经营男装的品牌采取同名推出女装品牌，一定会失败。（　）

5．对于服装企业而言，单一品牌最大的缺陷在于无法有效跟随消费者的年龄成长而导致品牌价值流失。（　）

6．一个知名的服装品牌如果要针对一个特定细分小众市场推出一个品类，可以考虑采取副品牌策略。（　）

7．服装品牌最基本的作用在于消费者识别。（　）

四、思考题

1．服装品牌有哪几个层次？

2．服装品牌定位的基本原则是什么？

3．品牌命名的基本原则是什么？

4．服装品牌延伸的方式有哪些？

技能演练

一、案例分析

雅戈尔转型：从生产营销向品牌运营的嬗变

在 2011 年 10 月 19 日举行的第十五届宁波国际服装节上，雅戈尔完成了从生产营销向品牌运营的华丽转身。30 多年来，雅戈尔一直以单一品牌(YOUNGOR)覆盖所有消费群体，但在此次服装节上，雅戈尔一改传统的高端正装形象，高调推出旗下六大品牌，并首次集体亮相，意在用不同品牌吸引不同类别的消费者。例如，主打品牌 YOUNGOR 突出功能性；高端品牌 MAYOR 旨在打造中国的量身定制品牌，内涵低调奢华；GY 品牌以时尚风格构筑年轻人的概念世界；CEO 代表英伦海岸风情；HANP 健康、环保，清新淡雅源自天成；Hart Schaffner Marx 则传承美式休闲风。对于雅戈尔的这一颠覆性动作，雅戈尔集团副董事长李如成意味深长地表示："品牌提升是雅戈尔未来发展的动力内源之一，我们认为，做服装的春天来了！"

数据显示：2010 年公司品牌服装业务营业收入较上年同期增长 9.05%，净利润较上年同期增长 93.36%。其中，国内销售收入较上年同期增长 18.71%，毛利率达 62.85%，已经较为接近很多国际一线品牌(LV 的毛利率为 64.6%，Burberry 为 62.8%)。"这两年，雅戈尔服装板块每年的销售额基本保持 20%左右的增长，效益有 30%的增长，成长空间很大。"转型的成效，进一步增强了李如成带领雅戈尔实现从生产营销向品牌运营嬗变的信心。

问题：

(1) 请分析雅戈尔实施经营转型的背景。

(2) 雅戈尔采取的是什么类型的品牌经营策略？

(3) 请试着分析雅戈尔还可以往哪些细分市场或者经营领域实施品牌延伸。

二、实训操作题

黑格公司是国内牛仔布行业的知名公司，也是出口的重点企业，已经成为李维斯、AEO、GAP、CK 等国际知名服装企业的面料指定采购商，其面料的品牌效应不断凸显。现在，随着牛仔及休闲装市场的极速发展，同时也因具有面料和资金优势，黑格公司拟延伸产业链，向产业终端推出自己的服装成衣品牌。

请问：黑格公司应该推出自有品牌吗？该设计怎样的品牌名称和标志呢？在具体品牌运行中应该采取何种品牌策略呢？

【实训操作指令】

1．品牌归属决策分析。

2．设计品牌名称并陈述理由。

3．品牌营运策略分析。

【实训名称】品牌经营决策实训。

【实训目标】让受训者合作完成服装企业品牌经营策略的具体设计，培养其品牌营运的操作能力。

【实训组织】

1．受训者 4～5 人一组，采取自由组合方式形成，每组设组长一名。

2．在规定的时间内完成品牌营运方案设计，每个小组派成员进行 PPT 汇报。

3．指导老师组织受训者就分析方案进行讨论，形成基本判断。

【实训考核】

1．小组完成方案设计的表现占 40%。

2．小组成员的团队合作表现占 20%。

3．PPT 汇报的表现占 40%。

【实训成果】完整的品牌经营决策分析方案＋汇报 PPT。

任务8 制定服装产品价格

能力目标

完成本任务的教学，受训者应该具备以下基本能力：

1. 能够分析服装产品的定价影响因素
2. 能够熟练为服装产品制定价格
3. 灵活运用定价策略
4. 根据市场情况，调整服装产品价格

核心能力

在本任务的教学中，导师应重点关注受训者如下能力目标的实现：

1. 能准确制定服装产品价格
2. 能灵活运用服装产品的定价策略

知识目标

为了完成本任务，受训者需要的理论知识：

1. 成本导向、需求导向、竞争导向定价法
2. 服装产品定价策略

任务分解

8.1 分析服装产品的定价因素
8.2 服装企业定价的主要方法
8.3 服装企业的定价策略
8.4 服装企业的调价策略

案例导入

欧美金融危机，中国服装出口价格的抉择

以纺织服装类出口企业为主要参展对象的第111届广交会三期在2012年5月1日开幕。由于欧美经济疲软、购买力不足，纺织服装市场需求下滑，欧美市场服装廉价化实为大势所趋。而国内劳动力、原材料、物流等生产要素成本上升，导致中国纺织服装产品的价格优势逐渐丧失，欧美采购商将目光转向东南亚供应市场。由低劳动力成本及关税减免构成的价格优势，使得孟加拉、缅甸、柬埔寨、越南、马来西亚等国的产品已对我们的中低档服装出口构成了巨大挑战。由于不掌握终端销售渠道，定价能力不足，在全球市场不景气、竞争激烈的情况下，中国服装出口企业要想保持欧美市场份额，就必须积极寻找价格优势，短期内主动让价出口是合理选择。

思考：中国出口服装价格变动原因有哪些？保持原价不变会带来什么后果？

任务明确

价格是市场营销组合中十分敏感、活跃的因素。在市场经济条件下，服装价格对市场供求和消费者购买行为有着重要的影响。一方面，价格高低关系着企业的盈利水平和经济效益，从而影响着企业产量和市场供应量；另一方面，价格高低影响着消费者购买行为和服装产品需求量。同时，价格还是一种重要的竞争手段，服装企业之间对产品价格的变化特别敏感，适当的调整价格能够提高产品竞争能力和市场占有率。因此，无论服装企业、消费者还是竞争对手，都对服装价格十分关注。

在服装市场营销实践中，由于消费者对服装需求的多样性和多层次性，决定了服装价格的复杂多变性。上述案例中，由于欧美金融危机，需求下降，而中国生产成本上升，加上周边国家竞争对手的影响，使得中国服装出口企业不得不降低价格以保住市场占有率。本环节开展对服装行业制定价格的影响因素、定价方法、定价策略及服装价格的调整策略进行分析。具体分为下列4个子任务：

(1) 分析服装产品的定价因素；

(2) 服装企业定价的主要方法；

(3) 服装企业的定价策略；

(4) 服装企业的调价策略。

本环节的学习与训练将围绕以上4个方面的子任务，根据服装企业定价的规律逐渐开展。相信通过本任务的学习和演练，读者将会在掌握定价策略有关理论知识的基础上具备开展服装定价和灵活运用定价策略的操作能力。

8.1 分析服装产品的定价因素

在市场经济条件下，企业作为独立的生产者和经营者，可以自主地制定价格，因此，价格是营销组合的可控变量之一。但是，这种自由定价并不是随心所欲、不受任何限制的。价格的制定要受一系列因素的影响和制约。

学前小思考

1. “好货不便宜，便宜没好货”。你是如何看待这句话的？
2. 如何看待“买涨不买跌”心理？

知识大扫描

产品的价格往往受到企业内部因素和企业外部因素的影响。企业内部因素包括：定价目标、产品成本、营销组合策略；企业外部因素包括：供求状况、竞争状况、心理因素及国家政策等。

8.1.1 内部因素

1. 定价目标

定价目标是指企业通过制定及实施价格策略所希望达到的目的。任何企业制定价格，都必须按照企业的目标市场战略及市场定位战略的要求来进行，定价目标必须在整体营销战略目标的指导下来确定，而不能相互冲突。企业常见的定价目标如下。

1) 生存目标

在一个有限的市场中，如果生产者太多，竞争激烈，产品销不出去，企业可能面临倒闭的危险，这时生存目标比利润目标更重要，这样企业必须设定一个较低的价格，增加销售量，维持企业的生产。有时企业会采取最小亏损的价格策略，将价格确定在保本价格水平和变动成本水平之间，维持现状，等待市场赢利机会。

2) 利润最大化目标

在这一指导思想下，企业通过测算产品成本及产品的市场需求弹性之后，确定一个价格水平保证此时企业的利润最大。对于生产流行时装的企业，由于面临产品过时的风险、被仿制的风险，为了能迅速从市场中回收产品开发的投资及获取利润，通常采用这种定价目标。

3) 市场占有率目标

这是企业经营的一种长期发展战略。提高市场占有率不仅可以增加销售量，从而降低产品的生产成本，增加企业产品的赢利能力，也能提高企业产品的声誉，从而增强企业产品的综合竞争实力。为了提高企业产品的市场占有率，定价时价格会定得较低。在实践中，市场占有率目标被国内外许多企业所采用，其方法是以较长时间的低价策略来保持和扩大市场占有率，增强企业竞争力，最终获得最优利润。

营销小知识

美国市场营销战略影响利润系统的分析指出：当市场占有率在10%以下时，投资收益率大约为8%；市场占有率在10%～20%时，投资收益率在14%以上；市场占有率在20%～30%时，投资收益率约为22%；市场占有率在30%～40%时，投资收益率约为24%；市场占有率在40%以上时，投资收益率约为29%。因此，以市场占有率为定价目标具有获取长期较好利润的可能性。企业以提高市场占有率为目标时，应根据自身的生产经营能力、营销组合的配套安排、市场需求状况、竞争态势等方面的情况作出价格水平的决策。

4) 产品品质目标

企业在制定产品的价格时，生产成本是构成产品价格最基本的因素之一。为了配合产品品质目标，企业在确定生产成本水平时，需要提高产品质量成本的水平，从而导致产品价格中的质量成本比例增加。为了树立高质高价的名牌形象，企业可以采取这一定价目标。

2. 产品成本

产品成本是企业定价的最低经济界限。从长期看，价格只有高于成本，才能以销售收入抵偿生产成本和经营费用，否则就无法持续经营。因此，控制成本是企业的第一要务，若成本高于竞争对手，就必须制定具有竞争性的价格甚至接受赚取较少利润的结果。因此，许多企业试图创造成本优势，只有具备成本优势，才能具有价格优势，从而在市场上获得较大的销售量和较大的利润额。价格、成本和销量三者之间有密切关系，制定价格时应注意研究三者的联动性。

1) 从服装产品的流通过程来分，服装成本包括生产成本、分销成本和税金 3 部分

生产成本是企业为制作服装所投入的费用，主要包括服装面辅料费、设计开发费、生产加工费、机器物料损耗费及管理费等。分销成本是指服装产品从生产企业转移到消费者市场或顾客手中所产生的费用。主要包括产品运输费、储存费、包装费、中间商利润、店铺租金、商场扣点、人员工资、渠道维护费、促销费等。税金是服装企业向国家及地方政府所交纳的费用。

2) 从服装生产的角度来分，服装成本包括固定成本和变动成本两部分

固定成本是指一定时期内不随服装产量和销量变动而变动的成本，主要有厂房租金、行政管理费、机器设备费、广告宣传费等。相对固定成本而言，变动成本是指随着服装产量和销量的变化而变化的成本，主要包括原材料费用、能源费、人工费等。

企业定价还要考虑市场营销组合策略，定价策略要考虑产品设计、销售渠道和促销策略相配合。

8.1.2 外部因素

1. 供求状况

企业在定价以前，必须了解市场供求状况，既要从微观上弄清该服装在某个市场层面上的供求状况，又要从宏观上了解同类服装及相关服饰的整体市场乃至全球市场供求状况；既要摸清现在的情况，又要预测未来的供求变化趋势，为制定长期价格战略和短期价格策略提供准确依据。

价格的变动将会引起需求量的变动，这就是价格的需求弹性。价格需求弹性是衡量价格变动和需求变动之间数量关系的一种尺度，是需求量对价格变动的反应程度。例如，一双旅游鞋定价 200 元，年需求量为 2.5 万双，如果每双定价为 300 元需求量可能下降到 2 万双，假如定价为 150 元则需求量可能增加为 3 万双。这种价格变化对需求量变化的影响，称为价格需求弹性，简称需求弹性。价格需求弹性可以通过价格需求弹性系数来表示，其公式如下：

$$价格需求弹性系数(EP)=需求量变动的百分比/价格变动的百分比$$

$$=\frac{\Delta Q/Q}{\Delta P/P}$$

式中：EP 代表价格需求弹性系数；Q 代表需求量；P 代表价格；ΔQ 代表需求量的变化量；ΔP 代表价格的变化量。

该公式表示假如产品价格变动 1%，将会引起该产品需求量比例的变动。不同产品的需求价格弹性不同，因此，制定价格时要考虑具体产品的需求弹性大小。产品的需求弹性通常用弹性系数表示，常见情况有以下几种：

(1) 需求富有弹性，即弹性系数>1，如图 8.1 所示。它表示价格较小幅度的变化将会引起需求较大幅度的变化，这样的商品适合制定较低价格，通过低价扩大销量，获得利润。很多非日常用品，价格下降一些，销量将会极大提高，我国汽车价格降低引发的需求热潮就是最好的例证。

(2) 需求缺乏弹性，即弹性系数<1，如图 8.2 所示。它表示当价格有较大变动，需求量变动不大，这样的商品适合制定较高价格。例如，一些生活必需品制定相对较高价格，而需求量并不下降或下降有限，这样定价对企业有利。

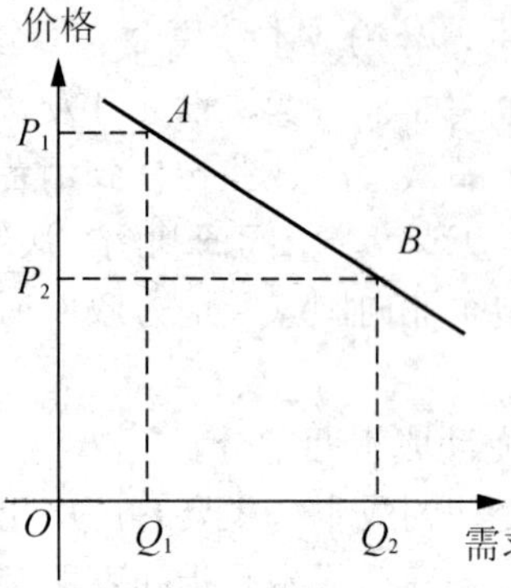

图 8-1 需求富有弹性

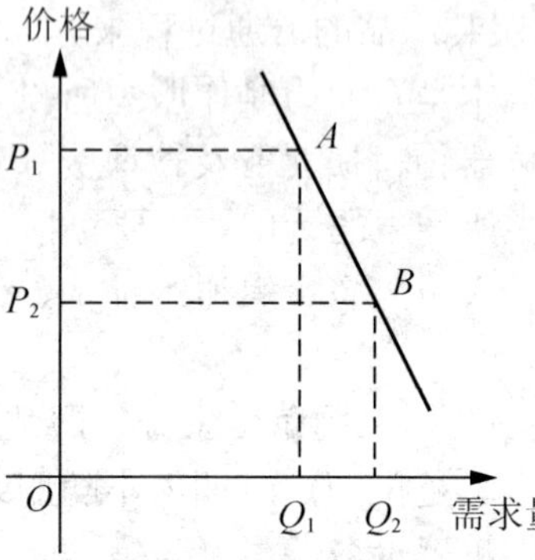

图 8-2 需求缺乏弹性

资料补充 8-1

不同档次服装商品价格弹性特征

(1) 大众服装。大众服装属于基本性产品，占据服装商品比例大，需求富有弹性。企业可采取低成本的适时降价策略，充分运用价格竞争手段占领市场。

(2) 经典服装。目标顾客群及潜在目标顾客群需求有一定弹性，有计划的降价能争取更多的潜在顾客。但折扣比例应较大，才能反映出价格的需求弹性。

(3) 新潮时装。目标顾客群有较小弹性，这类服装采用降低价格的策略，效果不大，应主要依靠非价格竞争策略作为营销手段。

(4) 高级成衣。需求缺乏价格弹性，这一层次的顾客追求高品质、高品位的认知价值，降价对扩大销售作用不大，反而有可能失去原有顾客。

(5) 高级女装。高价是高级女装的一种标志，高级女装的价格是其名誉价值、艺术价值的一种表现。其价格弹性几乎为零，甚至会因提价反而增加销量。

2. 竞争状况

当服装目标市场定位确定后，基本价格定位也会比较清晰，但相同市场定位的其他竞争品牌或同类产品的价格会对企业产品的销售产生影响。同类产品的竞争最直接的表现就是价格竞争。企业试图通过适当的价格和及时的价格调整来争取更多顾客，这就意味着其他同类企业将失去部分市场，或维持原市场份额要付出更多的营销努力。因而在竞争激烈的服装市场上，企业必须认真分析竞争对手的价格策略，密切关注其价格动向并及时作出反应。

(1) 在定价前深入了解竞争产品的价格及其可能的变化，了解竞争产品的品质、营销目标和策略。

(2) 将自己的服装与竞争者的进行比较，如产品品质相似，那定价也应相似或略低，以便扩大市场占有率；如品质比对手差，那么定价应较低；如果较对方优，则可高于竞争者，但必须让消费者认识到本企业服装产品的优良独特之处。

3. 心理因素

消费者的心理是影响企业定价的一个重要因素。无论哪种消费者，在消费过程中，必然会产生复杂的心理活动来指导自己的消费行为。面对不太熟悉的商品，消费者常常从价格上判断商品的好坏，认为高价高质。在大多数情况下，市场需求与价格呈反向关系，即价格升高，市场需求降低；价格降低，市场需求增加。但在某些情况下，由于受消费者心理的影响，会出现完全相反的反应。因此，在研究消费者心理对定价的影响时，要持谨慎态度，仔细了解消费者心理及其变化规律。

资料补充 8-2

从 LV 财报谈基于消费者心理的定价策略

根据全球最大奢侈品集团 LVMH 最新财报，2012 年一季度，该集团营业收入达 65.82 亿欧元，同比增长 25%，其业绩继续超预期攀升，股价也由此创出历史新高。以 LVMH、Estee Lauder、Coach 为代表的全球奢侈品企业并未像其他行业的企业一样在金融危机中遭受重创，反而股价比金融危机之前的高点有大幅攀升。高昂的价格，是奢侈品的代名词，奢侈品企业这种基于消费者心理的定价策略在提升其销售业绩的过程中究竟起到了怎样的作用？一是高价增加奢侈品的神秘感。奢侈品在定价上的独树一帜足以加大其产品对寻常人来说的神秘感。消费者会尝试从商品的各个方面试图解密其高昂的定价，价格越高的商品对消费者来讲越有神秘感。二是高价满足消费者对身份、地位、品位的追求。消费者购买奢侈品更多的是一种精神层面的需求。生活必需品如果降低价格可以吸引人的眼球，但奢侈品如果价格太低反而无人问津。因为高价位才能标榜成功人士的身份和地位，对于购买奢侈品的消费者来说，心理需求才是最重要的，有些人认为奢侈品是身份的象征，认为奢侈品能提升自己气质，吸引他人的眼球。三是高价要以其他要素为依托，有力地转移消费者视线。LVMH 就从产品、分销、沟通等多方面入手，利用象征着身份的品牌标志、精致限量的产品、完美的商店和那些拍得无比美丽的广告大片将消费者牢牢迷惑，让许多人完全忘记了价格的存在，径直走向收银台。在这种模式的帮助下，LVMH 集团的利润率一直更高于其他的奢侈品牌。

8.1.3 服装价格的构成

服装的价格构成可以从以下两个方面考虑。

1. 服装的出厂价格构成

服装的出厂价格是服装生产企业出售服装产品的价格，其构成内容主要包括服装生产企业的各种制造成本和费用及工业利润，其中制造成本和费用的计算依据主要来源是企业的财务成本。

(1) 制造成本和费用：服装的制造成本主要包括原材料费用(布料、缝纫线、纽扣、拉链等)、包装材料费用(胶袋、纸盒、纸箱、大头针等)、人工费用(工人的工资、管理人员的工资等)、间接费用(设备的折旧等)、管理费用、财务费用和销售费用等。另外，对于时装产品而言，尤其是高级时装，其成本还包括市场调查费用、设计费用和广告费用等。

(2) 工业利润：工业利润是指生产者取得的利润。通常一般服装加工企业的赢利能力较小，而拥有自己品牌和具有规模优势的服装企业，其赢利能力较强。对于不同的服装，单位产品赢利水平有很大差异。名牌服装较无牌服装赢利能力强，时装较传统服装赢利能力强。

2. 服装的商业价格构成

服装商业价格是指服装商业企业销售服装商品的价格，包括批发价格和零售价格。服装商业价格的构成要素主要包括：服装商品的进价成本、经营费用、管理费用、财务费用、商业利润和税金。

(1) 进价成本：进价成本是指商品流通企业购进服装商品时所支出的直接费用和间接费用。

(2) 经营费用：经营费用是指商品流通企业在整个经营环节中所发生的各种费用，如店铺租金、运输费、装卸费、保管费、包装费和商品损耗等。

(3) 管理费用：管理费用是指商品流通企业的行政管理部门对商品进行流通管理和组织商品经营活动所发生的各项费用，如招待费、注册费、易耗品摊销、修理费、坏账准备金等。一般管理费用不直接计入某种商品的价格，而是进行分摊处理的。

(4) 财务费用：财务费用是指商品流通企业为筹集资金而发生的各种费用，如利息支出、金融机构的手续费等，其中利息支出往往占了财务费用的较大比重。

(5) 商业利润：商业利润是指商品流通企业所取得的利润。服装企业如果选用中间商分销产品，就必须向商业企业让渡部分商业利润，其比例取决于服装企业的声誉及其产品的市场占有率。

(6) 税金：计入商品价格的税金一般指价内转嫁税，如消费税、关税、资源税和营业税等。这些税金可以直接计入商品的价格。而增值税虽然是价外税，但其最终还是由消费者负担的，所以一般零售企业也把增值税计入商品的零售价中。上交税金是服装经营者应尽的义务，在对外报价或接受报价时，必须注意其价格是含税价还是不含税价，避免产生经济纠纷。

资料补充 8–3

棉花价格降了，夏季服装价格却仍在上涨

在商场，一件T恤少则200元，多则400元，一条裙子900元、1 000元。薄薄的夏装，价格竟和去年棉价最高时的冬装价格相差无几，这是怎么了？数据显示，自2011年4月以来，中国棉花价格328指数跌破3万元/吨大关。理论上说，春季棉价持续走低，能抹去消费者心中成衣价格普涨的痛楚，但实际上并非如此。虽然成衣用棉量在逐渐减少，但今年夏装价格未上市前的定价就比以往高出两成左右。一位业内人士说“其实无论棉价涨还是降，真正旱涝保收的是处在中间环节的商家，如物流、商场等。”某服装协会工作人员举了一个例子，一件售价为800元的棉毛上衣，如果其原料采用进口纯毛、纯棉，价格大概在200元/米，如果采用国产料，每米价格则为70～80元，综合下来这件上衣的原料成本在200元左右，再加上80～100元的加工费，原始成本则约为300元。“然而，当这件成本为300元的衣服在物流、商场等流通环节走一遍后，就可以卖到800元，可想而知涨价的钱大多是被谁赚去了。”此外，业内人士还表示，每年调四五次的油费成本、每年以15%～20%涨幅递增的劳动力成本，以及在需求不变的情况下，每年逐渐减少的棉产量，也都是成衣涨价的推手。”

学以致用

国家统计局2012年7月9日发布的数据显示，6月居民消费价格指数(CPI)同比上涨2.2%，创29个月以来的新低。这是自2010年7月以来CPI增速首次回落至“3”以下，也创下了自2010年1月以来的新低。统计显示，食品价格同比上涨最多，达3.8%；其次为衣着价格同比上涨3.3%。居住价格同比上涨1.6%。而交通和通信价格是唯一下降的，同比下降0.4%。据测算，6月2.2%的居民消费价格总水平同比涨幅中，去年价格上涨的翘尾因素约为1.4%，新涨价因素约为0.8%。住房租金方面，6月，全国居住类价格中，住房租金同比涨幅2.9%，涨幅较上月增加0.7%。环比涨幅为0.5%。上半年租金同比涨幅为2.4%。

思考：为什么人们非常关注居民消费价格指数(CPI)?

(资料来源：南方日报 2012-07-12。)

8.2 服装企业定价的主要方法

定价方法是企业为实现定价目标所采用的具体计算价格的方法。鉴于产品价格受成本、市场需求和竞争状况3个因素影响最大，企业选择定价方法时各有侧重，形成了3类定价方法：重点考虑成本的成本导向定价方法、重点考虑需求的需求导向定价方法、重点考虑竞争的竞争导向定价方法。

学前小思考

1. 服装定价都是以成本为基础计算出来的吗？有没有其他方法？
2. 世界品牌服装越贵越畅销，真的是这样吗？

知识大扫描

8.2.1 成本导向定价法

成本导向定价法，是指企业在制定价格时主要考虑收回投资(成本)，并获得一定利润的定价方法。包括成本加成定价法、盈亏平衡定价法、目标投资收益率定价法。

1. 成本加成定价法

1) 顺加法

即企业按照产品平均单位成本加上一定百分比的加成制定价格的方法。其定价公式为

$$P=C(1+R)$$

式中：P为单位产品销售价格；C为单位产品总成本；R为成本加成率。

例1：某服装厂生产某品牌内衣，单位成本为50元，加成率为20%，则每件内衣的售价为

$$P=50\times(1+20\%)=60(\text{元})$$

顺加法的优点主要是成本资料直接可得，计算简便。这种方法的基础原则是“将本求利，水涨船高”。它比较适用于销量与单位成本相对稳定，供求双方竞争不甚激烈的商品定价。

2) 倒扣法

这种方法主要应用于零售企业，公式中的产品成本就是零售企业的进价，以销售额中的预计利润率为加成率来定价。计算公式如下：

$$单位产品销售价=\frac{单位产品成本}{1-销售额中的预计利润率}$$

例 2：假设某零售商进一批羽绒服，单位进货成本为 1 600 元，该企业想要在销售额中有 30%的利润，其加成价格的计算如下：

单位产品销售价格＝1 600÷(1－30%)＝2 286(元)

销售额中的预计利润率(毛利率)的确定，因行业和产品特性的不同而有所差别，大众商品的毛利率较低，时尚、名牌、季节、新鲜易腐产品的毛利率较高。

2. 盈亏平衡定价法

盈亏平衡定价法，就是根据盈亏平衡点原理进行定价的一种方法。盈亏平衡点又称保本点，是指一定价格水平下，企业的销售收入刚好与同期发生的费用额相等，收支相抵，不盈不亏的销售量，或一定销量前提下，使收支平衡的价格。盈亏平衡定价法使企业无利润可言，只是在市场不景气时，企业为了维护生产不得已而采取的定价方法。

$$单位产品保本价格=\frac{固定成本总额+变动成本总额}{预期销售量}$$

$$=\frac{固定成本总额}{预期销售量}+单位产品变动成本$$

例 3：某商厦全年固定成本 100 万元，其中经营男式休闲服应摊固定成本为 2 万元，每件男式休闲服进价为 140 元，销售费用和税金为 10 元，即每件男式休闲服变动成本为 150 元。若企业每年预期销量为 1 000 套，每件男式休闲服售价应定为多少时，企业才能保本？

单位产品保本价格＝20 000÷1 000＋150＝170(元)

即如果每件男式休闲服定价为 170 元，企业就能做到收支相抵，不盈不亏。

若该企业采取与竞争者同样的价格 200 元出售，则企业收支相抵，不盈不亏的销售量：

保本销售量＝20 000÷(200－150)＝400(套)

即如果每件男式休闲服售价 200 元，则只需出售 400 套就能保本。

可见，这种定价方法的关键是必须正确预测市场销售量。

3. 目标投资收益率定价法

目标投资收益率定价法也叫目标利润定价法，是企业根据产品生产总成本和预计的总销售量，加上预期利润计算出销售价格的作价方法。计算公式如下：

$$目标投资收益率价格=\frac{总成本+预期利润}{预期销售量}$$

$$=\frac{固定成本总额+预期利润}{预期销售量}+单位变动成本$$

例 4：某塑料拖鞋厂生产能力为 100 万双，明年预计的销售量是生产能力的 80%，预计总成本为 1 000 万元，其中固定成本 600 万元，单位可变成本 5 元，该企业计划明年获得 200 万元的利润，请问明年该企业拖鞋定价是多少才能实现计划利润？

分析：因预计明年的销售量是生产能力的 80%，企业只应生产 100 万双×80%＝80 万件产品，而不应足量开工。

解法1：销售价格＝(1 000＋200)÷80＝15(元)

解法2：销售价格＝(600＋200)÷80＋5＝15(元)

目标利润定价法是工业企业常用的定价方法，特别是应用数量、成本、利润分析，可以清晰地看到企业在不同的产量状态下的收益和利润情况。但是，目标利润法的缺陷是先假设销售量是一定的，然后再考虑价格，没有考虑到价格对销售量的影响，而实际情况往往是价格变化将导致销售量发生变化，这样就可能出现达不到预计销量、实现不了预期目标收益的情况。因此，它只适用于某些受价格影响较小的产业用品价格的计算。

成本导向定价法是一种卖方定价导向，它忽视了市场需求、竞争和价格水平的变化，有时候与定价目标脱节。此外，运用这一方法制定的价格均是建立在对销量主观预测的基础上，从而降低了价格制定的科学性。因此，在采用成本导向定价法时，还需要充分考虑需求和竞争状况，来确定最终的市场价格水平。

8.2.2 需求导向定价法

需求导向定价法是以消费者对产品价值的理解和需求强度为基础来制定价格的方法。它是以目标市场的消费者所能接受的价格来定价的，能够适应市场需求及其变化情况。因此，需求导向定价法更符合客观现实，是从顾客的角度考虑问题的现代营销观念在定价领域中的应用。这一类定价方法主要是理解价值定价法、需求差异定价法和逆向定价法。

1. 理解价值定价法

所谓理解价值定价法，是指企业根据服装购买者对商品价值的感受及理解程度作为基本依据的定价方法。产品价值是指顾客拥有产品或使用产品所获得的利益。例如，在现代市场上，名牌服装特别是世界知名品牌的服装，与普通大路货的服装价格相差悬殊，往往高出后者数倍甚至十余倍，这样大的差价，主要不是来自服装成本和质量的差别，而是根据消费者所认同的价值来确定的。理解价值定价有两个关键：

(1) 对顾客的理解价值作出正确的估计和判断。企业如果过高地估计理解价值，便会定出偏高的价格，失去顾客；如果过低地估计理解价值，则会定出偏低的价格，损失利润。为准确把握市场理解价值，必须进行市场营销调研，获得消费者对有关商品理解价值的准确资料。

(2) 由于顾客对产品价值的理解带有一定的主观性，因此企业应采用各种非价格营销手段对顾客的认知价值作出有效引导。例如，利用产品形象、促销活动和网点选择等，对顾客施加影响，使他们形成对企业有利的“认知价值”。

案例8-1

金利来衬衫的理解价值定价

在20世纪80年代，当时在香港的外国名牌衬衣一般定价为160港元。金利来公司推出男装衬衣时，并没有采取148港元的竞争价格策略，而是把价格定在了178港元。结果却取得了空前的成功，在产品上市之后，第一年推出的十万件很快销售一空，第二年推出的一百万件还是供不应求，到了第三年，推出二百万件还是不能满足市场的需求。其成功的原因是采用了理解定价法，因为当年买得起160港元衬衣的消费者是金利来的目标顾客，他们的理解是：“148港元一件的衬衫肯定在质地上、档次上比外国名牌衬衫要差一些，既然买得起160港元的就没必要买148港元的。”“金利来居然比外国名牌还贵出18港元，质量肯定好，买一件试试。”

2. 需求差异定价法

需求差异定价法又称差别定价法，是指根据销售的对象、时间、地点的不同而产生的需求差异，对相同的产品采用不同价格的定价方法。对于需求差异定价法，同一产品的价格差异并不是因为产品成本的不同而引起的，而主要是由于消费者需求的差异所决定的。这种定价方法，对同一商品在同一市场上制定两个或两个以上的价格，或使不同商品价格之间的差额大于其成本之间的差额。其好处是可以使企业定价最大限度地符合市场需求，促进商品销售，有利于企业获取最佳的经济效益。事实上，这种价格差异的基础是顾客需求、顾客的购买心理、产品样式、地区差别及时间差别等，采用这种方法定价，一般是以该产品的历史定价为基础，根据市场需求变化的具体情况，在一定幅度内变动价格。

3. 逆向定价法

这种定价方法主要不是考虑产品成本，而是重点考虑需求状况。依据消费者能够接受的最终销售价格，逆向推算出中间商的批发价和生产企业的出厂价格。逆向定价法的特点：价格能反映市场需求情况，有利于加强与中间商的良好关系，保证中间商的正常利润，使产品迅速向市场渗透，并可根据市场供求情况及时调整，定价比较灵活。优点：能够制定出针对性强，既能为客户所接受又能与竞争对手抗衡的产品价格；缺点：容易造成产品的质量下降和客户的不满，并导致客源减少。

8.2.3 竞争导向定价法

竞争导向定价法是主要依据竞争者的价格来定价，或与主要竞争者价格相同，或高于、低于竞争者的价格，这要视产品和需求情况而定。这类定价方法主要有以下几种：

1. 随行就市定价法

所谓随行就市定价法，是指企业按照行业的平均现行价格水平来定价，也称为流行水准定价法。在下述情况下往往采取这种定价方法：该行业难以估算成本；企业打算与同行和平共处；如果企业另行定价，很难了解购买者和竞争者对本企业价格的反应。

随行就市定价法这种“随大流”的定价方法，主要适用于需求弹性比较小或供求基本平衡的商品。这种情况下，如果某企业把价格定高了，就会失去顾客；而把价格定低了，需求和利润也不会增加。所以，随行就市是一种较为稳妥的定价方法。

随行就市定价法定价的具体形式有两种，一种是随同行业中处领先地位的大企业价格的波动而同水平波动；另一种是随同行业产品平均价格水准的波动而同水平波动。在竞争激烈、市场供求复杂的情况下，单个企业难以了解消费者和竞争者对价格变化的反应，采用随行就市的定价方法能为企业节省调研费用，而且可以避免贸然变价所带来的风险；同行业价格保持一致也易于同行竞争者之间和平共处，避免价格战和竞争者之间的报复，也有利于在和谐的气氛中促进整个行业的稳定发展。

采用这种方法既可以追随市场领先者定价，也可以采用市场的一般价格水平定价。

2. 密封投标定价法

密封投标定价法又称招标定价法，是指买方引导卖方通过竞争确定成交价格的一种方法。买方公开招标，卖方密封投标参与定价。这种价格是供货企业根据对竞争者(其他投标人)报价的估计制定的，而不是按照供货企业自己的成本费用或市场需求来制定的。一般来说，招标方只有一个，处于相对垄断地位，而投标方有多个，处于相对竞争地位。标的物价格由参与投标的各个竞争者在相互独立的条件下来确定。买方通常选择报价低的投标者中标，中标价就是承包价格。投标方的目的在于赢得合同，所以它的报价应低于竞争对手的报价。

案例 8-2

某服装公司的工作服报价清单

某服装股份有限公司参加一家银行的工作服投标，企业根据对竞争状况、招标单位要求及企业自身条件分析，设计了报价清单，见表 8-1。

表 8-1 中国××银行××市分行工作服报价清单

品名	面料	颜色	单位	数量	单价/元	总价/元
西装	50%毛、50%涤	湛青色	套	1 560	524	817 440
短袖衬衫	60%棉、40%涤(免烫)	乳白色	件	1 560	80	124 800
长袖衬衫	60%棉、40%涤(免烫)	乳白色	件	1 560	80	124 800
夏季长裤	50%毛、45%涤、5%以上天丝	湛青色	条	1 560	160	249 600
男领带	100%桑蚕丝	/	条	780	/	/
女丝巾	100%桑蚕丝	/	条	780	/	/
总价(含税务发票)：	￥：1 316 640 元					

注：1. 投标报价均包括为实施和完成合同要求的劳动服制作、运输、保管、质检、保修、售后服务、保险、税票、政策性调价和送达招标方要求的交货现场等所需的一切费用。

2. 工作服人员情况：780 人，每人购西服 2 套、短袖衬衫 2 件、长袖衬衫 2 件、夏季西裤 2 条。

3. 拍卖定价法

拍卖定价法是指卖方委托拍卖行，以公开叫卖方式引导买方包价，利用买方竞争求购的心理，从中选择高价格成交的一种定价方法。在拍卖时，顾客根据自己对被拍卖物品的价值判断、爱好和需求程度报出自己愿付出的价格，大家相互竞争，价格可能越抬越高，到最后无人愿意再提高价格时，该物品即按已报出的最高价格卖出。这种方法历史悠久，常见于出售古董、珍品、高级艺术品、名人用品等。

学以致用

天王巨星迈克尔·杰克逊(Michael Jackson)逝世周年，来自全球各地的歌迷在拍卖会上抢购他的遗物。200 多件拍卖品的总值超过 100 万美元，其中最受瞩目的是他在 1984 年“胜利之旅”巡回演唱会所戴的施华洛世奇水晶手套，以 19 万美元的价格卖出，是预估价格的 10 倍。

思考：为什么名人用过的物品主要采取拍卖方式销售？

8.3 服装企业的定价策略

定价策略是服装企业为实现定价目标，在特定的经营环境下采取的定价方针和价格竞争方式。在市场竞争中，企业要善于根据市场环境和内部条件，正确选择定价策略，以确定产品的最终价格。

学前小思考

1. 经常看到“血本大甩卖”、“跳楼价”等促销海报，你相信吗？
2. 为什么在服装专卖店，顾客出示会员卡，便能以优惠价格买到服装？

知识大扫描

8.3.1 新产品定价策略

服装企业在推出新款服装时，价格定位十分重要。新产品定价难度较大，因为没有可供参考的销售资料，无法确切了解顾客对产品价值的判断。如果服装创新产品价格定得过高，不被顾客认可，新产品难以推广；如果定得过低，则难以收回前期投资，影响企业收益。常见的服装新产品定价方法有以下 3 种。

1. 撇脂定价策略

服装新产品进入市场时，企业有意将产品价格定得相对较高，以便在最短的时间里获取最大的利润，尽快收回投资，该做法犹如从鲜奶中撇取奶油，因此，被形象地称为撇脂定价策略。这种定价策略常被很多以利润最大化为定价目标的服装企业所应用。目前服装行业品牌服装也普遍采用撇脂定价策略，以高价格推出每一款新装，过季后降低价格销售。

从市场营销实践看，在以下条件下企业可以采取撇脂定价策略：

(1) 市场有足够的购买者，他们的需求缺乏弹性，对价格不敏感；

(2) 产品新颖有特色，而且顾客特别看重产品的差异；

(3) 竞争者在短期内不易打入该产品市场。

撇脂定价策略的优点是，新产品初上市，奇货可居，可抓紧时机迅速收回投资，再用以开发其他新产品。价格开始时定得高一些，有较大回旋余地，可使企业掌握价格上的主动权，根据市场需求随时调价。可以借助价格提高产品身价，树立高档产品形象。其缺点是过高的定价限制了市场开拓。

资料补充 8-4

雷诺公司撇脂定价法

美国雷诺公司就是采用撇脂定价法取得成功的典范之一。1945 年雷诺公司从阿根廷引进圆珠笔技术，利用二战结束后物资短缺的有利条件和广告宣传的作用，在圣诞节前夕把以“原子笔”命名的圆珠笔投放市场。当时每支圆珠笔制造成本 0.50 美元，售价 20 美元，短短 6 个月，雷诺公司以 2.6 万美元投资获取 155.86 万美元的税后盈利。

2. 渗透定价策略

所谓渗透定价法，是指企业为投入市场的新产品制定一个相对较低的价格，吸引大量顾客，迅速打开和扩大市场，提高市场占有率。这种定价策略常被以扩大销量、提高市场占有率为定价目标的企业采用。

从市场营销实践看，企业采取渗透定价需具备以下条件：

(1) 市场需求对价格较为敏感，因此，低价会刺激市场需求迅速增长；

(2) 企业的生产成本和经营费用会随着生产经营规模的增加而下降；

(3) 低价不会引起实际的和潜在的竞争。

渗透定价的优点是可促使新产品迅速成长，并迅速占领市场，扩大销量，提高市场占有率，进而大幅度地降低成本，获得成本优势，提高长期利润，打击缺乏这种优势的新的竞争者。其缺点是利润较低，难以在短期内收回投资。

3. 满意定价策略

当顾客对价格十分敏感时，不能采用撇脂定价策略；当竞争者对市场份额十分敏感时，不能采用渗透定价策略，此时企业应采用满意价格策略，即制定一个不高也不低的适中价格，使企业既能获得一般利润，又能吸引购买，赢得顾客好感，双方满意。从原则上讲，适中价格也可能是市场上的最高或最低价格，因为，适中价格也是参考产品的认知价值决定的，当大多数潜在购买者认为产品的价值与价格相当时，即使价格很高也属于适中价格。

满意定价策略的优点是价格较稳定，在正常情况下能实现预期目标。其缺点是定价较保守，不适用于需求复杂多变、竞争激烈的环境。

8.3.2 服装组合定价策略

大多数服装企业往往经营的是一个服装产品组合，因此，某服装产品只是服装产品组合中的一部分，它的价格和销售必然会影响服装产品组合中其他产品的销售。这时，服装企业应对价格进行调整，研究制定出一个系列价格，使整个产品组合的利润实现最大化。一个企业往往并非只提供一种产品，而是提供许多产品。产品组合定价策略的着眼点在于制定一组使整个产品组合利润最大化的价格。常用的产品组合定价有以下几种形式。

1. 产品线定价

产品线定价是指根据产品线内各项目之间在质量、性能、档次、款式、成本、顾客认知、需求强度等方面的不同，参考竞争对手的产品与价格，确定各个产品项目之间的价格差距，以使不同的产品项目形成不同的市场形象，吸引不同的顾客群，扩大产品销售，争取实现更多的利润。例如，某服装店对某型号女装制定 3 种价格：260 元、380 元、590 元，在消费者心目中形成低、中、高 3 个档次，人们在购买时就会根据自己的消费水平选择不同档次的服装，从而消除了在选购服装时的犹豫心理。企业以保本甚至微亏的价格来制定低价产品的价格，往往可增加顾客流，使生产与销售迅速达到一个理想的规模，遏制竞争。高价产品则可树立企业的品牌形象，以超额利润迅速收回投资，增强企业的发展后劲。中价产品通过发挥规模效益可为企业带来合理的利润，维持企业的正常运行。企业采用这一策略要注意档次的划分要适当，商品档次既不要分得过细也不要过粗，价格档次的差距既不要过大也不要过小。

2. 选择特色定价

选择特色定价是指企业在提供主要产品时，还提供各种可选择产品或具有特色的产品。比较典型的例子如餐馆、酒吧等。餐馆的主要提供物为饭菜，另外，顾客还可购买烟、酒、饮料等。有的餐馆将食品的价格定得较低，而将烟酒类商品的价格定得较高，主要靠后者赢利；有的餐馆则将食品的价格定得较高，将酒类商品的价格定得较低，以吸引那些爱酒人士。

3. 附属产品定价

附属产品，又称受制约产品，是指必须与主要产品一同使用的产品。例如，服装机械产品的附属品是配件，打印机的附属品是墨盒。大多数企业采用这种策略时，将主要产品定价较低，而附属产品定价较高。以高价的附属品获取高利，补偿主要产品因低价造成的损失。然而，将附属品的价格定得太高也存在一定风险，容易引起不法分子生产低廉的仿制品，反过来与正规商品竞争。

4. 两段定价

服务性企业常常采用两段定价策略，为其服务收取固定费用，另加一笔可变的使用费。例如，电话用户每个月的话费为月租加上按通话时间计算的通话费，景点的旅游者除了支付门票费外，还要为其娱乐项目支付额外的费用。企业一般对固定费用定价较低，以便吸引顾客使用该服务项目，而对使用费定价较高，以保证企业充足的利润。

5. 副产品定价

在产品的生产过程中，常常会产生大量的副产品。有些副产品本身对顾客就有价值，因此企业切不可将它们白白浪费掉，而应对它们合理定价，销往特定市场。这可为企业带来大量收入，同时也有利于企业为其主要产品制定低价，提高主要产品的竞争力。

6. 产品捆绑定价

企业常常将一些产品捆绑在一起进行销售，捆绑价低于单件产品的价格总和。例如，西服生产公司将西服、衬衫、领带等捆绑在一起进行销售，虽然有的消费者并不需要其中的某项，但看到价格比单件购买便宜很多，便买下了。因而，在一定程度上，这种价格可推动消费者购买。然而，在捆绑定价时要注意使用这一策略的灵活性，因为有些理智的消费者往往只是按需购买，他们只需要捆绑组合中的某一种或几种商品，这时企业要能满足他们的要求。

8.3.3 折扣、折让策略

折扣、折让策略是指企业为了调动各类中间商和其他用户购买产品的积极性，有条件地降低产品价格，争取顾客，扩大销售的方法。其中，直接折扣的形式有现金折扣、数量折扣、功能折扣和季节折扣等，间接折扣有回扣、津贴等。

1. 现金折扣

这是由于顾客提前付清货款而给予的一种减价优惠。企业之间常是一种信用关系，赊销非常常见，为鼓励顾客提前支付货款而采取该措施。例如，服装商店在 30 天内必须付清货款，如果 10 天内付清货款，服装供应商则给予 2%的折扣。企业要注意计算折扣的比例，应小于因提前收回货款而节省的利息。

2. 数量折扣

这是由于顾客大量购买或反复购买某一服装产品而给予的一种减价优惠，以鼓励顾客购买更多的货物。数量折扣有以下两种做法。

(1) 非累积数量折扣，也叫订单折扣。对一次购买或订货达到一定数量或金额的买主，给予若干折扣。注意折扣的设计，要小于因顾客一次性购买大量商品而使企业节约的管理费和装卸搬运费等成本。

(2) 累积数量折扣。规定顾客在一定期限内，购买或订货达到一定数量或金额，按总量大小给予不同折扣。这种做法主要是吸引对价格敏感的顾客反复购买本企业的产品，增加销量。

3. 功能折扣

这种价格折扣又称贸易折扣，是制造商给某些服装批发商或零售商的一种额外折扣，促使他们执行更多的市场营销职能，包括运输、储存、广告、接触最终顾客、收集市场信息等，往往渠道成员承担的任务越多，给予的折扣越大。

4. 季节折扣

季节折扣也称季节差价，是制造商为保持均衡生产、加速资金周转和节省费用，鼓励消费者淡季购买而给予的折扣。例如，羽绒服制造商在夏季消费者折扣等。

5. 折让

折让是不改变售价，另给一定的优惠。常采用的折让有 3 种形式：①推广折让。中间商为产品提供各种推广活动，如某服装专卖店刊登地方性广告、布置专门橱窗，对此，服装生产企业愿意给予中间商津贴或减价作为报酬。②运费让价。对较远的顾客，销售企业为顾客送货困难大，便减价或补贴运费给顾客以弥补部分运费或全部运费，这样有利于扩大市场的范围。③回扣和津贴。回扣是间接折扣的一种形式，是指购买者在按价格目录将货款全部付给销售者以后，销售者再按照一定比例将货款的一部分返还给购买者。津贴是企业为特殊目的，对特殊顾客以特定形式所给予的价格补贴。

案例 8–3

奇妙的优惠折扣法

日本东京银座“美佳”西服店，为了打开销路，采用“优惠折扣价格”颇获成功。该店规定：本店所有西服一律折价，第一天九折，第二天八折，第三、四天打七折，第五、六天打六折……第十五、十六天打一折。开始一两天，顾客不多，大多是探听虚实，第三、四天逐渐增多，第五、六天人满为患，争相购买。以后，日日爆满，不到“一折”期限，西服早已销完。这是一则运用成功的优惠折扣价销售法，它妙在抓住了消费者的求实求廉心理，争得了顾客，提高了市场占有率。

8.3.4 差别定价策略

差别定价策略是指企业按照两种或两种以上与成本无关的差异价格来销售同一种产品，以适应顾客的不同需要，从而扩大销售，增加收益。常见的有以下 4 种。

1. 顾客差别定价

因为不同的顾客对价格的敏感程度不同，因此企业对同一种产品分别制定不同的价格吸引他们。例如，某知名服装品牌专卖店，给予 VIP 顾客八折优惠，对于一般顾客九折优惠。

2. 产品形式差别定价

对于同一品质的服装，由于款式、颜色、需求群体、需求量等方面的不同，制定不同的价格，其价格之间的差额与成本费用之间的差额并不成比例。

3. 产品部位差别定价

企业对于处在不同位置的产品或服务分别制定不同的价格，如剧院对不同座位实行不同价格，前座、包厢收费较高。

4. 时间差别定价

企业对于不同季节、不同时期甚至不同钟点的产品或服务分别制定不同的价格。流行服装刚上市时，定价较高；过时了，价格便宜。

案例 8-4

自动降价商店

美国波士顿一家“法林联合公司”就开设了一种“自动降价商店”。例如，如果一件衣服在货架上陈列了 13 天还未售出，就自动降价 20%，过了 6 天仍未售出，再降 50%，再过 6 天，降价 75%。到第 25 天还无人问津，就将衣服从货架上取下来送到慈善机构。这家商店的商品大多数属于中档商品，种类齐全，物美价廉。加上美国人生活节奏快，所以往往不等商品降到最低价格就已被抢购一空。

企业采取差别定价策略必须具备以下条件：

(1) 市场是可以细分的，而且各个市场部分须表现出不同的需求程度；

(2) 以较低价格购买某种产品的顾客没有可能以较高价格把它倒卖给别人；

(3) 竞争者没有可能在企业以较高价格销售产品的市场上以低价竞销：

(4) 细分市场和控制市场的成本费用不得超过因实行价格差别所得额外收入，这就是说，不能得不偿失；

(5) 价格差别不会引起顾客反感，放弃购买，影响销售；

(6) 采取的价格差别形式不能违反法律规定。

8.3.5 心理定价策略

商品价格的高低及表示方法对购买者有很强的心理作用，心理定价策略就是企业在制定价格时，利用消费者的心理因素，采取不同的定价技巧，有意识地将产品价格定得高些或低些，起到扩大销售、增加利润的目的。

1. 尾数定价

尾数定价又称“奇数定价”、“非整数定价”，是指企业利用消费者求廉、求实的心理，故意将商品的价格带有尾数，以促使顾客购买商品，这种定价方法多用于中低档商品。心理学家的研究表明，价格尾数的微小差别，能够明显影响消费者的购买行为。一件衣服定价 99 元，给消费者的感觉不到 100 元。

2. 整数定价

整数定价是指针对消费者的求名、求方便心理，将商品价格有意定为以“0”结尾的整数。在日常生活中，对于难以辨别好坏的商品，消费者往往喜欢以价论质，而将商品的价格定为整数，使商品显得高档，正好迎合了消费者的这种心理。例如，将一套名牌西服定价为 5 000 元，而不是 4 998 元，尽管实际价格仅相差 2 元钱，给人的感觉却是这套西服档次较高。因此，对那些高档名牌商品或消费者不太了解的商品，采用整数定价可以提高商品形象。另外，将价格定为整数还省去了找零的麻烦，提高了商品的结算速度。

3. 声望定价

声望定价策略是指根据消费者的求名心理，企业有意将名牌产品的价格制定得比市场中同类商品的价格高。由于名牌商品不但可减轻购买者对商品质量的顾虑，还能满足某些消费者的特殊欲望，如地位、身份、财富、名望和自我形象等，因而消费者往往愿意花高价来购买它们。

声望定价往往采用整数定价方式，这更容易显示商品的高档。当然，声望定价策略切不可滥用，一般适用于名优商品，如果企业本身信誉不好、商品的质量也不过硬，采用这一策略反而容易失去市场。另外，为了使声望价格得以维持，有时需要适当控制市场拥有量。

案例 8–5

巴厘克声望定价策略

巴厘克是印尼久负盛名的传统服装，某印尼服装厂设计师经过革新，在服装设计中将精美与典雅、娟秀与华丽并存。产品到日本展销，日本名流应邀光顾，却无人问津。调查发现，定价太低，贵妇们认为低价则脸上无光。之后设计师改进设计，第二年又争取到日本展销，质量并无大变化，价格比上次高数倍，却被抢购一空。调查发现，日本妇女认为，价格高，又久负盛名，一定货真价实，购买这种服装可以显示自己的身份和地位。

4. 招徕定价

招徕定价是一种有意将少数商品降价以招徕吸引顾客的定价方式。企业在一定时期将某些商品的价格定得低于市价，一般都能引起消费者的注意，吸引他们前来购物，这是适合消费者“求廉”心理的。顾客在选购这些特价商品时，往往还会光顾店内其他价格正常或偏高的商品，这实际上是以少数商品价格的损失来扩大其他商品的销售，增加企业的总体利润。

采用这种策略要注意以下几点：商品的降价幅度要大，一般应接近成本或者低于成本。只有这样，才能引起消费者的注意和兴趣，才能激起消费者的购买动机；降价品的数量要适当，太多商店亏损太大，太少容易引起消费者的反感；用于招徕的降价品，应该与低劣、过时商品明显地区别开来。招徕定价的降价品，必须是品种新、质量优的适销产品，而不能是处理品。否则，不仅达不到招徕顾客的目的，反而可能使企业声誉受到影响。

资料补充 8-5

消费品定价的 4 条捷径

(1) 顶天定价法。就是产品定价时，把价格定在某一价格区间的最高价位。例如，我们经常见到的以 9、98、99 等为最后数字的价格。这些定价已经达到某个价格区间的最高值，如果再加 1、2 元就变成的另一个价格区间的价格定位。这种定价基本上是在告诉消费者：此产品在这个价格区间的产品中是最好的，除非你要买更高档的同类产品。

(2) 立地定价法。就是在产品定价时把价格定位在某一价格区间的最低位置。例如我们经常见到的 10、102、201 等以 0 或特别小的个位数为末位数的价格。这种价格定位的好处是能够满足消费者提升档次但又不愿意承担更高费用的心理。可以简单概括为“宁做凤尾不做鸡头”的心理。

(3) 折中定价法。就是产品定价时直接以 5、50、4、6 等中间数字作为产品的末尾数字来定价。中庸之道是中国人传统的为人处世之道，比上不足比下有余也是很多消费者购物时的折中之道。此类消费者对价格敏感度较弱，一般更关注产品本身带给自己的感受，不愿意受到他人意愿的指使。例如，很多饮料的终端零售价很多都定位为 1.5 元，2.5 元，3.5 元，还有 4.5 元和 5 元。

(4) 务实定价法。就是产品定价时要充分考虑产品价格同产品重量、含量、原料、品级的关系，制定符合产品真实属性的价格。家庭主妇购买牛奶的例子就是务实定价法的具体表现。奶制品同质化程度也相当高，消费者购买时会考虑到品牌、容量、品级甚至营养成分含量。因此这种产品的定价一定要能够充分符合消费者价格分解对比后的心理价位。

8.3.6 地区性定价策略

产品销售给不同地理位置的顾客，当运费在价格中所占比例较大时，企业要决定对不同地区的顾客，是分别定价还是制定相同价格，即决定是否制定地区差价，通常有 4 种策略。

1. 原地交货定价策略

企业按厂价交货，负责将产品送到产地的某种运输工具上。从产地到目的地的费用则由买方负担，即不同地区不同价格，顾客支付的价格等于商品价格加实际运费。

2. 统一交货定价策略

与前述相反，不论卖到何处，支付多少运费，都以一个价格交货，即在全国范围内不论远近，运费平均计算，所以，又称邮资定价。顾客支付的价格等于商品价格加平均运费。

3. 分区定价策略

介于前两者之间，把位于各地的顾客划分为若干价格区，在价格区内实行运费平均计算，即同一价格区同一交货价格。顾客支付的价格等于商品价格加本地区平均运费。

4. 基点定价策略

企业指定一些城市为基点城市，然后，按出厂价加从最近的基点城市到顾客所在地的运费来定价。顾客支付价格等于商品价格加实际所在地到基点城市的运费。

5. 运费减免定价策略

在企业急于和顾客成交、且交易量较大、交易额较高的情况下，可以考虑用销售成本的节约部分抵偿运费，从而免收运费。这样特别容易加深市场渗透。

学以致用

2012年上半年，我国服装销售不温不火，商家抓住上半年最后一个节日——端午节进行促销。D品牌服装的促销，除了发送促销短信、打折信息外，还包括在端午节期间购买服装，根据消费额度消费者可获得从毛巾到丝绵被等不同等级的赠品。D品牌服装以丝、麻、棉为主要原料，在设计上主打民族风，成衣风格与20世纪90年代出现的阿尤品牌服装无异，价格定位于中档消费者，略低于阿尤。在大多数情况下，打折促销在节假日期间较为集中，且一般是用以消化过季服装或处理库存积压货品。但是最近两年，打折策略同时适用于D品牌服装的当季新品和过季旧款，夏装新品几乎与上市已有一段时间的春装同时打折。

思考：频频以打折、送赠品进行促销是否都能获得可观的销售业绩？新品与过季旧款同时打折正确吗？

(资料来源：中国纺织经济信息网，国内服装业陷“泥潭”：打折未必能促销。本文有修改。)

8.4　服装企业的调价策略

企业在确定了产品价格后，仍需要根据环境和市场形式的变化，对既定价格进行调整。调价策略就是指企业根据客观环境和市场形势的变化而对原有价格进行调整的策略。它包括企业主动调价策略和被动调价策略。

学前小思考

1. “主动降价，被动提价”。你认为这句话对吗？为什么？
2. 面对竞争对手价格调整，我们应该坐视不理，还是积极行动？

知识大扫描

8.4.1　主动调价策略

这是服装企业在竞争中对某些产品的供求状况已有较准确的预测，为了取得竞争的主动权，企业主动调高价格和降低价格的策略。

1. 调高价格

调高价格指在市场营销中，服装企业为了适应市场环境和自身内部条件的变化，而把原有价格调高。

1) 调高价格的原因

(1) 由于产品成本上涨，妨碍了企业合理利润的取得，企业只能通过涨价来转嫁负担。这是企业调高价格的最主要原因。例如，原辅料成本上升，而企业生产效率的提高跟不上成本提高的速度，企业为保持原有利润而提高价格。

(2) 由于产品供不应求，企业必须通过提价来抑制部分需求，以缓解市场压力。

(3) 改革产品。企业通过改进产品的质量、性能、结构来提高市场竞争力。

(4) 竞争策略的需要。以产品的高价位，来显示产品的高品位。

2) 调高价格的方式

企业采用主动调价策略时，一般有两种方式可供选择。

(1) 直接调高，即直接提高产品价格。例如，某种型号的床上用品，以前卖 3 000 元一件，现在卖 3 500 元一件。

(2) 间接调高，即企业采取一定方法使产品价格保持不变但实际隐性上升。例如，缩小产品的尺寸、分量；使用便宜的代用原料；减少价格折让等。

一般降价容易涨价难，调高产品价格往往会遭到消费者的反对。因此，在使用涨价策略时必须慎重，尤其应掌握好涨价幅度、涨价时机，并注意与消费者及时进行沟通。

2. 降低价格

指企业为了适应市场环境和内部条件的变化，把原有产品的价格调低。

1) 降低的原因

企业降低价格的原因比较复杂，有市场因素，也有企业内部因素，还有社会其他方面的因素。归纳起来有以下几种。

(1) 企业的生产能力过剩。这时企业库存积压严重，需要扩大业务，但是企业又不能通过产品改良和加强促销等手段来扩大销售。在这种情况下，就必须考虑通过降价来提高销售量。

(2) 在强大的竞争压力下，企业的市场占有率下降，迫使企业降低价格来维持和扩大市场份额。

(3) 企业为了控制市场，通过降低成本来降价。企业通过销售量的扩大来进一步降低成本费用，从而降低价格。

(4) 市场需求不振。在宏观经济不景气的形势下，价格下降是许多企业借以渡过经济难关的重要手段。例如，在欧洲出现金融危机时，出口服装订单减少，降低价格以保住市场占有率。

(5) 根据产品生命周期阶段的变化进行调整。新款服装刚上市阶段制定较高的价格，在流行或者季节过去后，通过下调价格来吸引更多的消费者。

2) 调低价格的方式

因企业产品所处的地位、环境及引起降价原因的不同，企业选择降价的方式也会各不相同，具体来说有以下两种。

(1) 直接降价，即直接降低产品价格。例如，某时装在国庆节时降价，立刻吸引了众多消费者。

(2) 间接降价，即企业保持价格目录表上的价格不变。通过赠送礼品或者增大各种折扣、回扣等手段，在保持名义价格不变的前提下，降低产品的实际价格。

3. 调价时应注意的问题

适当的价格变化能够产生良好的效果。但是，若变化不当，则适得其反。无论是调高价格还是降低价格，企业都应注意以下几个方面。

1) 消费者对变价的反应

衡量企业定价成功与否的重要标志是消费者能否在认可其定价的基础上接受其产品。当企业准备调价时，首先应考虑的是调整后的价格能否为消费者所接受，消费者将如何理解这种调价行为。一般情况下，消费者对调价会作出多种反应。对于那些价值高和经常购买的产品的价格变动较为敏感，而对于那些价值低和不经常购买的小商品的价格变动则不大注意。分析消费者对调价的反应主要看两个方面：一是看消费者的购买量是否增加；二是要了解消费者如何理解这次调价，以便采取相应措施。通常，企业在调价前，要着重分析消费者可能出现的各种反应，并在调整的同时，及时与消费者进行沟通。

2) 竞争者对变价的反应

企业在调价时，除了要考虑消费者的反应，还要考虑竞争者对变价的反应。竞争者的反应直接决定着企业制定某种价格、采用某种价格策略的效果。当竞争者的策略保持不变时，企业降价可能会起到扩大市场份额的作用；而当竞争者也随企业同幅或更大幅度降价时，企业降价的效果就会被抵消，销售利润也会不如调价前。同样，在企业调高价格后，如果竞争者并不随之提价，那么企业原来供不应求的市场就可能变成供过于求的市场。鉴于此，企业预先必须对竞争者的反应进行估计。如果企业在行业中处于优势地位，则作为整个行业价格变动倡导者的企业的主动降价行为，势必会引发同业竞争者间的降价大战。如果企业在行业中处于劣势地位，则企业主动调价要非常谨慎，以免导致行业中的优势企业对自己进行报复。反之，劣势企业如果把握好时机，主动调价，也会令优势企业措手不及，从而迅速扭转不利的市场局面。除此之外，企业在实施调价行为前，还必须分析竞争者的企业目标、财务状况、生产、销售，以及消费者的忠实程度等状况。

资料补充 8-6

不降反升

远大公司是生产和经营葡萄酒的专业公司，其生产的味美思酒在葡萄酒市场享有较高的声誉，占有率一度达20%以上。另一家公司推出一种新型葡萄酒，其质量不比味美思酒低，每瓶价格却比它低1元。

该公司的市场营销人员经过深思熟虑后，采取了对方意想不到的策略，即将味美思的价格再提高1元，同时推出一种与竞争对手新葡萄酒价格一样的合意酒和另一种价格低一些的如意酒。其实这3种酒的味道和成本几乎相同。但该项策略却使该公司扭转了不利局面：一方面提高了味美思的地位，使竞争对手的新产品成为一种普通的品牌；另一方面不影响公司的销售收入，而且由于销量大增，使得利润大增，令人拍案叫绝。

8.4.2 企业被动调价

企业被动调价指由于竞争者首先调整了价格，迫使企业必须随之调价的一种策略。一般而言，当竞争者在同质市场上降价时，企业也必须随之降价，否则消费者就会购买竞争者的产品而不购买本企业的产品。如果某一企业提价，且提价会给整个行业带来利益时，所有企业会同时提价。若其中一家企业不认为提价对自己有利时，则它的不合作将促使市场领导者和其他公司撤销提价决定。而在异质市场上，企业对竞争者变价的反应有更多的回旋余地。这时消费者选择供应商主要考虑服务、质量、可靠性及其他一些因素，这些因素会降低消费者对较小价差的敏感性。

如果企业决定对竞争者的降价行为采取有效的行动，那么它可能会采取以下几种反应：

1. 降低价格

企业可将价格降低到竞争对手的价格水平，以便与竞争者的价格相匹配。它可以这样做的原因如下：

(1) 随着销量的增加，成本下降；

(2) 市场对价格十分敏感，不降价就会使市场份额下降。市场份额一旦下降，以后就将难以恢复。

2. 维持原价

企业可能会维持原价，这是因为：

(1) 如果降价会使利润减少过多；

(2) 如果不降价，市场份额不会失去太多；

(3) 需要时自己夺回市场份额。

3. 提高认知质量

企业也可以改进产品、服务和沟通方法，强调与竞争者的低价产品相比，自己的产品具有更高的相对质量。

4. 提高价格并改善质量

较高的质量可以用来证明较高的价格，较高的价格能使企业保持较高的利润。

5. 推出低价进攻性产品

最好的做法是在产品线中增加较低价格的产品，或者单独创立一种较低价格的品牌。当正在丢失的细分市场对价格很敏感且不会对较高质量的说法感兴趣时，这样做就很有必要。

学以致用

一天，王女士逛超市，看到自己常穿的一个品牌的丝袜由原来的每双 3 元降到 2.5 元，她兴冲冲地买了半打。第二天再逛超市，发现该品牌丝袜价格降到每双 2 元，她有点犹豫地又买了两双。到第三天见到该丝袜降到 1.5 元一双，后来，王女士在很长时间内都不再选择该品牌。

思考：为什么王女士不再选择该品牌丝袜？频繁降价会对消费者心理产生什么影响？

任务小结

价格是市场营销组合中最敏感、最活跃的因素，受多方面的影响。这些因素主要包括定价目标、生产成本、市场需求、竞争状况、消费者心理及政策法规等。服装价格对市场供求和消费者购买行为产生重要的影响。作为一种竞争手段，适当的价格能够提高产品竞争能力和市场占有率。因此，无论服装企业、消费者还是竞争者都非常关注服装产品的价格。

市场经济条件下，企业是制定价格的主体。企业的定价方法分为三大基本类型：成本导向定价法、需求导向定价发和竞争导向定价法。服装企业可以根据所生产经营服装产品的特点，选择适合该服装产品的定价方法。

服装企业的定价策略归纳起来包括：新产品定价策略、折扣定价策略、心理定价策略、地区性定价策略、差别定价策略、产品组合定价策略等。服装企业制定价格后，还得经常监测环境的变化，并适当降价或调价，以求更好地在市场上生存和发展。

知识巩固

一、名词解释

1．成本导向定价法　2．折扣定价　3．招徕定价　4．撇脂定价策略

二、不定项选择题

1．影响服装定价因素的3个主要因素是(　　)。
A．定价目标　B．市场需求　C．产品成本
D．国家政策　E．市场竞争

2．某服装品牌企业盯紧自己的竞争对手开发新产品，但新产品上市价格要比竞争对手低，其采用的是(　　)定价策略。
A．竞争定价　B．渐进定价　C．弹性定价　D．理解价值定价

3．在企业的定价目标中属于短期目标是(　　)。
A．品牌形象目标　B．市场占有率目标
C．利润最大化目标　D．稳定价格目标

4．为了鼓励消费者多买产品，按原价给予一定的折扣属于(　　)。
A．业务折扣　B．现金折扣　B．季节折扣　D．数量折扣

5．理解价值定价法运用的关键是(　　)。
A．确定适当的目标利润　B．准确了解竞争者的价格
C．正确计算产品的单位成本　D．找到比较准确的理解价值

6．某服装品牌想降低产品价格提高其销售量，能收到较好效果的情况是(　　)。
A．产品需求缺乏弹性　B．产品需求富有弹性
C．时装　D．名牌产品

7．以下属于需求导向定价法的有(　　)。
A．成本加成定价法　B．理解价值定价法
C．随行就市定价法　D．追随定价法

8．从服装需要特点来看，需求价格弹性较小的是(　　)。
A．正装　B．时装　C．名牌服装　D．普通品牌服装

9．服装系列产品组合定价策略产生的效果有(　　)。
A．激发消费者购买系列产品　B．使顾客感觉系列产品实惠
C．使顾客感觉价格过高　D．不相信企业

10．心理定价策略包括(　　)。
A．尾数定价策略　B．整数定价策略
C．声望定价策略　D．招徕定价策略

三、判断题

1．产品成本是产品定价的基础因素　(　　)
2．在任何情况下，降低产品价格，都能扩大产品的销售量。　(　　)
3．给产品制定最高价格，就能提高企业信誉和产品形象。　(　　)

4．“酬宾大减价”是一种招徕定价策略。（ ）

5．“撇脂定价”策略应用的前提是产品必须产品要有新意，能吸引消费者。（ ）

6．声望定价是针对顾客“优质优价”的心理，把在顾客中享有盛名的产品价格定高。（ ）

7．时间差别定价在任何时候都适用。（ ）

8．竞争导向定价法包括随行就市定价法和需求差异定价法。（ ）

9．企业提价的主要原因是由于通货膨胀，物价上涨，企业成本费用提高或企业的产品供过于求。（ ）

10．某商店一种产品，预计产品的单位变动成本为 25 元，应摊固定成本为 40 000 元，产品的盈亏平衡点的销售量是 2 000 件，商品售价为 45 元。（ ）

四、计算题

1．某商店经营某种皮鞋的进货成本为 200 元，加成率 50%，请按成本加成法倒扣法计算出该种皮鞋的零售价格。

2．某服装企业每年经营的固定成本为 240 000 元，年生产能力为 10 000 打，本年预计生产和销售 6 000 打，每打变动成本为 360 元，试问：(1)该企业服装保本销售价格是多少？(2)若该企业服装的市场销售价格为 600 元/打，则当年的毛利是多少？

五、思考题

1．影响企业定价的主要因素有哪些？

2．服装企业在什么情况下采取降价策略？

3．折扣定价的内容包括哪些？

4．新产品定价策略有哪些？

技能演练

一、案例分析

香港旭日企业在中国休闲服市场上，属于营销出色的公司，它所生产的真维斯品牌服装在中国的销售额超过 20 亿元。20 世纪 90 年代中后期，休闲服品牌越来越多，市场竞争越来越大，如何调整真维斯产品的市场定位，做大自己的市场份额，这个问题摆在了真维斯决策者面前。通过大量的市场调研，公司提出了大众化名牌策略，在产品的组合与价格上进行了重要的战略调整，一方面将目标顾客的年龄结构下移，另一方面，通过时尚设计与低成本组合，大幅度降低产品价格定位。通过市场策略的调整，真维斯产品在中国市场上的销售份额得到了快速的增长。

问题：

(1) 引起真维斯产品价格定位下调的原因有哪些？

(2) 在实施大众化名牌战略过程中，你认为可能出现哪些问题并给出建议。

二、实训操作题

为某服装专卖店设计某一节日的价格促销方案。

【实训操作指令】

1．完整再现服装专卖店背景资料。

2．运用定价策略理论。

【实训名称】节日的价格促销方案实训。

【实训目标】让受训者亲身主导服装专卖店的节日价格促销设计过程，掌握灵活运用定价策略的能力。

【实训组织】

1．受训者 4～5 人一组，采取自由组合方式形成，每组设组长一名。

2．在规定的时间内完成节日服装促销价格调整方案，每个小组派成员进行 PPT 汇报。

3．指导老师组织受训者就分析方案进行讨论，形成基本判断。

【实训考核】

1．小组完成方案设计的表现占 40%。

2．小组成员的团队合作表现占 20%。

3．PPT 汇报的表现占 40%。

【实训成果】完整的服装专卖店节日价格促销分析方案＋汇报 PPT。

任务9 设计与管理服装企业渠道体系

能力目标

完成本任务的教学，受训者应该具备以下基本能力:

1. 能识别营销渠道的基本类型
2. 能够正确区分服装批发与零售的特征
3. 能够熟练实施服装企业渠道体系设计
4. 能够有效实施服装渠道的管理

核心能力

在本任务的教学中，导师应重点关注受训者如下能力目标的实现:

1. 能够进行服装渠道的系统决策
2. 能够应对服装渠道日常基本管理

知识目标

为了完成本任务，受训者需要的理论知识:

1. 销售渠道的基本内涵与特征
2. 服装渠道的基本类型
3. 影响服装渠道设计的基本因素

任务分解

9.1 认识渠道的内涵
9.2 分析服装渠道中间商
9.3 服装销售渠道的设计
9.4 服装营销渠道的开发与管理

案例导入

狼道的渠道之道

2011年，经过十多年来隐忍的狼道打响了品牌“WOLFZONE”，其知名度迅速提升，而这需归功于狼道的渠道变革。2011年狼道导入总代理模式，采取“30%直营+70%加盟”的新方式扩张，从单纯的南方品牌向全国品牌推进，预计全年在全国的门店将增加200间。

“导入总代理模式，虽然利润率会明显降低，却是最直接、最快的扩张方式，并能有效地降低服务成本。”狼道营销总监郭昌鑫介绍，狼道WOLFZONE原本走的是单店加盟的运营模式，即便是和本地一些时尚品牌一起成长，但由于受渠道或省代拓展限制，经过十几年发展，门店仅仅200间。而在2011年，狼道开始导入总代理的模式，并采取“30%直营+70%加盟”的新方式进行运营。特别是在参加北京中国国际服装服饰博览会后，一口气招商10个省的总代理商。与此同时，狼道着力对原来的加盟单店进行优化，通过终端形象、人员素质标准进行剔除，仅保留一部分门店继续加盟经营，这策略也收到奇效。“单店加盟，即便是十几年也才200间门店；而今年通过省代的模式，一下子将新增200间，扩张的速度加快了。”郭昌鑫认为，这些省代大部分都有代理其他国际一线品牌的经验，有资金和能力对狼道WOLFZONE品牌进行推广。有数据显示，在18岁～30岁的消费群中，70%以上消费者都喜欢狼道品牌。“如果不告诉那些参展者，大部分客商都以为狼道是国际品牌。”

任务明确

当服装企业拥有了符合市场需求的产品体系和科学的价格体系后，产品价值的实现还需要“惊险的一跳”，即借助适当的分销体系实现产品的销售。随着市场竞争日趋激烈和商业资本在经济领域中发挥的作用越来越大，传统制造企业在分销渠道上拥有的话语权受到了严重挑战，于是分销渠道策略便成为了企业营销策略中最具挑战性的策略。企业对渠道体系的科学构建是塑造企业市场优势的重要途径，上述案例中狼道服饰显然意识到了渠道策略的重要性，通过重新构建企业的分销体系实现了品牌的快速发展。

“渠道为王”已经把渠道提升到了企业战略的高度，熟知渠道相关内容是开展服装企业渠道构建工作的基础。本环节按照渠道知识内容的必要性和渠道工作的针对性，开展对服装渠道知识的学习，具体分析工作分为下列4个子任务：

(1) 认识渠道的内涵；

(2) 分析服装渠道中间商；

(3) 服装销售渠道的设计；

(4) 服装营销渠道的开发与管理。

本环节的学习与训练将围绕以上4个方面的子任务，根据服装企业营销渠道建设与管理工作的能力指标逐渐开展。相信通过本任务的学习和演练，读者将会在掌握服装营销渠道有关理论知识的基础上具备开展渠道构建与管理的能力。

9.1　认识渠道的内涵

任何渠道工作的开展都离不开对渠道内涵清晰而正确的认识。现实中，渠道不仅仅承担商品销售通道的作用，也是企业提升自身竞争力的核心环节，因而正确开展渠道工作前需要系统掌握渠道的基本内涵。本任务将带领大家从营销渠道的内涵入手，对渠道的基本结构和类型作一个全面的了解。

学前小思考

1. 现在流行一句话：生产服装还不如卖服装。你是怎样理解的？
2. 有人认为服装企业构建渠道就是为了卖服装，你是怎样认为的？

知识大扫描

9.1.1 营销渠道概念

营销渠道简单地讲是指产品或劳务从生产领域到消费领域的通路。由于产品或劳务从生产领域到消费领域的过程是由执行中介职能的企业或个人完成的，所以，分销渠道实质是指参与产品或劳务从生产企业到最终用户这一过程的所有相互依存的组织和个人。

分销渠道的起点是生产企业，终点是消费者或用户，中间环节包括批发商、零售商、代理商等中间商及企业自建的销售渠道。

9.1.2 营销渠道的作用

现代市场专业化分工的结果是生产企业与最终用户之间时空距离的扩大，因此生产企业必须要借助一定的渠道才能将商品送达最终用户手中，这便是分销渠道最本质的作用。但在市场营销工作中，我们对分销渠道的功能还需要有更加深刻的认识。

1. 帮助产品形式效用的实现

生产企业制造出产品只是创造了形式效用。在现代社会中，生产企业与最终用户的不重合使得产品形式效用要得以真正实现，必须创造地点效用、时间效用和所有权转移效用。而且随着经济的发展，生产力的提高，创造形式效用的相对重要性不断减小，而创造地点效用、时间效用和所有权转移效用的相对重要性日益提高，分销渠道帮助形式效用实现的作用日益明显。

2. 提高市场交换的效率

生产企业把一部分或全部的分销工作交给中间商完成，从根本上是为了提高产品从生产企业流向最终用户的效率，尽管生产企业这样做的代价是放弃了一部分或全部对产品分销渠道的有效控制，但只要生产企业从分销渠道中能够得到更多利益，这样做仍然值得。如果离开了分销渠道，生产企业就需要面对庞大的最终用户市场，进行每一次交易并且承担每一次费用，这对于大批量生产的企业是不可行的。生产企业把产品分销部分或全部交给中间商是为了利用中间商的经验、网络、资金、专业知识，以及规模化经营和社会关系等资产和技能，利用中间商的分销作用提高企业市场交换的效率。

3. 连接生产企业与最终用户

分销渠道是连接生产企业与最终用户的桥梁与纽带，其作用有二：第一，调节生产企业与最终用户在数量上的不一致。对厂家来讲，一次交易只销售一两个产品是没有效率的，他们希望大量销售。中间商可以大批量进货，然后零散销售给零售商或最终用户，起到产品集中和分散的功能。第二，最终用户在购物时总希望花色品种齐全，有尽可能多的选择。但对于生产企业来讲，即便是非常大的企业也不可能满足顾客的这种需要，而对于中间商来讲，则可以集中若干生产企业的不同产品在同一时间和地点上，方便最终用户进行选择。此时分销渠道有效地连接了生产企业与最终用户。

9.1.3 营销渠道流程

渠道成员的活动主要包括实体转移、所有权、促销、谈判、资金、风险、订货和付款等。上述活动在运行中形成各种不同种类的流程，这些流程将组成渠道的各类组织机构贯穿起来。渠道流程包括：实物流、所有权流、促销流、谈判流、资金流、风险流、订货流、付款流及市场信息流。

1. 实物流

所谓实物流即指实体产品及劳务从制造商转移到最终消费者的过程。例如，服装企业在服装成品出厂后，必须根据渠道商的要求实现订单的交付，再销售给顾客。在服装产品的实物流程中，需要根据具体情况选择合适的运输方式，如铁路、公路、水运、航空等。

案例 9-1

ZARA 的高效供应链

ZARA 花巨资一体化设计自己的灵敏供应链。生产基地设在西班牙，只有最基本款式的 20 款服装在亚洲等低成本地区生产。ZARA 自己设立了 20 个高度自动化的染色、剪裁中心，而把人力密集型的工作外包给周边 500 家小工厂甚至家庭作坊，而把这 20 个染色、裁剪中心与周边小工厂连接起来的物流系统堪称一绝。在西班牙方圆 200 英里(1 英里＝1.609km)的生产基地，集中了 20 家布料剪裁和印染中心，500 家代工的终端厂。ZARA 把这 200 英里的地下都挖空，架设地下传送带网络。每天根据新订单，把最时兴的布料准时送达终端厂，保证了总体上的前导时间要求。建设这样一个生产基地，需要投资达几十亿欧元。许多品牌服装想模仿 ZARA，可是却没有这样巨额投资的生产基地。成品服装在欧洲用卡车两天内可以保证到达，而对于美国和日本市场，ZARA 甚至不惜成本采用空运以提高速度。这种大生产思维，使得 ZARA 品牌一骑绝尘。

2. 所有权流

所有权流指货物所有权从一个渠道成员手中到另一个渠道成员手中的转移过程。例如，在服装销售过程中，产品所有权经由代理商的协助而由制造商转移到顾客手中。

3. 促销流

促销流则指广告、人员推销、宣传报道、公关等活动由一个渠道成员对另一个渠道成员施加影响的过程。促销流从制造商流向代理商称为贸易促销，直接流向最终顾客的话则称为最终使用者促销。所有的渠道成员都有对顾客促销的职责，既可以采用广告、公共关系和销售促进等广泛性促销方法，也可以采用人员推销等针对个人的促销方法。

4. 市场信息流

市场信息流指在分销渠道中，各营销中间机构相互传递信息的过程。通常渠道中每一相邻的机构间会进行双向的信息交流，而互不相邻的机构间也会有各自的信息流程。

5. 付款流

付款流是指货款在各分销成员之间的流动过程。例如，顾客通过购买将货款支付给渠道商，渠道商通过进货将货款支付给服装制造商或品牌商。

以上 5 种流程中相对重要的是所有权流和付款流。产品的分销效率，不仅取决于渠道本身的能量，而且取决于其相关支持系统的运作效率，这些支持系统包括运输系统、仓储系统和财务系统等。

9.1.4 营销渠道的类型

1. 直接渠道和间接渠道

(1) 直接渠道是指生产企业不经过任何中间环节直接将产品销售给最终消费者。直接渠道也叫零层渠道，是分销渠道中最短的、最直接的渠道模式。对于服装企业来讲，直接渠道的主要形式有目录邮寄、电话推销、电视直销及网络销售等。

直接渠道的优点如下：

① 对于个性化的服装产品，顾客的需求信息可以直接传递到生产企业，企业可以针对个性顾客的要求安排生产，更好地满足客户的个性化需求；

② 可以加强服装企业对市场信息的收集、处理和使用，便于企业掌握服装市场需求变动和时尚潮流；

③ 由于没有中间环节，采取了门对门的送达方式降低了物流费用，同时也减少商品的流通时间及产品损耗，使产品价格和送达时间上具有优势。

但这种渠道会使服装生产企业的产品销售范围受到限制，难以做到大面积的市场覆盖，从而影响销售量和市场占有率。

案例 9-2

典型的“轻”公司——PPG

“我们既不是服装企业，也不是互联网公司，而是一家数据中心，甚至你可以认为是一家服务器公司。”PPG 的 CEO、创始人李亮这样描述自己的企业。“我们是衬衫行业中的戴尔电脑。”李亮的创业构想来源于供职美国著名邮购和网络公司 Lands’End 的经验。

PPG 不用投资建制造厂，将生产、物流环节都外包出去，仅保留设计、质量监控和直销的功能，不开设任何一家门店，只通过邮购目录和网络直销衬衫。PPG 的“轻”之处还在于轻型的渠道。在 PPG，第一“销售场所”是产品目录和网站，消费者通过网站和产品目录了解 PPG 产品的款式、颜色、面料等。另一个最重要的渠道是 PPG 的呼叫中心。通过电话交流，PPG 可以直接询问顾客的详细情况，包括地域、年龄、消费习惯、职业等信息，这些都为市场部门进行分析预测，进而反馈到上游的生产采购提供了重要的后台支持。PPG 把这种模式引入服装行业，将库存周期从 90 天缩短到了 7 天，由此产生强大的价格竞争力，当一件原价 300 元的衬衫只卖 150 元时，一个 PPG 的商业传奇就此产生。

(2) 间接渠道是指服装生产企业通过中间机构将其产品销售给最终消费者。采用间接渠道分销一般要通过一个以上中间机构的传递，产品才能到达最终消费者。这种渠道类型在服装行业居于主要地位。由于生产企业在提供产品方面与消费者需求存在着时间、空间、单一化与综合性等各方面的矛盾，而这些矛盾依靠生产企业自身难以解决，因此需要中间商予以调节。

服装产品间接分销渠道，一般通过零售商、批发商或代理商至零售商，完成销售流转过程。间接渠道具有如下的优点：

① 可以充分利用中间商具有的商品集中、平衡和扩散的功能，减少商品的交易次数，简化分销渠道；

② 可以利用中间商的资金，减少生产企业的资金占用，加速资金周转；

③ 可以利用中间商降低销售费用，同时可以扩大产品的销售范围。

间接渠道的主要优势在于服装生产厂家可以依托中间商的力量达到进入并占领目标市场的目的。包括代理商、批发商和零售商在内的中间商往往有着广泛的分销网络和人脉关系，有能力将产品快速传递给消费者。中间商还可以弥补生产厂家营销资源的不足，从而节约其营销费用。当然，采用间接渠道往往会导致流通成本和产品价格的提高，也会带来生产厂家渠道控制力下降和市场反应迟缓等问题。

2. 长渠道和短渠道

按服装产品通过流通环节的多少来划分，我们通常将其营销渠道划分为长渠道和短渠道两大类。短渠道是指服装企业仅采用一个中间环节或直接销售产品。相对短渠道而言，长渠道是指产品分销过程中经过两个或两个以上的中间环节。

(1) 服装渠道的一般层级模式包括以下4层：

① 零级渠道：即由制造商→消费者。

② 一级渠道：即由制造商→零售商→消费者。

③ 二级渠道：即由制造商→批发商→零售商→消费者(多见于消费品分销)。

④ 三级渠道：制造商→代理商→批发商→零售商→消费者。

从以上可见，零级渠道最短，渠道随着层级的增加而变长，在某些特殊情况下，渠道的级数可以达到五级。随着服装企业掌控渠道要求在不断提高，渠道扁平化的趋势也日益明显，在这种趋势下，渠道的层级将逐渐减少。从渠道层级的选择上看，每个服装企业都可以根据具体的情况作出决策，但决策的主要依据之一是长或短渠道各自的特点。

资料补充 9-1

直营化现状与趋势

服装行业在发展的初级阶段，往往以单纯的外延扩张来取得规模提升，在渠道策略上表现为快速扩张和粗放管理。近年来，在人工及租金等成本持续上涨的压力下，优化渠道结构、提高单店销量、改善网络绩效以获取内涵性增长成为渠道管理的重要内容，因此，服装企业不断加大在渠道上的投入。据服装行业上市公司公开资料显示，2008年8月美邦服饰上市后募集13.4亿元，又于2009年增发融资10亿元；2010年9月，希努尔男装股份有限公司首次公开发行A股，募资 13.3亿元；2011年 3 月浙江森马服饰股份有限公司首次公开发行A股，募资20.5亿元；2011年浙江步森服饰股份有限公司首次公开发行A股，募资 2.29亿元；报喜鸟于2007年上市首发，以及2009、2011年两度公开增发共募集近30亿元。据招股和增发说明书介绍，以上公司所募集的资金主要投入销售渠道建设和信息系统改进项目，包括购买、租赁终端店铺及公司渠道直营化改革。

(2) 长渠道的特点分析。

优点：

① 可以明确划分生产企业和中间商在流通领域的职能，便于服装企业集中资源做好自己的分工；

② 可以帮助服装企业渗透到局部末端市场，实现深度分销；

③ 通过将产品大量销售给批发商可以减少生产企业的资金占压，有效调节服装企业生产时点上的不平衡。

缺点：

① 服装生产企业对渠道的控制能力会随着渠道环节的增多而减弱；

② 服装生产企业对市场信息的收集和反馈能力会随着渠道环节的增多而减弱；

③ 中间环节增多导致服装产品价格攀升，不利于产品在终端市场的竞争力。

(3) 短渠道的特点分析。

优点：

① 可以帮助企业及时准确地掌握消费者的有关信息，便于企业作出相应的经营策略调整；

② 渠道缩短可以有效地降低服装商品流通成本，增强商品的竞争力；

③ 可以促进服装生产企业与中间商建立直接、密切的关系。

缺点：不利于服装企业大规模、大范围地进行市场拓展和产品销售。

3. 宽渠道与窄渠道

渠道的宽窄是根据一个企业在同一个层次上借助中间商的类型和数目多少来划分的。

(1) 宽渠道。指服装生产企业在同一流通环节利用中间商的数目较多，形成渠道的宽度大，如由多家经销商经销，转卖给更多的服装零售商，进而实现产品的大批量销售。对于定位大众化、品牌经营不明显的服装企业来讲，比较适合采取宽渠道方式实施分销。

宽渠道的优点：

① 通过分布广泛的多种类型的分销商可以快速将产品送达消费市场，便于消费者购买；

② 促使中间商开展竞争和学习，促进销售效率，提高消费者的满意度。

宽渠道的缺点：

① 渠道成员的复杂增加了服装生产企业的渠道管理难度，如窜货问题的出现；

② 渠道成员类型多，可能导致中间商与服装生产企业的关系松散，相互之间的合作程度降低，不利于提高销售效率。

资料补充 9-2

服装企业的渠道宽度策略

密集分销：服装生产企业同时运用尽可能多的中间商分销产品，以求迅速进入目标市场或扩大市场。这种策略适用于没有明确市场定位和目标群体的大众服装，消费者要求购买便利。

选择性分销：是指服装生产企业在某一区域对有意经营本企业产品的中间商进行针对性地精选，力图使挑选出来的中间商能够较好贯彻企业的经营思路，配合企业的销售政策。这种策略适用一般性的服装品牌，产品定位不高，目标群体较为明确，消费者有一定的品牌意识。

独家分销：是指服装生产企业在某一地区选择一家中间商销售本企业的产品，并且要求该中间商不得经销竞争企业的竞争产品。生产企业与中间商往往通过签订协议约定双方的权利和义务。独家分销是最窄的分销渠道，通常适用于品牌定位高、品牌溢价能力强的服装企业。

(2) 窄渠道。指生产企业只选用一种中间商来销售自己的产品，中间商类型少导致分销渠道窄。它一般适用于专业性强的产品或贵重耐用消费品，就服装企业而言，对于具有很高溢价能力的服装品牌往往采取这种方式分销。例如，国内的服装企业以前通过大代理方式进入市场，后来改造成公司直营，再后来向联营方式发展都属于在某一时间段内采取了单一的方式的分销体系。

窄渠道的优点：

① 生产企业与中间商的关系密切，相互之间忠诚度大大提高，有利于厂商团结一致开展业务；

② 销售、运输和结算的手续大为简化，便于新产品的上市、试销，迅速取得信息反馈。

窄渠道的缺点：

① 生产企业在销售上过于依赖中间商，容易形成中间商的独大，不利于生产企业的控制；

② 由于中间商数量的少，不利于企业市场占有率的快速提升，不利于消费者的方便购买。

学以致用

××公司是一家成立时间不长的内衣品牌公司，刚开始的时候主要依靠几个大的经销商实施层层分销，渠道长度最多到了4个层级。后来考虑到市场的可控性，公司总经理希望减少渠道层级，可董事长并不同意。

思考：该内衣品牌公司究竟要不要缩减渠道层级？

9.2　分析服装渠道中间商

服装企业要成功构建具有竞争优势的渠道体系以实现产品的有效分销，就需要对渠道体系中的关键主体——中间商进行深入研究。本任务将带领大家了解服装中间商的性质及其各自的适用条件，为服装销售渠道的设计打下基础。

学前小思考

1. 做服装销售生意很简单，所以都是一些个体户。这种说法对吗？
2. 零售价往往比批发价要贵很多，但为什么很多人不愿到批发市场买衣服？

知识大扫描

9.2.1　中间商的作用

中间商是处于服装生产企业和最终消费者之间，专门从事商品流通的组织或个人。他们以较低的成本为生产企业完成产品的分销，并在最终用户与生产企业之间起到沟通信息和调节矛盾的作用。

中间商介入到服装流通中，使原来服装生产企业与最终消费者之间直接进行交换的情况发生了重大变化。如图 9.1(a)、(b)所示，服装企业与消费者之间繁杂的交换关系通过中间商后变得清晰简单，节约了社会劳动，使得效率提高，管理成本降低。服装中间商的形式很多，但最重要的中间商是批发商和零售商这两种基本的类型。

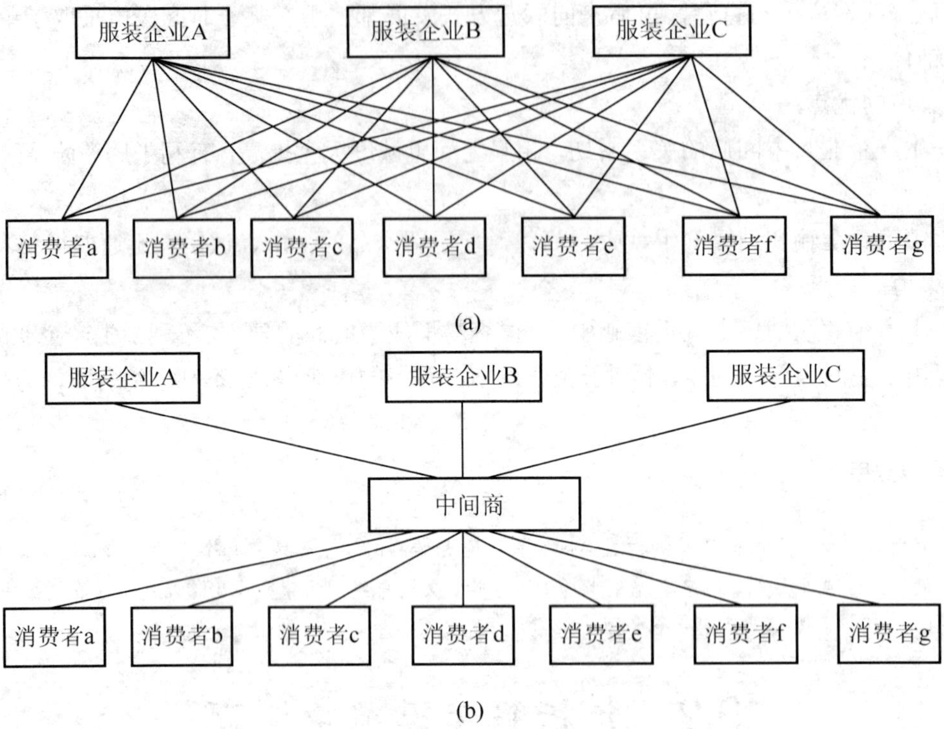

图 9.1　中间商带来的交换关系变化示意

9.2.2　服装企业的批发中间商

批发商是指通过大量采购产品或服务用于转售以从中获取差价利润的商业组织或个人，其交易对象是次级批发商或者零售商。批发商在服装分销渠道中扮演着重要角色，在 20 世纪 90 年代，国内大多数服装企业主要依靠批发方式完成了资本和市场的积累，即使是现在也有许多服装企业依靠批发渠道完成产品的销售。

1. 批发商的 3 种类型

1) 普通服装批发商

普通服装批发商经营的服装品类范围较广、种类繁多，批发对象主要是中小服装零售商。

2) 大类服装批发商

这类批发商专门经营花色、品种、规格、品牌齐全的某一类商品，如童装批发商就专门组织童装货源实施销售。

3) 专业服装批发商

这类批发商指专业化程度较高、专门经营某一类商品中的某种商品的批发商。例如，专业从事牛仔裤销售的批发商，可能会从全国各地主要厂家组织牛仔裤进行批发销售，有的还可能自己直接下样给厂家生产，其顾客主要是牛仔裤专业店。

资料补充 9–3

国内主要服装批发市场

哈尔滨：红博广场、红博世纪广场。

沈阳：五爱市场，中国较早的批发市场。

长春：远东服装市场。长春位于哈尔滨和沈阳之间，地位尴尬。

北京：大红门、雅宝路、动物园，其中雅宝路一般为外贸批发，大红门是华北地区的服装批发中心，动物园服装批发市场，主要是东鼎大厦。

石家庄：伴纵商厦。石家庄受北京掣肘，伴纵商厦规模有限。

太原：圣亚品牌交易广场，聚集了山西的绝大部分代理商。

西安：康复路和长乐路。康复路的多彩西部广场较老，长乐路的华东品牌交易广场是后起之秀。

乌鲁木齐：小西门服装市场。

重庆：盛隆大厦、天奕广场。

昆明：螺蛳湾各期及其附近的双龙商场、云南纺织品交易广场。

贵阳：主要在市西路，重要市场有澳马商场、男人大世界、女人大世界、恒丰商场、顺通商场等。

成都：成都是西南的服装中心，主要服装市场是经营休闲装的明都大厦、经营时装色九龙广场、经营正装的万紫商城。

郑州：银基商贸城规模和档次都是郑州服装市场的标志，天荣批发市场资格稍低。

济南：泺口服装城的各大厦是山东的服装中心，另外淄博的淄川市场、即墨的服装市场和临沂的批发市场也颇具规模。

合肥：火车站旁边新近开张的白马广场有待检验。

常熟：江苏常熟招商城是华东重要的服装市场，主要大厦有精品城、凯莱大厦等。

上海：七蒲路服装市场，但受常熟和杭州掣肘。

杭州：四季青老市场和其附近的意法服饰城、兴合服饰城等。

南昌：洪城大市场，写字楼是华东商贸城。

福州：在中亭街，另石狮也有服装市场。

株洲：主要商城有白马大厦、智超广场、华丽批发市场、中国城、芦淞大市场等。

南宁：在新和平，规模较小。

广州：广州是华南服装中心，批发市场主要有白马大厦、黑马大厦、步步高批发市场、流花批发市场、沙河批发市场等。

虎门：有较老的富民服装批发市场、较新的黄河时装城和新开业的大莹女装城。

2. 批发商的选择条件

选择一个通力合作的批发商对于服装企业市场开拓来说关系重大，在选择批发商的时候要考虑下列条件。

(1) 区域市场情况。批发商业务范围的地理分布区域与企业目标销售区域是否一致。

(2) 渠道网络情况。批发商渠道网络成员是否多而广泛，这关系到批发商的市场营销能力，批发商网络广泛，其市场张力强，产品容易扩散出去。

(3) 营销实力情况。批发商掌握和反馈市场信息的能力；批发商的合作精神和能力；批发商的竞争优势等。

案例 9–3

以纯的成功转型

1999 年以前，以纯和当时全国大多数服装企业一样，做着批发生意。一个仅仅 17 平方米的小档口，一天最多却可批发七万多件衣服。每年的服装交易会，订单也都多到“爆”。然而，1999 那一年的服交会，以纯却一个单都没有接，老板郭东林专门租了 10 个展位做宣传，他的说法是“我们决定走品牌专卖路线!”

这样，以纯开创了“品牌专卖”的路线，结束了在东莞富民服装城的长期批发经营，以巨资加大品牌打造和连锁加盟管理。当全国同行利润越来越小，开始由批发转向专卖时，郭东林的以纯专卖店却早已在全国各地“开枝散叶”。很多人不知道的是，来自全国各地原来以纯的忠实客商成了第一批品牌“加盟商”，甚至可以说是当时全国最早的“服装加盟商”。一纸合约将双方紧紧地连在一起，风雨走来，以纯的“品牌专卖”路线大获成功。

如今，我们看到，以纯已在全球范围内开设了 4 000 多家专卖店，拥有 14 家服装工厂，并以自有品牌出口俄罗斯等世界各国。成就的背后，始终有一个中流砥柱，他们共同的名字叫——“加盟商”。

3. 服装批发商的压力与发展趋势

1) 来自服装生产企业的压力

随着市场竞争的日益激烈，服装生产企业在不断对自身经营管理进行调整的同时，也要求批发商改变传统落后的经营方式，希望批发商能主动订货、积极促销，有良好的储存功能，能及时提供新的市场信息，加强对市场的管理等。如果服装批发商不能适应生产企业的需要，则会面临被淘汰的危险。

2) 来自服装零售商的压力

现代服装产品类别扩展迅速，产品流通速度加快，零售商结构也在不断变化，使得批发业务更加复杂。批发商等客上门的做法已经不能满足零售商的要求了，零售商普遍要求批发商调整服务结构，改善服务质量，降低渠道成本，使自己具有较强的竞争优势。同时，服装零售商在自己规模达到一定程度后，直接绕过批发商而向生产厂家下单进行产品订购，这种趋势已经越来越明显。

3) 来自网络销售的挑战

随着网络技术水平与应用水平的快速提升，消费者通过网络实施购物的现象越来越普遍。据调查，在 2011 年发生网购的所有大类商品中，服装份额为 17.4%，已经位居第一。网络直接拉近了消费者与服装企业的距离，其中首先被绕过的就是服装批发商，因此，如果批发商不能在规模、管理及服务上进行调整，其活动范围势必逐渐缩小。

9.2.3 服装企业的零售商

凡是将商品或劳务销售给最终用户并以其为主要收入来源的组织或个人便是零售商。由于零售商直接面对消费者，对于需要掌握市场信息的服装企业而言，这是难以避开的渠道环节。在服装行业，零售商分为有店铺零售和无店铺零售，尽管现在无店铺零售方式发展迅速，但作为强调消费体验的服装产品而言，有店铺零售似乎更为普遍。在服装行业，主要的零售商有以下类型。

1. 百货商店

百货商店是指在一个建筑物内，经营若干大类商品，实行统一管理、分区销售，满足顾客对时尚商品多样化选择需求的零售业态。经营的商品丰富，花色品种繁多，一般采取柜台销售与开架销售相结合的方式。商店的规模一般在 5 000 平方米以上，设施豪华齐全、店堂典雅、明快、舒适，服务功能完善。目标顾客为中高档消费者和追求时尚的年轻族，一般选址在城市的中心区和比较繁华的地区。目前来看，百货店是服装销售的主要渠道，几乎所有高端服装品牌都依靠百货商店来完成销售，另外服装类产品的销售也牢牢占据了国内大型百货商店的第一位。

2. 服装品牌专卖店

服装专卖店是改革开放后才在国内出现的新型业态。1984 年 8 月，第一家皮尔·卡丹专卖店在北京正式营业，拉开了专卖店发展的序幕。1991 年下半年，北京王府井分别开业了斯特法内、贝纳通等服装专卖店，“东方鳄鱼”进入上海开店；1993 年 8 月，广州市北京路第一家“佐丹奴”服装专卖店出现，从此，专卖店发展进入高潮。仅仅一两年时间，北京王府井大街、上海南京路、广州北京路迅速改变了容貌，被各种品牌专卖店所充斥。这其中，除了中外合资品牌专卖店外，国内品牌专卖店也迅速成长，如雅戈尔、报喜鸟、美特斯邦威、李宁、三枪、杉杉等品牌都在大力开设专卖店。

资料补充 9–4

专卖店的优缺点

专卖店的优点在于：可直接与目标消费者接触、沟通，运营得当，长期收益较高；自主性强，便于贯彻营销政策；资金回收快；可将品牌的产品线完整地展现，装潢、陈列方面的限制少，可以自己决定促销活动；经营时间越长，回头客越多；品牌形象容易体现。当然，专卖店也有缺点，就是成本高，如选址错误，没有相应目标群体，销售低，房租就会成为最大成本，异地操作尤为困难。

3. 服装专营店

专门经营某一大类或少数几大类服装的零售商店，产品组合窄而深。其特点是经营类别比较单一，但所经营的商品具有丰富的花色品种、多种多样的规格档次，顾客有充分的挑选余地。服装专营店是各类商业中心和购物中心的有益补充，满足了消费者便利和物美价廉的要求。

4. 平价服装店

平价服装店产生于 20 世纪初的发达国家，往往以只有服装专卖店和百货商场一半甚至更低的价格销售流行性服饰。这些平价店通常销售一些知名设计师或著名服饰品牌企业要清除的剩余单件存货，因为这些平价店大多采取现金进货，许多著名的设计公司都愿意把多余的货品卖给他们。

5. 超级市场

超级市场是一种顾客自行选购、自我服务、薄利多销的大型商店，又称自选商场或自助商店。源于 20 世纪 30 年代，但第二次世界大战后才在美国迅速发展起来，随后快速进入世界很多国家。超级市场在我国是在 20 世纪 90 年代后才快速发展起来的，已经成为了城市居民主要的购物场所。其特征是顾客实行自我服务，批量销售，价格相对较低，薄利多销，实行商品部管理，一次结算。超级市场已经从传统的单一食品经营转向了杂货、文具、服装、家庭日用品等多种经营。以沃尔玛为例，其服装的销售约占 10%，而毛利率达到了 35%以上，是超市的主要利润来源。

资料补充 9–5

超市销售服装的不利

尽管服装是沃尔玛超市的高利润来源，但服装销售也同时是一个软肋，就美国国内而言，服装销售比例从 1990 年的 20%下降到 2009 年的 15%。公司最近的营销举措均以失败告终：两年前，沃尔玛购买了时尚宝典《Vogue》的多页广告，还在纽约时装周上赞助了时装表演，同时推出瘦腿牛仔裤和其他流行服饰。而沃尔玛消费者对此却感到茫然，不知所以，上千家商店满是卖不出去的服装。随着库存的积压，主导这一行动的执行副总裁克莱尔・沃茨(Claire Watts)被辞退。即便是低收入人群，也不愿意穿着从沃尔玛购买的衣服出去，这就是沃尔玛销售服装的困难所在。

6. 无店铺零售商

无店铺零售商是指不通过商品销售场所，而是以其他销售方式，如邮件、网络、电话或人员等将产品直接销售给最终用户的一种营销方式。服装行业主要有以下几种无店铺零售方式。

(1) 邮寄销售。指零售商通过向目标顾客邮寄产品目录或画册，顾客根据自己需要邮寄订货的销售方式。麦考林在发展的早期就是通过邮寄目录的方式开展产品销售。

资料补充 9–6

商品目录营销

1888 年西尔斯・罗伯克公司出版了它的第一本商品目录，目录销售开始得到商家们的青睐。在以后 5 年里，目录购物突飞猛进，年增长率均不低于 25%。在电子媒体还没为广告带来新生的年代里，目录销售是各类企业最喜欢的营销模式之一。近来，英国、法国、意大利等国的服装企业，在经过多年有关网上销售的争论后，各大品牌再次着眼于目录销售。从顶级零售商 Echo 和 Charles Tyrwhitt，到更有设计师风格的 Eluxury 和 Anthropologie，很多公司或在其零售战略中新增了目录销售，或大幅增加销售目录赠送量。从传播的有效性来说，一本迎合消费者价值理念的目录册能达成更好的双向交流，产生消费偏好，与促销、POP 广告等营销手段相比较，对促进购买而言更为有效。而从品牌接触点管理理念来看，服装品牌创新目录销售这一营销模式，更是看中了其高效的品牌接触绩效。

(2) 电视销售。指服装企业通过电视直销方式向消费者展示和推销服装商品。其具体方式是服装企业在电视上播出商品的详细信息，顾客可以拨打订购电话订货。

(3) 网络销售。服装企业建立官方销售平台或者借助第三方销售平台，利用互联网技术销售产品。顾客在登录相关网站后就可以了解服装产品的有关信息，然后根据需要作出是否下订单的决定。网络销售的付款方式可以有货到付款、邮局汇款、银行电子汇款、网上支付等。

案例 9-4

快速增长的网络零售商——芒果

西班牙服装连锁零售商芒果成立于 1984 年，现有 8 600 名员工，其中 1 850 名在 Hangar 设计中心和巴塞罗那的总部工作。芒果(Mango)计划在俄罗斯和中国分别开设 30 个和 80 个新的销售网点，旨在进一步挖掘这些市场的潜力。由于对东半球的持续关注，芒果 2011 财政年度利润增长到 14 亿欧元，同比增长了 11%。根据芒果连锁零售企业报告，2011 年公司海外营业额约 82%，而其余营业额来自国内市场。芒果去年网上销售额增长到 3 620 万欧元，同比增长 72%。除了其他因素之外，发展良好的物流系统也为公司的成功做出显著贡献。这家零售商在 2000 年制定的物流系统每小时可以分类和分配 30 000 件服装。

9.2.4 服装企业零售发展的趋势

1. 购物环境的舒适化程度日益提高

消费者生活水平和文化素质的提高，对购物环境的要求越来越高，这已经成为零售商的共识。舒适的环境可以为消费者提供一个赏心悦目的空间，激发消费者的购买欲。因此，在服装零售场所，都十分强调购物环境的营造。这种营造分为两个方面：一方面是硬件环境的改善，现在许多零售商多不惜重金装修店铺，购置先进舒适的设备如空调、音响、更衣室、货架等；另一方面就是不断加强员工素质和店铺软环境的建设，提高员工素质和营造良好的店铺氛围。

2. 消费者体验越来越受重视

服装提供的不仅仅是一个有形的简单产品，在某种程度上更是集文化、心理、情绪等为一体的一个复合产品。消费者在服装消费过程中十分注重自身和服装产品之间的匹配，以达到心理效用的最大化。作为服装零售企业来讲，需要增强顾客的消费体验，使顾客与产品能实现融合。为此，服装零售商往往在品牌传播、导购员销售技巧及附加服务方面不遗余力。

3. 产销一体化日益明显

传统的服装企业基于分工理论往往采取外包方式完成产品的销售，即通过引入社会力量来构建渠道主体结构。随着市场的发展，部分具有资本优势的服装生产企业试图更好地控制住市场，往往会设立自营渠道实施分销。而大型零售商为了获取稳定货源和品牌溢价也会打造自主品牌，向上延伸经营进入制造环节，如美国知名的服装品牌 GAP、杰西潘尼就是这方面的典型。

4. 信息技术的大量使用

为了提高零售系统的柔性、提高产品组合的适应性及零售服务水平，信息技术将会广泛应用于零售管理、零售过程及零售决策。信息技术对零售的影响是广泛和深刻的，它不仅会影响零售的组织形式、零售产品组合及零售业态，也会否定许多被认为是金科玉律的传统零售理念，如虚拟零售网络将会使零售业务无形化，而商品实体的配送过程及顾客需求的信息处理将会成为零售的主要业务。

资料补充 9–7

网络试衣间

网络试衣间的出现为服装企业提供了一种互联网营销新模式。网络营销可以通过信息技术来链接实物营销网络，结合信息网络和传统销售的优势，通过网上网下的结合，虚拟和现实的结合，提供网上信息检索浏览、电子商务、网下实物展示、物流配送等多种服务。

网上购物早已不是什么新鲜事，但不同于化妆品和数码家电产品，在网上订购的服装如果不合身就会遇到很多不必要的烦恼。“网络试衣间”的出现，不仅帮助顾客“体验”到举手投足间新衣是否合体，还可以观看不同场合灯光下服装的效果，直到顾客挑选到满意的服装为止。

5. 虚拟企业模式受到重视

所谓虚拟企业是指为实现对某种市场机会的快速反应，通过互联网技术将拥有相关资源的若干独立企业集结，以及时地开发、生产并销售多样化、定制化的产品和服务，形成一种网络化的战略联盟经济共同体。虚拟经营企业不一定拥有与设计、生产、营销等具体功能相对应的实体与组织，它的主要思想是利用外部的资源力量来实现上述功能。虚拟经营弱化了企业的具体组织形式，是一种超常规的管理方法。这种方式在国内外知名服装企业上得到了充分运用，以美特斯邦威早期的虚拟经营为例，就是在资源有限的情况下运用了特许方式整合了生产和销售资源使企业得到了快速的发展。如今，以 ZARA 等为代表的服装企业利用互联网整合了全球的设计、生产、物流等资源，满足了在全球快速设计、快速生产、快速配送的需要。

6. 特许连锁快速发展

特许连锁又称合同连锁、加盟连锁等，是由特许人以合同方式，授予被特许人在特定的区域内经销特许人的某项产品或服务的零售组织形式。特许连锁的基本特点是，一个特许连锁组织包含一个总部和很多个加盟店；特许连锁的核心是特许权的转让，总部是转让方，加盟店是受让方；特许连锁关系主要是总部与加盟店之间的纵向关系，加盟店之间没有横向关系；特许连锁的所有权是分散的，但经营权是集中的，即加盟店对自己的店铺拥有所有权，经营权则集中在总部；特许连锁总部提供技术专利、商号、信息知识等，实行统一管理和对加盟店指导经营，加盟店则按照总部的统一指令进行经营，并以某种形式支付特许报偿。目前国内外的知名服装企业基本上都采取了特许连锁方式。

营销小知识

1865 年现代特许经营诞生——美国胜家缝纫机公司生产的产品在当时还属于新产品，由于市场上消费者对新产品的性能及产品本身认识不足，胜家公司决心进行大胆地尝试，采用特许经营的方式进行产品销售，收到的效果颇佳。

案例 9-5

M 品牌的特许之忧

M 品牌是一个中低档的休闲装品牌，通过代理、加盟、自营、联营等在全国发展专卖网点。短短几年间，便发展了 500 多家专卖店，市场网络覆盖除西藏、青海等偏远省份外的全国各地。M 品牌的成长，是一个奇迹，一个 200 多人的加工厂转型，通过特许经营这块跳板，一脚就跳进了自主品牌经营圈，这不能不算是一个成功转型的案例典范。

然而，随着行业竞争激烈程度的加剧，产品利润的降低，M 品牌的发展似乎进入了一个内外交逼、停滞不前的局面。在外部，网络不断萎缩，销售额低下，终端形象陈旧；在内部，业务流程混乱，工作效率不高，员工工作积极性不高，人员流动过于频繁。就连一次正常的补货，不仅耗时过长，错过了最佳销售期，而且数量也时常出错；没有系统的广告及促销支持，就连国庆的促销物品也迟迟不到，错过了黄金销售期。

随着这种情况的进一步恶化，一些较大的代理商及加盟商便开始抱怨，而公司却因人才原因无法维系，也未能进一步拓展市场，放任不管。最终，几个较大的代理商开始发难，许多代理商及加盟商倒戈相向，纷纷要求解除合约。迫于压力，M 品牌放弃了那几个省份，完善的市场网络顷刻之间荡然无存，经营陷入泥潭，就连自营店，也是半死半活，全然靠着公司养活。

学以致用

不愿朝九晚五上班的小丽最近在琢磨着开一家时尚服装零售店的事情。她通过多方打听，得知进货的方式主要有厂家供货、批发市场进货、网上进货 3 种，可哪种方式比较适合她这样新开的小店呢？她实在拿不定主意。

思考：结合小丽的自身情况及三种进货方式的特点，你认为小丽应选哪种方式？为什么？

9.3　服装销售渠道的设计

渠道决策是任何一个企业在营销体系建设中必须要面对、要掌握的核心问题。企业的竞争优势不仅在于先于竞争对手发现目标市场的需求，而且还要先于竞争对手将产品送达目标市场，而这其中，销售渠道就是关键因素。本任务我们将根据企业开展渠道决策的一般步骤，介绍服装企业的渠道目标、影响服装渠道构建的重要因素及渠道设计的步骤。

学前小思考

1. 服装制造商只要专心生产，销售全部交给中间商就可以了。你认为呢？
2. 很多人都认为服装渠道应该是越短越好，因为这样可以降低价格。你怎么看？

知识大扫描

9.3.1　服装企业渠道常见的模式

我国服装企业众多，规模、经营方式各异，但从我国服装销售渠道总体发展轨迹来看，目前大致有以下几种渠道模式。

1. 传统区域经销模式

服装生产企业因其规模、定位、资金、管理等各方面的限制，往往会选择“厂家→经销商→消费者”的渠道模式。传统区域经销模式往往将一个较大的市场范围如一个或几个省交由某个经销商，整个区域的网络建设及市场管理全部由经销商完成，服装企业只负责提供产品。它的优点在于以较少的资金和人力投入，在较短的时间内换取较大的市场空间，这一模式适合中小服装企业。其缺点是厂家对市场网络及终端难以掌控，渠道较为松散，经销商往往会形成对厂家的要挟和控制，这种方式也不利于服装品牌的建立与提升。

营销小知识

经销一般是指经销商与生产厂家或供货商达成协议，在规定的期限和地域内购销指定的商品，供货商和经销商之间是一种买卖关系。经销可以分为一般经销与独家经销。在独家经销情形下，一般会规定经销商最低交易数量、不得经销相竞争的其他供货商产品等。代理是指被代理人或委托人授予代理商以“销售商品的代理权”，在销售代理权限内代理商代理委托人搜集订单、销售及办理销售有关事务。

代理与经销在合同关系的连续性和长期性、销售区域的固定性、交易量限制、对不正当竞争的限制等方面均有相同之处，所以在实际业务中，有的人会错误地将代理与经销混为一谈。

2. 特许专卖经营模式

从 20 世纪 90 年代中期开始，国内服装企业尤其是浙江温州的服装企业引入特许方式开设品牌专卖店，此后这种方式为国内服装业的发展中立下汗马功劳，使服装品牌迅速在全国铺开网络，打开知名度。这种渠道方式往往以市、县为市场单位将全国切割为众多子市场，采取分开授权、单独经营的方式，公司直接控制每个特许专卖店铺。其优点在于可以充分利用社会资源开设专卖店铺，公司对市场的控制力较强，品牌形象得以维护与提升。缺点在于众多经销商脱胎于传统批发业，受其本身经验、理念限制，终端的管理能力各有不同，造成公司终端力量参差不齐，管理难度大。

3. 直营模式

生产厂家在重点销售区域设立分公司或办事处，派驻营销人员直接开发最终用户，为用户提供直接的服务，对产品的营销进行全程控制。这种模式由于需要付出较大的人力、物力等成本，通常为大企业所采用。

资料补充 9–8

服装品牌旗舰店

很多厂家会出于形象推广考虑，在一些重要市场区域开设自营旗舰店，以树立品牌形象规范，给经销商提供可参考的样板店。例如，雅戈尔在全国市场的自营旗舰店已经达到两百余家，班尼路旗下的几大品牌都在广州北京路开有大型旗舰店。旗舰店一般装修气派，货品齐全，服务规范，比较能体现公司的实力和整体形象，其产生的广告效应甚至要高出经济效应。

4. 直复营销模式

生产厂家利用互联网、DM 广告等传播媒体进行产品宣传，直接对最终用户的“采购中心”产生影响，促使其与企业进行联系。这种模式减少了中间环节，实现厂家与用户的直接沟通，并能节约营销成本，有效规避通路风险。曾经盛极一时的 PPG 及后起之秀 VANCL 都属于典型的服装电子商务公司。

资料补充 9-9

服装网络直销的基本条件

服装网络直销的基本条件有以下几点：

(1) 产品容易标准化；

(2) 产业供应链完善；

(3) 信息技术较为成熟；

(4) 互联网普及程度较高；

(5) 物流基础完善；

(6) 消费者购物习惯改变；

(7) 相关立法如信息、金融等法规支持。

5．利益共同体模式

生产厂家与区域经销商为寻求合作利益最大化而合资组建联合公司，以进行渠道运作。这种模式可以减少厂商之间营销资源重叠及厂商争端，促成厂商共同把产品在特定区域做大做强。

9.3.2　分析影响服装渠道选择的因素

服装企业在选择使用何种销售渠道之前，必须对影响渠道选择的各种因素进行认真的分析，然后才能作出决策。产品特性、企业因素、中间商、市场因素及环境因素是企业开展营销活动无法超越的因素，也是影响服装企业分销渠道设计的 5 个关键因素。

1．产品因素

就服装产品而言，需要考虑的产品因素包括产品定位、面料及款式、产品设计、产品组合等。

(1) 产品定位决定了目标消费群体，决定了企业所要提供的基本服务和增值服务。一般而言，产品档次越高，消费群体就越狭窄，但需要提供的增值服务也越多，这种产品不宜采取长渠道分销，多选择短渠道以保证品牌形象溢价。

(2) 在设计和款式上，服装产品往往会体现较强的流行性，流行性越强就要求渠道越短。这种要求在快时尚品牌上体现得尤为突出，目前类似于 ZARA、H&M 等快时尚品牌在强调供应链快速反应的同时都大幅缩减渠道层级，甚至做到直营终端。

(3) 服装企业的产品组合影响它的渠道模式。产品组合越广，企业直接向顾客出售的能力就越大；产品组合越深，采用独家经销或少量有选择的中间商就越受益；企业产品组合的关联性越强，所采用的分销渠道也就越相似。

2．市场因素

经过多年的发展，服装行业已经成为市场化程度很高的行业，市场因素在服装渠道设计中起到最为关键的作用。

1) 市场需求

如果服装产品具有一般大众化特征，其销售的市场范围大，批量也大，则宜采取宽而长的分销渠道，如在全国范围内广泛销售，此时就需要更多的流通环节。若顾客集中于某一区域，则可考虑采用较短的销售渠道，如设点直接销售。

2) 顾客购买习惯

随着零售业态的日益丰富，消费者在服装购买上具有了更多的选择空间，可以在传统实体店铺购买，可以通过邮寄目录方式购买，也可以通过电话订购，而网络销售则成为了一种越来越受欢迎的方式。服装企业需要对目标消费群体的购买行为特点进行分析而针对性地设计销售渠道。

3) 市场竞争性

对同类产品，企业可以采用与竞争者相同的分销渠道与之抗衡，也可开辟新渠道推销产品。主要应依据竞争需要，分析对手实力，灵活选择流通渠道，或针锋相对，或避其锋芒。此外，如果目前市场规模小但发展潜力大，则分销体系应有扩展延伸的余地；相反，如果潜力不大则应有缩小转移的准备。

3. 企业因素

服装企业的渠道决策一定要基于企业自身因素。具体说来，服装企业应从以下 3 个方面考虑如何使渠道设计与自身特点相协调。

1) 企业实力与声誉

信誉好、实力雄厚的服装企业往往对流通渠道控制的愿望非常强烈，需要将部分销售职能集中在企业手中，从而建立自营体系，不依赖中间商。这样能够了解市场、增加收入，否则只能依靠中间商销售产品。不过，这对企业有严格的要求，一般情况下，企业都不宜完全自己掌控分销渠道。

2) 企业提供的服务层次

对于定位较高的服装产品，服装企业往往愿意且有实力为消费者提供更多服务，这种情况下则可采用直接销售渠道；如果服装企业愿意为零售商提供更多服务则可选用一阶渠道，以此类推。企业提供的服务层次可以有效决定渠道的长宽度。

3) 企业市场信息收集能力

服装企业往往要求企业能及时掌握市场信息，如果企业市场信息收集能力弱，缺乏对顾客的了解，就需要借助于中间商销售产品；反之，就可以采用直接渠道。

4. 中间商因素

我们已经在前面的内容中分析了中间商的作用，渠道设计应反映不同类型的中间商在执行各种任务时的优势和劣势。一般来说，中间商因其从事促销、谈判、储存、交际和信用诸方面的能力不同而有一定差异，服装企业可从中间商的可得性、使用成本和服务质量 3 个方面进行考虑。

1) 中间商的可得性

可得性是指在选定的市场区域内能否选到有效的中间商。在许多情况下，中间商可能由于先前与企业竞争对手的关系和契约而不能经销企业产品，这时企业只能建立自己的分销机构，采用直接渠道。

2) 中间商的使用成本

在实际的渠道开发中，可能会碰到中间商会索取非常高佣金的情况。此时企业会选择和比较两种分销渠道的成本差异，以决定是否选择中间商及中间商的层次。

营销小知识

在对渠道进行评估时，通常采用3个标准：经济性标准、控制性标准和适应性标准。

3) 中间商的服务能力

企业还需要评估中间商向顾客提供服务的能力。如果中间商的实力不能提供有效的服务，企业就要考虑建立自己具有保障服务能力的直接渠道。

9.3.3　确定销售渠道目标

渠道目标是指公司希望通过渠道来解决的具体问题，通常以满足目标市场或者公司的某个具体要求来描述。渠道目标是企业整体营销目标的组成部分，它必须与营销目标保持一致，为实现企业战略目标服务。作为实现企业价值的惊险一跳，渠道设计得是否合理需要首先了解目标购买者对渠道有哪些期望。例如，购买者希望就近购买还是到较远的商业中心去购买？他们愿意亲自购买，还是通过电话、邮寄或是网络购买？他们看重产品类型多样化还是专业化？一般说来，服装企业渠道设计的目标主要有以下几种。

(1) 分销顺畅。分销顺畅是分销渠道设计最基本的要求，为了达到这一目标，一般应使渠道扁平化、沟通便利化。

(2) 分销流量最大化。通过广布网点、提高铺货率，这样可最大化地增加流量。

(3) 分销便利。为了使顾客感到便利，企业应使市场分散化，节约顾客的运输成本；同时，提供完备的售后服务，及时为顾客解决问题。

(4) 拓展市场。一般情况下，在进行市场开拓时，大部分服装企业更侧重于依赖中间商，借助中间商的网络销售产品，待拥有一定的市场份额和稳定的顾客群后，再建立自己的分销网络。

(5) 提高市场占有率。在建立起合适的分销渠道后，应特别注重分销渠道的维护与保养，从而逐步扩大市场份额。

(6) 扩大品牌知名度。在维护老客户对品牌忠诚度的同时，进一步争取新顾客。

(7) 分销成本最低化。在设计与选择分销渠道时，要考虑到渠道的建设成本、维护成本、改进成本及最终收益。

(8) 提高市场覆盖面积和密度。厂家为了实现这一目标，大多采用多家分销和密集分销形式。

(9) 控制渠道。制造商可以通过提高自身的管理能力、融资能力，掌握一定的销售经验，建立品牌优势来掌握渠道主动权。

(10) 渠道服务创新。例如，延长营业时间、提供主动上门服务、开展网上分销等。

资料补充 9-10

营销主管的作为

市场竞争最残酷的是同行竞争，行业生存空间很窄，胜者为王，败者为寇。谁能首先树立“渠道制胜”的理念，并在实际中带领营销团队身体力行，胜利就将青睐谁。

作为营销主管，你应该：
(1) 将渠道当作企业的无形资产，保值和增值；
(2) 认真进行渠道布局；
(3) 与值得信赖的伙伴共同开发市场；
(4) 建设渠道、管理渠道，消除渠道不和谐因素；
(5) 修炼渠道运筹功夫。
作为营销主管，你不应该：
(1) 草率决定渠道的构建；
(2) 漠视中间商的价值；
(3) 中间商的选择过于随意；
(4) 不对渠道进行维护和保养。

每个企业可以根据以上渠道目标的种类，结合企业的战略目标来选择自己的目标。需要说明的是，在具体目标的选定上，可以考虑一个核心目标，另外再选择 2 或 3 个辅助目标，前提是这些目标之间不会互相冲突。

学以致用

老张是一位有十多年品牌服装经销经验的代理商，生意做得很好，现手头上正经营着 3 家比较知名的服装品牌。因考虑到把生意做得更大一些，他向一个心仪已久的已经很成熟的品牌表示了加盟意愿，可对方在了解了老张的情况后婉拒了老张的申请，老张很是郁闷。

思考：老张申请遭到拒绝的原因是什么？

9.4 服装营销渠道的开发与管理

要实现渠道规划方案，建立和管理好营销渠道是服装企业面临的两大任务。经销商的素质与企业战略目标是否匹配对企业市场开拓和市场提升起到关键作用，企业对渠道的管理则是企业问题发展的基础条件。本任务将从经销商选择、开发政策制定、经销商激励及渠道冲突等方面进行解析。

学前小思考

1. 中间商资金实力越强对服装品牌经营越有利，那有没有例外的情况呢？
2. 只要给足了利润，经销商就会卖力地配合服装企业。你怎么看？

知识大扫描

9.4.1 合适经销商的条件分析

服装企业选择中间商一般要考虑以下条件。

1. 经销商的网络覆盖能力

经销商的网络覆盖能力是指经销商现有的网络体系能够影响到的目标市场大小，首先是能覆盖的市场区域范围，其次是能覆盖的消费群体。作为服装企业来讲，希望经销商能够尽可能多地覆盖到各个细分市场，市场网络覆盖能力是选择中间商的关键因素。

2. 资金实力

资金实力是衡量一个合格经销商的核心因素。对服装企业而言，资金实力雄厚的经销商往往在网络建设、货品管理、资金流通周转、品牌推广等方面给企业提供强大的支持。因此，现实中的服装企业在选择经销商时均有明确的资金要求，以保证其所经销的品牌能在当地市场快速发展。

资料补充 9-11

小心“强势”经销商

强势经销商的招募不一定是企业的科学选择，因为强势经销商对企业的要求是非常高的，无论是在产品线的完备方面，还是在销售服务方面或者市场操作方面，企业很可能被强势经销商逼得团团转，甚至是无法控制。在经销商的选择上秉持“合适”可能是最现实的，而让经销商和企业一起成长则是最高境界。

3. 信誉状况

守信是市场发展与合作关系建立的保证，如选择的客户不守诚信，将给市场的发展带来不良的影响。财务状况良好并且重视信誉的中间商，不仅能及时付款，还可能在财务上向生产商提供一些帮助，如预付货款、分担一些促销费用或直接向顾客提供某些资金融通，从而有利于扩大产品销售。

4. 经营理念

随着市场的不断细分，渠道网络也在不断发展。有部分经销商确实能够通过自己辛勤的耕耘，逐渐地随着企业的发展而不断完善自己的网络渠道建设，增强自己服务市场的能力；也有部分经销商秉承小富即安的思想，对经销事业缺少必要的上进心；在服装行业有一部分经销商从批发经营起家，跟不上品牌经营的需要；还有一部分经销商为一些蝇头小利而不惜做出损害品牌和市场的事情。以上这些都涉及经销商的经营理念，所以，服装企业在选择经销商的过程中一定要高度关注，这关系着企业的整体发展。

案例 9-4

唯·路易的理念培育

代理商是品牌伸向全国的手臂，企业要留住代理商，除了细致严格的管理，在理念上实现认同更是高明的手段。不要责怪代理商“变幻莫测”，将人心拧成一股绳是企业的责任。

唯·路易是一家力争做百年企业的童装企业，该公司将爱作为品牌文化，近年来不断参加公益活动，与多个儿童基金会合作，组织扶贫捐款，并向每一位进店的顾客免费赠送《弟子规》。该公司副总经理兼销售总监郑理认为，现在国内的孩子不仅需要个性时尚的外表，更需要中国传统文化的教育。这种品牌文化得到了消费者和代理商的一致认可。用品牌魅力吸引代理商，才能产生心灵上的共鸣，从而实现更深层次的合作，走得更长远。

唯·路易还与高校合作，建立培训班，定点培养自己的店长和督导。郑理认为，有很多品牌做到巅峰时突然消失就是因为人员的大变动，而自己培养的干部不仅忠诚度高，也能将公司的思想模式和运营模式完全复制到代理商那里。代理商是企业的利益共同体，达成无障碍的沟通是企业的一大心声。合作建立在沟通上，沟通建立在理解上，企业对于代理商的管理，不是站在高处下达年度任务，而是深度触摸代理商的现实需求。

9.4.2 确定渠道开发政策

企业根据自己的经营目标和意图，通过对经销商调查整理出来的资料，就可以制定对经销商有吸引力的招商政策。在制定招商政策时，除经销方式这一最为直接的内容外，还有以下几个方面的政策需要关注。

1. 确定市场准入政策

市场准入政策是指服装企业根据营销渠道战略所确定的经销条件。这个政策是在经销商遴选条件基础上，对与经销商首次合作中资金投入所作出的规定，主要包括两个方面：首批进货量和保证金。首批进货量的规定在于能有效锁定经销商的经营精力，积极地开拓市场，因为只有前期有相当的投入才不会让经销商漫不经心甚至三心二意。而一定市场保证金的缴纳，使得经销商投鼠忌器，不敢轻易违背经销合同而做出不利于企业和市场的事情，如窜货、损害形象等。

资料补充 9–12

首批进货量的确定

首批进货量属于经销投资门槛，定得太高涉嫌圈钱，也不利于市场开拓，而定得太低不利于加强对经销商的甄选和控制。最佳的门槛应该兼顾厂商双方的实际需求和市场的需要，如对于中档女装企业地级城市的独家经销商，其首批进货量根据店面面积和合理的库存周期来确定，一般情况下店铺铺货量为 1 200 元/m^2×店铺面积，库存量为预计日均销售×备货天数。有些企业要求经销商的首批进货量很大，这很容易导致“一锤子”买卖。所以，对首批进货量一定要与客户进行充分沟通，以确保进货量既不给经销商带来太大的资金压力，又能够很好地支持市场需要。

2. 制定价格管控政策

价格策略是营销 4P 策略中最为灵活也最为敏感的策略。经销商在考虑与厂家的合作时，也会重点关注价格政策，而作为企业来讲，如果在价格管理和控制策略上出现失误，将可能会导致市场失控，招致经销商和消费者抱怨甚至抵制。一个好的招商方案应该合理确定与经销商合作的价格策略。具体包括如下几个方面：

(1) 制定规范的价格制定步骤；

(2) 预留合理的利润空间；

(3) 制定遏制竞品的定价策略；

(4) 合理预留风险投入。

3. 制定市场支持政策

在服装企业招商活动中，一般都会不同程度地给予经销商一定的市场支持。例如，为经销商提供一定的物流配送、市场协销、活动支持、销售扶持、销售奖励等，这些都属于对经销商的市场支持政策。市场支持政策的大小往往影响着经销商选择产品的信心，影响着后续市场经营的信心。在企业支持方面，要考虑市场和经销商的实际情况，体现支持的科学性和系统性，让经销商真正理解企业的理念，只有产品真正实现了终端销售，企业和经销商才能获利或长久获利。

4. 合理确定返利政策

通过返利形式来激励和控制经销商，是招商政策中经常会出现的。返利的具体形式可以根据不同的标准划分为明扣和暗扣、阶梯返利和固定返利。

(1) 明扣的使用：所谓明扣，就是厂家以明示的方式确定返利扣点。如果产品单品利润空间大而总量相对较小，厂家对市场的控制力较强且厂家要确保对经销成员形成具有说服力的控制，这时可以采取明扣的方式进行返利。

(2) 暗扣的使用：暗扣与明扣相对应，是厂家根据具体情况确定与经销商的返利扣点。如果厂家对市场控制力较弱，需要借助经销商的力量来完成对市场的经营，可以通过调整扣点的形式机动控制和激励经销商。

(3) 阶梯返利的使用：阶梯式返利是随着销售量的增大而逐渐加大返利额度的一种返利形式。如果企业处在一个成长速度较快的市场，而且市场中还有很多的空白，可以采取阶梯返利的形式。

(4) 固定返利的使用：固定返利是指采取一个固定比例进行返利，在销量达到一定数量时就可以获得。如果企业所处市场已经比较成熟，各区域市场已经开发得比较到位，可以采用固定返利形式。

资料补充 9-13

返利的使用目的

(1) 以促进阶段性目标达成为目的。

可以促成经销商按时完成每季度的销售任务；促进市场拓展前期的快速铺货、渠道覆盖及分销网络的建设；将年度目标分解，可以增强经销商完成年度目标的信心。

(2) 以提升整体销量或销售额为目的。

激励刺激经销商多卖产品，把产品的销量尽量做大，从而提升产品整体的销量是返利的最主要目的。这也是为什么返利总是与总销量(额)挂钩的原因。

(3) 以加速回款为目的。

将返利直接与回款速度挂钩，可以有效促进公司资金快速回笼，防止资金被经销商挤占，保障资金的安全，同时也有利于防范竞争对手的侵入。

(4) 以规范经销商销售行为为目的。

返利不仅与销量挂钩，还要考虑与经销商的经营行为联系起来，以促使经销商提高市场占用率、维护价格体系、推广品牌形象、遏制竞争对手、保护区域市场。

9.4.3 经销合同的设计与签订

要将招商行为转化为招商成果，合同的签订是最核心的衡量指标。在经销合同的签订中需要关注以下八大关键条款。

1. 经销区域

作为企业来讲，希望经销商能够在指定的区域内经销产品，但基于对利益的追求，经销商经常会跨区域销售产品，如果是以降低价格恶意窜货则会对市场造成严重危害。因此，服装企业在招商时需要在合同中明确经销区域，要写清是某省、某市、某县(区)，以免产生销售交叉区，此外要规定相应的违约责任，让合同真正起到管控作用。

2. 任务指标

经销合同明确的任务指标是招商企业获利及持续经营的基础，也是保证产品市场份额扩大的硬性指标，合理科学的任务指标将促进经销商积极运作本产品。例如，在合同中规定："乙方自签订本协议之日起至××年××月××日止，以供货价从甲方购进某产品的总购货额为××万元人民币，以乙方达到甲方账户的货款为准。"在确定总任务额后，要将其分解到季度或月份中以便执行与考核。

3. 首批进货款

首批进货款是招商企业与经销商第一次实质性的交易，首批进货款到账意味着合作正式生效。招商企业应认真结合行业、产品等具体特点确定合适的首批进货额度，并督促经销商如期打款进货。例如，在合同中注明："本协议自签订之日起 15 日内，乙方须将首批货款××万元汇入甲方指定账户内。逾期未交足上述款项，则视为乙方解除本协议；甲方有权对该地区更换经销商。"

4. 价格条款

价格是招商企业与经销商共同关注的焦点，是市场管理的重中之重。如果价格失控，就会引起价格大战或者价格混乱，影响经销商和招商企业的整体利益，最终会影响整个渠道的运行。合同中规定的价格有招商企业规定的批发价、一级批发价、二级批发价和零售价，指导价和价格调动幅度要有明确的规定，才有被严格执行的可能。最为重要的是对结算价的明确界定，要清楚地注明结算价格是否含税、是否包括运费(何种运输方式的运费)。这些都要通过合同明确规定，加以严格监督实施，实现招商企业对经销商在价格领域的掌控。

5. 让利约定

让利约定一般包括批量让利、成长让利和管理让利 3 部分。批量让利的目的是鼓励经销商严格按照合同的规定，完成甚至超额完成年度销售额，完成得越好，得到的返利额也越多。批量让利应按合同规定及时兑付，这样才能调动经销商的积极性，不按时支付甚至久拖不付，就会挫伤经销商的积极性。

市场的开拓是循序渐进的，开拓市场初期，销量不会很大，随着市场被打开，销量也逐渐增大，成长让利条款遵循了这一规律，并给予经销商返利奖励，有效地调动了经销商的积极性，也方便招商企业安排生产。

管理让利是对经销商关于价格执行情况、遵守不窜货情况等招商企业对市场管理要求的执行程度所给予的奖励返利。

资料补充 9-14

某企业销售奖励的设计

关于某企业经销商销售任务和返利设计。

1. 地级经销商销售任务

地级经销商在一年内应完成销售额 x 万元，具体根据所处区域的经济和人口状况，由双方协商确定。

2. 省级经销商销售任务

省级经销商在一年内应完成销售额 x 万元，具体根据所处省份的经济和人口状况，由双方协商确定。

3. 经销商的任务扣率

公司对年销售额在 x 万元以内的提供批发价扣率的 25 扣；

公司对年销售额在 x 万元之间的提供批发价扣率的 24 扣；

公司对年销售额在 x 万元之间的提供批发价扣率的 23 扣；

公司对年销售额在 x 万元之间的提供批发价扣率的 22 扣；

公司对年销售额在 x 万元之间的提供批发价扣率的 21 扣；

公司对年销售额在 x 万元以上的提供批发价扣率的 20 扣。

4. 经销商的任务奖励措施

实际扣率按年终完成回款额计算增减；

完成指标者，公司提供回款额××%的实物奖励(产品或促销品等)；

超额完成部分，公司再提供超额回款额××%的实物奖励。

6. 违约条款

违约条款是经销商违反合同规定，但还没有达到应该解除合同的程度所执行的处罚条款。例如，没有完成任务量、没有按合同规定的价格出货、铺货终端数量不够、少量窜货等行为。根据事先洽谈与公司的规定，详细地注明到合同中，关于处罚的程度一定要数字化，违反哪条都能找到相应的处罚额度，这样能够方便执行和避免争议。

7. 退换货条款

退换货条款中首先要明确退换货的条件或起因，一般有质量问题、包装问题、有效期问题等，并注明退换货的范围，以便执行，因为退换货直接涉及双方利益，双方对此条款都应该认真对待。

其次是退换货的附加条件和作业流程、责任承担等，退换货的条件有货物完好、无破损和时间限制；作业流程有结算、运输方式与费用承担；责任承担应根据不同情况，明确归责，以免产生矛盾。例如，“首批进货 6 个月后及 8 个月内，乙方可要求甲方原价回购首批未销完产品，同时乙方自动放弃经销权。如乙方在此前曾经两次进货，或者违反本合同规定，则本条款的退换货规定自动失效。”

资料补充 9–15

服装企业的退换货制度的演变

服装企业的退换货制度随着市场的变化及企业本身的发展，经历了几个发展阶段：

第一阶段：全换货阶段。在这一阶段，由于市场发展不够成熟，特别是经销商本身的品牌经营意识和能力还有欠缺，抵抗市场风险的能力不足，为了顺利开展市场拓展和做大品牌，服装企业往往采取全换货的制度，即经销商在季末的时候按照服装企业的统一安排实施产品的退回，退货按照进价计算。

第二阶段：随着市场竞争的加剧及经销商经营能力的提升，为了降低自身风险，服装企业往往不再采取全换货的方式，而改用部分退换货方式，如20%退换。这其中又有两种操作方法，第一种是按照单款进货量(额)的某一比例退换；第二种是按照全部进货量(额)的某一比例退换。经销商往往喜欢第二种方式。

第三阶段：为了进一步控制库存风险，提高经销商的自主性，服装企业对以往的配给制供货制进行了改革，采取了订货买断制度。在这一模式下，服装企业不再承担退换货，而由经销商承担库存风险，其代价是服装企业将给予更低的进货折扣。

8. 解约条款

招商企业应帮助经销商开拓市场，遇到困难应共同研究解决，平时应加强对经销商的管理，将问题消灭在初始状态。如果解约，应把握好时机，防止经销商压货，以避免损失。例如，在合同中规定：“如乙方未能按照合同约定的年、季度进货额完成销售任务，甲方有权利自行进入市场；或发展新的经销商进入乙方经销区域内；或取消乙方经销权。如乙方有违反销售价格、未在规定的销售区域销售产品或其他违反合同规定的行为，甲方有权取消乙方的经销权。”

9.4.4 如何对渠道成员进行有效激励

激励渠道成员是指生产商激发渠道成员的销售积极性，使其产生内在动力，朝着所期望的目标努力，其目的是调动中间商的积极性。企业与经销商合作关系的维系，就是对利益的追求，持续地采取激励措施，可以增强相互之间的联系与合作。

激励中间商的方式多种多样，主要包括以下几种。

1. 促销活动

生产商的促销活动一般都很受中间商的欢迎，因为这样能使产品销售得更好，双方都有利可得。生产商应经常派人前往一些主要的中间商那里，协助安排商品陈列，举办产品展览和操作表演，培训店铺导购人员，或根据中间商的经销业绩给予相应的激励。

资料补充 9–16

合理使用中间商促销

对中间商的促销必须作为厂家整体营销计划的一部分，当厂家在制定营销策略和设计对消费者促销时就应该把它规划进去。厂家应尽量避免处于被动应对状态，否则，要绕开渠道成员的阻力去实现市场目标将会疲于奔命，甚至会破坏企业的有序发展。

2. 资金支持

中间商一般希望生产商给予资金帮助，这样可促使其放手进货，积极推销产品。一般而言，生产商可采用售后付款或先付部分货款，待产品出售后再全部付清的方式，以解决中间商资金不足的困难。但是这种方法主要适用于一般品牌产品的生产商，或是市场竞争激烈的产品生产商。而对于名牌产品及供不应求产品的生产商，一般都会采取提货即付的方式，以减少资金难以收回的风险。

3. 返利政策

生产商合理的返利政策，可以激励中间商积极推销产品，在制定返利政策时要考虑到以下因素。

(1) 返利标准。一定要分清品种、数量、等级、返利额度。制定标准时，要参考竞争对手的情况，要考虑现实性，并且要防止抛售和倒货等。

(2) 返利形式。一定要说明返利的形式是现价返还是以货物返，还是两者结合。还要说明以货物返能否作为下月的任务数。

(3) 返利时间。返利的时间应根据产品特性、货物流转周期而定，可以是月返、季返或年返。生产商应在返利的兑现时间内完成返利的结算。

(4) 返利的附属条件。为了能使返利这种形式真正促进销售，而不是相反(如倒货)，一定要加上一些附属条件，如禁止跨区销售、禁止擅自降价、禁止拖欠货款等。

4. 价格折扣

价格折扣主要包括以下几种形式。

(1) 数量折扣。经销商进货数量越大，金额越大，折扣越大。

(2) 等级折扣。中间商依据自身在渠道中的等级享受相应的折扣待遇。

(3) 现金折扣。回款时间越早，折扣越大。例如，“2/10，30 天”，意思是支付期限是 30 天，但如果对方在 10 天内付款，就可以获得 2%的折扣。否则，在 30 天内支付发票的全部金额。这样可以鼓励对方尽早付款。

(4) 季节折扣。在销售旺季转入销售淡季时，可鼓励中间商多进货，减少生产商仓储压力；在进入销售旺季之前，加快折扣的递增速度，促进渠道进货，达到一定的市场铺货率，抢占热销先机。例如，航空公司在淡季机票打折的幅度就会很大，夏季服装在秋冬交季常会大幅度打折，这些措施都会提高中间商的销售积极性。

5. 管理支持

管理支持就是通过帮助中间商进行销售管理，以提高销售的效率和效果来激发中间商的积极性。具体的做法包括以下几种。

(1) 帮助中间商建立进销存报表，做好安全库存数和先进先出库存管理。

(2) 帮助零售中间商进行零售终端管理，包括铺货和商品陈列等。

(3) 帮助中间商管理其客户往来，加强中间商的销售管理工作。

6. 信息支持

生产商应将所获得的市场信息及时传递给中间商，使他们做到心中有数。生产商有必要定期或不定期地邀请中间商参加订货会、新产品介绍会、促销政策告知会、兑现会、市场形式发展趋势研讨会等，以共同研究市场动向，制定扩大销售的措施；生产商还可将自己的生产状况和生产计划告诉中间商，为中间商合理安排销售计划而提供相关依据。

7. 建立伙伴关系

从激励的长效性看，应该实施伙伴关系管理，也就是生产商和中间商结成合作伙伴，风险共担，利益共享。生产商可以通过与中间商建立长期的利益共享机制、经常性的双向沟通机制等措施来保持稳定的合作伙伴关系。

资料补充 9–17

提高渠道成员合作性的手段

提高渠道成员合作性的通常手段：

(1) “利益”是渠道合作的黏合剂，无利可图，纵使神仙也难以将人聚到一起；

(2) 提供热销产品；

(3) 协助经销商做好市场；

(4) 帮助解决实际问题；

(5) 奖罚分明；

(6) 不断维护客户利益，而不是做“一锤子买卖”。

总之，中间商的积极性对分销渠道的作用产生着很大的影响，所以，激励中间商就成为分销渠道管理中不可缺少的一环。

9.4.5 如何避免和解决渠道冲突

渠道冲突的类型是多种多样的，而且并非所有的冲突都是有害的。因此，分销渠道的领导者并不是要去规避所有的冲突，只是要避免恶性的冲突。在一定程度上，企业可以通过管理手段和强制手段来避免和解决渠道冲突。

1. 管理手段

1) 渠道一体化

生产企业为了加强对市场的控制，降低渠道中企业之间因签订合同、履行合同所产生的交易费用，以此来降低终端零售价格，就必然要缩短销售渠道。渠道一体化的关键是通过资本将渠道各主要成员联为一体，降低交易费用。在这种情况下，如果某批发商建立起自己庞大的销售网络，就有能力与生产企业建立获取佣金的代理关系。随着代理关系的发展，生产企业为了进一步降低交易成本，将具有较大销售网络的代理企业购买过来或控股，从而建立资本关系。只有拥有了自己的销售网络，企业才可能真正控制市场，并在一定程度上避免渠道冲突。

案例 9–5

美国 GAP 公司与 SPA

SPA(Specialty Store Retailer of Private Label Apparel)中文直译为“自有品牌服装专业零售商”，是指服装企业拥有自有品牌，从商品策划、设计、生产、直到零售全部由总公司负责的一体化方式。SPA 的销售模式是由美国GAP公司从快速消费品行业的经营模式中提炼出来的，其核心就是"制造一零售"一体化，追求"少款式、大批量、不断货"的传统流水线生产方式，不强调品牌时尚性，以中低档休闲风格为基础。这一模式从20世纪六七十年代开始就成为GAP公司业务发展的根本体制，并于1986年在公司的年度报告中正式定义SPA模式。到了20世纪80年代末90年代初，凭借着这种新业务体制GAP公司在美国本土和国际市场成功扩张，这种GAP式的SPA在世界范围内也开始得到广泛认可，而GAP与SPA在当时也几乎成为同义词。

基于H&M和ZARA等品牌的快速发展，美国GAP目前虽然已经无法保持全球营业额最高企业的地位，但是其实力仍然不可忽视。根据《纺织服装周刊》2009年发表的资料显示，GAP公司包括3个品牌(GAP、Banana Republic、Old Navy)在内的一年销售额是160亿美元。习惯开车出行购物的美国人对于购物地点相对比较随意，结合这一生活习惯，GAP并没有特地将终端店面开在黄金地段，整个店面陈设类似于百货，强调品类丰富、价格便宜、以大众休闲风格为主，并不追求时尚感和品牌文化，整个购物氛围轻松随意。

2) 渠道扁平化

生产企业→总经销商→二级批发商→三级批发商→零售商→消费者，这种渠道层级是传统分销渠道中的经典模式。在传统的渠道模式下，由于企业对业务人员的奖励政策是按量提成，从而导致本企业的业务人员迁就纵容经销商窜货，谋求私利。因此，作为企业来讲，需要缩短渠道长度，提高企业对渠道的掌控程度，实行渠道扁平化管理。

3) 管理统一化

企业对分销渠道的管理应该由一个专门的部门负责。多头管理、令出多门最容易导致市场的混乱。这个专门的部门首先要制定一整套管理规章制度，如代理商的资格审查制度、巡视员工工作制度、奖惩制度等。制度一经制定，就要有法必依，违法必究，这样才能达到避免渠道冲突的效果。

4) 树立超级目标

当企业所在渠道面临对手渠道竞争时，最好的办法是渠道系统的所有成员团结一致、通力合作，建立超级目标抵御来自其他渠道系统的竞争。超级目标是指渠道成员共同努力，以达到单个成员所不能实现的目标，其内容包括渠道生存、市场份额、高品质和顾客满意。从根本上讲，超级目标是单个公司不能承担，只有通过合作才能实现的目标。一般只有当渠道一直受到威胁时共同实现超级目标才会有助于冲突的解决，才有建立超级目标的必要。

2. 强制手段

1) 实施仲裁

当渠道成员发生冲突时，由于冲突双方是利益当事人，存在利害关系，看问题难免带有偏见，如果有第三方加入，从中进行协调和仲裁，冲突往往容易解决。仲裁员一般由双方共同选择，仲裁员一般是该领域中的专家，和双方没有利害关系，比较公正。仲裁是双方自愿进行的，因而最后达成的仲裁协议，双方一般都能自觉履行。

2) 采取法律手段

冲突达到一定程度，有时就要通过法律诉讼来解决，诉诸法律也是借助外力来解决问题的方法。法院判决具有国家强制力，一方不履行判决书规定的义务，另一方可以申请法院强制执行。一般在通过前几种方法都不能解决渠道冲突的情况下，尤其是在涉及经济纠纷时，企业可以考虑采取法律手段来解决。

3) 退出渠道

解决冲突的最后一种强制方法就是退出该分销渠道。事实上，退出某一分销渠道是解决冲突的普遍方法。一个企图退出渠道的企业应该选择为自己留条后路，或者愿意改变其根本不能实现的业务目标。若一个公司想继续从事原行业，必须有其他可供选择的渠道。对于该公司而言，可供选择的渠道成本至少不应比现在大，或者它愿意花更大的成本来避免现有的矛盾困扰。当水平性或垂直性冲突不可调和时，退出是一种可取的办法。从现有渠道中退出可能意味着中断与某个或某些渠道成员的合作关系。

总之，避免分销渠道的恶性冲突是每一个企业都应该十分关注的事情。能够在分销渠道的恶性冲突发生之前，有效地化解掉，对整个分销渠道的健康发展是非常有利的。一旦冲突发生，解决渠道冲突的办法也是多种多样的，大多数渠道中解决问题的方法都或多或少地依赖于渠道权力或渠道领导权。

学以致用

丹麦时装巨头——绫致时装公司正在调整中国市场的经营策略，却因此与加盟商闹起纠纷。2011 年 7 月 18 日，数名来自湖南的代理商与绫致的员工发生了激烈冲突并惊动了警方。除此之外，在服装行业里也有很多服装公司开始“收紧”对于代理商的管理。

思考：服装品牌商为何收紧对代理商的管理？品牌商如何有效减少与代理商的冲突？

任务小结

在市场竞争日益激烈的状况下，服装企业需要充分了解市场，根据市场的需求来制定相应的营销策略。分销渠道就是一个沟通服装企业与市场的桥梁，通过渠道运作不仅完成了服装产品在空间和所有权上的转移，也实现了服装企业了解市场需求、掌控终端的需求。

分销渠道简单地讲是指服装产品或劳务从生产领域到消费领域的通路。分销渠道具有帮助服装产品实现形式效用、提高市场交换的效率和连接生产企业与最终用户的作用。在分销渠道实物流、所有权流、促销流、谈判流、资金流、风险流、订货流、付款流及市场信息流中，所有权流和付款流成为最需要关注的。

分销渠道的设计是一个系统工作，其成功的前提是要详细分析分销渠道设计的因素，充分掌握市场、产品、企业和中间商等因素在渠道设计中的影响作用，在此基础上进行渠道长短、宽窄及模式的选择。

要充分实现渠道在市场竞争中的作用，除了科学设计建立渠道体系外，更为重要的是要保证渠道系统的稳健高效运行，因此企业要积极实施渠道管理。渠道的管理内容十分丰富，本任务从渠道价格控制、渠道激励和渠道冲突管理等环节对渠道管理进行了介绍。

知识巩固

一、名词解释

1．营销渠道　　2．零售商　　3．特许连锁　　4．渠道直营

二、不定项选择题

1．制造商在某一地区通过选择一家中间商为其经销产品的策略，称为(　　)。

A．密集分销　　B．选择分销　　C．独家分销　　D．区域分销

2．特许经营在国内很流行，特许经营中的渠道一般属于(　　)。

A．宽渠道　　B．窄渠道　　C．长渠道

D．短渠道　　E．间接渠道

3．在操作招商政策时，除经销方式外，还有以下几个方面的政策需要关注(　　)。

A．确定市场准入政策　　B．制定价格管控政策

C．制定市场支持政策　　D．合理确定返利政策

E．科学制定退出机制

4．服装企业在设置销售分公司或办事处等机构时必须考虑(　　)。

A．市场规模　　B．市场发展潜力

C．企业资金状况　　D．竞争的激烈程度

E．产品类型

5．某大型服装企业全新推出一个子市场品牌，要求在短期内快速拓展市场网络。在这种情况下，你认为在选择经销商时下列哪些条件可以不作为重点要求(　　)。

A．资金实力　　B．信誉状况　　C．经营理念

D．市场网络　　E．独家代理

三、判断题

1．只要服装企业舍得钱就能建设一个符合自己需要的渠道。(　　)

2．渠道有长、短渠道之分，短渠道对消费者来说更有利，产品能够以更低的价格到达消费者手中，因此，企业应该使用短渠道。(　　)

3．中间商是公司的主要分销力量，相对于零售商，批发商的作用更加重要。(　　)

4．对于刚刚进入市场的服装品牌，采取经销制往往要好于代理制。(　　)

5．中间商实力越强对服装企业越有利，在招商的时候一定要主攻实力强的客户。(　　)

四、思考题

1．对于服装企业而言，渠道的作用有哪些？

2．服装零售商应该怎样面对日益变化的市场环境？

3．对于资金实力有限而又想快速提升市场占有率的服装品牌，采取何种渠道模式会比较有效？

4．在市场招商中，应该关注经销商哪些方面的条件？

5．导致服装渠道冲突的原因有哪些？应该如何防范和处理？

技能演练

一、案例分析

××服装品牌公司是一家由批发模式转型到品牌专卖模式的服装企业，拥有直营与加盟两种渠道模式。公司现有近十家的销售分公司，近百家的一级总代理，销售网点近两千家。近年来，销售分公司的销售成绩

逐年下滑，员工素质整体不高，管理方法陈旧。分公司疏于管理，下属网点形象都不好，总以为背靠大树好乘凉，衣食无忧，导致过一天算一天。一级总代理的现状更加令人担忧。有的总代理自恃是公司的大客户，反过来向公司漫天要价，公司对其难以操控。有的总代理自以为是“皇亲国戚”而不思进取甚至随意而为。有的总代理赚钱后从事房产、酒店行业而无心经营服装产业。有的总代理经营竞争品牌，分散投资。有的总代理依旧是夫妻店，从早忙到晚，大小事务全部包办。有的总代理满足于一手发货一手拿钱的批发经营，坐享其成，拿差价。有的总代理想做好，但总是缩手缩脚，依然停滞不前。

问题：

(1) 造成××公司困难处境的原因是什么？

(2) 作为公司直营渠道应该发挥怎样的作用？

(3) 如何应对公司当前的处境？

二、实训操作题

童装作为近年来增长速度最快的服装子市场，请选择一家童装企业，依据服装营销渠道的有关知识分析其渠道现状，并指出其优劣势并分析童装企业未来渠道的发展趋势。

【实训操作指令】

1．完整再现童装市场背景资料。

2．详细展现目标企业渠道状况。

3．分析童装企业渠道的发展趋势。

【实训名称】渠道系统的分析与设计。

【实训目标】让受训者利用渠道系统观分析和设计企业渠道，操练渠道设计与管理能力。

【实训组织】

1．受训者 4 或 5 人一组，采取自由组合方式形成，每组设组长一名。

2．在规定的时间内完成渠道系统分析方案，每个小组派成员进行 PPT 汇报。

3．指导老师组织受训者就分析方案进行讨论，形成基本判断。

【实训考核】

1．小组完成方案设计的表现占 40%。

2．小组成员的团队合作表现占 20%。

3．PPT 汇报的表现占 40%。

【实训成果】完整的渠道系统分析方案＋汇报 PPT。

任务10 制定服装企业促销策略

能力目标

完成本任务的教学，受训者应该具备以下基本能力：

1. 能有效识别服装企业的促销方式
2. 能够初步进行服装现场销售
3. 能够合理运用营业推广的各种方法
4. 能够对服装广告进行系统分析
5. 能够运用简单的公共促销方式

核心能力

在本任务的教学中，导师应重点关注受训者如下能力目标的实现：

1. 具备开展服装企业组合促销的能力
2. 能够进行终端促销的创意和简单策划

知识目标

为了完成本任务，受训者需要的理论知识：

1. 把握促销及促销组合的相关概念，理解促销的实质
2. 掌握促销的基本程序
3. 了解广告、公共关系、人员推销和销售促进决策的主要内容
4. 理解整合营销传播的核心思想

任务分解

10.1 认识促销及其步骤
10.2 服装企业的人员推销策略
10.3 服装企业的广告策略
10.4 服装企业的营业推广策略
10.5 服装企业的公共关系策略

案例导入

耐克成功的原因

耐克起源于1962年，由菲尔·耐特首创，当时命名为“蓝丝带体育”，20世纪70年代正式更名为耐克，初步超过阿迪达斯在美国运动鞋业内坐头把交椅，1980年占据约50%的美国市场份额。从那时起，耐克开始实行积极进取的市场活动，签约顶级运动员，并提出了“只管去做(Just Do It)”这一口号。

在20世纪80—90年代的大部分时期，专业运动员像英雄一样被崇拜，因此耐克投入大量资金，请成功、富有魅力的知名运动员为产品代言。例如，当迈克·乔丹1984年加入耐克团队，“像迈克一样”就成为切合了人们对迈克·乔丹仰慕之情的口号。而当乔丹1999年退役时，耐克无法找到一个运动员可以代替他的位置，因此，耐克转向一个名为“Nike Play”的新活动，这个活动由展示个人成就、鼓励所有人参与的系列短片组成。我们可以看到，耐克的市场推广策略随着消费者的喜好而不断进行调整。

对市场变化做出快速反应并制定相应的促销策略，正是保持耐克核心竞争力的法宝之一。

思考：耐克聘请形象代言人对品牌传播有哪些帮助？

任务明确

促销是现代营销的关键。在现代营销环境中，服装企业仅有一流的产品、合理的价格、畅通的销售渠道是远远不够的，还需要有一流的促销。市场竞争是产品的竞争、价格的竞争，更是促销的竞争。企业的营销力特别体现在企业的促销能力上。

市场营销促销手段主要有4种，这4种方式各有特点和适用范围，企业通常运用这4种手段进行组合促销。服装企业的促销策略分为下列5个子任务：

(1) 认识促销及其步骤；

(2) 服装企业的人员推销策略；

(3) 服装企业的广告策略；

(4) 服装企业的营业推广策略；

(5) 服装企业的公共关系策略。

本环节的学习与训练将围绕以上5个方面的任务展开。相信通过本任务的学习和演练，读者能具备运用市场营销促销手段实施系统促销活动的基本能力。

10.1　认识促销及其步骤

企业的市场营销活动不是仅仅生产出满足消费者需求的优质产品，或者将产品销售给分销渠道就万事大吉。企业需要研究如何将这些优质的产品和服务信息及时有效地传递给顾客，激起顾客的购买欲望，引导他们的消费方式，从而导致购买行为的产生，实现产品销售。促销策略是市场营销组合策略之一，最常用的促销组合工具是人员推销、广告、营业推广及公共关系。

学前小思考

1. “酒香不怕巷子深”，你认为呢？
2. 有的营销者认为，促销就是抓住产品的卖点不放，是这样吗？

知识大扫描

10.1.1　促销的含义

促销(promotion)是企业通过人员和非人员的方式，沟通企业与消费者之间的信息，引发、刺激消费者的购买欲望，使其产生购买行为的活动。从这个概念不难看出，促销具有以下几层含义。

(1) 促销工作的核心是沟通信息。企业与消费者之间达成交易的基本条件是信息沟通。

(2) 促销的目的是引发、刺激消费者产生购买行为。促销是通过各种传播方式把产品或劳务等有关信息传递给消费者，以激发其购买欲望，使其产生购买行为。

(3) 促销的方式有人员促销和非人员促销两类。人员促销，也称直接促销或人员推销，是企业运用推销人员向消费者推销商品或劳务的一种促销活动，它主要适用于消费者数量少、比较集中的情况。非人员促销，又称间接促销，是企业通过一定的媒体，传递产品或劳务等有关信息，以促使消费者产生购买欲望、发生购买行为的一系列促销活动，包括广告、公关和营业推广等，它适合于消费者数量多、比较分散的情况。通常，企业在促销活动中将人员促销和非人员促销结合运用。

资料补充 10-1

如何看待促销

在终端促销活动满天飞的今天，促销俨然已成为商家提升销售的一种“常规武器”。无论是企业还是大卖场，必做的一项工作就是对促销活动的设计、安排和评估。然而，随着终端竞争的日益加剧，当促销已成为一种常态后，促销往往容易流于形式。尤其是对于企业的一些促销方案的设计者而言，促销越来越成为一种自我标榜、标新立异的手段。一些企业片面追求促销形式上的差异，甚至不惜违背促销的根本出发点。这种“为促销而促销”所导致的结果，必然是劳民伤财，给活动效果大打折扣。

企业的促销活动应该既要兼顾到企业的短期利益，更要着眼于企业的长远发展和与品牌的结合度。如果是牺牲品牌的健康成长为代价带来的销量提升，显然不是好的促销。

10.1.2　促销的作用

1. 沟通信息，加深印象

沟通是在两人或多人之间达成了解和交流的相互影响的活动。通过促销活动，消费者掌握了有关企业、产品或服务的信息，加深了对产品或服务的印象，产生了购买欲望和购买行为，因此沟通信息是企业与消费者达成交易的基本条件。

2. 突出特性，诱导消费

企业通过促销活动，使消费者了解企业产品的差别优势，了解购买本企业产品给消费者带来的利益，激起消费者的购买欲望，诱导消费者购买行为的发生，使消费者的潜在需求转化为现实需求。

3. 树立形象，建立偏爱

企业通过促销活动，使消费者对企业及其产品或服务产生信任感，形成口碑效应，产生品牌偏爱，有助于树立良好的企业形象。

4. 指导消费，扩大销量

由于市场上新产品层出不穷，使消费者眼花缭乱，不知所措。企业通过促销活动，使消费者及时了解和掌握有关的产品知识，在一定程度上指导消费者的购买行为，激发消费者的购买欲望，扩大产品销售量。

10.1.3 促销组合与促销策略

1. 促销组合

促销组合是指企业根据促销需要，对人员推销、广告、销售促进和公共关系等各种促销方式的综合运用，使其组合达到最优化。

2. 服装促销的常用手段

表10-1所列的是上述方式的具体手段，但是，促销并不仅仅局限于这些特定的促销手段。产品的式样、价格、销售人员的举止与着装、企业的办公用品，所有这些都向购买者传递着某些信息。

表 10-1 服装企业常用的促销手段

广告	营业推广	人员推销	公共关系
印刷广告与广播广告	比赛、游戏、抽奖、奖券	上门推销	记者报道
外包装	奖金与礼品	柜台推销	演讲
服装包装袋	橱窗陈列	会议推销	研讨会
电影广告	服装交易会	电话推销	年度报告
服装宣传册	服装展览会	网络推销	慈善捐赠
招贴和传单	时装发布会		赞助
服装名录	赠券		出版物
翻牌广告	折扣		社区关系
服装形象广告牌	招待会		游说
店铺招牌	服装搭配销售		标志宣传
POP 广告			企业期刊
视听材料			组织社会公益活动
标志图形			

3. 服装促销

促销组合和促销策略的制定，其影响因素较多，主要应考虑以下几个方面。

1) 促销目标

促销目标是服装企业从事促销活动所要达到的目的。在服装企业营销的不同阶段，要求有不同的促销目标，以适应市场营销活动的不断变化。促销的最终目标是扩大企业产品的销售，无目标的促销活动收不到理想的效果。因此，促销组合和促销策略的制定，要符合服装企业的促销目标，根据不同的促销目标，采用不同的促销组合和促销策略。

2) 产品因素

(1) 服装产品的性质。

不同性质的服装产品，购买者和购买目的也不相同，因此，对不同性质的服装产品必须采用不同的促销组合和促销策略。一般说来，因服装销售的市场范围广，所以更多地采用拉式策略，尤其以广告和营业推广形式促销为多。

(2) 服装产品的市场生命周期。

服装产品所处的市场生命周期不同应选配不同的促销组合，采用不同的促销策略。在投入期，促销目标主要是宣传介绍商品，以使顾客了解、认识商品，产生购买欲望。广告可起到向消费者、中间商宣传介绍商品的功效，因此，这一阶段以广告为主要促销形式，以营业推广和人员推销为辅助形式。在成长期，由于产品打开销路，销量上升，同时也出现了竞争者，这时仍需加强广告宣传，但要注重宣传企业产品特色，以增进顾客对本企业产品的购买兴趣，若能辅之以公关手段，会收到相得益彰之佳效。在成熟期，竞争者增多，促销活动以增进购买兴趣与偏爱为目标，广告的作用在于强调本产品与其他同类产品的细微差别，同时要配合运用适当的营业推广方式。在衰退期，由于更新换代产品和新产品的出现，使原有产品的销量大幅度下降，为减少损失，促销费用不宜过大，促销活动宜针对老顾客，可采用提示性广告，并辅之适当的营业推广和公关手段。

(3) 市场条件。

市场条件不同，促销组合和促销策略也有所不同。从市场地理范围大小看，若促销对象是小规模的本地市场，应以人员推销为主；而对广泛的全国甚至世界市场进行促销，则多采用广告形式。从市场类型看，消费者市场因消费者多而分散，多数靠广告等非人员推销形式；而对用户较少、批量购买、成交额较大的服装团购市场，则主要采用人员推销形式。此外，在有竞争者的市场条件下，制定促销组合和促销策略还应考虑竞争者的促销形式和策略，要有针对性地不断变换自己的促销组合及促销策略。

(4) 促销费用。

服装企业开展促销活动，必然要支付一定的费用。费用是企业经营十分关心的问题，并且企业能够用于促销活动的费用总是有限的。因此，在满足促销目标的前提下，要做到效果好而费用省。企业确定的促销预算额应该是企业有能力负担的，并且是能够适应竞争需要的。为了避免盲目性，在确定促销预算额时，除了考虑营业额的多少外，还应考虑到促销目标的要求、产品市场生命周期等其他影响促销的因素。

学以致用

西班牙的 ZARA 和瑞典的 H&M，目前皆为国际上两大成功的服装零售品牌，两家公司的成功秘诀之一就是其独特促销策略的运用。

思考：请课后收集 ZARA 和 H&M 促销策略并进行比较，他们各自有什么特点？

10.2 服装企业的人员推销策略

在现代促销手段中，人员推销是最为古老、最普遍但又是现代最基本和最重要的销售方式，它是由推销人员、推销对象和推销的商品三者结合起来，构成统一的人员推销的活动过程。

学前小思考

1. 有的营销者认为，“推销工作是经营的命脉”，你怎么看？
2. 有人认为“只要口才好，就能做好推销”，你认为呢？

知识大扫描

10.2.1 人员推销的形式与特点

1. 人员推销的概念

人员推销是指企业派出推销人员或委派专职推销机构向目标市场的消费者和用户推销商品或劳务的经营活动。人员推销既是一种古老的售货方式，也是现代产品销售的一种重要方式。服装店铺的售货员、团体采购中的服装推销人员是人员推销的主体。

资料补充 10-2

销售来自于连续拜访

在营销界，一直都流传着这样一种经验：80%的销售成功的个案是销售人员连续 5 次以上的拜访后造成的；48%的销售人员经常在第一次拜访后，便放弃了继续推销的意志；15%的销售人员在拜访了两次之后也打退堂鼓了；12%的销售人员在拜访了 3 次后也退却了，5%的销售人员在拜访过 4 次之后放弃了。仅有 20%的销售人员的业绩却占了全部销售业绩的 80%。

2. 人员推销的形式

1) 上门推销

上门推销是最常见的人员推销形式。它是由推销人员携带产品样品、说明书和订单等材料走访顾客，推销产品。这种推销形式可以针对顾客的需要提供有效的服务，方便顾客，故为顾客广泛认可和接受。

2) 柜台推销

是指企业在适当地点设置固定门市，由营业员接待进入门市的顾客，推销产品。门市的营业员是广义的推销员。柜台推销与上门推销正好相反，它是等客上门式的推销方式。由于门市里的产品种类齐全，能满足顾客多方面的购买要求，为顾客提供较多的购买方便，并且可以保证产品完好无损，故顾客比较乐于接受这种方式。

3) 会议推销

会议推销是指利用各种会议向与会人员宣传和介绍产品，开展推销活动。例如，在订货会、交易会、展览会等展会上推销产品。这种推销形式接触面广、推销集中，可以同时向多个推销对象推销产品，成交额较大，推销效果较好。

资料补充 10-3

中国国内有影响力的服装专业展会

中国国内每年都有大量的服装、服装面料辅料、服装机械的展示活动。各服装企业通过参展推销自己企业的形象及产品。

中国国际服装服饰博览会：中国国际服装服饰博览会(CHIC)伴随着中国服装产业的发展而不断壮大。目前博览会展出面积达 12 万平方米，汇聚了来自 20 多个国家和地区的逾千家展商，专业观众超过 12 万。不仅是中国服装业界公认的年度盛会，同时也是亚洲地区最具规模的服装专业贸易展，成为服装企业市场开拓、品牌推广、商贸洽谈、国际交流的最佳平台。

中国国际纺织面料及辅料展览会：中国(上海)国际纺织品面辅料展览会(CTFE)稳居中国纺织专业展会前列，不论是正准备开拓国际市场，还是希望打开内地销路，CTFE 都是孕育商机的最佳选择。CTFE 为国际专业买家和厂家创造了了解及进入中国市场的绝佳机会，也为国内企业走向世界创立了公平竞争的贸易平台。

中国国际家用纺织品及辅料博览会：由中国国际贸促会纺织行业分会和中国家用纺织品行业协会、德国法兰克福展览有限公司共同举办的中国国际家用纺织品及辅料博览会(intertextile－home)已不仅成为海外家纺买家在中国的主要采购基地，也是国内家纺行业商家与厂家的重要洽谈会。

中国(大连)国际纺织服装博览会：中国(大连)国际纺织服装博览会定位为时尚、新颖、主题明确、特色突出的品牌聚集盛会。帮助国外品牌更好地进入中国市场，同时也扶持国内品牌企业树立国际形象。

中国休闲服装博览会(中国・沙溪)：中国休闲服装博览会是国内唯一以休闲服装为主题的专业展会，其权威性、时尚性、商贸性促进了中国休闲服装业全面发展。一年一度的中国休闲服装博览会成为整合资源、推动沙溪乃至整个中国休闲服装产业发展的重要平台。

上海国际时装周：上海时装周从 2003 年开始用国际大牌秀开创了接轨国际时尚的局面，已成为展示中国时尚的窗口，成为时尚中国的代表。

3. 人员推销的特点

1) 销售的针对性

与顾客的直接沟通是人员推销的主要特征。由于是双方直接接触，相互间在态度、气氛、情感等方面都能捕捉和把握，有利于销售人员有针对性地做好沟通工作，解除各种疑虑，引导购买欲望。

2) 销售的有效性

人员推销的又一特点是提供产品实证。销售人员通过展示产品，解答问题，指导产品使用方法，使目标顾客能当面接触产品，从而确信产品的性能和特点，易于消费者引发购买行为。

3) 拉近买卖双方关系

销售人员与顾客直接打交道，交往中会逐渐产生信任和理解，加深双方感情，建立起良好的关系，容易培养出忠诚顾客，稳定企业销售业务。

4) 信息传递的双向性

在推销过程中，销售人员一方面把企业信息及时、准确地传递给目标顾客，另一方面把市场信息、顾客(客户)的要求、建议反馈给企业，为企业调整营销方针和政策提供依据。

当然，人员推销也会存在不足之处。

(1) 费用支出较大。由于人员推销直接接触顾客有限，销售面窄，人员推销的开支较多，增大了产品销售成本。

(2) 对推销人员要求较高。人员推销的成效直接决定于推销人员素质的高低。尤其随着科技的发展，新产品层出不穷，消费者需求差异大且多变，对推销人员的要求越来越高。

资料补充 10-4

销售人员的角色

在推销过程中，销售人员身兼数职。

(1) 企业形象代表。销售人员是企业派往目标市场的形象代表，他们主动热情的工作，积极的态度乃至一言一行都代表了企业形象，是企业文化和经营理念的传播者。

(2) 热心服务者。销售人员是目标顾客的服务人员，帮助顾客排忧解难，解答顾客咨询，提供产品使用指导，其服务质量和热情赢得顾客的信任和偏爱。

(3) 信息情报员。销售人员是企业信息情报的重要反馈渠道。基于销售人员的工作特点，其可以广泛接触社会各个方面。因此，他们不仅收集目标顾客的需求信息，而且还能收集竞争者信息、宏观经济方面信息和科技发展状况信息，使营销决策者能迅速把握外部环境的动态，及时作出反应。

(4) 客户经理。当销售人员面对一群顾客作营销沟通工作时，他们所担任的就是客户经理的角色，在企业营销战略和政策指导下，行使一定的决策权。例如，交易条款的磋商，交货时间的确认等。

10.2.2 人员推销的策略与技巧

1. 人员推销的策略

(1) 试探性策略，又称“刺激—反应”策略，是指推销人员利用刺激性较强的方法引起顾客购买行为的一种推销策略。

在推销人员不十分了解客户需要的情况下，事先准备好要说的话，对客户进行试探。同时密切注意对方的反应，然后根据反应进行说明或宣传。

营销小知识

在向顾客推销产品的时候，可以重点提示产品的特色和优点，对产品进行示范操作、出示图片资料、赠送产品说明书等，由此来引发顾客的进一步关注，并及时地处理顾客提出的异议，排除成交困难，促成顾客购买。

(2) 针对性策略，又称“配合—成交”策略。这种策略的特点，是事先基本了解客户的某些方面的需要，然后有针对性地进行“说服”，当讲到“点子”上引起客户共鸣时，就有可能促成交易。

营销小知识

在人员推销中，用“投其所好”来形容针对性策略并不为过，在交谈过程中，要让顾客感觉到推销员确实是自己的好参谋，是真心为自己服务的，从而产生强烈的信任感，愉快地成交。不过也要注意过犹不及，避免顾客的逆反心理，因此，不要热情过度。

(3) 诱导性策略，又称“诱发—满足”策略。这是一种创造性推销，即首先设法引起客户需要，再说明所推销的这种服务产品能较好地满足这种需要。这种策略要求推销人员有较高的推销技术，在“不知不觉”中成交。采用这种策略，推销人员要有较高的推销艺术，能设身处地为顾客着想，并能做到恰如其分地介绍产品，真正起到诱导作用。

案例10-1

两个推销员的推销

在推销过程中，不同推销员的技巧：

顾客指着这一款产品说：“这个颜色真好看，我喜欢!”

一般的推销员：“是的，这个颜色好看。”(没有下文)

金牌推销员：“您只喜欢这个颜色吗？想不想看看其他颜色？如果我找到您更喜欢的颜色，您是不是会考虑购买？”(顾客产生兴趣)

2. 人员推销的技巧

推销是一项技巧性很强的工作，工作平庸的推销员和成功的推销员之间的主要区别在于后者能够掌握推销的真谛，将各种推销技巧熟记于心并运用自如，在面对各种各样的客户时做到胸有成竹，攻无不克。

1) 上门推销技巧

(1) 找好上门对象。可以通过商业性资料手册或公共广告媒体寻找重要线索，也可以到商场、门市部等商业网点寻找客户名称、地址、电话、产品和商标。

(2) 做好上门推销前的准备工作，尤其要对产品、服务的内容和研发状况要十分了解、熟悉并牢记，以便推销时有问必答；同时对客户的基本情况和要求应有一定的了解。

(3) 掌握“开门”的方法，即要选好上门时间，以免吃“闭门羹”。可以采用电话、传真、电子邮件等手段事先交谈或传送文字资料给对方并预约面谈的时间、地点。也可以采用请熟人引见、名片开道、与对方有关人员交朋友等策略，赢得客户的欢迎。

(4) 把握适当的成交时机。应善于体察顾客的情绪，在给客户留下好感和信任时，抓住时机发起“进攻”，争取签约成交。

(5) 学会推销的谈话艺术。

资料补充10-5

串门销售

“串门销售”被日本东京百货公司称为继柜台销售、开柜销售之后的“第三代”销售方式，这种销售方式占到了该公司营业额的10%。他们取得成功的秘诀是——推销员敲开的总是老顾客的大门。该公司的推销员并不太看中首次推销的成功与否，而是尽量促成今后能再次“串门”。第一次上门时，推销员带的商品种类并不是很多，当顾客拒绝购买商品后，精明的推销员则立即放弃继续对商品的推介，而是以非常诚恳的态度尽量与顾客多聊几句，听取顾客的意见。这样既能从侧面了解顾客家庭的一些情况、消费需求和消费习惯，也让顾客对推销员有了一定的印象和好感。等到第二次登门时，推销员能根据该顾客的性别、年龄、家庭成员、消费观念等特征携带比较适合的产品。这样，第二次推销的成功率就大大提高。

"80%的生意来自20%的老顾客。"这是美国超级推销员马克·麦克(Mark Mike)总结出来的一条成功的推销定律。即使推销员第一次推销并没有取得的成功，但顾客已是你的老顾客，你已是顾客的新朋友，待"朋友"上门时，遭遇拒绝的比例自然大幅度下降。

2) 洽谈艺术

首先注意自己的仪表和服饰打扮，给客户一个良好的印象；同时，言行举止要文明、懂礼貌、有修养，做到稳重而不呆板、活泼而不轻浮、谦逊而不自卑、直率而不鲁莽、敏捷而不冒失。

在开始洽谈时，推销人员应巧妙地把谈话转入正题，做到自然、轻松、适时。可采取以关心、赞誉、请教、炫耀、探讨等方式入题，顺利地提出洽谈的内容，以引起客户的注意和兴趣。在洽谈过程中，推销人员应谦虚谨言，注意让客户多说话，认真倾听，表示关注与兴趣，并做出积极的反应。

遇到障碍时，要细心分析，耐心说服，排除疑虑，争取推销成功。在交谈中，语言要客观、全面，既要说明优点所在，也要如实反映缺点，切忌高谈阔论、"王婆卖瓜"，让客户反感或不信任。

洽谈成功后，推销人员切忌匆忙离去，这样做，会让对方误以为上当受骗了，从而使客户反悔违约。应该用友好的态度和巧妙的方法祝贺客户做了笔好生意，并指导对方领会好合约中的重要细节和其他一些注意事项。

案例10-2

一次失败的销售洽谈

提问在销售过程中尤其是在大生意的销售过程中将发挥越来越重要的作用，但提问不是万能的，正确的提问才能实现更多的销售。

一个销售代表想向一位身材偏胖的女士推销一件束体修身内衣。

销售员：小姐，认识您很高兴。我能冒昧地了解一下您的体重吗？

准顾客：60千克。

销售员：是吗？看不出来，好像蛮标准的哟。

准顾客：都60千克了，还标准啊？

销售员：没看出来，那这样行动会很不方便吧？

准顾客：没有，还好啊，我没觉得有什么不方便。

销售员：那您有没有感觉这样的体形可能会影响到您的职业形象呢？

准顾客：没有啊，丰满一些更有特点。

销售员：(对话无法进行下去)唔？……

结果：顾客愤然离去。

3. 发现潜在顾客的技巧

潜在顾客是指有购买可能或者愿望的顾客。其特点是具有较大的付款能力，有某种潜在的购买需求，有购买决定权，认同推销员的推销工作。

推销员发现潜在顾客的基本途径，一是随时随地寻找利用一切可以利用的场合和机会；二是利用人际关系介绍，如血缘、地缘、亲缘及各种团体，发现潜在顾客；三是寻找突破口。利用连带关系，发现潜在顾客。

发现潜在顾客的主要技巧包括：

(1) 直接访问。即进行挨家挨户的访问，或利用电话访问。

(2) 老顾客介绍。利用老顾客的关系，介绍潜在顾客。

(3) 同事协助。利用本企业其他业务人员介绍潜在顾客。

(4) 产品展示。通过展出产品或新颖的 POP 广告吸引顾客驻足了解。

(5) 利用各种名册。例如，电话本、工商名录、黄页、社团名录，也可以在新兴的互联网络上寻找客户信息。

(6) 交换名单。不同行业的推销员相互交换顾客名单。

案例 10-3

乔·吉拉德的推销

乔·吉拉德(Joe Girard)因售出 13 000 多辆汽车创造了商品销售最高纪录而被载入吉尼斯大全。他曾经连续 15 年成为世界上售出新汽车最多的人，其中 6 年平均每年售出汽车 1 300 辆。乔的推销策划秘诀之一：名片满天飞——向每一个人推销。每一个人都使用名片，但乔的做法与众不同：他到处递送名片，在餐馆就餐付账时，他把名片夹在账单中；在运动场上，他把名片大把地抛向空中，就像雪花一样，飘散在运动场的每一个角落。你可能对这种做法感到奇怪，但乔认为，这种做法帮他做成了一笔笔生意。在乔的理念中，每一位推销员都应设法让更多的人知道他是干什么的，推销的是什么商品。这样，当他们需要他的商品时，就会想到他。乔抛散名片是一件非同寻常的事，人们不会忘记这种事，当人们买汽车时，自然就会想起那个抛散名片的推销员，想起名片上的名字：乔·吉拉德。同时，要点还在于，有人就有顾客，如果你让他们知道你在哪里，你卖的是什么，你就有可能得到更多的生意机会。

4. 排除推销障碍的技巧

(1) 排除客户异议障碍。若发现客户欲言又止，自己应主动少说话，直截了当地请对方充分发表意见，以自由问答的方式真诚地与客户交换意见。对于一时难以纠正的偏见，可将话题转移。对恶意的反对意见，可以“装聋扮哑”。

(2) 排除价格障碍。当客户认为价格偏高时，应充分介绍和展示产品、服务的特色和价值，使客户感到“一分钱一分货”；对低价的看法，应介绍定价低的原因，让客户感到物美价廉。

(3) 排除习惯势力障碍。实事求是地介绍客户不熟悉的产品或服务，并将其与他们已熟悉的产品或服务相比较，让客户乐于接受新的消费观念。

10.2.3　服装推销人员的管理

1. 服装推销人员的筛选

服装企业为了达到良好的人员推销效果，对从事本企业服装销售工作的人员要求有一定的素质，有从事服装业的志愿与责任心、良好的推销职业道德；掌握有关服装消费者的心理，以及对企业内部的设计、生产、工艺甚至服装风格有一定程度了解；必须了解市场行情和竞争者的状况；有良好的社交能力、灵活应变能力，以及良好的身体条件等。更重要的是，一个服装企业的推销人员应遵循的基本准则，主要包括以下几个方面。

1) 顾客导向

著名推销专家海因兹·戈德曼(Heinze Gddman)认为“推销就是要使顾客深信，他购买你的产品是会得到一些好处的。”美国市场营销学家菲利普·科特勒也认为，“顾客需要我们帮助他们解决问题。而一位有效的销售人员就是知道顾客的难处并知道如何帮助他们解决困难的人。”因此，现代推销必须树立新的营销观念，以顾客为导向，在满足顾客对商品或劳务需要的同时，实现推销商品的长期目的。顾客导向是人员推销准则中最基础的。

2) 锐意创新

科学技术的迅猛发展，促进了产品的不断更新、市场需求的丰富多彩、企业竞争的日趋激烈。锐意创新是竞争取胜的必由之路，企业只有在调查研究基础上，不断创造更为有效的新的推销战略。

3) 文明推销

企业的人员推销要适应现代社会的发展，必须以文明推销为准则。推销人员要在工作中不断加强自身的修养。推销的文明不但表现为庄重的仪表、规范的语言和娴熟的业务技能，更为重要的是，要从顾客的角度考虑问题，处处为顾客着想，只有这样才能取得顾客的信任，为顾客带来更大的方便，从而进行有效的推销。

4) 顾客满意

顾客对推销服务的需求是多方面的，在购买商品前，希望推销人员提供真实、可靠、及时的信息、咨询等服务；在购买商品中，希望便利购买；购买商品后，希望推销人员提供技术指导、零配件供应及质量保证措施等售后服务。因此，推销人员要向顾客提供全方位的整体服务，使顾客做到满意购买和购后放心。

服装企业选择推销人员，可以从企业内部挑选，因为这些人已经具备了一定的服装推销业务、技术知识，并且有一定的本企业经历，能认同本企业的企业文化和经营理念，可以节省培训时间和费用；也可以从企业外部挑选，以面试或书面申请等方式聘任那些具备基本条件及相应服装从业经验的优秀人员。当然，不管是内部挑选的推销人员，还是从企业外部招聘的推销人员，都应进行不同程度的上岗培训和再培训。

2. 服装推销人员的培训

有远见的服装企业都要对被招聘的人员进行一定的专业服装推销培训，使之对服装业务、推销技巧更加熟悉，增进其对服装文化、企业及品牌的理解。国内各服装企业根据自己不同的经营规模和市场发展情况，采取不同的培训方法。主要的方法有以下 3 点。

1) 师傅带徒弟

这种方法可以使新推销员直接深入工作环境现场中，由具有相当的服装推销经验的业务员言传身教。

2) 企业集中培训

这种方法时间短、费用低、见效快，如果企业招聘的推销人员数量较多，集中培训的效果就更好。

3) 学校代管法

派人员去服装专业学校定向培养，这种方法要花费一定经费，而且一般时间也较长。

资料补充 10-6

推销人员的素质要求

企业人员的推销活动需要一支组织合理、素质较高的推销人员队伍来完成，推销人员的素质和能力直接关系到推销绩效及企业的优良形象。推销人员必须具备的基本素质有以下5点。

(1) 思想素质。良好的推销人员首先要热爱本职工作，具有坚定的事业心和责任感，不见利忘义，全心全意为顾客服务，依法开展营销活动。

(2) 文化素质。作为推销人员，既要熟悉有关的方针政策，同时还要有社会经济学、消费心理学、市场营销学、美学等方面的知识，并能较好地应用于实践。

(3) 业务素质。销售人员要有熟练的业务知识，包括产品知识，如质量、效用、价格、使用方法等；企业相关知识，如企业的历史、声誉、经营方针、交货方式等；用户知识，如同类产品市场分布情况、需求特点、购买方式等；市场知识，如同类产品市场分布情况、发展趋势等。只有具备良好的业务素质，才能克服推销活动过程中的各种障碍。

(4) 身体素质。健康的体魄是销售工作最基本的要求，除了保持身体健康外，销售人员还要注意容貌的修饰和服饰整洁，保持举止文雅的行为风度，从而具有良好的精神风貌。

(5) 心理素质。推销人员面临的经营环境是复杂多变的，这就要求其应具有良好的心理素质和应变能力，对推销对象不仅要真诚、友善，而且要有坚定的意志品质，能够长期保持工作的积极性和主动性。

学以致用

自己试着与同学配合，一人扮演顾客，一人扮演推销员，体验一下人员推销的过程。

10.3　服装企业的广告策略

在当今社会化大生产条件下，产品种类繁多，人们可选择面广，某个企业的产品，也许人们从未听闻，更别谈购买了。所以企业要想尽办法使用促销手段调动消费者的注意力，刺激购买欲望，最终达成有效交易。这种能够起到广泛宣传、激励作用的促销手段便是广告。

学前小思考

1. “商品如果不做广告，就好像一个少女在黑暗中向你暗送秋波。”对于西方流行的这句名言，你如何理解？
2. 给你留下深刻印象的广告有哪些？它们有哪些特点？

知识大扫描

10.3.1　广告的含义和基本特征

1. 广告的含义

广告(advertising)是由明确的出资人通过各种媒体采取艺术手段和非人际传播方式，传播企业及其产品(商品、服务和观念)信息，塑造品牌形象以满足消费者需求的营销传播活动，这种活动是有偿的、有组织的、综合的和劝说性的。

2. 广告的基本特征

广告是企业传递信息、宣传产品、开拓市场的手段。从本质上说，广告是一种信息传播活动，从传播学的角度来看，它的基本特征如下。

(1) 广告有可识别的广告主。企业做广告的目的首先就是要让消费者了解产品信息或企业信息，如果我们看不出一则广告的广告主是谁，那么这则广告是失败的。

(2) 广告是付出一定代价的信息。企业要想通过广告进行促销，必须支付一定的费用。如海尔、可口可乐及诸如此类的企业在电视台、广播电台、报社花费大量的金钱，发布我们看得到、听得到和读得到的广告。

(3) 广告的本质是一种信息传播活动，具有信息性。

(4) 广告的传播对象是大众而非个体，即广告是非人员的传播。广告针对的可能是最终消费者，如最终到商场去购买衣服的人，也可能是中间商，如服装经销商等。当然，广告针对的既有现实的顾客，也有尚无明确需求和动机的潜在顾客。

(5) 艺术加工。广告要想达到较好的信息传播效果，须通过艺术形式，使受众在自然而然的兴趣和愉悦中认知和接受广告的传播。

(6) 绝大多数广告具有明显的销售倾向，即劝说目标顾客改用某一产品、接受某一服务或观念。

10.3.2 广告的作用

在现代社会中，服装广告已成为人们日常生活中不可缺少的内容，在社会的各个方面都起到了相当重要的作用。

1. 传播信息

传播信息是服装广告最基本的功能。服装广告通过向消费者提供各种不同的信息，如服装产品信息、服装市场信息、服装服务信息、服装品牌信息等，进行交流、沟通，从而达到服装广告发布的目的。

案例 10-4

七匹狼“捍冬风衣”的广告

据 2008 年 1 月 8 日《市场报》报道，目前市面上有一种风衣，重量是普通羽绒服的 1/2，却有相当于羽绒服 1.2 倍和普通防寒服 2 倍的防寒效果。原来，这正是南极科考队在第 17 次和第 21 次科考中选用的面料。目前，七匹狼出品的“捍冬风衣”使用的是全球 500 强企业 3M 公司的产品“新雪丽”。“新雪丽”拥有 2～5 微米直径超细纤维，直径是普通纤维的 10%，在水中吸水量小于其自重的 1%，即使是在雨雪的环境中它依然保暖和干爽，所以能够让人经受－58.4℃的严寒。通过这篇报道，消费者能够了解到新产品的消息。

2. 创造需求，促进消费

创造需求、促进销售、赢得市场，是服装广告的主要任务。服装广告能使新产品、新式样、新的消费意识迅速流行，形成消费时尚；可以使消费者在众多的商品中选择、比较，引导消费。

案例 10-5

莱卡如何被消费者接受

莱卡是美国杜邦公司于 1958 年独家发明并生产的一种人造弹性纤维，杜邦公司曾以 3 000 万美元改变莱卡的广告形象，在最终消费者中建立其品牌形象。曾有人对此表示质疑，因为莱卡只是服装面料的一种辅料，和最终消费者的距离甚远。但事实上，通过广告语"舒适、舒逸、新体验"，莱卡在消费者中建立了很高的声誉，并使弹性面料服装成为席卷世界的潮流。

3. 树立信誉，开展竞争

服装广告有利于服装企业树立良好的品牌形象，提高市场占有率。我国服装大部分国内知名品牌不具有国际知名度。随着竞争的加剧，广告不仅是一种促销手段，而且是服装企业树立品牌形象的重要手段。

4. 美化生活

服装广告通常采用艺术的表现手法来传播信息。在广告中，艺术性与功利性是相辅相成的。缺乏艺术性的服装广告，不能引起消费者的注意，当然就达不到广告宣传的目的。因此，提高广告的文化品位和艺术审美价值，使广告受众在接受广告信息的同时得到美的熏陶和艺术的享受，这对于广告的传播和美化生活、陶冶情操都能起到极好的促进作用。

10.3.3　服装广告目标的确定

广告目标就是企业通过做广告所要达到的直接目的。服装广告目标应同企业已确定的目标市场、市场定位和市场营销组合决策保持一致，广告的最终目标无非是促使消费者购买本企业的服装产品，以扩大销售额。但由于受市场因素、产品因素和企业本身因素的影响，企业的广告目标往往不是固定的。例如，对处于产品生命周期不同阶段的产品，应有不同的广告目标：处于投入期的新产品，企业以"告知"为主要目标；而对于处于成熟期的产品，由于竞争激烈，企业的广告应以"说服"为主，促使消费者偏爱本企业的产品。广告的目标很多，但可归为以下三大类。

1. 告知性的广告目标

即通过广告使消费者了解有关企业与本品牌服装的信息。它主要适用于以下情况：让消费者了解新品牌或新款式已经投放市场；介绍企业的价格调整情况；解释某类服装的使用、保养方法；介绍本企业能提供的服务项目；纠正消费者对本企业的不正确印象；消除消费后顾之忧；树立企业的形象和提高企业的知名度。

案例 10-6

范思哲的广告

1978 年，范思哲在米兰成功举办了第一个有自己签名的女装展示会，范思哲品牌从此诞生。范思哲在广告事业中花尽了心思。首先是与广告业的人士交朋友，尤其是那些摄影师，他们经常是范思哲的座上宾。

他通过这些人了解服装业的动态和趋势。其次就是开展宣传活动，调动一切手段宣传自己公司的产品。在遇到美国著名时装摄影师理查德·埃夫登(Richard Avedon)后，范思哲的设计开始出现在世界各大顶尖时尚杂志的封面上。范思哲是戴安娜所青睐的众多时装设计师中最亲密的人。戴安娜觉得英国式的设计过于保守和严谨，范思哲为她设计的晚装则不同，富有活力和热情。演艺界的名人是范思哲注目的对象，一旦这些名人穿上范思哲的服装参加奥斯卡的颁奖仪式，电视台把各位大明星的形象向全世界进行转播，范思哲的作品自然而然就传向了全世界。

2. 说服性的广告目标

通过广告使消费者偏爱和购买本企业的服装，大多数广告目标属于这一类型。它主要适用以下情况：当竞争十分激烈时，企业通过广告使消费者认识到本企业服装的特色，能为消费者带来较为满意的使用价值和感受价值，促使消费者购买本企业服装；当市场上同类服装很多时，促使消费者对本企业的产品和品牌产生偏爱；鼓励竞争企业的消费者购买本企业的产品；鼓励消费者在短期内购买产品；转变消费者对某些服装款式的感觉，使消费者真正了解服装的价值等。

3. 提示性的广告目标

即通过广告提醒消费者采取某种行为。它主要适用于以下情况：当产品进入成熟期时，企业通过反复做广告，使消费者经常想到本企业的产品；提醒消费者在不久的将来需要本企业的产品，如在冬季来临时提醒消费者购买保暖内衣等；提示消费者购买某种产品的地点；在某种服装的销售淡季时使消费者不忘记该产品。与这类广告目标相类似的还有一种加强性广告，这种广告使现有的购买者确信自己的购买决策是正确的。例如，一些企业通过描绘消费者使用某种产品的满意程度来达到这一目标。

10.3.4 广告信息

确定了广告目标后，企业就要把经过精心创作的信息，通过合适的方式传递给消费者，以达到预期的目的，这就要求企业制定科学的广告信息决策。广告信息决策主要包括 3 方面的内容：一是广告信息的创作，二是广告信息的评价和选择，三是广告信息的表达方式。

1. 广告信息的创作

创作广告信息就是根据广告目标构思出几种可选择的广告内容。对于任何一个服装企业、任何一种服装产品，广告都可以从不同的侧面进行宣传。但一则服装广告内容要有足够的吸引力，往往只能强调其中的一个具体的方面，这就要求企业必须掌握重点。具有创造性的广告创作人员，往往能运用多种方法产生广告内容，以实现广告目的。例如，许多创作人员与顾客、中间商、市场营销专家和竞争者交谈，以寻找广告内容，其中消费者是构思服装广告内容的最重要来源，他们对服装及企业的评价往往能为创作广告内容提供很好的线索。如果消费者对某种服装有较好的评价，企业就可以在广告内容上体现消费者的满意感，使更多的消费者偏爱本企业的产品；如果消费者对产品某一方面感到不满意，企业就可以在改进产品的基础上，以改进后的产品特点作为广告内容，消除消费者的不满意感。显然，创作的广告内容越多，企业找到最佳的广告内容的可能性就越大，但所需的时间也越长，费用也越高。

2. 广告信息的评价和选择

这一工作要求服装企业首先对可供选择的广告内容进行评价，在此基础上选择最佳广告内容。一般来说，评价服装广告信息(内容)可用以下 3 项标准：第一，使人喜欢，即广告内容要使广告受众有兴趣，才会使接触广告的消费者对广告内容产生较深的印象。第二，具有特色，即广告内容要能具有区别于其他企业服装的特色，从而使消费者偏爱、购买本企业产品。第三，可信度高，即广告内容能使消费者认为是真实的而不是虚假的。在评价广告信息的基础上，企业就可以选择一种最能达到广告目标的广告内容。

3. 广告信息的表达方式

服装广告的效果不仅取决于广告信息(内容)的质量，而且取决于广告信息的表达方式，尤其是对于那些同质性较强的服装类别(如内衣、衬衫、西服等)。广告信息的表达方式更是具有关键性的作用，企业必须通过能赢得目标受众注意和兴趣的方式把信息传递出去。

服装企业应谋求最佳的信息表达形式、语调、读音和格式来表达广告信息，任何信息都可采用不同表达形式，最常用的信息表达形式有以下几种。

(1) 生活片断，即以生活片断的形式显示人们正在使用本企业的产品，如显示一位年轻女生特意挑选了某品牌服装前去约会的生活情景。

(2) 生活方式，即强调本企业的产品非常符合人们的生活方式，如一个中年成功男人在豪华办公室里正与客户签订一份重要合同，身着西服显得气度非凡。

(3) 幻想，即根据产品的特点和用途创造一种幻想境界，如显示一个穿着单薄的姑娘在积雪很厚的田野行走，突然从天上降下一件羽绒大衣，顿时使她欣喜万分。

(4) 音乐，即以音乐的形式表达产品的性能、特色、信誉等内容。

(5) 人格化，即用拟人的手法，使产品具有人的特征，进行自我宣传。

(6) 技术专长，即表明本企业的生产设备和工艺技术所具有的特长和经验。例如，某服装厂宣传其创始人曾为几代国家领导人定制西服，而另一西服企业则强调自己技术先进的生产线。

(7) 科学证据，即通过提供调查结果或科学证据说明本企业产品符合科学原理或优于其他同类产品。

(8) 旁证材料，即通过显示企业的产品得到过某些奖励或权威人士对产品的高度评价来说明本企业产品的优点，这是一种可信度较高的表达形式。

各种信息表达要素应相互协调，以产生一种最佳的广告信息表达效果。

10.3.5　广告的常用媒体及其评价

广告媒体，是广告主与广告对象之间联系的物质或工具，它是信息传播的载体。广告媒体可以分为以下几类。

1. 大众传播媒体

大众传播媒体主要是指报纸、杂志等印刷品媒体，与广播、电视通称为四大广告媒体。

1) 印刷品媒体

印刷品媒体包括报纸、杂志、电话册、火车时刻表等。其中，最为典型的是报纸和杂志两大媒体。

报纸运用文字、图像等印刷符号，定期、连续地向公众传递新闻、时事评论等信息，传播知识，提供娱乐或生活信息。报纸具有发行量大、传播范围广、制作简便灵活、价格相对较低、选择性强、读者稳定、可信度高等优点，同时也有时效性短、内容多、分散注意力、质量不高、缺乏针对性等缺点。因此在选用报纸媒体时，应注意报纸发行的对象和范围，报纸的发行量，广告刊登的情况，如版次、位置、大小等。

杂志也是一种常见的广告媒体，它常利用其封面、封底、内页、插页刊登广告。杂志的优点是选择性强、针对性强、传导对象明确、可以长期保存查阅、记录性好、读者稳定、印刷和制作精美。但是，杂志同时存在着出版周期长、传播速度慢、成本高、对象狭窄的缺点，从而影响了信息的及时和广泛传递。在选用杂志媒体时，要注意杂志的阅读对象，以便把广告内容同阅读对象结合起来。

2) 电子广告媒体

电子广告媒体包括电视、电影、广播、互联网络等形式，其中广播、电视最为典型。

广播传播存在及时性强、速度快、重播频率高、制作费用较低、实效性好、灵活性强、不受时空限制的优点，但同时存在时间短暂、保留性差、缺乏形象支持、不易主动收听的缺点。

电视是一种运用电波把声音、图像、文字符号同时传送和接收的视听结合工具。从20世纪30年代产生以来，已经深入千家万户，在传播领域起着越来越重要的作用。它是传播广告信息的主要媒体之一。据统计，全世界约有1/3的广告费用投在电视媒体上。一般说来，它具有视听结合、说服力强、传播面广、渗透力强、形式灵活多样、针对性强、效果明显等特点。但是，由于受时间限制，其广告传递信息少，同时费用高，选择性差。因此一旦投入电视广告，就要有较大的广告预算。在选择电视媒体时，应注意尽量使用电视收看率高的“黄金”时间(晚上7:00～10:00)播出。此外，要适当集中和固定播出时间，并将广告分类播出，使观众有选择的灵活性。

2. 促销媒体

促销媒体也称小众传播媒体。这类传播媒体范围相对较小，往往直接影响消费者的购买行为，它可以和大众传播媒体配合进行促销，满足消费者的整体需要。它主要包括户外广告、POP广告、直接媒体广告、交通媒体广告、体育广告、馈赠广告、购物袋广告等。

1) 户外广告

指设置在室外的广告，主要有设置在路灯、路牌、广告柱、屋顶、霓虹灯、海报等媒介上的广告。另外还包括广告招贴画、看板等形式。户外广告面向所有的公众，所以比较难以选择具体目标对象。但由于户外广告可以在固定的场所长时间地展示企业的形象和品牌，所以对于提高企业的知名度很有效。

2) POP广告

POP(point of purchase)广告即销售点广告或销售现场广告，是销售点和购物场所的广告。POP广告有广义和狭义之分。广义包括销售场所内外的所有促销方式，如商店招牌、霓虹灯、商品陈列、店内完全等。狭义仅包括购买场所内的促销方式，其主要形式有3种：一是开放陈列，让消费者直接接触商品；二是集中提供信息，以成立专柜的形式向购买者介绍产品信息和知识；三是创造刺激氛围，运用各种音像、图片、广播、装饰等增强消费者的购买欲望。POP广告有利于唤醒消费者购买欲望；有利于营造气氛，吸引消费者；实效性强，认知度高。但是，POP广告设计要求高，还要日常维护，以免广告出现脏乱，影响传播效果。

3) 直接媒体广告

直接媒体广告是一种由广告主将印刷、书写或以某种形式处理的广告信件，在一定范围内直接寄送或传递给受众的广告形式，其具体形式可以分为直邮广告和非寄送类直接广告。

其中直邮广告是通过邮局直接邮寄宣传品与消费者进行沟通，其优点是选择性强、具有较强的灵活性、发布速度快、情报全面；其弱点是费用较高，同时消费者比较反感。非寄送类直接广告有电话广告、传单广告、物品广告、夹报广告等。

4) 交通媒体广告

交通媒体广告主要是指充分利用交通工具及其周围的设施将信息传递给消费者的广告形式。交通广告通常包括车内广告、车外广告、车站广告等类型。一般来说，交通广告具有动态性强、稳定性好、频次高、成本低等特点。

3. 新型传播媒体

随着科学技术的进步，近些年出现了一些发展迅猛以互联网为代表的传播媒体。与前面的媒体相比，它们更有利于加强信息传递的时效性和增强与消费者之间的沟通。

与传统的媒介相比，互联网广告具有巨大的优势：①互联网广告具有很强的互动性；②更加详尽、充实；③消除了时间和空间的限制；④价格低廉，信息量大。目前，网络广告的形式主要有横幅广告、图标广告、赞助广告、邮件广告、插页广告、首页广告、游戏广告等。随着网络技术的发展及网络策划与创造力的增强，互联网广告的形式还会更多、更新奇。

10.3.6　选择服装广告媒体时应考虑的因素

由于不同的广告媒体具有不同的优势与劣势，服装企业在进行广告活动的时候，必须进行正确的选择。一般来说，广告媒体的选择需要考虑以下因素。

1. 消费者接受媒体的习惯

由于消费者的性别、年龄、收入、受教育的水平、职业及生活习惯不同，他们对广告媒体的接触有很大差别。企业应针对不同消费者的特点选择广告媒体。例如，对于儿童服装，选择电视可能更为合适；对女性服装，一般选择女性杂志或是电视等。

2. 产品的性质和特点

不同性质的产品，其使用价值与使用范围各异，所选择的广告媒体必须适合其产品的性质与特点。例如，技术性的产品多选择专业性杂志，而生活用品一般采用大众传播媒体；照相机可以采用电视作为传播媒体，而服装则应该选择有色彩的杂志广告媒体。

3. 销售的范围

广告宣传的范围要和商品销售的范围一致。一般来说，全国性销售的产品可以通过全国性的广告媒体传播，只在地区内销售的产品选择地方性的媒体。

4. 媒体的费用

各种广告媒体的收费标准不同，所以广告的成本也各不相同；即使同种媒体，也因范围、时间等而价格各异。必须注意的是，关注广告费用不能只注意其绝对数字上的差异，更重要的是要注意目标沟通对象人数与成本之间的对比关系。

5. 其他因素

选择广告媒体需要考虑的其他因素包括媒体的知名度、竞争对手的特点及企业的经济实力等。

总之，企业在进行媒体选择时，必须考虑自身内外的各种因素，综合权衡利弊作出决定。

学以致用

2008年春节期间，一个简单的电视广告如一石激起千层浪，一经几大地方电视台播出来便万众瞩目，成为人们热烈讨论的话题，迅速演变成一个“广告门”事件。那便是众人皆知的恒源祥十二生肖广告：北京奥运会会徽和“恒源祥”商标组成静止的画面，由一个低沉的男音从“恒源祥，北京奥运会赞助商，鼠鼠鼠”念到“恒源祥，北京奥运会赞助商，猪猪猪”，依照这种方式把十二生肖完整地念了一遍，历时一分钟。

思考：你会如何评点恒源祥的十二生肖广告？

10.4 服装企业的营业推广策略

营业推广的范围很广，形式多样，既可以是对消费者的促销，也可以是对中间商的鼓励。随着市场竞争的日趋激烈，企业越来越多地运用一些营业推广的手段来刺激销售。

学前小思考

1. 营业推广可以长期反复地操作，这句话对吗？
2. 服装奢侈品牌常见的营业推广方式有哪些？

知识大扫描

10.4.1 营业推广的含义及作用

1. 营业推广的定义

营业推广，也称销售促进，英文为 sales promotion(简称 SP)，是通过推出“看得见”的利益，销售企业产品或服务的促销活动。

2. 营业推广的作用

比起其他促销手段，营业推广在以下几个方面有着不可替代的作用。

(1) 营业推广吸引消费者的购买，短期促销效果明显。面向消费者推出的系列优惠活动让顾客感受到产品的实际效用，对产品的了解加深。当现实的产品和实惠摆在顾客面前的时候，广告的效力甚至可能消失，这时企业如果能够运用适当的销售促进手段来告知、提醒、刺激潜在顾客，就可以促使他们立即购买。

案例 10-7

奥康集团的五一营业推广

奥康集团于2000年4月29日至5月1日在浙江省内所有专卖店开展促销活动，其内容是为庆祝“五一”劳动节，凡编号尾数为“51”的人民币，均可按面值翻1倍在奥康专卖店使用。这个促销从4月29日到5月1日，短短3天时间，人们排起长队涌向购买，奥康皮鞋在浙江省范围内的销售额就达到1 800

万元左右，奥康浙江省内各个专卖店可以说卖得只剩下货架和营业员了。鞋企同行当时纷纷感叹：节日生意都让奥康抢去做了！

(2) 营业推广通过奖励品牌忠诚者，可以维持老顾客，也吸引产品的新试用者。因为营业推广的很多手段，如销售奖励、赠券等通常都附带价格上的让步，其直接受惠者大多是经常使用本品牌产品的顾客，从而使他们更乐于购买和使用本企业产品。同时，这些样品也可以发放给从未使用过该产品的消费者，由于价格上的优惠和从众心理的影响，也会刺激他们试用和购买。在新产品上市的时候，营业推广手段的应用更为重要。

(3) 营业推广能够协调与中间商的关系。生产商可以运用多种营业推广的手段来影响中间商，协调与中间商的关系。例如，通过向中间商提供购买馈赠、陈列馈赠来鼓励订货；通过向零售商提供交易补贴来弥补零售商制作产品广告、张贴商业通知或布置产品陈列时所支出的费用等。这些措施能调节中间商的交易行为，使中间商作出有利于自身的经营决策。

(4) 营业推广是有效抵制和击败竞争对手的重要武器。当竞争对手发起大规模的促销活动时，及时、有力的针锋相对或避其锋芒、另辟佳径的反击就很关键，否则容易在激烈的竞争中被打败。

10.4.2　营业推广的方式

营业推广的方式要远远多于其余的促销方式。为了刺激销售，企业、消费者、购买集团、中间商之间都会采用相应手法。这些营业推广方式概括起来有两大类：一类是直接针对消费者的购买，如样品、奖券、降价、赠品、现场表演等。另一类是针对中间商的购买刺激，如购买折让、展销、提供津贴、销售竞赛等。具体来说，营业推广的方式可参见表 10-2。

表 10-2　营业推广的方式

对象 采用者	消费者	集团购买者	批发商	零售商
生产者	免费样品	赠送使用手册	购买折让	购买折让
	减价优惠券	技术指导	经销竞赛	销售竞赛
	低价销售	赠送零配件	展销	合作广告
	现金回扣	赠送		陈列折让
	赠品	展销		展销
	表演销售			购买点陈列
	有奖销售			
批发商		购买折让		购买折让
零售商	减价优惠券			
	有奖销售			
	价格优待			
	赠送			

服装的营业推广方式很多，企业应根据营业推广的目标、市场类型、竞争状况和营业推广方式的费用和效果，选择最合适的方式。这里重点介绍几种最为常见的营业推广方式。

1. 对消费者的营业推广方式

1) 现场气氛

现场气氛主要是指销售场合的购物环境。大多数的名牌服装专卖店或服装展示厅，从店面设计到店牌都有一定的规范讲究。例如，店内色调应与企业形象、服装品牌的色系相吻合，至少要保证不冲突，店内的现场广告牌、样品、照片、标志应突出品牌或服装的风格主题，灯光也必须根据品牌格调进行调节。例如，销售休闲装，其灯光色调相对比较活泼、轻松。在佐丹奴、美斯特邦威等品牌的专卖店中，经常以流行音乐来吸引年轻的顾客，营业人员多穿着本品牌的当季服装，以增强顾客的实际视觉效果。有些服装专卖店还不定期地在店内举行小规模的现场时装表演，烘托现场气氛，吸引顾客观看和选购。

2) 销售激励

销售激励包括季节性折扣、量贩特卖、惠顾优待及贵宾卡、礼品等。大多数时装品牌都在季节交替时采用季节性价格折扣的促销策略，并将折扣幅度用告示牌明示，如全场服装三折起或不同品种不同折扣等，也有的则干脆对店内所有品种实行同一折扣率。季节性折扣对于过季服装的销售有较好的效果，它既不同于“清仓销售”(容易引起顾客对服装品牌的贬损)，同时又能维持时节正常价的概念。但这种价格性促销也不可避免地产生某些顾客的购买等待，特地不在正常季节购买。那些希望保持特殊品牌地位的服装公司使用这种方法时应慎重。例如，国内某著名服装企业为清理库存产品，在其公司所在城市以最低 2 折的价格促销，此举引起了不少人的猜测，以为公司经营已陷入困境，所以一时间谣言四起，后虽经多方补救，但品牌声誉所遭受的巨大损失已经不可挽回。

某些时装品牌为了尽量降低价格折扣或特价销售给品牌形象带来的负面影响，采用移场特卖的方法，即不在专卖店内降价销售，而把那些无法以正常价格销售的款式、品种通过特价方式转卖给别的服装零售店，或者处理给外地区的服装零售店，也可以选择另一卖场折价销售。以特卖方式进行促销，是力图在不损害名牌形象的前提下削减服装产品积压的一种较好的方法。

惠顾优待是服装企业用来维持顾客品牌忠诚的常见方式，其做法是给老顾客以价格优惠，或发放有限的贵宾卡。持贵宾卡的顾客能享受普通顾客所没有的优惠，以此强化老顾客的心理满足。有的企业则是在建立顾客档案的基础上，不定时地寄送导向性赠品(如同品牌的副产品)，这种赠品很可能会引起顾客前来购买配套服饰。精美的小礼品多是为了增加品牌的亲和度，使顾客因礼品而加强偏好。

服装促销在对消费者的购买刺激方面采用的方法还有很多，如退换已穿过的服装。国外某些服装公司允许一段时间内退换衣服(当然不是无原则的)或采用折扣退换(如 10 天内可返还售价的 40%、10～30 天返还 20%等)，但对退货也限制一些其他条件。

2. 对中间商的营业推广方式

对中间商的营业推广方式主要是鼓励中间商更多进货、促使中间商更快销货的刺激措施，常见的有以下 3 种。

1) 进货折扣

进货折扣指某一段时间内进货可以享受特定的折扣，它可能是季节性的削价，也可能是特定时间段(如特殊事件、庆祝活动、展销期间、业务会议期间等)的削价，或者为了进入某个竞争激烈的市场而采取的鼓励时装销售商进货的政策。这种方法多为那些品牌知名度不高的服装企业采用，目的是取得销售商的合作，如淡季进货、购买库存服装等。

2) 广告津贴

广告津贴是指鼓励销售商为公司的服装广告或品牌做一定形式的销售性广告而给予对方

的补偿。但这种广告必须符合企业的促销原则，或完全按企业的规定进行宣传。有的服装企业也为销售商提供某些广告宣传的范本，并给予一定的广告费支持或折扣优惠，帮助销售商更好地达到销售目标。广告津贴可以是现金支付，也可以在货款中予以扣除。

3) 服装订货会和服装展示会

服装企业经常以参加服装订货会和新款发布会、展示会的形式促进交易。例如，我国服装企业常在参加各地服装节的时机进行订货，在展会期间举行各种宣传活动，如时装表演、赠送礼品等扩大影响，并配合其他措施促进服装销售。

10.4.3　服装营业推广中的出样陈列

出样陈列也称陈列展示，是销售企业按照一定的要求或标准，有条理地把各种款式的服装进行陈列。它是一种很适合服装企业的促销方式，在服装业中得到了广泛应用。

1. 出样陈列的作用

作为一种以实物宣传的方式，它有一些特殊的意义和作用。

1) 促进扩大服装销售

服装产品的特点是必须通过展示才能表现，图片或电视展示可以提高消费者兴趣，而实物展示则可使消费者产生强烈的购买欲望。所以服装企业要使服装销售量扩大，很重要的一条就是要使各种服装以美观、醒目、丰满、整洁的面貌同消费者见面。

2) 提高接待效率，方便消费者挑选

在现实生活中，消费者在选购服装时，普遍的心理特点是喜欢看一看、摸一摸，并试穿一下，因为服装作为人体的包装，是非常受消费者重视的。一件好看的服装并不适合于所有人，服装的效果也只有通过试穿才能表现出来。所以消费者要经过反复比较，才会放心地买下款式满意的服装。企业应迎合消费者的这种心理，做好服装的陈列工作，对各类服装的布局、摆放要恰当，系统条理，标价齐全，并配有简要醒目的文字说明，使顾客一目了然。

3) 美化环境，宣传企业

服装橱窗陈列不仅能宣传本企业特有的新品种、新款式，还可以以服装产品本身的绚丽多姿来点缀和美化环境。

2. 出样陈列的要求

1) 重视全面陈列

服装企业要尽可能把所生产的各种花色品种的服装展示在消费者面前，使消费者感到企业生产的服装款式多、品种规格全，从而认为能选购到自己称心如意的服装。同时，企业还应尽量把服装的质量、特点等展示出来，使消费者一目了然。

2) 讲究连带陈列

服装陈列摆设上，要适合消费者选购的习惯，并引起他们的联想。要采取连带陈列，使消费者便于挑选，如上装与裤子应在接近的地方陈列，或者是配套陈列。

3) 注意条理陈列

企业要注意陈列中的条理性，使服装以美观、整洁、清晰的面貌展现在顾客面前，使消费者对服装产生新鲜的感觉。例如，色泽搭配合理，规格归类恰当，层次安排丰满，从而激起消费者新的购买欲望。

4) 探求艺术陈列

企业应按服装造型设计的特点，有意识地展示服装在造型上的各种不同角度，使整件服装线条流畅、造型优美，并富有质感。

5) 体现企业特色

服装陈列还应体现出本企业的经营特色和设计风格。千篇一律的陈列方式和风格必然不会引起消费者的注意，也达不到促销的目的；个性化、风格化的陈列，使消费者一眼就能找到符合自己需要的服装，这是现代服装企业必须追求的。

3. 出样陈列的技巧

在各个服装店中，同样的服装以不同的方式陈列出来，会给人完全不同的感觉，有时还会因此使销售价格相差不少。可见，陈列技巧的好坏关系到服装优势能否完全体现，也进而影响到服装的销售。服装陈列技巧有很多，企业有关人员也都有自己的体会，在这里我们介绍其中 3 个要点。

1) 根据视线安排

服装的主要品种要陈列在比较理想的位置，即中心位置。一般是在人们的水平视线范围内，要防止所陈列的服装过高或过低，避免消费者因在观看陈列服装时抬头、仰视、蹲下、俯视而产生不舒服的感觉。

2) 形体搭配

陈列的服装，在形体安排上要灵活多样，要考虑各种服装的不同款、不同花型、不同色泽的合理搭配，并能反映出鲜明的立体感，使服装陈列达到多而不乱、活泼多姿的艺术效果。

3) 层次处理

对橱窗陈列的服装，要根据橱窗的大小、深度条件来构成层次分明、穿插恰当、疏密相称、格调和谐的统一体。

此外，在服装陈列中，要充分重视色彩运用、道具使用，以及决定图案设计、广告编写及灯光照明等的作用，这些对增强服装陈列的宣传效果都有意义。

10.4.4 营业推广计划的组织和实施

为了达到营业推广活动的预期目的，必须对所采取的各种推广方式加以合理协调，加强营业推广方案的计划、组织和实施。

1. 确定营业推广的对象和目标

企业应根据目标市场的特点和总体营销策略来确定推广的目标。首先要确定以谁为推广对象，一般来说应是企业潜在的顾客，可以是消费者、中间商或推销人员。只有知道推广的对象是谁，才能有针对性地制定具体的推广方案，例如，是以培育忠诚度为目的，还是以鼓励大批量购买为目的。

2. 选择推广工具

营业推广的方式方法很多，但如果使用不当，则适得其反。因此，选择合适的推广工具是取得营业推广效果的关键因素。企业一般要根据目标对象的接受习惯和产品特点、目标市场状况等来综合分析、选择推广工具。

3. 推广的配合安排

营业推广要与营销沟通的其他方式如广告、人员销售等整合起来，相互配合，共同使用，从而形成营销推广期间的更大声势，取得单项推广活动达不到的效果。

4. 确定推广时机

营业推广的市场时机选择很重要，如季节性产品、节日、礼仪产品，必须在季前节前做营业推广，否则就会错过了时机。

5. 确定推广期限

推广期限即营业推广活动持续时间的长短。推广期限要恰当，过长，消费者新鲜感丧失，产生不信任感；过短，一些消费者还来不及接受营业推广的实惠。

6. 营业推广方案的实施

企业在实施推广方案前应进行实验性操作，以便检验所选方案是否恰当，刺激规模是否最佳，作用目标是否有成效等。在具体实施过程中应把握两个时间因素：一是实施方案之前所需的准备时间；二是从正式推广开始至结束为止的时间。

学以致用

某知名童装品牌，在 3 月推出了“最是我家春意闹”为主题的促销活动，采取春装全场两件及以上 8.5 折的方式开展促销，希望能加快春装的销售进程，为夏装上市扫清障碍。

思考：你如何评价该公司的本次营业推广活动？

10.5 服装企业的公共关系策略

公共关系是促销组合中的又一重要手段。它不限于只是处理企业与顾客之间的关系，更不限于简单的买卖关系，其目的是要搞好企业与整个社会公众的关系，因此，它是一种着眼于企业长期目标的间接的促销手段。

学前小思考

1. 有人认为，公关就是美女加拉关系。你怎么看？
2. 企业遇到突发事件，影响企业形象的时候，才需要公共关系。这种观点正确吗？

知识大扫描

10.5.1 公共关系的含义和特点

1. 公共关系的含义

公共关系一词源自英文的 public relations。public 意为“公共的”、“公开的”、“公众的”，

relations 则指“关系”之意，两个词合起来用中文表述便是“公共关系”，简称“公关”。 根据菲利普 • 科特勒的定义，公共关系是指争取对企业有利的宣传报道，协助企业与有关的各界公众建立和保持良好的关系，建立和保持良好的企业形象，以及消除和处理对企业不利的谣言、传说和事件。良好的企业形象是企业一项无比巨大的无形财富，能发挥难以估量的巨大作用。

过去曾把市场营销的公共关系方法等同于宣传报道，即以非付费方式通过各种大众传媒来宣传企业及产品，以达到促销的目的。实际上，公共关系除了宣传报道外，还包括许多其他活动内容。

资料补充 10-7

公关活动的作用

美国的一项对营销经理的调查表明，有 75%的被调查者认为，他们公司所开展的营销公关活动，对于建立品牌知名度和增加顾客对新产品的认识，十分有效，而且所用成本比广告要低。

2. 公共关系的特点

1) 双向沟通是基础

在现代社会，社会组织与公众打交道，实际上是通过信息双向交流和沟通来实现的。正是通过这种双向交流和信息共享过程，才形成了组织与公众之间的共同利益和互动关系。这是公共关系区别于法律、道德和制度等意识形态的地方。在这里，组织和公众之间可以进行平等自愿的、充分的信息交流和反馈，没有任何强制力量，双方都可畅所欲言，因而能最大限度地降低副作用(图 10.1)。

图 10.1　公共关系双向沟通示意图

2) 树立形象是目标

在公众中塑造、建立和维护组织的良好形象是公共关系活动的根本目的，这就要求企业必须有合理的经营决策机制、正确的经营理念和创新精神，并根据公众、社会的需要及其变化，及时调整和修正自己的行为，不断地改进产品和服务，以便在公众面前树立良好的形象。可以这么说，良好的形象是企业最大的财富，是企业生存和发展的出发点和归宿，企业的一切工作都是为了顾客而展开，失去了社会公众的支持和理解，企业也就没有存在的必要了。

3) 互惠互利是关键

很多企业会把追求自身利益的最大化作为经营的最终目标，但很多企业在这一过程中却发生了迷失。有的为求得短时之利，却失去更多，有的甚至什么也没得到。造成这种现象的根本原因就在于：利益从来都是相互的，从来没有一厢情愿的利益。人际交往中人们常说，与人方便就是与己方便；而对社会组织而言，只有在互惠互利的情况下，才能真正达到自身利益的最大化。

企业的公共关系活动之所以有成效、之所以必要，恰恰在于它能协调双方的利益，通过公共关系，可以实现双方利益的最大化，这也是具备公关意识的企业和不具备公关意识的企业的最大区别。

4) 真实真诚是原则

追求真实是现代公共关系工作的基本原则，自从“现代公关之父”美国人艾维 •李(Lvy Lee)提出讲真话的原则以来，告诉公众真相便一直是公关工作的信条。尤其是现代社会，信息及传媒手段空前发达，这使得任何组织都无法长期封锁、控制消息，以隐瞒真相，欺骗公众。正如美国前总统林肯所说，你可以在某一时刻欺骗所有人，也可以在所有时刻欺骗某些人，但你绝对不能在所有时刻欺骗所有人，真相总会被人知道。因此公共关系强调真实原则，要求公关人员实事求是地向公众提供真实信息，以取得公众的信任和理解。

5) 长远观点是根本

由于公共关系是通过协调沟通、树立组织形象、建立互惠互利关系的过程，这个过程既包括向公众传递信息的过程，也包括影响并改变公众态度的过程，甚至还包括组织转型，如改变现有形象、塑造新的形象的过程。所有这一切，都不是一朝一夕就能完成的，必须经过长期艰苦的努力。因此，在公共关系工作中，公共关系组织和公关人员不应计较一城一池之得失，而要着眼于长远利益，只要持续不断地努力，付出总有回报。

案例 10-8

“爱慕”的公共关系

“爱慕”诞生于1993年，经过多年的发展，“爱慕”已经发展为内衣行业中的知名品牌。

“爱慕”特别注重对消费者的培养，并为此做了大量的工作。从1999年开始，他们着手对处于发育期的少女开办内衣方面的讲座。1998年年底“爱慕”举办了大学生联谊会，在最注重美的年龄传授给她们内衣的知识，使她们成为公司的消费者。1999年1月6日，“爱慕之心”消费者联谊会在北京中旅大厦花都国际演艺中心举办。此次联谊会邀请了喜爱“爱慕”内衣的消费者作为嘉宾，为她们介绍1999年内衣流行趋势，还邀请专家向消费者传授内衣知识，并宣布“爱慕消费者俱乐部”即日成立。通过这一形式，真正体现了“爱慕”“以人为本，共创美好生活”的企业宗旨。跨过传统的销售渠道和中间环节与消费者直接沟通，既能经常地把“爱慕”新产品的信息传达给消费者，同时也可收集她们使用产品的意见，加快商业回馈的时效性，改善产品及服务品质，进而建立“爱慕”品牌相对固定的拥戴群体。

10.5.2　公共关系的应用方式

企业开展营销公关活动，可以采用以下几种主要方法。

1. 借助新闻媒体

公共关系部门可以编写有关企业、产品和员工的新闻，或举行活动，创造机会吸引新闻界和公众的注意，扩大影响，提高知名度。例如，企业为希望工程举行赞助义演活动；或者参加全国性的大型活动。

案例 10-9

知名企业的公关

2008年四川汶川大地震发生以后，全社会怀着悲痛的心情开展灾后救援和重建工作。此时中央电视台和香港等地多家新闻媒体、网络媒体都及时地举办赈灾文艺活动，各大知名企业都踊跃出资出物出人力捐助灾区，再次在公众心中树立起良好的企业形象，给公众留下深刻印象，其效果远大于广告的影响。

2. 参与和赞助各种社会公益事业

赞助活动是企业最常采用的方式，企业赞助活动主要包括体育运动、文化娱乐活动、教育事业、社会慈善和福利事业，赞助有特殊意义的电视片、纪录电影等。

案例 10-10

李宁的公益事业

许多企业承办和组织体育俱乐部，积极参与我国体育事业建设，在此过程中，既推动体育事业的发展，给公众带来了健康的休闲娱乐活动，企业也获得了树立良好形象和创造知名品牌的机会。

李宁本人及李宁品牌非常热心于公益事业。李宁亲自担任了“中华骨髓库”大使；是“中华健康快车”慈善基金会理事与大使，帮助贫困落后地区的白内障患者恢复视力；亲自参与“护鲨行动”，号召全社会保护野生动物；创立了“中国运动员教育基金会”，致力于运动员的职业技能培训及建设中国运动员希望小学；创立“广西李宁基金会”及“振梅基金会”，致力于广西地区的教育、体育、救灾等公益事业。据“胡润慈善榜”不完全统计，在2008年、2009年两年，李宁对公益慈善事业的投入分别达到1.01亿元及1.1亿元。

3. 举办或参与有影响力的活动

借助活动的覆盖面引起公众对企业的关注，从而间接达到公共关系的目的。企业举办有影响的活动有很多，如演讲比赛、合办晚会、参与体育活动等。

案例 10-11

明星穿大牌：大牌赞助蜂拥至

每年3月举行的奥斯卡颁奖典礼，都是奢侈品牌们的必争之地，因为那里聚集了一大群具有非凡号召力和巨大影响力的明星。当哈莉·贝瑞(Harry Berry)、妮可·基德曼(Nicole Kidman)这样的大明星穿戴着由奢侈品牌赞助的晚装、珠宝、皮鞋等，出现在全球观众瞩目的奥斯卡颁奖晚会上，出现在晚会结束之后媒体铺天盖地的报道中时，品牌信息早已悄无声息地进入到了观众们的脑海里，并与这些国际明星紧紧联系在了一起。

这种活动要比单纯的投放明星代言广告、邀请明星出席产品上市发布会等，更加能够吸引消费者的关注，在品牌信息传递的手法上更为隐蔽、更容易被接受。

4. 展览会或展销会

这是一种典型的综合运用多种传播的手段，主要通过实物、文字、图表来展现企业的成效、风貌和特征。展览会和展销会是一种直观、形象和生动的传播方式，它综合了多种传播媒介的优点，能以讲解、交谈、宣传手册、介绍材料、照片、录像、幻灯、广播等不同形式吸引观众，达到与公众的双向沟通。

5. 特殊纪念活动

每个企业都有一些值得特殊纪念的活动，如开业典礼、周年纪念日、产品获奖、新产品试制成功等。利用特殊纪念日制造新闻，是影响公众的极好机会。

6. 建立企业形象识别系统

建立企业形象识别系统(CIS)，如编制企业年度报告、业务通讯和期刊、宣传手册，建设企业网站、光盘、视频材料等，内容可以包括企业历史、产品特色、营销策略、优秀职工等，这些材料在不同程度上可以影响目标市场。

另一方面，企业为了在公众心目中创造独特的企业形象和较高的认知率，可以通过周密的策划和设计，确定一个统一的标识体系。它包括 3 个方面，即理念标志、行为标志和视觉标志。

(1) 理念标志。理念标志为企业的经营宗旨、经营方针、价值观念和行为准则。其语言要精练、富有哲理、易懂好记。例如，乔治·阿玛尼“不着痕迹的优雅”，CK 服装“美感在简洁中产生”。

(2) 行为标志。行为标志由企业完善的组织结构、制度、管理、福利和员工行为准则构成，体现了企业理念和独特的企业文化。员工在这样一个企业价值观环境中，能够很好地服从和服务于企业的经营目标和要求。

(3) 视觉标志。视觉标志是由特定的字体、图案、造型和色彩组成的企业名称的标准书法和企业标志等，常被印制在企业产品包装、个人名片、信笺文具等办公用品、员工着装、车辆、用具、厂房和办公楼的外装修上，指示牌及广告中。

现代著名企业都有各自独特的标志体系，如香奈儿、耐克、阿迪达斯、李宁等。设计和实施统一标志体系，既是管理过程，也是一种公关宣传手段，需要全面规划和长期大量持续地投入。

10.5.3　公共关系活动的决策

公关活动决策应注意以下 4 个方面内容。

1. 确定公关活动的目标

企业的公关决策，首先是确定公关目标。企业在进行调查研究，对企业及产品的形象进行评估的基础上，根据企业的经营目标，分析社会公众对企业的印象和评价，从而确定公共关系所要达到的目标。常见的公共关系目标有：提高品牌的知名度、加深大众对企业服务于公众利益的理解、建立信息网络、消除公众误解、提高企业的声誉、降低企业的促销成本等。

2. 确定公关活动的对象

公关活动的对象包括以下几个方面。

(1) 顾客。为了建立与顾客间的良好关系，企业应始终坚持为顾客提供满意服务的观念，与顾客进行有效的沟通，特别是注意处理与顾客的纠纷。

(2) 经销商。企业应及时迅速地给经销商提供品质优良、价格合理、设计新颖的适销对路商品，为经销商提供各种优惠、便利和服务。

(3) 供应商。与供应商保持良好的关系，以取得充足的原材料、零部件、工具、能源供应。

(4) 社区。企业应与所在地的工厂、机关、学校、医院、公益事业单位和居民，共建物质与精神文明，获取社区的谅解与支持。

(5) 政府。企业必须经常与政府有关部门进行沟通，及时了解有关的政策、法规和计划，游说政策制定者，创造企业发展的良好政策环境。

(6) 新闻媒体。新闻传播媒体是公共关系的重要因素，它控制着最重要的公共沟通渠道，对公关有着极其重要的作用。可以把新闻宣传比作一把双刃剑，既可以把你捧上天堂，也可以把你打入地狱。因此，公关人员必须努力与新闻媒体建立良好的关系，保持与新闻界的联系。

此外，还应处理好与竞争对手的关系，在某些方面与竞争对手合作，解决共同关心的行业困难和问题，共同开拓市场。

3. 制定公关活动的行动方案

公共关系活动是一项整体活动，它本身是由一系列活动项目组成的，这就要求运用相应的策略加以指导。具体的公关项目是为了实现公关活动的目标，而采取的一系列有组织的行动，其中包括记者招待会、展览会、赞助活动等。在制定公关决策时，还要充分考虑预算开支、所需人力和技术上的可行性，以及各种可控或不可控的因素。

4. 公关活动的实施

公关活动一般情况下都可以按方案按部就班地进行下去，但是也要有一些突发事件的应急能力，如一些意想不到的困难时有发生，像报纸杂志拒绝刊登公关稿件等。因此，需要公关人员与有关单位和相关人员建立良好的关系，以保证公关方案的顺利实施。

学以致用

收集李宁品牌的公共关系案例，与同学一起讨论，说说心得。

任务小结

本任务主要是掌握促销手段。要掌握促销手段，首先要对促销的概念及影响促销组合的因素有所了解。接着，进一步了解常用的几种人员推销方式，怎么去组建一支优秀的促销队伍，以及促销人员的管理问题。

广告是大众传播，是非人员的推销方式，首先要明确它的概念及特点。一则好的广告是由多个环节的精心策划才得以完成的。如何根据广告目标确定广告内容、制定广告预算和选择广告媒体，这些都是广告策划的关键点，最终广告的效果如何，还要测评、检验。

营业推广往往与人员推销搭配使用，它也有自己的特点和特定的目标，掌握营业推广的主要方式，有利于进行产品促销；公共关系是企业获得长远利益的促销手段，掌握公共关系的主要方法对于开展市场营销活动来说必不可少。

知识巩固

一、名词解释

1．促销组合　　2．人员推销技巧　　3．广告　　4．营业推广　　5．公共关系

二、不定项选择题

1．促销组合和促销策略的制定，其影响因素较多，主要应考虑(　　)几方面因素。
A．促销目标　　B．产品类型　　C．市场因素　　D．促销预算

2．一般来说，人员推销有以下 3 种基本形式(　　)。
A．上门推销　　B．柜台推销　　C．网上推销　　D．会议推销

3．面向服装中间商的营业推广方式可以有(　　)。
A．批发回扣　　B．优惠券　　C．销售竞赛　　D．业务会议

4．企业开展公共关系，应该遵循以下行为准则(　　)。
A．双向沟通　　B．树立形象　　C．互惠互利　　D．真实真诚

三、判断题

1．人员推销最显著的特点是在活动策划本身就是以强调利益、实惠、方便为吸引顾客的基点，具有很强的诱惑力和吸引力。(　　)

2．不同时期和不同的市场环境下，企业开展促销活动都有着特定的促销目标。(　　)

3．由于人员推销直接接触顾客有限，销售面窄，开支较多，增大了产品销售成本。(　　)

4．要提升销售人员的业绩，就要针对不同类型的销售人员采取不同的激励方式。(　　)

5．广告的传播对象是大众而非个体。(　　)

6．企业的公共关系活动能协调双方的利益，通过公共关系，可以实现双方利益的最大化。(　　)

四、思考题

1．促销组合的基本方式有哪些？各自有什么特点？

2．什么是人员推销？人员推销有什么特点？

3．服装企业的广告常用媒体有哪几类？

4．服装企业的营业推广面对的对象有几个层次？分别说说面对不同的对象有什么促销方式。

5．公共关系活动的原则是什么？

技能演练

一、案例分析

服装企业盯上“火炬营销”，巧妙借力各出奇招

自 2008 年 3 月 24 日开始的奥运火炬传递，充满了“十面埋伏”的意味：各服装企业围绕火炬接力展开了全国性的互动营销和体验营销。另外，火炬传递城市的当地企业，也不失时机地在当地火炬传递时间的前

后进行软性宣传。在众多奥运营销招数中，代表性的有以才子、富绅为代表的奥运火炬传递，以阿迪达斯、李宁、奥康为代表的产品赞助，以及以 KAPPA、Columbia 为代表的企业奥运助威团。尽管北京奥运会火炬手服装严格遵照国际奥委会的规定，不带任何商业标志，但这丝毫不影响服装企业各出奇招，上演一场让人叫绝的商业暗战。自然，这些参与奥运营销这场豪门盛宴中的主角也赚足了眼球，装满了口袋。

问题：

(1) 服装企业盯上“火炬营销”的原因是什么？

(2) 结合案例说明服装企业公关的意义。

二、实训操作题

请选择一个自己熟悉的服装企业，为其制定一个“十一”黄金周期间的促销活动。

【实训操作指令】

1．明确促销的目的或必要性。

2．进行市场状况分析和促销效果调查。

3．设计促销目标。

4．促销的策略组合设计。

5．行动方案或具体活动安排。

6．促销预算。

7．撰写促销策划书。

【实训名称】促销活动的策划。

【实训目标】让受训者亲身策划背景企业的促销策划过程，操练促销策划的基本能力。

【实训组织】

1．受训者 4～5 人一组，采取自由组合方式形成，每组设组长一名。

2．在规定时间内完成促销活动的策划与构思，每个小组派成员进行 PPT 汇报。

3．指导老师组织受训者就分析方案进行讨论，形成基本判断。

【实训考核】

1．小组完成方案设计的表现占 40%。

2．小组成员的团队合作表现占 20%。

3．PPT 汇报的表现占 40%。

【实训成果】完整的促销活动策划方案＋汇报 PPT。

任务 11 建立服装企业的营销组织体系

能力目标

完成本任务的教学，受训者应该具备以下基本能力：

1. 制定服装营销计划
2. 设计服装企业的营销组织
3. 实施服装企业营销控制

核心能力

在本任务的教学中，导师应重点关注受训者如下能力目标的实现：

1. 明确服装企业制定营销计划的步骤和任务
2. 能分清不同组织结构的适应性
3. 实施营销控制的基本方法

知识目标

为了完成本任务，受训者需要的理论知识：

1. 服装营销计划内容
2. 服装营销组织结构
3. 实施营销控制的基本手段

任务分解

11.1 制定服装企业市场营销计划
11.2 认识服装企业市场营销组织
11.3 实施服装企业市场营销控制

案例导入

张老板的无奈

张老板经营一家服装销售公司多年，凭一个人的才能和家庭之力在独挑重担。他舍不得发展培养基层营销骨干力量，舍不得花精力构建自己的营销网络和高效团队，舍不得把自己树立成一个销售领导者，而是甘愿成一个走街串巷的“小老板”，雇用一些廉价的销售人员进行服装销售。什么都事必躬亲，觉得什么人都不如自己。结果把自己累得要死，而服装销售业绩又很差。

服装行业的经销者都是实干家，没有一个不想发展做大做强的。但在实际工作中，有些经销商缺少创建高效组织团队的公司化运营管理体系，现有思路理念落后或者知识不全面，没有清晰的运作思路和经营理念，对组建营销组织缺乏长远目标。他们一方面抱怨优秀的人才不好选、不好管、不好留，另一方面团队组建不健全、不稳定、不规范，极度缺乏优秀专业的职业经理人才。造成这种局面的深层次原因在于缺失好的人才培育工作环境和激励机制，也缺乏相应系统的整体组织管理方法和模式。

思考：服装企业该如何打造属于自己的营销组织和营销团队？

任务明确

服装市场竞争加剧，利润愈来愈薄，如果服装经营者自身缺少清晰的分析研判和有效的应对办法，就会像张老板一样感觉前途迷茫、进退维谷。很多服装企业的营销组织结构是这样的特点：结构设置不合理，人员构成不科学、不规范。多数人员都是夫妻加亲戚，老板本人事事亲为，越忙越乱。不敢授权、不愿加人、裹足不前；缺少高素质的职业管理人和专业工作人员；公司管理机制不规范、组织建设不完善。

组建高效的组织运营体系，是服装企业提高利润的关键所在。可以帮助服装企业及其经销者确定该如何进行市场营销计划的制定，组建什么样的营销团队，以及如何进行营销计划的执行和控制。本任务的核心学习内容具体分为下列 3 个子任务：

(1) 制定服装企业市场营销计划；

(2) 认识服装企业市场营销组织；

(3) 实施服装企业市场营销控制。

本环节的学习与训练将围绕以上 3 个方面的子任务，根据服装企业营销计划的制定及执行的能力指标逐渐开展。相信通过本任务的学习和演练，读者将会在服装掌握营销组织建设有关理论知识的基础上具备设计服装企业营销组织的操作能力，也将能够为张老板提供一个有效的营销组织建设方案。

11.1 制定服装企业市场营销计划

服装企业要在激烈的市场竞争中求得生存和发展，必须不断明确前进的目标。营销计划规定了一定时期内企业营销活动的任务、目标及实现目标的策略、方法和步骤，是企业战略计划在营销领域里的具体化。因此，正确制定和实施市场营销计划，是实现企业总体任务和目标的重要保证。

学前小思考

1. 有企业认为服装流行趋势变化快，不需要制定中长期计划，你认为呢？
2. 有营销者认为，服装销售就是随机应变，计划目标根本无法确定，是这样吗？

知识大扫描

服装营销计划一般与季节和流行周期有关。大多数服装公司按照春夏和秋冬两季安排计划。产品的流行周期，由高度的新潮到典雅的流行风格，这些都是影响流行服饰营销计划中所采取时间范围的主要因素。营销计划最基本的功能：有助于预见并减少不确定性带来的困难。服装的流行是多变的，服装市场的需求处在高度变动的市场环境里，营销部门需要根据需求的变化而适时调整营销计划。

11.1.1　服装市场营销计划的作用

服装市场千变万化，营销计划的特殊地位，决定了它在营销管理中的特殊作用。服装营销计划的重要作用如下。

(1) 规定了预期的营销目标和需要解决的主要问题。通过制定营销计划，可以使企业明确前进的方向，使企业的各种营销活动都指向营销目标，从而减少盲目性，提高预见性，增强应变能力，使企业各部门之间保持协调一致，促使营销目标的实现。

(2) 可使企业进一步明确市场营销环境的影响，最大限度地减少风险。市场营销计划是在市场调研、分析和预测的基础上制定的，可使企业明确市场营销环境的影响，识别不利的市场趋势和有利的营销机会，在利用环境提供机会的同时，最大限度地降低风险，做到有备无患。

(3) 明确了为达到营销目标而采取的营销策略和行动方案。这样，便于营销人员进行任务分工，明确各自的职责、工作步骤，从而积极主动地去完成具体任务。

(4) 使企业的营销活动变得经济合理。由于营销计划是用明确的目标和努力来代替不协调、分散的活动，因而可以使企业预先测知各种资源的需要量，并进行合理的分配，使营销费用降低到最低限度，使营销活动变得经济合理。

(5) 营销计划是营销组织实施、控制、监督的依据。营销计划为营销控制提供了标准和依据，使企业管理者能有效地控制、监督、评价各种营销活动的进行和效果，保证企业营销任务和目标的实现。

资料补充 11-1

服装企业的留人策略

服装生产制造型公司，可以依靠优越的组织机制来留住营销人员。留人要有战略眼光，不可目光短浅。很多企业在用人时，由于多种原因，总是对职业经理人抱着超乎现实的期望，幻想着能够给自己快速带来滚滚财源，而一旦短期目的达不到的时候，又开始对人员能力产生怀疑，最后，让人才不得不一走了之。要明白真正好的人才是能为你创造长期绩效之稳定根基的人，他们的一些举措可能在短期是没法立即体现出来。

扬长避短，用人之长。很多企业在管理能力或者专业营销能力方面往往是欠缺的，通过借助他人的力量，也可以达到有效管理的目的。要想更好地留人，就必须创造一个轻松和谐而温馨的公司留人氛围，就必须要用一颗平常心，用人所长尽人所长，容人所短避人所短，用放大镜去看团队成员的优点，这样，才能心平气和，更好地与职业经理人相处，增强营销人员的忠诚度。

愿景留人。要不断地给营销人员“画饼”，不断地展示公司的未来美好前景，以此吸引营销人员死心塌地地为公司奋斗，也可以实现留人的目的。例如，有的服装企业通过年终给予分红，但要避免既想鞭打快牛，又不想让牛吃草这一状况。特别需注意，千万不要背信弃义、见利忘义，奖金分红提成等承诺无论数目大小，不能兑现是公司失败的开始。

总之，要想组建好自己的营销团队，增强自己的核心竞争力，就必须采用自己的、符合公司化发展的方式，来选聘、使用营销人员，通过创新的手法，来合理地育人、留人，从而通过打造自己的狼性团队，积极参与市场竞争，取得更大的胜利。

11.1.2 服装市场营销计划的类型及特点

1. 市场营销计划的类型

不同企业由于经营的产品不同，组织机构的形式不同，以及对营销工作重视程度不同，因而营销计划的具体表现形式就多种多样。按照不同的标准，营销计划可进行不同的分类。

(1) 按计划时期的长短，营销计划可分为长期计划、中期计划和短期计划三大类。

① 长期计划。这种计划一般是5年以上，有的长达20年甚至更长的时期。长期计划是企业对未来较长时期内的营销活动进行战略部署和安排的计划，它是企业编制中期计划的依据。例如，在后经济危机时代，欧盟提出要对产品征收“碳足迹税”，丹麦、荷兰、芬兰、瑞典、挪威等5个北欧国家已经实施碳税或者能源税政策，法国也计划开征碳关税。我国以出口为主的服装企业就必须制定长期的服装“低碳”计划。

② 中期计划。介于长期计划和短期计划之间，期限通常为1年以上5年以下。它根据长期计划的任务要求，确定分年度的实施步骤及具体目标。

③ 短期计划。它以年度计划为主，服装企业因季节影响因素较大，流行和时尚的变幻较快，通常的短期计划以季度为主，而其适时性较强。服装营销的短期计划是企业营销的具体行动计划，其主要内容是分析当前的营销形势、威胁和机会、年度的营销目标、营销策略、行动方案和预算等，即把中长期计划规定的任务详细进行分解，予以落实。

(2) 按计划涉及的范围，可将营销计划分为总体营销计划和专项营销计划。

① 总体营销计划。这种计划是企业营销活动的全面、综合性计划，它反映企业的总体营销目标，以及实现总体目标所必须采取的策略和主要的行动方案，是制定各种专项营销计划的依据。

② 专项营销计划。是为解决某一特殊问题或销售某一产品而制定的计划，如市场调研和预测计划、产品计划、渠道计划、定价计划、促销计划、储运计划等。专项计划通常比较单一，涉及的面较窄，较容易制定，但在制定时，要特别注意与总体营销计划相衔接，否则，会出现各单项计划彼此之间发生冲撞并与总体计划相抵触的现象。

(3) 按计划的性质，可将营销计划分为战略计划、策略计划和作业计划。

① 战略计划。是有关企业营销活动全局和长远的谋划，其期限一般较长、影响面较广，是企业其他各种营销计划的总纲。

② 策略计划。是就企业营销活动某一方面所作的谋划，带有局部和战术的性质。

③ 作业计划。是企业各项营销活动的执行性计划，其特点是非常细致和具体，如某一次

具体的促销活动计划，对活动的内容、时间、地点、活动方式、参加人等，均做详细的规定和说明。

(4) 按计划的作用，可分为进入计划、撤退计划和应急计划。

① 进入计划。是企业准备开拓一个新的营销项目计划。服装的季节性很强，新款服装都是在每一季初就已明确了进入市场的时间、价格、铺货的店面等计划。

② 撤退计划。是企业根据市场营销环境和内部条件的变化，准备从原来营销项目中撤出的计划。

③ 应急计划。是企业针对市场可能发生的重大变化而适时地作出反应的计划。

2. 市场营销计划的特点

1) 整体性

企业是由生产、营销、财务、人事等众多部门构成的，各部门之间相互联系、相互影响、相互制约。因此，企业在制定营销计划时必须统筹营销活动的各个方面，全盘考虑，整体安排，使营销计划与其他各部门的计划协调一致，相互配合。

2) 可行性

营销计划所规定的任务、目标，作出的各项决策必须是可行的，即是企业的主客观条件所能达到的。

3) 经济性

企业制定的营销计划必须遵循经济效益原则，以较少的费用支出实现较大的营销效果。

4) 灵活性

营销计划是关于未来营销活动的行动方案，服装市场变幻莫测，因此，在编制营销计划时一定要留有余地，一旦环境因素发生变化，能对原定计划加以修订或调整。例如，国外的大服装公司坚持每季或每半年对中、长期计划修订一次，有的甚至每月检查一次。另外，有的企业根据对未来的预测和判断，针对可能出现的几种主要情况制定几套计划和方案，以保持计划的灵活性。

5) 连续性

连续性是指计划要前后衔接，相互配套。为此，中期计划的制定必须以长期计划为指导，与长期计划相衔接，短期计划的制定必须以中、长期计划为指导，与中、长期计划相衔接。

案例 11-1

才子男装的营销规划

“新正装”的崭新定位和“煮酒论英雄，才子赢天下”的品牌诉求让才子服装成功跻身中国主流男装品牌的阵列，但并未令才子成为一流男装的典范。进入 2005 年以来，随着行业竞争的不断激烈，广告、产品、渠道同质化现象日趋严重。在这种高度同质化的背后，隐藏了巨大的竞争陷阱。

为了打破僵局，才子制定了新的发展战略规划。在此战略的指导之下，才子最终确定了以产品原创作为品牌塑造的突破口，引进了一流的设计力量，经过半年多酝酿，2006 年正式推出带给中国男装行业深远影响的“锦绣时尚”概念。“锦绣时尚”以提炼中国服饰文化精髓为起点，把中国最具代表性的传统元素融入到服装设计中，傲骨的梅花、灵性的图章，将中国知识精英族群再一次带进广袤的思想空间。在才子男装“锦绣时尚”世界里，每一款服饰，都成为一个独特的符号，带给每一位特定的消费心灵猛烈的冲击。

11.1.3 服装市场营销计划的内容和步骤

服装市场营销计划一般包括以下 9 个部分的内容。

1. 内容提要

营销计划首先要有一个内容提要，即对本计划的主要目标及执行方法和措施作一个概括的说明，目的是让高层管理者了解掌握计划的要点，并以此检查研究和初步评定计划的优劣。

2. 当前营销状况分析

在内容提要之后，营销计划的第一个主要内容是提供该产品当前营销状况的简要而明确的分析，主要包括以下几方面的内容。

1) 市场状况

市场状况包括市场范围的大小，有哪些细分市场，近几年细分市场的营业额有多少，市场的增长率、利润率，市场竞争的激烈程度，消费者的需求状况及影响消费者行为的各种环境因素等。

2) 产品状况

产品状况包括产品的质量、档次、知名度，产品组合中每个品种的价格、销售额、市场占有率、利润率，产品的生命周期，需求弹性等。

3) 竞争状况

竞争状况包括主要竞争者都是谁，竞争对手产品的销量和市场占有率，竞争品牌的优缺点、市场区隔及市场定位，各个竞争者在产品质量、定价、分销、促销等方面都采取哪些策略等。

4) 分销渠道状况

分销渠道状况包括各种产品的主要分销渠道，各分销渠道近期销售额及各分销渠道的相对重要性变化等。

5) 宏观环境状况

宏观环境状况包括政治形势、经济政策、营销法规、人口数量、人口结构、家庭状况、消费者收入与支出、消费习俗等。例如，我国进行出口贸易的服装，就要考虑进口国的服装安全方面的法规，要考虑进口国的民俗及信仰，如不得在服装上印有一些国家禁忌的图案。

3. 机会与威胁

在营销状况分析的基础上，营销管理人员还应进一步对市场营销中所面临的主要机会和威胁进行分析。所谓机会，是指营销环境中对企业营销的有利因素，亦即给企业的发展提供有利条件；所谓威胁，就是有碍企业开展营销活动的各种不利因素，使企业的优势难以发挥。要求营销管理者应设法找出企业面临的主要机会和威胁，并对机会和威胁的程度加以分析，目的是使企业能充分利用机会，同时预见到那些将影响自身兴衰的重大事态的发展变化，以便采取相应的市场营销决策和手段，趋利避害，保证企业的顺利发展。

4. 市场预测

为了确定企业的营销目标，在市场营销状况和机会与威胁分析的基础上，还必须运用科学的方法对市场的规模和发展前景、供需变化规律和发展趋势进行预测。市场预测的内容包括市场需求预测、市场供给预测、商品价格预测、竞争形势预测等。市场预测是制定企业营销目标和计划的前提和依据，一方面需要以市场调查为基础，另一方面需要采用科学的方法，只有对市场需求状况和发展前景有了正确的认识，才能对各种市场机会作出合理的选择。

5. 确定营销目标

营销目标是营销计划的核心部分，是在营销现状、机会与威胁分析及市场预测的基础上结合自身的条件和实力制定的。企业制定或调整营销计划时，应阐明企业的总目标和一些具体目标。

(1) 总目标。总目标是指企业打算经营何种商品，争取进入何种市场。计划中的其他各项内容都得围绕这一总目标。编制计划还应扼要说明选择该商品和该市场的理由，市场潜力的过去、现在和将来的发展趋势，竞争形势，消费者情况及商品类型、品种、规格、质量、包装、价格等要求。例如，美特斯邦威的总体目标就是要做国内休闲服装品牌的龙头，具备国际化特征的服装企业。

(2) 财务目标。根据以提高经济效益为中心的要求，利润目标是财务目标的核心。财务目标包括利润额、投资收益率、销售利润率等。

(3) 市场目标。包括市场占有率、销售额、消费者知晓度、分销覆盖面、广告覆盖率等。例如，一家大的知名西装生产企业，其在 2011 年计划是市场占有率提高到 15%。

6. 制定营销策略

营销策略是实现营销目标的途径或手段，包括目标市场的选择和市场定位策略、竞争策略，以及产品、定价、渠道、促销等营销组合策略。实现某种营销目标有时有多种策略可供选择。例如，增加销售收入的目标可通过增加销售量或提高产品销售价格来实现，也可两种手段同时采用。因此，营销管理人员面对多种选择应权衡利弊，作出明智的选择。同时，还要说明采取各种不同策略的原因和理由及所必需的营销费用。

7. 筹划行动方案

依据预期目标和营销策略，制定具体行动方案。行动方案包括营销活动的具体分工，营销人员的组成，行动的时间和地点，以及行动的路线等。例如，如果想把加强促销行动作为提高市场占有率的主要策略，那么就要制定相应的促销活动计划，列出许多具体行动方案，包括广告公司的选择、广告题材的决定等。

8. 编制营销预算

在营销行动方案的基础上，进行营销费用的预算，确定达到预期目标所需的费用。营销预算最简便的一种方法是目标利润计划法，就是在确保目标利润的前提下，根据预计的毛利润的多少来决定各项营销支出费用数额的一种预算方法。营销预算表明营销计划在经济上是否可行，如果预算过高，超过了企业财务承受能力，则应考虑加以修改和调整。预算一经企业高层主管审查、批准，便成为原料采购、生产安排、人员计划和市场营销业务活动的依据。

9. 营销计划控制

营销计划的最后一部分，是对计划执行过程的控制。一般是将计划规定的目标和预算按月份或按季度分解，并规定计划执行、控制方法。例如，开展目标管理、推行经济责任制、奖惩办法，以便于企业上层管理部门进行有效的监督与检查，确保市场营销计划的顺利完成。

市场营销计划就是由以上 9 个部分构成的，企业的市场营销计划制定并经审核批准后，就成为企业营销部门一定时期内的行动纲领，成为各项营销活动的主要依据。

学以致用

2010 年 6 月 30 日，在经过 3 年磨一剑后，李宁公司又开始推出了经过改良的新 LOGO，新 LOGO 以李宁鞍马的交叉为灵感。换标发布会上，旗帜鲜明地表明了新李宁的态度，“李宁需要赢得更多 90 后的支持”。维系 10 年的“一切皆有可能”的口号也变成了“Make the Change(让改变发生)”。换标之后，李宁品牌宣称将重点放在了一线城市，在北京、上海、广州、深圳等地开设 70 家第六代旗舰店，与耐克等国际品牌展开正面争夺。这一切，似乎并没有得到更多人的认同。“一会儿是运动服装国家队，一会儿是国际化，一会儿是时尚，一会儿是 90 后，搞不懂李宁到底想要做什么！”

思考：李宁在实施战略转型过程中，该如何制定企业的长远目标？其营销计划该如何确定？

11.2 认识服装企业市场营销组织

营销组织工作，就是将企业所拥有的各种营销资源(包括人力、财力、物力)，按最有利于实现企业营销目标的方式组合起来。营销组织的设计，要根据市场营销计划所确定的目标与要求，将营销工作进行分工，确定企业不同营销部门和营销人员的职责与权限，设立相应的协调机构，以求得最低费用和最高效率来实现企业的营销目标

学前小思考

1. 有的营销者认为，营销组织越简单效率越高，真是这样吗？
2. 对于高档品牌服装的营销组织应该如何运作？

知识大扫描

服装市场营销从一种简单的销售功能演变成为一个复杂的营销职能群体，服装营销部门的演变，就是服装企业组织结构演变的核心推手。市场营销组织是指能够有效地制定和实施营销计划并相互配合协作的人和部门，具有灵活性、适应性、系统性的特征。

11.2.1 服装市场营销组织机构的演变

服装企业市场营销组织的机构是随着外部和内部的情况变化而改变的，是随着市场形势和营销观念的演变而发展的。从服装企业的发展历史来看，营销组织机构的演变大致经历了以下 5 个阶段。

1. 简单的销售部门阶段

20 世纪 30 年代以前，西方企业以生产观念作为指导思想，这种形式最为流行。所有企业都是从财务、生产、销售和会计这 4 个基本职能部门开始发展的。财务部门负责资金的筹措，生产部门负责产品的制造，销售部门负责产品的推销，会计部门负责记账和计算产品的

成本。与此观念相适应，企业的组织机构往往是以生产部门和财务部门为核心，销售部门处于次要地位，使得销售部门的职能仅仅限于推销生产部门已经生产出来的产品，至于生产什么、生产多少，完全由生产部门决定，销售部门对产品的种类、规格、数量等问题，几乎没有任何发言权。通常在总经理之下设有销售部，管理按地区分派的销售人员。

2. 兼有其他功能的销售部门阶段

20 世纪 30 年代世界性的经济大危机之后，随着经济的复苏，市场竞争日趋激烈，大多数企业不得不考虑推销方式的改进。此时，企业经营的重心也由产品的生产转向产品的推销，需要进行经常性的营销调研、广告宣传及其他促销活动，销售职能日益专业化，以往那种盲目的销售日益被有组织、有目的的推销所代替。

3. 独立的营销部门阶段

20 世纪 50 年代初开始形成的以市场或顾客为中心的市场营销观念，是企业经营思想上一次深刻的变革，它对营销组织机构的设立产生了极其重要的影响。除了销售部门外，还设立了与此平行的营销部门，营销部门从销售部中独立出来，成为一个相对独立的职能部门，执行着营销调研、新产品开发、广告促销和为顾客服务等专项职能，以确保产品更适合于市场，并为消费者所接受。

4. 现代营销部门阶段

这种组织形成于 20 世纪 60 年代。为了进一步协调销售部与营销部门的行为，企业以营销观念为指导，把力量统一起来，就采取了将销售合并于营销部门并从属于它的形式。

5. 按市场分工的现代营销企业

20 世纪 70 年代以来，形成了按市场分工的现代营销企业。它对于企业贯彻市场营销导向起了很大的作用，使企业营销活动形成一个系统，并给予其足够的协调控制权力。从现阶段企业发展的实际情况看，这种组织形式有利于适应市场经济发展和企业营销不断拓展市场的要求。它是迄今为止企业市场营销组织的最高形式。例如，服装生产规模比较大的宁波的杉杉、雅戈尔等服装企业就根据市场的变化，组建了现代化的营销组织。

营销小知识

很多服装企业的大部分订单、客户、区域和产品只占总营业收入或利润的一小部分，而另一小部分订单、客户、区域、产品却能创造大部分营业收入和利润，这种关系就是二八法则。即大部分(80%)订单、客户、区域或产品仅创造一小部分(20%)营业收入和利润；而少部分客户(20%)却产生大部分销售量和利润(80%)。80:20 只是反映这种相对关系，实际比例则视具体情况而定。

11.2.2　服装企业的市场营销组织机构的类型

现代服装市场营销组织机构有多种组织形式，营销组织的设立应根据职能、地理区域、产品和顾客市场而分类组织。服装企业常见的组织形式有以下 5 种。

1. 职能型营销组织

这是一种最常见的营销组织形式，即按照需要完成的市场营销职能来设立不同的部门，各部门由市场营销专家担任经理，执行某一方面的营销职能，这些部门经理向营销副总经理负责，营销副总经理负责协调各职能部门的关系及各项营销活动。

职能型营销组织(图 11.1)最适宜于服装产品种类不多，对于有关产品的专门知识要求不高或企业经营地区情况差别不大的营销组织。

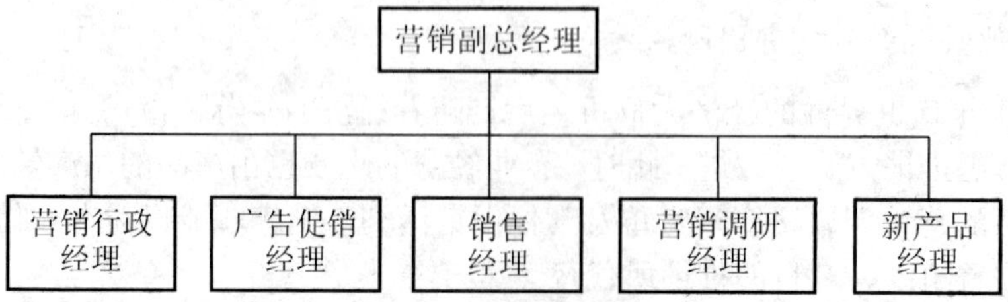

图 11.1　职能型组织机构

职能型营销组织的优点是机构简单、分工明确、管理方便，便于发挥不同部门的专业知识与专门技能，有利于在人力使用上提高效率。同时各专业职能部门的数量比较容易随营销活动的需要而增减变化。其缺点是分立门户过多，易使各单位只顾本身工作，并为了获得更多的预算和较其他部门更高的地位而相互竞争，给经理的协调带来难度。若是产品种类增加、市场扩大，这种组织很难发挥集体效应，协同开拓市场。

2. *产品或品牌型营销组织*

产品型营销组织形式(图 11.2)是根据产品的类别来组织企业的营销活动。这是在企业生产经营产品的种类多、产品之间差别大时，就要突出产品部门的地位，适合于一些有声誉的大型公司。它是在 1 名总产品经理领导下，按产品类别分别设立 1 名产品线经理，再按每个具体不同品种设立品牌经理，实行分层管理。例如，森马集团就设置有森马休闲装品牌经理和巴拉巴拉童装品牌经理。

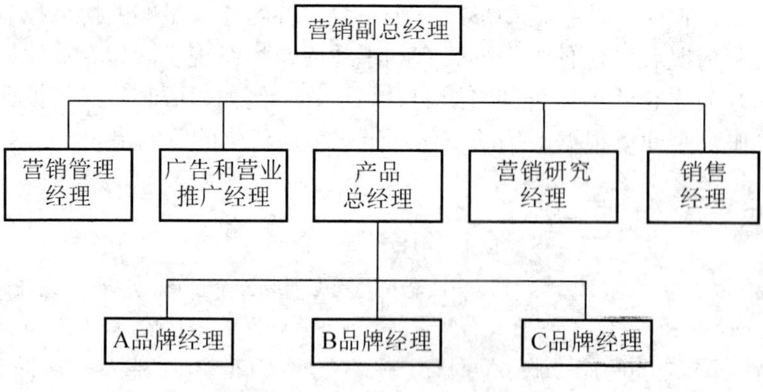

图 11.2　产品或品牌营销组织

产品型营销组织的优点是，产品经理为产品设计了富有成效的营销组合策略，对所管产品在市场上出现的问题能及时作出反应，对自己所管理的产品即使是一些名气较小的产品也不会被忽视，同时由于产品管理涉及企业经营的方方面面，所以为培训年轻管理人员提供了最佳机会。其缺点是，由于产品经理权力有限，不得不与其他部门合作，容易造成产品经理与其他职能部门之间的矛盾冲突。另外，产品经理较易于成为他所负责的产品方面的专家，而对其他方面的业务比较生疏。再有，由于产品管理人员的增加会导致人工成本的增加，结果使企业承担了巨额的管理费用，导致产品管理系统的成本往往比预期的要高。

资料补充 11-2

急需提升的中国服装产业

中国是产品制造大国，却不是创造大国，更不是品牌强国，这在服装生产方面，表现得最为突出。很多国际名牌都是在中国生产加工，之后贴上国外名牌的标志，卖到世界各地，成为人们竞相追逐的焦点。中国只有卖出 8 亿件衬衫才能进口一架空客 380。优秀的品牌给企业创造的超额利润是巨大的，但中国加工出口的衬衫平均一件只有 30 美分到 40 美分的利润，吃了市场的亏。造成这在状况的原因主要有 3 个方面：一是体制、机制、制度层面的弊端，缺乏长远规划，束缚了产品创新、技术创新和品牌培育；二是中国的服装产能过剩，重复建设；三是风格、款式大同小异，没有具体、针对性的定位，没有明显的差异性、互补性。

3. 地区型营销组织

地区型营销组织形式(图 11.3)是根据地理区域的划分来组织企业的营销活动。这种组织形式适用于地理位置分散、销售区域大而经营品种单一的企业。具体做法是企业按地区设立管理部门，负责每个地区的推销、产品计划与产品服务。在这种组织体内，为避免一些不必要的职能重复，调研、广告、行政管理等仍归原职能部门，且与各地区部门并列。

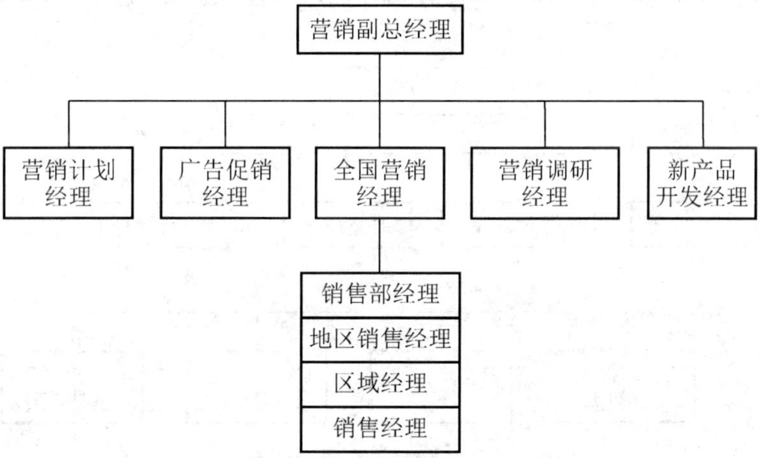

图 11.3 地区型营销组织图

地区化可以与品牌专营店一起进行。品牌专营意味着授权公司的地区或当地商店像特许经营一样经营。它不是由总部严格规定品牌的活动，而是给了当地管理部门更大范围的业务经营权。因此，这些部门类似于利润中心，当地的经理有更多的战略自由度。这些经理有权利用他们经营上的能力去积累知识、交往，以及运用经营管理专业知识。

许多国际服装企业的经营实践表明，地理细分并不受国家的限制。它的分类标准扩展到正在发展的营销地区计划。地区化甚至可扩展到按洲来划分，如亚洲、南美和欧洲市场。大的跨国公司常常从全球更有效的角度来安排销售和营销组织。例如，阿迪达斯的销售机构就分为亚太公司、欧洲公司、美洲公司等。

地区型营销组织优点是，能充分发挥每个地区部门熟悉该地区情况的优势，使各地区经理能结合本地区消费者需求的实际情况制定切实可行的推销政策，有利于满足本地区消费者的需要，提高企业产品的竞争能力。其缺点是，由于各地区都需要相同的专业人员，因而企业专业人员有时会出现重复。其次，每一个地区组织是相对独立的，都是一个独立的利润中心，容易使各地区经理从本地区利益出发，使各地区的活动协调比较困难。例如，一些大牌服饰公司，如阿迪达斯、耐克等需要跨国经营的企业，实行这种组织形式需要大量具有国际经验、且能在异国文化、政治和经济系统内生活和工作的经理人员，需要增加大量的销售成本。

营销小知识

职业经理人，是指在一个所有权、法人财产权和经营权分离的企业中承担法人财产的保值增值责任，全面负责企业经营管理，对法人财产拥有绝对经营权和管理权，由企业在职业经理人市场(包括社会职业经理人市场和企业内部职业经理人市场)中聘任，而其自身以受薪、股票期权等为获得报酬主要方式的职业化企业经营管理专家。

4. 客户式营销组织形式

客户式营销组织形式(图 11.4)又称市场管理型营销组织，是根据不同的细分市场来组织企业的营销活动，这是市场细分理论的具体应用。其做法是企业通过开展市场研究、用户研究，根据消费者需求和消费特性的不同，将消费者划分为不同的细分市场，并相应设市场经理进行管理。通常由一个总市场经理管辖若干细分市场经理，从而建立相应的市场管理型营销组织。

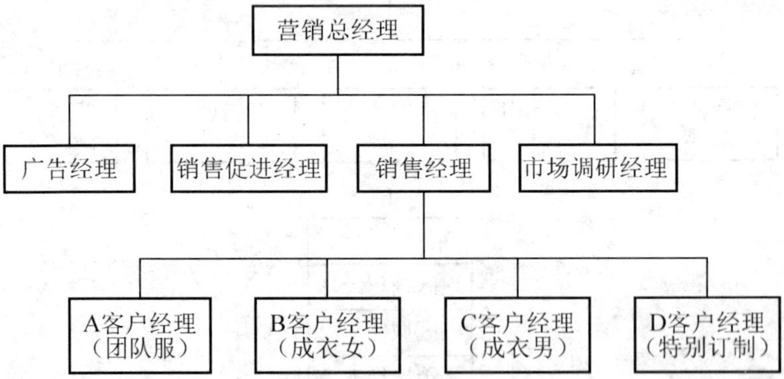

图 11.4　市场管理与客户管理型图

很多服装企业将销售部门根据客户式组织加以重组，客户的分组可采用行业划分或渠道划分。例如，一家服装公司可将市场区分为团体定制服装和大众成衣，如图 11.4 中所示。销售业务根据分销渠道分组的企业可将销售人员分为批发商和大型零售商这两组。当更多企业贯彻实施营销观念时，客户式组织架构将会更加普遍，因为这种分类符合市场营销所强调的客户导向的理念。客户式组织强调客户和市场，而不是产品。

客户式营销组织形式的优点是，各个分市场经理易于分析各自的市场趋势，针对不同的细分市场及不同的顾客群体的需要来开展营销活动并可以灵活进行调整。另外，可以有效地吸引各种顾客，扩大企业的服务面。现在很多知名品牌的服装都采用的是客户式经营模式。其缺点是，服务面的扩大和市场的细分，容易造成各个部门对人力、物力、财力资源的争夺，引起部门之间的矛盾和资源的浪费。同时，也会给控制带来一定的困难。

5. 矩阵式营销组织

矩阵式营销组织又称产品—市场管理型营销组织(图 11.5)是根据产品类别和市场类别来组织企业的营销活动。对于生产多种不同产品，面向不同市场的企业，可采取该形式。它是针对产品经理只负责产品的销售、利润和计划，为产品寻找更广泛的用途，对各种高度分化的市场不熟悉，而市场经理则负责开发现有和潜在市场，着眼于市场的长期需要，而不只是推销眼前产品，因而对其所负责的各类产品难以掌握其特点的情况下把两者有机地组合起来，使产品经理和市场经理互相协调，共同进行市场预测，以适销对路产品适应市场竞争及市场规模扩大的需要。例如，某服装企业有三条产品线，即男装、女装和童装，分别通过商超百货和专卖店进行销售，该企业就可以整合产品线和渠道线，构建矩阵式的组织机构。

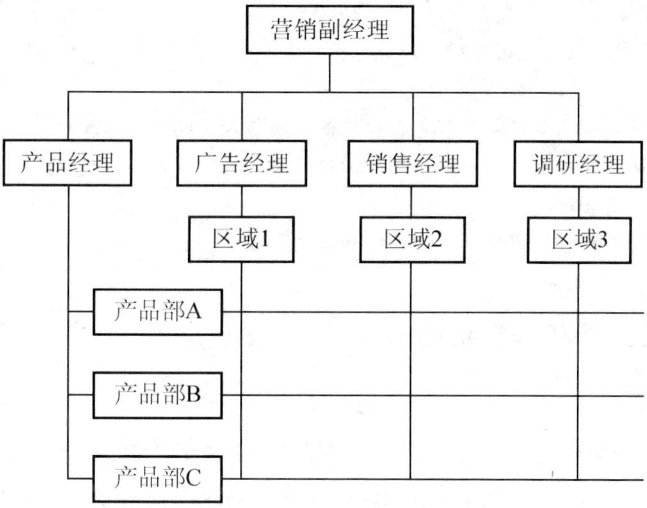

图 11.5　矩阵式营销组织图

矩阵式营销组织优点是，使营销活动按目标要求进行，一组人员熟悉各种产品，另一组人员熟悉各个市场，两组互相配合取长补短。其缺点是，必须明确规定产品部和市场部的责任范围和完成的目标，否则他们之间也容易发生矛盾，如在制定价格决策和人员推销决策时会产生以产品经理为主还是以市场经理为主的问题，从而会增加营销副总经理的协调工作。

随着服装市场细分的深入，越来越多的企业按客户市场管理型营销组织对营销部门进行重建。营销专家认为，以主要目标市场为中心建立相应的营销部门和分支机构，是确保企业实现市场导向的唯一方法。因此，对于企业来说，要根据特定的发展阶段，结合内部产品、技术、资源等条件，寻求一种有利于企业发展的组织形式。

案例 11–3

某服装集团公司市场部的工作职责

部门名称： 市场部

分管上级： 市场总监

下属部门： 无

部门本职： 负责市场研究、营销策划、品牌和广告管理、营销培训、市场开拓具体职责：

(1) 对公司产品进行市场研究和预测，以指导公司的市场和客户开发；

(2) 对公司的产品结构、新产品开发、产品定价、销售渠道、广告和促销方略、客户和公共关系开发进行全方位研究，建立最佳营销模式；

(3) 负责品牌管理和运作，提升品牌的美誉度和品牌价值；

(4) 对市场环境、客户、竞争对手进行跟踪观测和分析，建立和运行竞争情报系统，指导公司的营销活动；

(5) 负责制定销售人员的销售规程并负责对销售人员的培训管理，不断提高销售人员的综合素质，加强市场竞争优势；

(6) 负责公司的广告规划和策划；

(7) 负责广告的监播；

(8) 负责公司的各种阶段性促销策划，并负责实施；

(9) 研究形成公司的营销绝招，建立市场竞争优势；

(10) 负责集团销售政策的制定，不断完善和优化对销售人员的激励和控制；

(11) 负责对各市场片区和各销售人员的考核指标并实施对销售人员的考核；

(12) 负责客户的信用管理，建立客户信用等级；

(13) 开拓省级和地市级空白市场，弥补公司的市场薄弱点。

11.2.3 服装企业生产和销售组织方式

1. 服装生产组织

我国的成衣化生产是从裁缝和前店后场(制衣作坊)发展而来的。劳动密集型、出口导向型特征，以及稳定的市场需求是服装业在经济发展初期迅速壮大的原因。一般地，成衣企业可分为两类：

1) 制造企业

这类企业集设计、缝制加工和销售为一体，它们承担着商品策划、设计的基本功能，拥有服装加工厂，有自己的品牌甚至销售网，如三枪、雅戈尔等。这类企业一般规模较大，有营销策划、控制和开拓市场的能力，因此有较强的竞争力和较大的市场占有率。

2) 加工企业

这类企业主要从进出口贸易商、批发商、零售商、服装品牌企业或前一类服装企业那里接受加工订单，其中不少订单是来料来样加工，企业(工厂)只收取加工费。这类企业一般没有自己的设计师，也没有自己的品牌和零售组织，它们较少承担市场风险，相应的获利也少。我国大多数外向型服装企业属于这一类。

我国服装制造企业为了品牌、品种的系列化和市场定位，通常拥有多种服装的策划设计、生产和销售能力，虽然有时也将订单外发加工，但这类企业掌握着品牌、策划设计、质量控制权和产品销售等资源和权利。一般服装加工企业由于加工能力、设备和技术条件受到限制，能够承担加工的服装类型也有限，主要从事专业生产。例如，单纯加工内衣，或丝绸类轻薄面料服装，或西服等厚重毛料类服装。

20 世纪 90 年代起，为了适应市场竞争的需要，我国大型服装制造企业有向上游产业(如面料生产)或下游产业(如零售业)发展，并逐渐向国际集团化经营过渡的趋势。完整的品牌服装企业，不仅应包括从外衣到内衣各种服装的组织生产或采购，还应包括诸如帽、围巾、手套、鞋子、腰带和首饰甚至化妆品等配套产品的策划、设计及组织生产。这种企业经营方式不仅满足了消费者的多层次需求，有利于服装品牌的准确定位，同时也拓展了市场机会和企业的经营范围，减少单一品种经营的风险。

2. 服装销售组织

1) 服装零售商

在服装流通业中，零售占了很大比例，至少在消费者心目中，服装是最大宗的商品之一。在一般情况下，服装直接从生产企业配送给零售商。经营零售店的可以是品牌服装企业、独立的零售商或者通过特许经营形式，已拥有服装品牌知识产权的企业按契约合同的特许标准，由受许企业销售规定的品牌服装，如雅戈尔服饰品牌的特许加盟连锁经营。特许经营广泛应用于驰名和高档名牌，这既有利于扩大名牌服装的影响和销售，又保持了名牌市场定位的一致性和独特形象。

2) 服装批发商

(1) 专业批发市场。主要经营诸如工作服、内衣、睡衣、袜子等一些基本商品，这类商品由于消费量大面广，而一般制造或加工企业主要生产专一品种，因此由批发商负责转售和配送分发，可降低流通成本，提高流通效率。例如，上海七浦路与韩国首尔东大门服饰批零市场自 20 世纪 90 年代以来，随着世界经济的不断发展、互动，商品生产供应与消费者之间的沟通日趋顺畅，社会经济活动效率逐渐提高并获得不断发展。

案例 11-4

上海七浦路服饰市场与韩国首尔东大门服饰市场

在发展初期是以低价批发为主的传统型市场，随着经营模式的不断改革和整合，逐渐从单一的批发市场转变为批发零售兼具的多功能集聚型服饰商圈。这类市场是流通业中的一种新业态，起着整合批发零售营销功能、促进商品供应与消费快速敏捷沟通的作用。同时，作为重要的服饰商品分销模式，集聚型服饰批零市场是百货商场、超市、专卖店、大卖场等流通市场的有效补充。上海和首尔分别是中韩两国的标志性城市，也是两国引领时尚潮流的服饰文化重要城市。韩国首尔东大门服饰市场形成于 20 世纪 50 年代，地处市中心繁华街区，目前这一市场由 26 家商场、27 000 余家商铺构成，以服饰零售与批发为主，餐饮及游戏厅等生活、娱乐设施一应俱全。七浦路服饰市场的发展轨迹与大东门服饰市场颇为相似，同样地处上海市中心，交通便利，从单一的批发市场经过 30 余年的发展形成了以服饰批零为主，集购物、旅游、休闲服饰于一体的集聚型商贸购物中心。

(2) 转包批发商，也称品牌设计公司。它的职能主要是根据商品策划和销售计划实施面辅料采购、负责设计(或指定设计师进行设计)、组织生产和销售，这类中间商不一定具备自己的设计、生产或销售实体，但具有市场预测和商品策划的能力，拥有自己的品牌，并承担经营风险。耐克和国内的上海德尊男装等品牌采用这一经营方式。我国都市型服装业应积极发展这类企业，利用城市人才、信息、融资、交通等资源优势，消除生产与市场之间的鸿沟，繁荣市场，促进我国服装全行业从生产加工型向品牌经营型方向转化。

3. 服装媒体与会展

服装商品从市场调查、策划、建立品牌理念和主题开始，经过设计、生产、流通到消费者手中这一过程，介入了各种媒体组织，以帮助信息不断传播和反馈。

1) 出版业

时装杂志在出版界具有重要地位，对服装流行的推动作用更是不言而喻。消费者从服装杂志中体会流行，领悟服饰的品位，提高衣着修养，找到合适的服饰消费方向；而设计师从中找到灵感与启发；生产和销售经营者则不断借助杂志推出自己设计的新款，树立品牌形象，扩大商品影响。畅销服饰杂志不但能推动消费，而且也对社会精神和文化素质起促进作用。出版商的获利来源主要是刊物发行量和广告收入。世界著名的时装出版物有《世界时装之苑(ELLE)》、《男性时尚杂志》、《女性时尚日报))等。

资料补充11-3

我国主要服装报刊杂志

1. 中国服饰报

中国服饰报(China Fashion Weekly)是目前中国服装报纸中版面最多(共16个版面)、内容最丰富的一份全国性时装专业周报，总部设在北京。中国服饰报内容翔实，版面设计活泼，有彩色图片可供欣赏，融知识性和使用性于一体，因此颇受广大专业人士和消费者的喜爱。

2. 中国纺织报

中国纺织报(China Textile)是一份创办较早的专业性报纸。主办单位是中国纺织总会(前身是中国纺织工业部)。主要报道国内外纺织服装业的新闻和信息，读者多为纺织和服装业专业人士。

3. 服装时报

服装时报(Fashion Times)是北京创办的一份时装报纸，以介绍服装企业品牌和市场信息为主，兼办国内时装界专家的专栏，介绍时装知识及国际时装潮流动向。

4. 上海时装报

上海时装报(Shanghai Fashion Times)是主要在上海及周边地区发行的周报，内容大部分以长江三角洲地区服装市场的信息为主，兼顾介绍国际时装流行趋势和动态的文章。

5. 红装

红装(Trendy)是年轻人喜欢的杂志，创刊于1996年1月，由于该杂志以全新的设计和创新，高质量的印刷及丰富的内容，发行量由2万册跃升为8万册。

6. 上海服饰

上海服饰(Shanghai Style)是中国较早的通俗时装杂志，也是发行量最大的杂志，已超过百万，拥有大量的中青年读者。丰富的内容、实用的信息、深入浅出的评论和独创性的见解使之成为一本雅俗共赏的读物。

7. 时尚

时尚(Trends)由中国旅游报社主办，拥有一批著名的撰稿者和丰富的信息源、广泛的时尚话题及博深的生活哲理，使之脱离了浓妆俗艳的短视，成为一份独特的时尚杂志。

8. 服饰文化

服饰文化(China Dressand Decoration Culture)由海南省纺织工业总公司出版，普及的流行服饰杂志，但充满文化品位。

9. 时装

时装(Fashion)由中国丝绸进出口公司主办，主要介绍国际时装流行趋势为主，印刷精致。

10. 中国服装

中国服装(Show)由中国服装研究中心和中国服装设计师协会主办。特殊的主办者地位使刊物无疑具有某种权威性和影响力，杂志以精印彩页为主。

2) 服装会展

会展也是服装经济活动中重要的一环。会展商通过招展和推广获取收益，参展商通过展览向公众和买家展示自己的服饰产品、促销或直接获得订单。成功举办展览会的关键在于招展和参观者的确定和组织，成功的服饰会展可促进商品流通、信息交流、稳定和扩展行业间商贸关系、扩大社会影响、推动流行。服装会展一般每年定期举行，从面料、辅料到生产设备，从内衣到外衣。会展的时间应与时装季节相衔接，会展通常在世界主要的时装中心或大都市举行。

3) 时装表演与流行信息发布

时装表演是服装界用以发布流行信息，传达设计师创意、理念和品位的特殊手段，如世界四大时装发布会米兰、巴黎、伦敦、纽约的时装发布会都拥有顶级的时装表演秀。时装发布的意义是双重的：一方面用以市场定位，通过新闻媒介进一步扩大设计师和服装品牌的社会影响；另一方面在多数情况下，又可获得客户的订单。时装发布的策划与实施是一项大工程，需要较大的人力和财力投入，如安妮•克莱恩(Anne Klein)举办的一场针对目标客户的秋季时装发布会花费了 13.9 万美元。时装表演的成功依赖于良好的策划组织，而模特的表演则是关键。由于模特的挑选与培养需要高额资金的投入，大多数公司不可能长期负担一支专业模特队，于是职业化的模特和模特经纪公司应运而生。

4) 时装摄影

时装摄影是与时装表演、时装刊物出版相伴而衍生的另一重要行业角色。通过摄影，服装设计师的理念和风格得以诠释，服装美感能够得到充分展现，时装艺苑将变得更加多姿多彩。在时装发布前，新闻稿包括已摄制的时装写真应提供给记者或自由撰稿人，在时装发布后，大量在现场摄取的时装写真或录像通过公共媒介广泛传播。企业还将摄影作品用作产品目录和广告，而时装摄影本身就是一种艺术品。

4. 服装教育和研究机构

服装业属于劳动密集型行业，但服装本身的文化美学内涵、服装营销的全球化，以及因为全球竞争导致技术进步，使服装业越来越依赖于高科技和现代文化知识。世界著名学府，如哈佛大学、麻省理工学院都有相应机构从事纺织服装业的经济、生产和营销理论及技术研究，国内东华大学(原中国纺织大学)、浙江理工大学(原浙江丝绸工学院)等一些教学和科研机构，有专门的服装专业和相应科研机构从事服装教育和研究工作。

我国自行研制的 CAD、CAM 系统、UPS 生产线和条形码应用技术已开始发挥作用；在服装生产、营销、经济、管理，以及服装消费心理学等领域的研究成果，为制定行业战略、贸易政策、企业经营战略和策略提供了依据。

5. 其他服装组织机构

1) 服装质量检测机构

服装吊牌和商品质量标志是服装产品的重要组成部分，从消费者立场来看，服饰标志吊牌不仅维护了他们的正当权益，还是服饰质量档次的象征。发达国家都有相应的国家标准和法律规定。我国根据国际标准化组织(International Organization for Standardization，IOS)制定了一系列与服装相应的质量标准和法律法规。服装标准制定或立法后，作为法定标志，服装企业必须应用或使用这类服装标志，并且要有相应的检测机构对标准和法律来实施和监督。服饰标志与吊牌主要由印刷或织造制成，但标志的内容应符合国家标准和法律规定。服装质量标志虽小，但市场需求量很大。

2) 形象设计和服饰咨询机构

形象设计和服饰咨询是一项很有潜力的市场。配合发型、化妆设计，根据顾客不同的年龄、性别、身材、体型、肤色、脸型等生理特征和职业、教育、性格、心理等个性特征，合理选配服装款式、色彩、配饰、首饰等，考虑到消费者的经济条件和价格定位，指导服饰消费，使之达到最佳效果。

3) 专业制版机构

无论发达国家或是发展中国家，绝大多数服装企业是中小型企业，而服装款式千变万化，样板设计是一项繁复的工作。专业制版企业可以为小型服装企业提供工业化标准样板的商品制作和服务。根据客户提供的款式图，制版企业进行样板设计、推档、排料，并提供系列工业化样板和排料图。家庭用服装纸样在我国也有一定市场，不少消费者希望通过自己的创意以补充市场服饰商品的缺口或出于经济目的而尝试自己缝制衣服。目前一些专业制版和纸样公司已在国内开拓了这方面的市场。

11.2.4 市场营销组织机构的影响因素

服装企业无论怎样设计其营销组织形式，其根本目标都是要保证企业各项营销策略的顺利实施，所以在设置市场营销组织时，必须要根据主客观条件，选择适当的组织形式。具体来说，企业在选择设计其营销组织形式时，应重点考虑下列因素的影响。

1. 企业规模

企业规模的大小影响着企业设置市场营销组织机构时究竟采用哪种组织形式。一般地说，企业规模越大，需要的专职部门、层次和营销专业人员就越多，因而往往采用比较复杂的组织形式。例如，产品型、地区型、市场管理型、产品—市场管理型组织形式。若企业规模较小，市场营销组织就相对简单，可考虑采用职能型组织形式。

2. 产品因素

如果企业经营的产品种类、数量很多，且产品之间的差异性较大，可以考虑采用以产品型组织形式为主的营销组织形式。服装市场因其花色款式品种多样，其自身产品特点就直接影响其组织机构的形式。例如，大规模男士西服的生产企业就适用矩阵式的组织结构，而生产时尚女装的企业就适用客户式组织结构，根据不同客户的需求实施营销计划。

3. 市场因素

若企业实行市场多元化方针，营销市场的地理分布区域广泛，它们的营销环境彼此有较大差别，则可以考虑以地区型形式为主的营销组织形式。

4. 企业营销最高管理者的态度

如果企业营销最高管理者倾向于加强对营销活动的“集权”控制，则可能赞成产品型的营销组织形式。反之，若其赞成“分散”经营的做法，企业可能认为采用地区型的组织形式更加合适。

对于服装企业来说，要根据特定的发展阶段，结合内部产品、技术、资源等条件，寻求一种有利于企业发展的组织形式。

学以致用

很多服装企业之所以留不住营销人员，有时跟自己的用人理念有局限有关。如果既想让他们大干一番，干出业绩，但又怕失控，给自己带来损失，在这种情况下，服装企业在用人方面难免畏首畏尾。因此，会让一些“空降”而相对经历过大世面的职业经理人倍感局促和不快。服装企业要想避开这个误区，就必须放开思想，本着授权受控的原则，建立一套相对完善的责权利分明的管理机制。

思考：服装企业该如何建立高效运作的销售团队？服装企业该如何设置自己的营销组织？

11.3　实施服装企业市场营销控制

一个好的营销战略计划如果执行不当，是不大会有成效的。营销执行是将营销计划转化为行动和任务的部署过程，并保证这种任务的完成，以实现营销计划所制定的目标。服装市场营销控制是市场营销管理过程的关键性步骤，是通过营销计划执行情况的监督和检查，发现和提出计划实施过程中缺点和错误，提出纠正错误的建议，以保证营销战略计划目标的实现。

学前小思考

1. 你认为服装市场营销控制的有效手段有哪些？
2. 服装市场营销计划控制的基本过程是什么？

知识大扫描

11.3.1　市场营销计划的执行

影响有效实施营销计划方案的因素有 4 类：发现和诊断一个问题；对问题的层次评估；执行计划；评价执行结果。

1. 诊断技能

当营销计划执行的结果未达到预期目标时，战略和执行之间紧密的内在关系就会引起一些困难的、需要诊断的问题，低销售率究竟是由于战略欠佳造成的，还是执行不当的结果？其次还要确定究竟是什么问题(即诊断)，应该对此做些什么(即执行)？对这些问题，在各种管理“手段”和解决措施方面，各有多种不同的组合。

2. 公司层次

营销执行问题可能发生在 3 个层次上。一是行使营销职能的那一层。例如，怎样能使公司从其广告代理商处得到更多的创造性广告？另一个层次是营销规划，这一层把各种营销职能协调地组合在一起。该问题产生于怎样把产品推向市场。第三个执行层次是营销政策这一层。例如，公司希望每一个员工都把顾客放在第一位。

3. 营销执行技能

营销者必须掌握一套能有效执行营销计划或政策的技能。

4. 营销评估技能

对计划执行的结果实施评价测算。其评估内容主要包括品牌知名度、市场占有率、销售网点、销量、营销团队设置等。

这 4 种基本技能就是分配、监控、组织和相互配合。服装企业在贯彻执行营销计划中，对非正式营销组织和正式营销组织的了解是非常重要的。最后，他们应用相互配合技能，通过影响别人来完成自己的工作。营销人员不仅能够动员企业自己的人员去有效地实施预期的战略，而且还必须利用外部力量——市场调研公司、广告代理公司、经销商、批发商、代理商。

营销小知识

在整体营销绩效评估当中，营销审计是基础工作，营销审计是针对营销部门的详细检讨与评估，审计内容包括营销观念、营销环境、目标、策略、组织结构、人力资源、财务和营销绩效。营销审计包含营销绩效评估，但不仅限于此、任何评价结果包括营销审计结果，都能为计划提供非常重要的信息。

11.3.2 市场营销控制步骤及方法

1. 定义

市场营销是营销管理用于跟踪企业营销活动过程每一环节，以确保其按照计划目标运行而实施的一套工作程序或工作制度，包括为使营销实绩与预期目标一致采取的措施。

2. 市场营销控制的步骤

(1) 确定应对哪些市场营销活动进行控制；
(2) 设置控制目标；
(3) 建立一套能测定营销结果的衡量尺度；
(4) 确立控制标准；
(5) 比较实绩与标准；
(6) 分析偏差原因；
(7) 采取改进措施。

3. 实施营销控制中存在的问题

因为在营销计划实施过程中将发生许多意外情况，营销部门必须连续不断地监督和控制各项营销活动。服装企业因公司规模普遍偏小，许多公司并无适当的控制程序，一般来说服装企业在实施计划控制方面主要存在以下问题。

(1) 小公司的营销控制比大公司弱。它们在建立明确目标和制定制度来衡量绩效等方面的工作做得很差。

(2) 公司不了解它们个别产品的盈利率。部分服装企业在确定和淘汰软弱产品方面尚无正规的检查程序。

(3) 许多公司无法将其价格与竞争者进行比较，无法分析仓储和分销费用，无法分析退货原因，无法对广告有效性进行正式评价和检查销售队伍的销售报告。许多公司花 4～8 个星期的时间来制定控制报告，而这些报告常常是不精确的。

案例 11-5

九牧王公司的营销运营模式

九牧王是中国领先的商务休闲男装品牌企业，公司核心产品九牧王男裤及夹克已经占据市场领导者地位。截至 2011 年，公司主导产品九牧王品牌男裤综合市场占有率连续 12 年位居全国第一，商务休闲男装综合市场占有率连续两年位居全国第一，夹克综合市场占有率连续 4 年位居全国第二。

公司在运营上采用业务纵向一体化的模式，集品牌推广、研发设计、生产、销售为一体，经营九牧王品牌的男裤、夹克及其他服饰类产品。公司始终专注于以男裤为核心的中高档商务休闲男装的战略发展方向，致力于让男士拥有高性价比的精工时尚服饰，满足不同消费者在不同场合的穿着需求。

(资料来源：以上市场占有率中华全国商业信息中心对全国重点大型零售企业、商业集团的统计数据。)

4. 实施营销控制的方法

针对这些问题，服装企业实施计划控制的基本方法为，年度计划控制、盈利能力控制、效率控制和战略控制，见表 11-1。

表 11-1　营销控制的方法

控制类型	主要负责人	控制目的	方　法
年度计划控制	高层管理层，中层管理层	检查计划目标是否实现	销售分析、市场份额分析、费用—销售额比率、财务分析、市场基础的评分卡
盈利能力控制	营销审计人员	检查公司在哪些地方赚钱，哪些地方亏损	盈利情况、产品、地区、顾客群、细分区域销售渠道、订单大小
效率控制	直线和职能管理层，营销审计人员	评价和提高经费开支效率，以及营销开支的效果	效率、销售队伍，广告、促销和分销
战略控制	高层管理者，营销审计人员	检查公司是否在市场、产品和渠道等方面正在寻求最佳机会	营销效益等级评核、营销审计、营销杰出表现、公司道德与社会责任评价

学以致用

森马作为中国休闲服饰领域的三巨头之一，采用“虚拟经营”一手抓产品的研发设计，一手抓市场的营销网络建设，取得了快速发展。森马于 2011 年 3 月 11 日在深交所中小板上市，已经拥有 5 000 多家门店，几乎进入了中国的所有城市，并表现优异。但自 2011 年下半年开始，由于国内经济处于下行中，包括森马在内的服装行业也面临着市场的严峻考验。请分析，森马集团面临金融危机的冲击该如何实施营销计划的实施与控制？

任务小结

服装企业制定市场营销计划是根据自身所处的营销环境和整体实力情况而设计的，它规定了一定时期内企业营销活动的任务、目标及实现目标的策略、方法和步骤，是企业战略计划在营销领域里的具体化。

服装企业要有效地执行市场营销计划，必须建立专门的市场营销组织。营销组织有多种形式，但所有的市场营销组织都必须与营销活动的各个领域、职能、产品和消费者市场相适应。

服装企业市场营销控制是市场营销管理过程的关键性步骤，是通过营销计划执行情况的监督和检查，发现和提出计划实施过程中缺点和错误，提出纠正错误的建议，以保证营销战略目标的实现。

知识巩固

一、名词解释

1．服装市场营销组织　2．服装市场营销计划　3．服装市场营销控制

二、不定项选择题

1．市场营销计划的特点是(　　)。

A．整体性　B．可行性　C．经济性

D．灵活性　E．连续性

2．现代服装市场营销企业要建立(　　)型组织，使企业所有的管理人员乃至每一位员工在这一组织框架内通过信息共享，都围绕“为顾客服务”来展开场营销活动。

A．产品导向　B．职能导向　C．品牌导向

D．矩阵式　E．客户导向

3．(　　)是最常见的市场营销组织形式。

A．职能型组织　B．产品型组织　C．地区型组织　D．管理型组织

4．战略控制的目的，是确保企业的目标、政策、战略和措施与(　　)相适应。

A．市场营销环境　B．市场营销计划

C．推销计划　D．管理人员任期

5．市场营销部门的组织形式有(　　)。

A．职能型组织　B．产品(品牌)管理型组织

C．产品/市场管理型组织　D．地区型组织

E．市场管理型组织

三、判断题

1．服装市场千变万化，服装营销不适宜制定中长期计划。(　　)

2．企业制定的营销计划必须遵循经济效益原则，以较少的费用支出实现较大的营销效果。(　　)

3．服装市场营销组织设置不应该都按一种模式设置市场营销机构。(　　)

4．生产多种产品或拥有多个品牌的企业，通常设置市场管理型组织。(　　)

5．市场营销审计是进行市场营销控制的有效工具，其任务是对企业或经营单位的财务状况进行审查。(　　)

四、思考题

1．服装企业的市场营销组织随着经营思想的发展和企业自身的成长，大体经历了哪几种典型形式？

2．服装企业职能型组织的主要特点是什么？

3．服装市场营销计划通常包含哪些内容？

4．试述服装市场营销组织控制的方法。

技能演练

一、案例分析

保暖内衣这类产品保暖性高，穿着舒适，有科技含量，故产品一经问世就受到欢迎。正因为如此，很快这一行业便充满了浓浓的火药味。据了解，在 1998 年，全国生产保暖内衣市场还只有 10 多家企业在那里搏杀，市场实际销售量 300 万套。到了 1999 年，生产企业就已经发展到近 70 家，全国保暖内衣销售量达到 750 万到 800 万套，几个主要品牌如俞兆林、南极人、顺时针、赛洋北极绒等都曾出现过断货、抢购现象。今年的形势，据业内人士估计市场投放量将突破 1 亿套。尽管这几年保暖内衣的年产量呈逐年猛增的趋势，但有数字统计，从 1996 年开始到现在，销售总量仍不到 1 500 万套，相对整个大市场并不算多，让人感觉保暖内衣的市场空间还很巨大。

2010 年保暖内衣在全国范围内形成大战局面已成定局，其激烈程度将有可能是自家电大战后的又一焦点。全国加入大战的企业可能会达 500 家以上，一些著名的品牌，如杉杉、宜而爽、小护士等也参与了角逐。在竞争激烈的市场环境中，处于行业领头羊地位的俞兆林保暖内衣经过了从轻松、紧迫，最后到白热化的市场状态。面对越来越紧张的“战势”，俞兆林采取了各种方式进行应对措施，制定了一系列的营销计划，将保暖内衣大战推向一个更新的阶段。

问题：

(1) 面对保暖内衣市场大战的局面，俞兆林企业该如何制定企业营销计划？

(2) 结合服装市场的特点，谈谈服装企业的计划调整和执行。

(3) 俞兆林企业该如何实施营销计划控制。

二、实训操作题

服装企业的营销组织结构多种多样。请选择一个你熟悉的服装企业，根据其经营服装的特色，设计其营销组织结构。

【实训操作指令】

1．收集整理一服装企业背景资料。

2．针对其服装特色设计其营销组织机构。

【实训名称】服装企业的营销组织机构设计实训。

【实训目标】让受训者根据各种组织机构构的优缺点，主导背景企业的组织机构设计过程，操练其分析组织设计的基本能力。

【实训组织】

1．受训者 4～5 人一组，采取自由组合方式形成，每组设组长一名。

2．在规定的时间内完成服装企业组织机构设计方案。

3．指导老师组织受训者就分析方案进行讨论，形成基本判断。

【实训考核】

1．小组完成方案设计的表现占 40%。

2．小组成员的团队合作表现占 20%。

3．PPT 汇报的表现占 40%。

【实训成果】完整的营销组织设计方案。

任务 12　认识服装企业网络营销

能力目标

完成本任务的教学，受训者应该具备以下基本能力：
1. 认识网络营销的基本原理
2. 基本掌握网络营销常用工具的使用方法
3. 熟练掌握服装电子商务平台的特征
4. 能够针对服装企业的营销环境选择适合的第三方平台开展网络营销

核心能力

在本任务的教学中，导师应重点关注受训者如下能力目标的实现：
1. 能基本认识和掌握网络营销工具的作用和使用方法
2. 能使用第三方平台开展服装企业网络营销

知识目标

为了完成本任务，受训者需要的理论知识：
1. 网络营销的基本原理
2. 博客营销的使用原理
3. B2B/B2C 概念和特征

任务分解

12.1 认识网络营销的基本原理
12.2 服装企业网络营销的常用工具和方法
12.3 B2B/B2C 典型分析

案例导入

杰克琼斯的品牌“网销”

2009 年 10 月，国际网络零售研究会联合淘宝网、北京正望咨询共同推出《中国服装网购排行榜》。报告显示，截至 2009 年 6 月，2009 年上半年淘宝网服装交易总额 93.9 亿元。杰克琼斯(JACK&JONES)已连续 2 年成为中国网购市场中最受欢迎品牌。48 个小时之后，杰克琼斯的官方网络旗舰店正式在淘宝上线。此后 3 天，杰克琼斯网店的单日交易额高达 47 万元，出货 2 000 多件，成为淘宝服装第一店，是一个很好的网络营销成功案例。

事实上，不仅仅是杰克琼斯，2009 年 4 月，日本著名服装品牌优衣库在淘宝开店，前 11 天成交额和客流量相当于优衣库在中国线下所有实体店之和，销售速度冲至淘宝商城男装、女装单店销量第一位。而李宁淘宝商城官方店更成为李宁全国所有店铺中的销售冠军。目前，整个服装业面临巨大的生存压力，零售增速下滑、生产成本提高，品牌“网销化”成为服装业减轻压力、颠覆传统卖场模式的必由之路。

思考：杰克琼斯在淘宝取得成功的背后，蕴藏着怎样的战略网络营销模式？在网络化程度已经很高的当下，服装企业应该如何来面对网络营销呢？

任务明确

电子商务给整个销售市场带来了一场变革，这个变革过程是悄无声息的，但速度却不可低估。最初，人们曾断言，电子商务这种模式并不适合服装产品，但随着服装电子商务企业的不断成功，人们发现服装是电子商务领域中最大的受益者。杰克琼斯、优衣库等品牌已然初步取得了电子商务的成功，但就目前而言，即使是领头企业也不断地在摸索中前进，以寻找适合自己企业发展的网络营销盈利模式。

因此，对传统服装企业而言，关键是寻找适合企业自身的方式，才能使企业在线上取得应有的效果。本环节将在对网络营销基本原理认识的基础上，使用搜索引擎、E-mail、博客和第三方平台等工具来认识服装企业网络营销，具体工作分为下列 3 个子任务：

(1) 认识网络营销的基本原理；

(2) 服装企业网络营销的常用工具和方法；

(3) B2B/B2C 典型分析。

本环节的学习与训练将围绕以上 3 个方面的子任务，根据服装企业开展网络营销的常用方法和工具的应用逐渐开展。相信通过本任务的学习和演练，读者将会在掌握网络营销有关理论知识的基础上具备开展网络营销的操作能力，也将能够为传统服装企业提供一个有效的网络营销应用模式。

12.1 认识网络营销的基本原理

随着现代电子技术和通信技术的应用与发展，网络化的浪潮正在席卷全球，企业的生存竞争空间正逐步从传统市场转向网络空间市场，企业的营销方式也从传统的市场营销转向网络营销。如何利用网络平台开展网络营销已经成为各企业共同关注的问题。本任务将带领大家从服装企业网络营销的基础入手，初步实现充分认识网络营销基本原理的目标。

学前小思考

1. 有人认为网络营销等于网上销售，你怎么看？
2. 你认为该从哪些方面去分析一个企业开展网络营销的情况？

知识大扫描

12.1.1 网络营销的概念和特点

1. 网络营销的含义

网络营销是以现代信息技术为依托，在市场营销观念中发展起来的新生事物。网络营销是借助互联网、计算机通信技术和数字交互式媒体来满足消费者需求，实现企业营销目标的一系列营销活动。

资料补充 12-1

网络营销不是网上销售

网络营销不是网上销售，销售是营销发展到一定阶段的产物，销售是结果，而营销是过程，网上销售的推广手段不仅靠互联网，还可利用传统电视、户外广告、宣传单等。网络营销也不仅限于网上，一个完整的网络营销方案，除了在网上做推广外，还有必要利用传统方法进行线下推广。这可以理解为关于网络营销自身的营销。

从营销的角度来看，网络营销是企业整体营销战略的一个组成部分，是为实现企业整体经营目标所进行的，以互联网为基本手段，营造网上经营环境，实施各种营销策略的活动。由此可见，网络营销的核心思想是“营造网上经营环境”。这里的网上经营环境是指企业内部和外部与开展网络营销相关的环境，主要包括网站、客户、ISP、合作伙伴、供应商、销售商等网络环境。网络营销的开展就是与这些环境建立关系的过程。网上经营环境的营造，主要是通过建立一个以营销为目的的网站，并以此为基础，通过具体的策略对网站进行推广，从而建立并扩大与其他站点、用户之间的关系，其主要目的是提升企业品牌形象、进行客户关系管理、开拓网上销售渠道并最终扩大销售，提高企业利润。

资料补充 12-2

网络营销与电子商务

网络营销不同于电子商务，它是企业整体营销战略的一个组成部分，是促进商业交易的一个手段。而电子商务强调的是交易行为和方式，所以网络营销是电子商务的基础，开展电子商务离不开网络营销，但是网络营销不等于电子商务。

2. 网络营销的特点

互联网把遍布全球的企业、组织及个人连接在一起，这使得彼此之间信息的交换非常便利，也使得网络营销具有传统营销不具备的许多独特的、鲜明的特点。

(1) 跨时空。营销的最终目的是占有市场份额，由于互联网具有超越时间约束和空间限制进行信息交换的特点，因而使得交易脱离时空限制成为可能，企业也因此有更多的时间和更大的空间进行营销，可每周 7 天、每天 24 小时随时随地提供全球性营销服务，以达到尽可能多地占有市场份额的目的。

(2) 多媒体。通过互联网可以传输多种媒体的信息，如文字、声音、图像等，这使得为达成交易进行的信息交换以多种形式存在和交换，可以充分发挥营销人员的主观能动性和创造性。

(3) 交互式。企业通过互联网可以展示商品目录、通过连接数据库提供有关商品信息的查询；可以与顾客进行互动沟通；可以收集市场情报、进行产品测试与消费者满意调查等。所以，互联网是企业进行产品设计、提供商品信息和提供服务的理想工具。

(4) 人性化。互联网上的促销是一对一的、理性的、消费者主导性的、非强迫性的、循序渐进式的，这是一种低成本与人性化的促销，可以避免传统推销活动中所表现的强势推销的干扰，对企业而言，可以通过信息提供和交互式沟通与消费者建立长期良好的关系。

(5) 超前性。互联网是一种功能最强大的营销工具，它兼具渠道、促销、电子交易、互动服务和市场信息分析与提供的多种功能。它所具备的一对一营销能力迎合了现代市场营销的发展趋势。

(6) 高效性。网络营销利用数据库存储大量信息，供消费者查询，所传送的信息数量与质量远超过其他媒体，并能及时更新产品信息或产品，能及时有效地了解并满足消费者的需求。

(7) 经济型。通过互联网进行信息交换，代替传统的面对面的交易方式，一方面可以减少租用营业场地、聘请营业员、印刷与邮递的成本，实行无店面销售；另一方面可以减少由于商品多次配送带来的损耗，提高交易的效率。

(8) 技术性。网络营销是建立在高技术作为支撑的互联网基础上的，企业实施网络营销必须有一定的技术投入和技术支持，改变传统的组织形态，提升信息管理部门的功能，引进懂营销与计算机技术的复合型人才，未来才能具备市场竞争优势。

(9) 整合性。在互联网上开展营销活动，一方面，商品信息的发布至收款、售后服务可以一气呵成，实现全程的营销；另一方面，企业可以借助互联网将不同的营销活动进行统一设计规划和协调实施，以统一的资讯向消费者传达信息，从而能够避免因不同传播的不一致性而产生的消极影响。

资料补充 12–3

网络营销发展趋势分析

品牌广告和搜索引擎的广告，在中国和美国来说有什么不同？我们要关注我们的有效性，还有评价。中国的这个行业花了很多的钱，尤其这个传统的广告业主，像美国一样进行广告的测量、广告的评价。网络营销行业最基础的元素就是流量。不论什么样的企业，要想从网络营销中获得好处，首先就需要获取流量。在当前的互联网世界，超过 70%的用户每天通过搜索引擎去寻找自己需要的信息，这使得搜索引擎成为互联网上最大的流量集散中心。中国互联网走了 10 年了，尤其品牌广告搜索方面，发展的比较薄弱。

未来3年，对于广告主，对于效果的追求提高的时候，整个的SAM市场的成长性，会变得更好起来。视频广告、搜索引擎广告，是未来整个广告主提升广告效果的两个非常重要的工具。

12.1.2 网络营销的职能

网络营销的基本职能表现在下述9个方面，其每一种职能的实现都有相应的策略和方法。

1. 网络品牌

网络营销的主要任务之一就是在互联网上建立并推广企业的品牌，以及让企业的品牌在网上得以延伸和拓展。网络营销为企业利用互联网建立品牌形象提供了便捷有利的条件，任何企业都可以用适合自己的方式展现品牌形象。网络品牌建设是以企业网站建设为基础，通过一系列的推广措施与手段，进而达到网民对企业的认知和认可。网络的品牌价值是网络营销效果的表现形式之一，通过网络品牌价值转化可以实现持久的客户关系和更多的直接受益。

2. 网站推广

获得必要的网站访问量是网络营销取得成效的基础，尤其对于中小企业而言，由于经营资源的限制，发布企业及产品的新闻、投放媒体广告、开展大规模促销活动等宣传机会一般比较少，因此通过互联网手段进行网站推广的意义显得极为重要，这也是中小企业对于网络营销更为热衷的主要原因。即使对于大型企业，网站推广也是非常必要的，因为许多大型企业虽然有较高的知名度，但网站访问量并不一定高。因此，网站推广时网络营销最基本的职能之一，是网络营销的基础工作。

3. 信息发布

网络营销的基本思路就是通过各种互联网工具，将企业营销信息以高效的手段向目标客户、合作伙伴、公众等群体传递。互联网为企业发布信息创造了良好的条件，不仅可以将信息发布在企业网站上，还可以利用各种网络营销工具和网络服务商的信息发布渠道向更大的范围传播信息。

4. 销售促进

市场营销的基本目的是为增加销售提供支持，网络营销也不例外。各种网络营销方法大都直接或间接具有促进销售的效果，同时还有许多针对性的网上促销手段，而这些促销方法并不限于对网上销售的支持，网络营销对于促进网下销售同样很有价值。

5. 网上销售

网上销售是企业销售渠道在网上的延伸，一个具备网上交易功能的企业网站本身就是企业的一个网上交易场所，网上销售渠道建设并不限于企业网站本身，还包括建立在专业电子商务平台上的网上商铺，以及与其他电子商务网站不同形式的合作等，因此，不同规模的企业都有可能拥有适合自己需要的在线销售渠道。

6. 顾客服务

互联网提供了更加方便快捷的在线顾客服务手段，从形式最简单的FAQ(常见问题解答)到电子邮件、邮件列表，以及在线论坛和各种即时信息服务等。在线顾客服务具有成本低、效率高的优点，在提高顾客服务水平方面具有重要作用，同时也直接影响到网络营销的效果，因此，在线顾客服务成为网络营销的基本组成内容。

7. 客户关系管理

客户关系管理对于开发客户的长期价值具有至关重要的作用，以客户关系为核心的营销方式已成为企业创造和保持竞争优势的重要策略，网络营销为建立客户关系、提高客户满意度和客户忠诚度提供了更为有效的手段，通过网络营销的交互性和良好的客户服务手段，能增进客户关系。一般而言，客户关系管理是网络营销取得长期效果的必要条件。

8. 网络调研

网络调研主要的实现方式包括通过企业网站设立的在线调查问卷、通过电子邮件发送的调查问卷和与大型网站或专业市场研究机构合作开展的专项调查等。网络市场调研具有调查周期短、成本低的特点，不仅能为制定网络营销提供支持，而且还是整个市场研究活动的辅助手段之一。合理利用网络市场调研手段对于市场营销策略具有重要价值。

9. 网站流量统计分析

对企业网站流量的跟踪分析，不仅有助于了解和评价网络营销效果，同时也为发现其中所存在的问题提供了依据。网站流量统计既可以通过网站本身安装统计软件来实现，也可以委托第三方专业流量统计机构来完成。

综上所述，网络营销的各个职能之间并非相互独立的，而是相互联系、相互促进的，网络营销的最终效果是各项职能共同作用的结果。网络营销的职能通过各种网络营销方法来实现的，同一个职能可能需要多种网络营销方法的共同作用，而同一种网络营销方法也可能适用于多个网络营销职能。

案例 12-1

野马时力(北京)服装有限公司网络营销员岗位需求

1. 招聘信息

职位类别：互联网/电子商务/网游

工作地点：北京-朝阳区

发布日期：2012-07-23

工作经验：3～5 年

最低学历：大专

管理经验：否

工作性质：全职

招聘人数：1 人

2. 职位描述

(1) 负责网络营销品牌的全面推广管理工作；

(2) 制定网络推广计划和发展规划，并上报公司审批后执行；

(3) 开发各项网络资源，对整个网络销售情况进行全面分析，明确公司产品定位；

(4) 收集、了解、分析竞争对手情况，制定相应营销策略，并实施；

(5) 了解顾客体验，并挖掘新客户及客户需求；

(6) 定期对网络情况进行综合分析，并对网站进行优化调整，增加访问量，提升整体设计水准。

3. 任职要求

(1) 市场营销、计算机、电子商务相关专业大专以上学历，3 年以上电子商务网站运营推广经验；

(2) 熟悉网络推广模式和网络营销策略，具专业的网络推广及市场拓展技能(如熟悉竞价排名、搜索引擎优化，淘宝网店的人气推广等)；

(3) 较强的组织策划能力，管理能力强，责任心强，团队合作意识佳。

(资料来源：http://www.zhaopin.com.)

12.1.3 企业网络营销水平分析

网络营销从 1996 年在我国出现至今已经经历了观望、尝试和盲目实施到理性选择几个阶段。随着中国企业网络营销多元化需求的深入，企业网络营销将逐渐成熟，从而步入初步收获阶段。中国逐渐成为全球网民最多的国家，企业使用网络的数量也居世界领先地位。企业对网络营销的需求量将越来越大，主动性将越来越强。在越来越多的企业增设网络营销部或电子商务部这一组织机构的同时，为企业进行网络营销水平分析以促进企业的发展就成了首要之事。通常从网络营销战略定位、团队、营销工具的使用及效果、网络营销财务等几个角度出发，采用综合评价法对企业网络营销水平进行分析。

营销小知识

综合评价分析法：用于多个指标、多个单位同时进行评价和比较的方法，又称多变量综合评价分析法。

营销效果：企业在开展一定的产品营稍活动或措施后，从营销广度、营销深度和营销执行力 3 个维度对企业经营及赢利所做出的贡献。营销广度主要由公司知名度、公司报道的渲染度、品牌效应、公司人物知名度、抽样类别产品等基本要素构成。营销深度主要由在综合性、行业性网站的注册或宣传报道情况，产品服务报道知名度排名、品牌报道丰富度、抽样公司产品等基本要素构成。营销的执行力主要由客户服务效率、营销信息更新率、公司与客户互动效率等基本要素构成。前两者构成营销的平面域，三者一起则构成营销的立体域。

(1) 使用综合评价分析法开展企业网络营销水平分析评价的步骤。

① 根据行业和企业具体情况，按照科学、全面、实用的原则，构建由网络营销战略定位、网络营销团队、营销工具使用和营销效果评价等指标组成的综合评价指标体系。

② 搜集数据，并采用打分综合法(或打分排队法、综合指数法)对不同计量单位的指标数值进行处理。

③ 采用经验判断法或专家咨询法确定指标体系中各指标的权数，以保证评价分析的科学性。

④ 对指标进行汇总，计算综合评价分析值，进行排序，并得出结论。

(2) 企业网络营销水平分析评价指标体系使用说明。

① 企业网络营销战略定位指标：对企业网络营销战略定位的明确性及其与企业的符合度，使用德尔菲法按照百分制进行定性打分，然后对所得结果进行加权平均(权重通常为 0.2)，算出该指标的得分。

② 企业网络营销团队指标：对营销团队的专业水平与稳定性使用德尔菲法按照百分制进行定性打分，然后对所得结果进行加权平均(权重通常为 0.1)，算出该指标的得分。

③ 网络营销工具使用及营销效果评价：对企业网络营销工具选择及使用效果进行分项的定量与定性相结合的分析，按照百分制分项打分后，在求取算术平均数的基础上进行加权平均(权重通常为 0.3)。具体的网络营销工具使用评价内容见表 12-1。

表 12-1　网络营销工具使用评价内容表

网络营销工具	评价内容
企业商务网站	网站的营销定位、排名、流量、网站营销流程设计、在线客服等
E-mail 营销	员工使用企业电子邮局的范围、个人 E-mail 与企业关联度、企业 E-mail 营销开展程度及效果等
搜索引擎营销	关键词竞价排名、搜索引擎广告、搜索引擎登录、网站友好度及优化等
网络广告营销	网络广告类型选择、广告主题确定、发布媒体选择、广告点击率等
网络实名营销	企业的全称、简称、品牌、行业及产品类别等网络实名的注册情况、网络实名在企业中的使用范围与频度、网络实名设计等
企业博客营销	博客的定位、博客营销的形式、访问量、互动交流等
网络会员营销	网络会员的数量、购买力、访问率等
商务平台营销	在通用商务平台和行业商务平台上的信息发布量、商务平台的交易工具使用情况、在线服务水平等
网上商店营销	企业网络商店的级别、数量、在线服务水平等
移动商务营销	移动商务的应用状况、经费投入等

④ 网络营销财务评价指标：由营销总监结合企业网络营销投入和网络订单获取进行投入产出量化分析，对企业网络营销效果按照百分制打分，然后由公司营销业务人员按照百分制对企业网络营销的贡献进行定性打分，最后进行加权平均(权重通常为 0.1)，得出该指标得分。

学以致用

高邦集团创建于 1996 年，是一家以经营 KOBRON 品牌休闲服饰为主的综合性集团企业。公司本着“高质建业、名牌兴邦”的企业理念，全面实施品牌战略，成为中国休闲服饰行业龙头企业之一。高邦集团作为中国最早一批引进“虚拟经营”模式的企业之一，以品牌为核心，以自营和特许加盟为主要经营方式，组建完整的特许营销网络、信息网络和物流配送系统，目前在全国设立了 500 多家专卖店，全系统年销售额达 7.5 亿元。

在互联网背景下，请对高邦进行网络营销环境调研，并且分析调查结果，最终形成调研报告。

(1) 网上竞争者(3 家)同类或相似产品和供求状况，包括产品品牌、数量、品种、质量、分销渠道、付款及交货方式、服务质量、市场容量和价格等；

(2) 本企业产品和竞争者的同类产品在网络上的销售情况，包括市场规模、潜在需求规模、顾客的收入水平、消费习惯和销售季节变化等；

(3) 本企业产品及竞争者的同类产品的价格、成本和利润分析。

12.2　服装企业网络营销的常用工具和方法

随着互联网的广泛应用，网络营销越来越受到企业的重视。企业面对网络消费中出现的需求变化应当如何调整网络营销战略，怎样选择有效经济的网络营销方法是本次学习要完成的任务。通过本任务的学习，读者能够学会运用主要的网络营销方法开展网络营销活动。

学前小思考

1. 网络广告的作用是诸多网络营销方法中效果最为直接的，任何一个企业都离不开它。这种说法对吗？
2. “企业要开展网络营销，必须建立网站。”你是怎样认为的？

知识大扫描

12.2.1　常用网络营销方法体系

因为目前很多人对网络营销的理解都是片面的，对网络营销没有一个完整的认识。有时将一两项网络营销的技术当作是网络营销的全部，而对网络营销的实施工具和运用方法没有一个明确而全面的认识。

网络营销的工具和方法是相辅相成的，只有工具而没有应用，网络营销的价值不会自动发挥出来，离开了网络营销工具，有些网络营销方法也将没有依托。

可以利用的网络营销的方法有很多，如搜索引擎，E-mail 营销、互换链接、网络广告等。根据企业的网络营销是否基于网站来进行可以将众多的网络营销方法分为无站点营销和基于企业站点的营销两种，如图 12.1 所示。

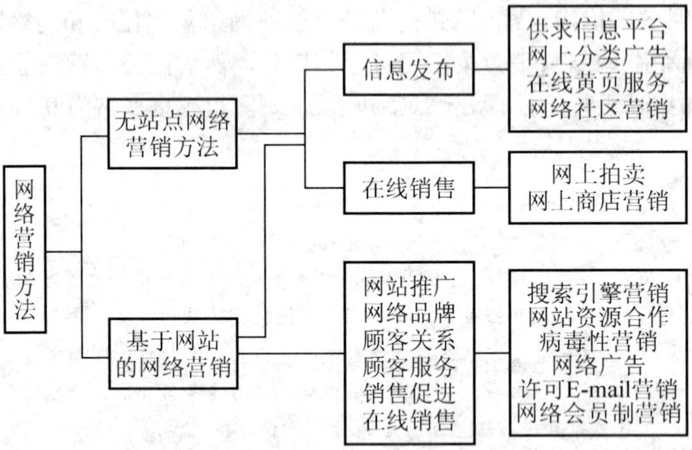

图 12.1　常用网络营销方法体系结构图

从图 12.1 中可以看出，无站点营销的方法主要包括：供求信息的发布、网上分类广告、登录在线黄页服务网站、网络社区服务营销，以及网上拍卖和网上开店等。多数方法都是基于其他网站。

基于站点的营销方法主要包括：搜索引擎营销、网站资源合作、病毒性营销、网络广告、许可 E-mail 营销、网络会员制营销、网上拍卖、网上商店等。

首先需要说明的是，企业无论是否有自己的站点，都可以运作网络营销活动。在无站点和有站点两种条件下，企业运作网络营销方法是有区别的，但也有些网络营销方法在无站点营销和有站点营销中都适用。当企业已经建立了网站后，企业在无站点的条件下可以运用的网络营销方法仍然有效，这也说明基于站点的营销方法包括了无站点营销方法。

12.2.2　网络营销常用方法

网络营销的具体方法很多，其操作方式、功能和效果也有所区别，下面简要介绍 10 种常用的网络营销方法及效果。

1. SEM 搜索引擎营销

SEM 是 search engine marketing 的英文缩写，中文意思就是搜索引擎营销。SEM 是网络营销的一种新形式，SEM 就是企业有效地利用搜索引擎来进行网络营销和推广。搜索引擎排名营销是一个非常管用的网络营销途径。以 Google 为例，每天在其引擎的搜索达 2 亿人次，如果你的网站能在搜索结果中排在第一页，甚至是第一名的话，将对你的网站是个非常好的宣传。因此在主要的搜索引擎上注册并获得最理想的排名，是在网站设计过程中就要考虑的问题之一，网站正式发布后尽快提交到主要的搜索引擎，是网络营销的基本任务。

研究表明，在一个搜索引擎关键词的查询结果中，排名与访问量有相当大的关联，如果企业的网站排名不佳，那么何来访问量和订单？这种更深层次的问题值得深思。

SEM 需要做两方面工作。一是搜索引擎优化设计，影响网站在搜索引擎排名的因素很多，可以分为内部因素和外部因素，设计网站时均应仔细考虑。二是搜索引擎登录，搜索引擎登录是网站推广中非常重要的一个环节，指的是让网站被搜索引擎收录。

2. 交换链接

交换链接或称互惠链接，是具有一定互补优势的网站之间的简单合作形式，即分别在自己的网站上放置对方网站的 Logo 或网站名称并设置对方网站的超级链接，使得用户可以从合作网站中发现自己的网站，达到互相推广的目的。交换链接的作用主要表现在几个方面:获得访问量、增加用户浏览时的印象、在搜索引擎排名中增加优势、通过合作网站的推荐增加访问者的可信度等。不过关于交换链接的效果，业内还有一些不同看法，有人认为可以从链接中获得的访问量非常少，也有人认为交换链接不仅可以获得潜在的品牌价值，还可以获得很多直接的访问量。CNNIC 的统计表明，用户得知新网站的主要途径仅次于搜索引擎的为其他网站上的链接，占将近 53%，网站链接的作用由此可见一斑。更重要的是，交换链接的意义已经超出了是否可以增加访问量，比直接效果更重要的在于业内的认知和认可，因为一般来说，互相链接的网站在规模上比较接近，内容上有一定的相关性或互补性。

3. 病毒性营销

病毒性营销并非真的以传播病毒的方式开展营销，而是通过用户的口碑宣传网络，信息像病毒一样传播和扩散，利用快速复制的方式传向数以千计、数以百万计的受众。病毒性营销的经典范例是 Hotmail.com。Hotmail 是世界上最大的免费电子邮件服务提供商，在创建之后的 1 年半时间里，就吸引了 1 200 万注册用户，而且还在以每天超过 15 万新用户的速度发展，令人不可思议的是，在网站创建的 12 个月内，Hotmail 只花费很少的营销费用，还不到其直接竞争者花费的 3%。Hotmail 之所以爆炸式地发展，就是由于利用了“病毒性营销”的巨大效力。其实，原理和操作方法很简单：Hotmail 在每一封免费发出的邮件信息底部附加一个简单提示“Get your private，free E-mail at http//www.hotmail.com”。接收邮件的人将看到邮件底部的信息，然后，收到邮件的人们继续利用免费 E-mail 向朋友或同事发送信息，会有更多的人使用 Hotmail 的免费邮件服务，于是，Hotmail 提供免费邮件信息不断在更大的范围扩散。现在几乎所有的免费电子邮件提供商都采取类似的推广方法。病毒性营销的成功案例还包括：Amazon、ICQ、E-Groups 等国际著名网络公司。

4. 网络广告

几乎所有的网络营销活动都与品牌形象有关，在所有与品牌推广有关的网络营销手段中，网络广告的作用最为直接。

营销小知识

网络广告就是在网络上做的广告。利用网站上的广告横幅、文本链接、多媒体的方法，在互联网刊登或发布广告，通过网络传递到互联网用户的一种高科技广告运作方式。与传统的四大传播媒体(报纸、杂志、电视、广播)广告及近来备受垂青的户外广告相比，网络广告具有得天独厚的优势，是实施现代营销媒体战略的重要一部分。互联网是一个全新的广告媒体，速度最快效果很理想，是中小企业扩展装大的很好途径，对于广泛开展国际业务的公司更是如此。

5. 实名搜索

实名搜索是富有中国特色的一项网络营销手段。它是指企业在使用实名搜索服务后，用户通过地址栏和 3721 联盟网站能够优先搜索到企业正在推广的信息，给企业带来更多和更准确的商业机会。对于互联网用户而言，实名搜索不但可以帮助用户发现有价值的信息，更可以帮助客户更为简单地与用户沟通，统一企业网上网下品牌，发现更多的商业机会。

资料补充 12-4

搜企网——实名制企业搜索

搜企网(soqi.cn)，实名制企业搜索，收录中国最全的“工商注册”企业档案信息，是企业免费网络推广的首选平台。全国中小企业名录大全，收录全国海量企业名录、企业黄页信息。内容包括：中小企业单位名称、负责人、通信地址、区号、电话、主要产品/服务、企业商铺等企业详细信息。

搜企网作为一个专业的垂直搜索引擎，具备强烈的针对性，全力向需要数据的用户(包括企业用户或个人用户)提供海量的企业数据，同时后台配备了一支专业的数据审核队伍，数据的可靠性得到保障。在平台的基础上，搜企网又提供在线 SoQiCRM 个人版(SAAS 模式)及相应的增值服务如在线传真服务，手机应用服务等。

6. 许可 E-mail 营销及邮件列表

基于用户许可的 E-mail 营销可以减少广告对用户的滋扰、增加潜在客户定位的准确度、增强与客户的关系、提高品牌忠诚度等。开展 E-mail 营销的前提是拥有潜在用户的 E-mail 地址，这些地址可以是企业从用户、潜在用户资料中自行搜集整理的，也可以利用第三方的潜在用户资源。邮件列表实际上也是一种 E-mail 营销方式，邮件列表也是基于用户许可的原则，用户自愿加入、自由退出，稍不同的是 E-mail 营销直接向用户发送促销信息，而邮件列表是通过为用户提供有价值的信息，在邮件内容中加入适量促销信息，从而实现营销的目的。邮件列表的主要价值表现在 4 个方面：作为公司产品或服务的促销工具、方便和用户交流、获得赞助或者出售广告空间、收费信息服务。邮件列表的表现形式很多，常见的有新闻邮件、各种电子刊物、新产品通知、优惠促销信息、重要事件提醒服务等。

案例 12–2

优衣库电子邮件营销案例分析

优衣库是日本零售业排名首位和世界服装零售业名列前茅的跨国服装。截至 2009 年 6 月，优衣库在全球拥有近 850 家连锁门店。2002 年优衣库进驻中国，2007 年优衣库中国区销售额同比翻了一倍。2009 年，优衣库中国门店迅速扩展至 34 家。随着国内网民规模急剧扩大，网络购物正逐步成为年轻一代的购物主流。为了加强对国内二三线城市的覆盖，2009 年 4 月 23 日，优衣库淘宝旗舰店正式上线。优衣库进驻淘宝网的当天，销售额即突破 30 万元；至 6 月底，优衣库的网络总销售额已达到 1 800 万；11 月 2 日，优衣库的单日网络销售额更达到了惊人的 114 万元。短短半年，优衣库迅速成为服装企业网络销售的领头羊。

在全球经济危机的浪潮中，消费环境萎靡不振，优衣库独树一帜，网络销售额持续增长，除了其令人信服的品质和适宜的价格，更是由于优衣库采用了高效的网络营销方式——EDM。

EDM，即电子邮件营销，是一种精准高效、低成本的市场推广手段，是互联网最重要的营销方式之一。据官方统计：美国已有 75.8%的商家在使用 EDM 推广自己的产品和服务，而中国电子邮箱的用户已达 1.72 亿。电子邮件营销最大的优势在于：有助于刺激无明确需求的消费，且较搜索引擎和在线广告而言成本更低，目标更精准。2009 年，优衣库将在中国的市场推广工作全面委托给大宇宙咨询(上海)有限公司。大宇宙经过专业的分析和比较后，选择了上海亿业网络科技发展有限公司为优衣库量身订制电子邮件营销的解决方案，将电子邮件打造成优衣库重要的营销渠道。上海亿业网络科技发展有限公司 2004 年正式成立于美国加州，是目前中国领先的许可邮件营销服务提供商。通过发送电子邮件邀请函，将对优衣库感兴趣的淘宝会员，转化为优衣库的活跃用户。定期向新老会员发送电邮杂志，开展 EDM，定期向客户推荐新产品，提高客户的品牌忠诚度。经过半年的 EDM 运营，优衣库的活跃用户增长近 70%，电子邮件营销渠道产生了约 20%的销售额，电子邮件已成为优衣库重要的网络营销渠道。

今后，将会有更多的企业采用电子邮件开展产品的网络推广和客户的维护服务，精准的 EDM 营销是互联网时代的制胜利器。

(资料来源：http://b2b.toocle.com/detail--4973356.html.)

7. 博客营销

博客就是网络日记，英文单词为 BLOG(web log 的缩写)。博客这种网络日记的内容通常是公开的，自己可以发表自己的网络日记，也可以阅读别人的网络日记，因此博客可以理解为一种个人思想、观点、知识等在互联网上的共享。博客营销是利用博客这种网络应用形式开展网络营销的工具。博客具有知识性、自主性、共享性等基本特征，正是博客这种性质决定了博客营销是一种基于个人知识资源(包括思想、体验等表现形式)的网络信息传递形式。因此，开展博客营销的基础问题，是对某个领域知识的掌握、学习和有效利用，并通过对知识的传播达到营销信息传递的目的。与博客营销相关的概念还有企业博客、营销博客等，这些也都从博客具体应用的角度来界定描述，主要区别于那些处于个人兴趣，甚至以个人隐私为内容的个人博客。其实无论叫企业博客也好，还是营销博客也好，一般来说博客都是个人行为，也不排除有某个公司集体写作同一博客主题的可能，只不过在写作内容和出发点方面有所区别：企业博客或营销博客具有明确的企业营销目的，博客文章中或多或少会带有企业营销的色彩。

案例 12-3

耐克速度的艺术

耐克为了塑造其“追求速度艺术的专家”的品牌形象，撰写了十几篇文章，在一个探讨文化现象和政治理念的专业博客网站上作了一个推广专题，主题就是“速度的艺术”。相对于传统网站，博客网站的访问量并不算大，每个月大约有万人访问。耐克执行官却说“关键不是数量，更重要的是质量。我们选择了一个适当的群体去做宣传，因为看的人不仅有创造性，并且有着良好的社会关系。也许他们的人数并不太多，但关键在于他们是一个非常有影响力的群体。”所以，耐克的营销目的是一目了然地先把追求“速度艺术”的理念传播给“意见领袖”人群，然后再通过这些人形成口口传播。

服装企业如何开展有效的博客营销？

1) 确定博客营销的目标

与其他营销方式一样，博客营销同样要有明确的目标，当然，这个目标要从企业和市场的实际情况出发，实事求是。一般来说，企业博客营销的目标无非两个，一是通过博客内容提高企业关键词在搜索引擎的可见性和自然排名，二是通过博客内容树立企业品牌，吸引直接的目标客户，促进企业销售。

2) 选择适合的博客营销平台

有三种博客平台可供选择：①独立平台；②BSP 平台；③在企业网站开辟博客板块。

独立平台一旦被搜索引擎认可，在搜索引擎上的权重会很有优势，但是需要从头去运营，在操作上和运营成本的角度来讲投入很大。

在企业网站开辟博客板块，可以与网站本身形成网络营销及内容上的互拉互补，但是同样存在开发运营成本的问题。

BSP 平台即 blog service provider 的缩写，翻译成中文就是博客服务提供商的意思，也就是目前网络上流行的博客提供平台，一般采用 BSP 平台可以直接利用其现有的搜索引擎权重优势，并且在平台内如果获得认可后可能获得成员的极大关注。

从各方面综合考虑，一般服装企业网络营销的博客，在前期可以选择 BSP 博客平台作为企业博客营销的平台，不过要根据自己的平台选择合适的平台服务商。例如，目标客户是终端消费者的企业，可以选择新浪、腾讯的平台，而目标客户是企业、中间商等的企业则应该选阿里巴巴的博客或是会员多影响大的行业博客了。不过如果企业打算做的是品牌的发展，同时又有相应的人员配备时则可以选择独立博客或是博客板块结合 BSP 平台的方式，同时记得要借助 BSP 平台前期的流量优势，把平台的流量导向企业的独立博客和博客平台。

资料补充 12-5

常见的博客平台

常见的 BSP 博客平台有以下一些：

(1) 新浪博客：http://blog.sina.com.cn.

(2) 阿里巴巴博客：http://blog.china.alibaba.com.

(3) 搜狐博客：http://blog.sohu.com.

(4) 网易博客：http://blog.163.com.

(5) 和讯博客：http://blog.hexun.com.

(6) 比特博客：http://blog.chinabyte.com.

(7) 凤凰博客：http://blog.ifeng.com.

(8) 天涯博客：http://blog.tianya.cn.

(9) 焦点博客：http://blog.focus.cn.

(10) 博客网：http://blog.bokee.com.

3) 确定博客营销的内容

企业网络营销在内容上首先要注意的是，先确定以宣传企业品牌为主还是以宣传企业领导人个人品牌为主。如果以宣传企业品牌为主，那么就要突出企业的品牌形象。如果是以宣传企业领导人个人品牌为主，那就要重点突出老板个人的魅力，如三一重工向文波的博客。

博客的内容是进行博客营销的基础，没有好的内容就不可能有高效的博客营销。什么样的博客内容才是好内容呢？单独的宣传企业、介绍企业产品的内容肯定不是好的内容，只有对顾客真正有价值的、真实可靠的内容才是好内容。因此，博客的内容一定要跳出本企业，站在行业甚至整个市场经济的高度，关注本行业热点问题，发布本行业最新的热点新闻。

网络营销的内容不求多，一定要注意质量，能原创的要尽量原创，如经常发布一些本企业的市场活动、新产品信息等。有条件的企业，可以招聘专门的记者采集新闻信息，没有条件的企业，可以改编网络上的热点行业新闻。

4) 制定博客的长期维护

网络营销的方法有无数种，只要用心去用好某一种方法就能达到宣传的效果。“点石成金”、“立竿见影”的方法是没有的，任何一个成功的办法都需要时间和精力去长期地经营，博客营销作为一种低成本推广方式更是如此。

博客营销能否成功，关键在于坚持，只有持续不断的努力才会有回报。因此，企业一定要制定维护计划，安排专门的人员来负责博客内容的更新。例如，可以发动企业的员工，要求每个员工每周在企业博客上发 3 篇文章，当然，也可以将企业博客外包给专业人士来维护。但是一定要每天保持博客内容的更新，同时每一篇博客文章后面都要带上企业的宣传信息(关键词)或更多精彩文章推荐，如可以推荐 10 篇更多精彩文章，把文章标题和链接地址写出来(链接到企业页面上去)。

5) 保持与客户的沟通互动

企业博客经过一段时间的维护更新后，慢慢地肯定会有客户过来访问，这些访客可能会留言给企业。如果利用好博客营销这一独特的双向传播性特点做文章是博客营销效果转换的关键。因此，一定要注意，首先必须及时关注和回复访客的留言，尤其是一些咨询产品价格的重要信息。另外要采取一定的激励措施(如赠送礼品或优惠等)，刺激访问者留言，增加平台的互动性。

案例 12-4

一个裁缝师的博客营销案例

这是一家专门使用博客做营销的公司，英式剪裁公司，是由知名营销专家博客写手帮忙打造的，它帮伦敦裁缝师托马斯·马洪(Thomas Mahon)掀起了一股热潮。事实上，他因为个人博客而成为萨维尔街有史以来媒体曝光率最高的裁缝，曾接受过数十家杂志与报纸的专题访问。

这个博客很简单：它讨论一般人买不起的 5 000 美元以上的高级定制西服，讨论的方式相当自然。马洪和麦克劳德并没有刻意隐藏什么，定制西服的确很贵。但是真正让读者感兴趣的是，读者可以从博客看出马洪和麦克劳德(Macleod)对裁缝充满热情，而且他们最大的乐趣就是看到顾客满意的笑容。

英式剪裁博客中充满了制作与营销西服的信息及启示，巧妙地提供他对业界的专业了解，公开谈论商业秘密，提供一个地方让大家讨论定制西服，并分享经验的博客的特点。

成功设置这种营销类博客关键在于要懂得施与。英式剪裁不仅提供了宝贵的信息，有时候甚至还会送出西服。虽然这是裁缝业的特例，但是这个博客帮马洪建立起了让他的公司看起来更人性化，更平易近人。

8. 个性化营销

个性化营销的主要内容包括：用户定制自己感兴趣的信息内容、选择自己喜欢的网页设计形式、根据自己的需要设置信息的接收方式和接受时间等，如网易的个性化网页设计(my.163.com)。个性化服务在改善顾客关系、培养顾客忠诚及增加网上销售方面具有明显的效果，但个性化服务的前提是获得尽可能详尽的用户个人信息，这两者之间存在一定的矛盾。据研究，为了获得某些个性化服务，在个人信息可以得到保护的情况下，用户才愿意提供有限的个人信息，这正是开展个性化营销的前提保证。个性化服务是一个循序渐进的过程，需要在一定的基础条件下进行，如完善的网站基本功能、良好的品牌形象等。

9. 会员制营销

会员制营销是拓展网上销售渠道的一种有效方式，主要适用于有一定实力和品牌知名度的电子商务公司。会员制营销已经被证实为电子商务网站的有效营销手段，国外许多网上零售型网站都实施了会员制计划，几乎已经覆盖了所有行业。从 2000 年后半年开始，会员制营销方式开始被国内一些电子商务网站采用，如玛萨·玛索(Massa Marceau)网上商店等，已经看出电子商务企业对此表现出的浓厚兴趣和旺盛的发展势头。除了对网上销售具有直接的促进作用之外，会员制营销方法也可以产生良好的广告效果。

10. 网上商店

从根本上说，网络营销的目的直接或间接与销售有关，无论这种销售是网上的还是网下的。建立在第三方提供的电子商务平台上、由商家自行经营网上商店，如同在大型商场中租用场地开设商家的专卖店一样，是一种比较简单的电子商务形式。网上商店除了通过网络直接销售产品这一基本功能之外，还是一种有效地网络营销手段。因为如果从企业整体营销策略和顾客的角度考虑，网上商店的作用主要表现在两个方面：一方面，网上商店为企业扩展网上销售渠道提供了便利的条件；另一方面，建立在知名电子商务平台上的网上商店增加了顾客的信任度。从功能上来说，对不具备电子商务功能的企业网站也是一种有效的补充，对提升企业形象并直接增加销售具有良好效果，尤其是将企业网站与网上商店相结合，效果更为明显。

网络营销的方法并不限于上面所列举的内容，而且由于各网站内容、服务、网站设计水平等方面有很大差别，各种方法对不同的网站所发挥的作用也会有所差异，网络营销效果也受到很多因素的影响，有些网络营销手段甚至并不适用于某个具体的网站，需要根据自己的具体情况选择最有效的策略。

学以致用

全班分成 6 组，每组 5 人，进行博客营销，具体要求分述如下。

(1) 每组为一家服装企业分别在网易、和讯、腾讯、新浪、阿里巴巴建立企业博客。

(2) 组成员按日志、相册、模板设置、视频、推广 5 个方面分工，进行博客营销。

(3) 选择多家服装企业网站、博客进行交换链接。

(4) 浏览分析其他服装企业博客。

撰写博客营销总结。以书面形式提交报告，要求字数在 2 000 字以上，主要内容包括企业博客营销策略、博客推广效果分析、博客浏览量及日志转载量、博客营销心得。

12.3 B2B/B2C 典型分析

服装企业网上商城的建设从一定程度上给企业现有营销方式及传统的营销方法加上了一道新餐，在互联网发展越来越快时，它有着无可比拟的作用，不管是在企业的营销还是品牌上，它应该为企业宣传推广和营销服务所用。本次学习以掌握服装企业网上商城如何选择、建立和营销实施为主要任务。

学前小思考

1. 你所知道的服装网上商城有哪些?

2. 对于服装品牌选择在自己的官方网站上开发网上购物功能和在第三方平台上开设网上店铺，这两种方式你认为消费者更喜欢哪种?

知识大扫描

12.3.1 B2B 典型分析

1. B2B 的概念

B2B(business to business，B to B)电子商务，即企业与企业之间的电子商务，是指企业之间利用互联网进行产品、服务及信息的交换，在网上形成的虚拟企业圈。

B2B 是企业与企业之间通过互联网进行产品、服务及信息的交换，其业务主要集中在采购、分销、服务等。在 B2B 交易模式中，企业可以将内部网有限度地对合作伙伴开放，即允许合作伙伴有条件地通过互联网将订货信息直接发送到自己的企业内部网，进而自动将订单分解到生产车间，从而最大限度地实现商业信息传输和信息处理的自动化。一些专门的 B2B 网站，如中国服装网、中国时尚品牌网等，一般以信息发布与整合为主，主要是建立商家之间的桥梁。B2B 使得企业之间可以通过互联网在市场、产品或经营等方面建立互补互惠的合作，形成水平或垂直形式的业务整合，以更大的规模、更强的实力、更经济的运作真正达到全球运筹管理的模式。

2. B2B 的职能

与其他网络营销形式相比较，通过第三方 B2B 电子商务平台开展营销活动同样具备信息发布、产品展示、销售促进、网上销售、客户服务等职能，但基于第三方平台用户广、针对性强的特点，因而其突出的职能表现为销售促进、网上销售等。

据中国电子商务研究中心监测显示：2010 年我国 B2B 电子商务成交额达 3.8 万亿，中小企业利用电子商务达成交易的规模逐年增长，从 2007 年至 2009 年分别达到 2.2 万亿、2.8 万亿、3.28 万亿元人民币；对此，我们预计：2011 和 2012 年的电子商务成交额分别可为 4.8 万亿和 6 万亿元人民币。从其交易规模上看，B2B 电子商务平台的作用和发展前景可见一斑。

3. 服装行业 B2B 应用现状

我国服装业的规模、效益和企业数量决定了它是信息技术应用的大市场。近年来，我国部分服装企业通过信息化改造，已经取得了显著的经济效益。

据调查数据显示：2010 年在我国服装行业电子商务网站市场占有率上(按年营收统计)，中国服装网以 58.00%的市场占有率位列第一，排名第二的为中国时尚品牌网 www.chinasspp.com，市场占有率达 10.00%，排名第三的为华衣网 www.ef360.com 市场占有率为 8.00%。紧随其后的为中国品牌服装网 www.china-ef.com 与中国饰品网 www.jewelchina.com，市场占有率分别为 5.00%、3.00%。

如今全球服装业的发展趋势是“多品种、少批量、高品质、快交货”，这就要求服装企业的生产过程、销售过程须具备高度自动化和快速反应的能力。与此同时，电子商务作为一种建立于互联网之上的新型商务运作模式和新的市场竞争手段，已在全球范围内迅速地涉足市场竞争和企业管理领域。

对此，我们建议：今后加快建立电子商务平台和 B2B 业务，为全行业的商贸活动服务将是服装业发展的目标。我国服装企业特别是外向型服装企业，应尽快通过电子商务参与服装的全球性市场竞争、全球化交付、全球性经营管理和控制。

4. 服装企业 B2B 平台典型代表——中国服装网

中国服装网于 2001 年 7 月 13 日上线运营，是服装行业第一门户网站、主流网络媒体；提供专业的 B2B 电子商务、网络营销等互联网应用服务；建立了商业资讯、交易市场、人才市场、服装论坛四大平台；拥有商机、企业、产品、品牌、人才等五个专业数据库；能够提供全面的网络营销、电子商务、媒体公关、人才招聘、企业上网等互联网解决方案，见图 12.2。

目前，中国服装网拥有注册会员 85 万名，居服装行业网站之首；为众多服装品牌、企业提供了专业的互联网应用服务，树立鲜明的互联网形象，推动其实现快速、健康、可持续发展，其居国内服装 B2B 之首。

图 12.2　中国服装网首页

自成立以来，中国服装网先后荣获“2010 年度中国行业电子商务网站 TOP100”、“2011 秋季广东时装周最佳媒体合作奖”、“2010 中国最具行业影响力服装门户网站”、“中国商业网站 100 强”、“浙江省文明办网示范单位”、“上海国际服装文化节新闻工作奖”、“2010 中国最具行业影响力服装门户网站”、“2010 中国行业门户网站十大新领军品牌”等荣誉称号，在业界享有很高的声誉和广泛的影响力。

案例 12–5

韩国蒙卡“MONK”扎营于中国服装网

在 2010 年经济动向未稳，国内外竞争日益激烈的情况下，人民币升值的压力对占很大比重的出口产业构成巨大的威胁。同时，民工荒、原材料上涨等成本压力也一步步蚕食着服装行业的利润。这对于刚刚驻入中国的蒙卡来说无疑是一个巨大的考验。而中国服装网让蒙卡少走了很多弯路，更直接的面向消费者及拥有共同商机的携手商，强势的网络媒体宣传使蒙卡在中国的童装市场短时间内铺开，促成其“一站式”的营销服务，在短短的一年时间，树立良好口碑，专卖形象在全国崛地而起。更以千店一面自居，对于内驻新生品牌的蒙卡来说，中国服装网的鼎力支持与配合是不可抹杀的，这里给了其宽广的平台，丰富的商家联盟资源，充分发挥了蒙卡的品牌特色，强有力地打造了蒙卡在童装市场的地位，稳定其品牌文化在中国的根基。

12.3.2　B2C 典型分析

1. B2C 的概念

B2C(business to customer，B to C)是企业与消费者之间的电子商务，它主要是以互联网为服务手段，实现公众消费和提供服务的一种模式，人们足不出户，通过互联网，就可以购买商品或享受咨询服务，也就是人们熟悉的网上购物。

2. B2C 电子商务业务流程

B2C 电子商务交易的一般过程如下：选购商品→放入购物车→注册、登录→填写收货信息→选择送货方式及提款方式→提交订单→支付货款→组织发货，如图 12.3 所示。

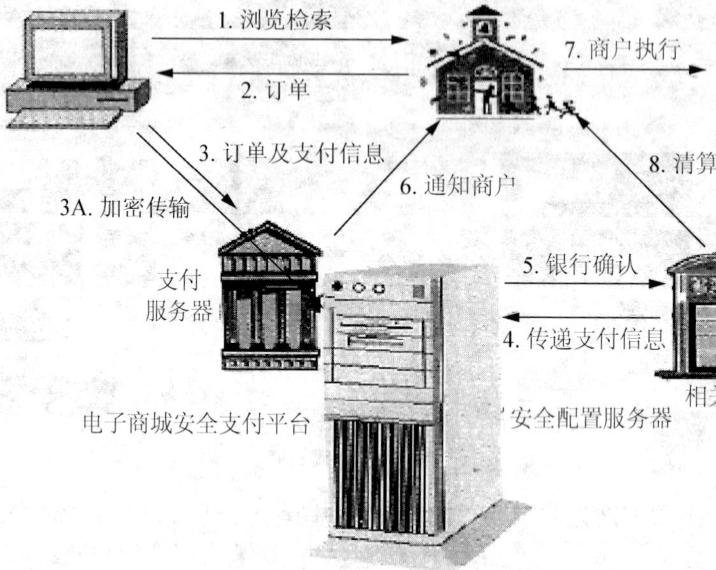

图 12.3　B2C 网上购物流程图

在 B2C 模式中，商家首先在网站上开设网上商店，公布商品的品种、规格、价格、性能等，或者提供服务种类、价格和方式，由消费者个人选购，下订单，在线或离线付款，商家负责送货上门。这种电子商务模式中所涉及的网上商店与传统商店相比有很大的不同，它不需要昂贵的店面，不需要雇佣太多的人手，不必有很多的库存。而且当网上商品日益丰富和上网购物的人数增多以后，网上购物可以获得更多的商业信息，买到价格较低的商品，节省购物的时间，足不出户就可以通过“货比三家”来购买商品，如凡客诚品和 D1 优尚网等。

3. 服装企业 B2C 平台典型代表

服装类的专业 B2C 平台有逛街网、芬理希梦、时尚起义、梦露、梦芭莎等。另外，许多服装企业也开始涉足面向终端消费者的 B2C 业务，如欧时力、李宁等选择在自己的官方网站上开发网上商城功能，如红黄蓝、庄吉等选择在淘宝、拍拍等第三方平台上建立网上商城，开展 B2C 业务。

1) 凡客诚品

VANCL 凡客诚品(www.vancl.com)，互联网快时尚品牌，高性价比的自有品牌，全球时尚的无限选择，最好的用户体验(图 12.4)。凡客诚品的使命，就是平价快时尚，是人民时尚。凡客诚品由卓越网创始人陈年创办，正式运营于 2007 年 10 月 18 日，公司先后获得联创策源、IDGVC、软银赛富、启明创投、老虎基金、淡马锡等多轮投资。凡客诚品成立 5 年来，业务迅速发展，产品种类也由 2008 年的男装衬衫、POLO 衫两大类几十款，发展到现在的男装、女装、童装、鞋、家居、配饰、化妆品等七大类。

图 12.4　凡客诚品首页

凡客诚品创始人、董事长兼 CEO 陈年认为，只有用户体验造就的品牌认同，才是最好的品牌实践。5 年间，凡客诚品用心关注用户需求，不断以微创新方式提升客户体验，推出了当面验货、无条件试穿、30 天内无条件退换货、pos 机刷卡等服务，极大提升了用户体验与品牌美誉度，积累了大量的忠实用户和良好的口碑效应。随着产品种类的不断丰富，以及对用户体验的关注，凡客诚品在中国服装电子商务领域品牌影响力与日俱增，已经成为中国网民购买服饰的第一选择。全球著名会计师事务所德勤审计后认为：过去 3 年，凡客诚品是亚太地区成长最快的品牌。艾瑞咨询《2009—2010 年中国服装网络购物研究报告》显示，凡客诚品在自主销售式服装 B2C 网站中排名第一。

2) 欧时力官方商城

源自意大利的新锐时装品牌欧时力(Ochirly)于 1999 年 9 月由欧时力(香港)集团公司成功引进。她以独特的经典高贵与自由主义即矛盾又相融合的时尚风格，吸引着无数成熟、自信兼美艳、高贵的现代时尚女性。作为 2003—2005 年博鳌亚洲经济论坛唯一中国服饰代表的欧时力，曾担任第 53 届世界小姐大赛中国总决赛的服装总设计师，为历届中国小姐关琦、李冰、吴英娜成功设计形象；香港凤凰卫视知名主持人李辉、周英琦、沈星、陈玉佳及华娱卫视美女主持人蒋怡、宾洋、阚迪，亦是欧时力的忠实拥护者，在众多时尚节目中身着欧时力服饰；在 CHNANEL YOUNG 莱卡风尚大典上，欧时力荣获“最佳青年设计品牌”大奖，为时尚舞台增添璀璨光芒。欧时力进入中国的短短几年发展迅猛，于中国北京、上海、广州、深圳、武汉、大连、成都、重庆、杭州、西安、长沙等几十大城市的知名时尚商城拥有专店 200 余家，明星店辐射全中国，并成功于南方市场树立了良好的国际品牌形象(图 12.5)。

欧时力除了扩展其实体门店外，同时也注重网络市场的开发。不仅在自己的官方网站上开发在线购物电子商务功能，而且在天猫商城设有品牌旗舰店。其官网上的网上商城具有功能齐全，导航清晰，购物流程简单、易操作等特点，吸引了众多消费者驻足。

图 12.5　欧时力官网网上商城首页

购物流程：分为 4 个步骤，注册/登陆→挑选商品→确认订单/付款→签收评价，如图 12.6 所示。

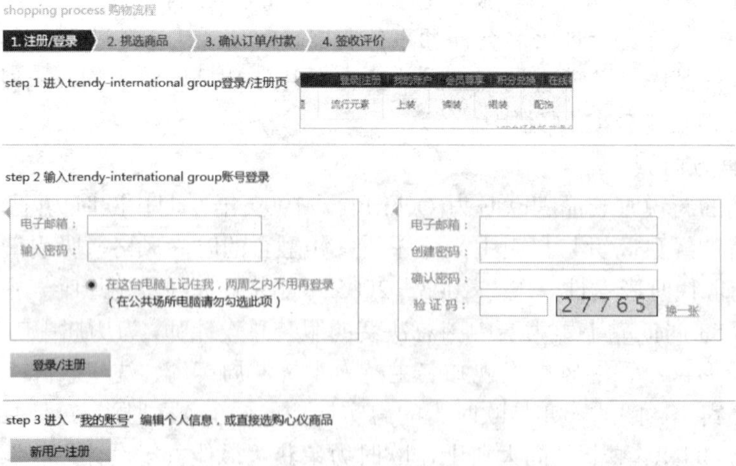

图 12.6　欧时力官网网上商城购物流程

支付方式：提供 3 种支付方式，分别为支付宝账户在线支付，网上银行支付，优惠券支付，如图 12.7 所示。

图 12.7　欧时力官网网上商城支付方式

退货流程：欧时力向消费者保证 7 天无理由退货和 30 天质量保证承诺，如图 12.8 所示。

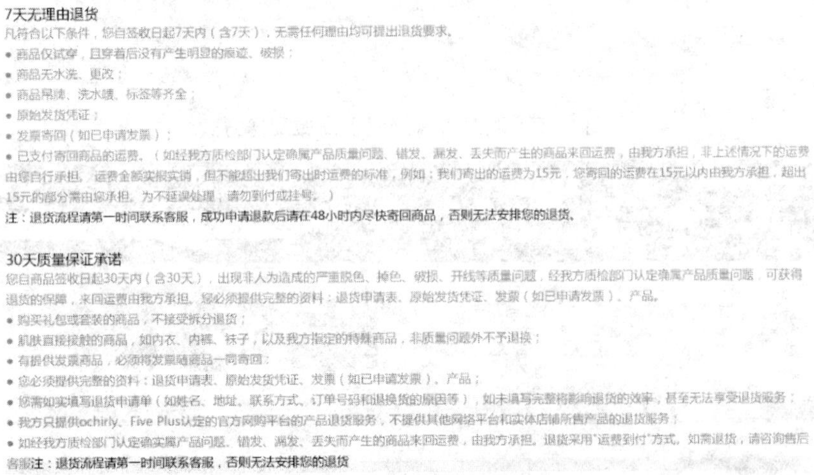
7天无理由退货

凡符合以下条件，您自签收日起7天内（含7天），无需任何理由均可提出退货要求。

- 商品仅试穿，且穿着后没有产生明显的痕迹、破损；
- 商品无水洗、更改；
- 商品吊牌、洗水唛、标签等齐全；
- 原始发货凭证；
- 发票寄回（如已申请发票）；
- 已支付寄回商品的运费。（如经我方质检部门认定确属产品质量问题、错发、漏发、丢失而产生的商品来回运费，由我方承担，非上述情况下的运费由您自行承担。运费金额实报实销，但不能超出我们寄出时运费的标准，例如：我们寄出的运费为15元，您寄回的运费在15元以内由我方承担，超出15元的部分需由您承担。为不延误处理，请勿到付或挂号。）

注：退货流程请第一时间联系客服，成功申请退款后请在48小时内尽快寄回商品，否则无法安排您的退货。

30天质量保证承诺

您自商品签收日起30天内（含30天），出现非人为造成的严重脱色、掉色、破损、开线等质量问题，经我方质检部门认定确属产品质量问题，可获得退货的保障，来回运费由我方承担。您必须提供完整的资料：退货申请表、原始发货凭证、发票（如已申请发票）、产品。

- 购买礼包或套装的商品，不接受拆分退货；
- 肌肤直接接触的商品，如内衣、内裤、袜子，以及我方指定的特殊商品，非质量问题外不予退换；
- 有提供发票商品，必须将发票随商品一同寄回；
- 您必须提供完整的资料：退货申请表、原始发货凭证、发票（如已申请发票）、产品；
- 您需如实填写退货申请单（如姓名、地址、联系方式、订单号码和退换货的原因等），如未填写完整将影响退货的效率，甚至无法享受退货服务；
- 我方只提供ochirly、Five Plus认定的官方网购平台的产品退货服务，不提供其他网络平台和实体店铺所售产品的退货服务；
- 如经我方质检部门认定确实属产品问题、错发、漏发、丢失而产生的商品来回运费，由我方承担。退货采用"运费到付"方式，如需退货，请咨询售后客服注：退货流程请第一时间联系客服，否则无法安排您的退货

图 12.8　欧时力官网网上商城退货流程

配送方式：默认的物流配送为申通快递和优速快递。由于地域的限制，申通快递和优速快递无法送达的区域将会自动转发为 EMS，如图 12.9 所示。

3) 红黄蓝天猫商城旗舰店

浙江红黄蓝服饰股份有限公司是中国童装行业龙头企业红黄蓝集团的控股拟上市企业。旗下品牌“红黄蓝童装”在生产能力、产品研发能力、市场占有率、出口创汇等方面位居国内童装业前列。在全国建立了完善的专卖营销体系，拥有 500 余家专卖店(柜)；产品还远销欧洲、北美、中东等地区，深受国内外客商的青睐。此外，红黄蓝先后荣获童装业首批“国家免检产品”，国家服装质量最高等级“优等品”，“中国十大童装品牌”，“中国名牌”，“中国驰

名商标”，服装行业首家销售收入、利润双百强童装企业等荣誉；并顺利通过企业标准化良好行为和测量管理体系 AAA 级认证。同时，红黄蓝受邀作为全国童装制造商代表参与中国童装行业标准(FZ 81003—2003)与《婴幼儿服装及服饰》标准的制定，是 2008 年北京奥运会童装特许生产商，享有较高的品牌知名度和美誉度(图 12.10)。

邮资标准

申通快递寄达地区	首重1KG	优速快递寄达地区	首重1KG
上海 江苏 浙江	¥10.00	广东	¥8.00
安徽	¥11.00	福建 湖南 湖北	¥9.00
重庆	¥12.00	广西	¥10.00
北京 天津 云南 四川 贵州	¥13.00	海南	¥11.00
河北 河南 山西 山东 陕西	¥14.00	江西	¥12.00
吉林 黑龙江 辽宁 甘肃 内蒙古 宁夏	¥16.00		
青海 西藏	¥19.00		
新疆	¥20.00		

注：我们的物流配送默认为申通快递或优速快递（收费标准见上图），如需改用其它快递服务,将产生邮费差价，标准如下：

寄达地区	EMS首重1KG	顺丰首重1KG
同城	¥18.00	¥12.00
省内	¥18.00	¥13.00
国内其它地区（黑龙江 吉林 西藏 新疆除外）	¥20.00	¥22.00
黑龙江 吉林	¥20.00	¥24.00
西藏 新疆	¥20.00	¥26.00

图 12.9 欧时力官网网上商城配送方式

图 12.10 红黄蓝旗舰店首页

红黄蓝童装旗舰店于 2009 年 3 月创立，店内商品总数达 511 件，至今卖家信誉已达两个皇冠。与同行业相比，红黄蓝童装旗舰店店铺半年内动态评分为 4.8 分［满分 5 分，计算规则：(店铺得分－同行业平均分)/(同行业店铺最高得分－同行业平均分)］，在商品描述相符方面比同行业平均水平高 37.52%，在卖家的服务态度方面比同行业平均水平高 3.2%，在卖家的发货速度方面与同行业平均水平持平，半年内共有 3 989 人为店铺打分，其中满分占 87.16%。

资料补充 12-6

天猫的旗舰店介绍

天猫的商家，带有“品牌直销”标志均为该品牌的旗舰店。

旗舰店定义：商家以自有品牌(商标为 R 或 TM 状态)，或由权利人排他性授权，入驻天猫开设的店铺。(开店主体是品牌(商标)权利人或持有权利人出具的开设天猫旗舰店排他性授权文件的企业。)

旗舰店有以下几种类型：

(1) 经营一个自有品牌商品的旗舰店；

(2) 经营多个自有品牌商品且各品牌归同一实际控制人；

(3) 卖场型品牌(服务类商标)所有者开设的旗舰店。

学以致用

温州林中鸟服饰有限公司创建于 1998 年 9 月，主营“林中鸟”牌大众文化休闲服饰，是一家以特许连锁专卖为基本经营模式的股份制公司，曾获由服装时报社、中华全国商业信息中心、中国百货商业协会共同主办的“中国 2001 年度最受消费者欢迎的休闲服装”十大品牌。林中鸟连锁专卖店有 200 余家，销售网络遍布大江南北，在互联网背景下，曾在中国时尚品牌网发布品牌信息，在中国女装网建有企业商铺诚邀加盟商，在阿土伯交易网建有企业商铺提供产品供应信息等方式开展网络营销。

请根据林中鸟公司的相关情况，为其选择一个第三方平台筹建网上商城，写出规划书。

任务小结

本任务从服装企业网络营销的基础入手，使读者初步认识网络营销基本原理，熟悉网络营销常用方法和工具，掌握 B2B/B2C 模式的网络营销方式，学会利用第三方平台开展服装企业网络营销活动。

知识巩固

一、名词解释

1．网络营销　2．网络广告　3．博客营销　4．B2C 网上商城

二、不定项选择题

1．网络营销具有传统营销不具备的许多独特的、鲜明的特点，包括(　　)。

A．扩时空　　B．多媒体　　C．理性化　　D．超前性

2．瑞星杀毒软件公司进行病毒性营销的目的是(　　)。

A．杀毒　　B．销售杀毒软件

C．传播计算机病毒　　D．计算机病毒免疫

3．邮件列表是通过为用户提供有价值的信息，在邮件内容中加入适量促销信息，从而实现营销的目的，其主要价值表现在(　　)。

A．作为公司产品或服务的促销工具　　B．方便和用户交流

C．获得赞助或者出售广告空间　　D．收费信息服务

4．开展会员制营销的网上商店有(　　)。

A．走秀网　　B．聚尚网　　C．玛萨・玛索　　D．优秀时尚购物网

5．人们订阅或者经常看你博客的主要原因是(　　)。

A．内容滑稽有趣　　B．标题吸引人

C．有奖竞猜活动多　　D．有实用价值

三、判断题

1．网络营销就等于网上销售。(　　)

2．网络广告的作用是诸多网络营销方法中效果最为直接的，任何一个企业都离不开它。(　　)

3．网络营销中吸引客户注意力的根本原因在于网站的内容。(　　)

4．企业博客具有明确的企业营销目的，博客文章或多或少会带来企业营销的内容。(　　)

5．企业要实现在网上销售只能选择在淘宝平台开店。(　　)

四、思考题

1．网络营销的基本职能有哪些？

2．网络营销的常用方法有哪些？

3．服装企业如何开展有效的博客营销？

4．如何分析一个企业的网络营销水平？

技能演练

一、案例分析

2012年5月，知名童装品牌ABC在网络上掀起了“创想微生活”网络征集大赛活动。该活动延续ABC品牌“因为爱”的品牌理念，提出了“爱就让TA去创想”，很好地切合了当前儿童教育的实际情况，以释放孩子的无限想象力及创造力为目的，以孩子成长的真实需求为出发点，呼吁家长秀出孩子的微创想，亮出孩子的微生活。该活动(http://abc.twabc.com.cn)只要参赛宝宝符合0～13周岁的年龄限定，即可由家长上传与“创想微生活”相关的作品(生活照、艺术照、故事剧本、视频)参与。活动在刚上线不久便引来上万名家长的积极参与，影响非常大。

问题：

(1) ABC“创想微生活”网络征集大赛采用是采用了怎样的传播策略？

(2) 从传播媒体的选择看，ABC 选择了哪些网络营销方法开展网络营销应用？

(3) 国内童装品牌该如何开拓网络市场？

二、实训操作题

网络营销并不单指网站推广，也并不但是一个网上销售，所以，网络营销工作所带来的效果也是多种表现，如对客户服务的支持、对线下产品销售的促进、对公司品牌拓展的帮助等。请选择一家当地的服装企业，按照网络营销的一般步骤，设计一份网络营销策划方案。

【实训操作指令】

1．选择某一服装公司。

2．使用搜索引擎收集其背景材料。

3．网络营销策划案内容参考。

(1) 市场概况；

(2) 企业简介；

(3) 网络营销目标确定；

(4) 企业网络营销策略设计。

① 市场细分并确定目标顾客；

② 价格策略；

③ 分销策略；

④ 促销(电子邮件、搜索引擎竞价、博客、网络广告)；

⑤ 客户服务策略；

⑥ 个性化营销策略。

【实训名称】网络营销策划。

【实训目标】让受训者亲身主导背景企业的网络营销策划过程，操练网络营销应用的基本能力。

【实训组织】

1．受训者 4～5 人一组，采取自由组合方式形成，每组设组长一名。

2．在规定的时间内完成网络营销策划方案，每个小组派成员进行 PPT 汇报。

3．指导老师组织受训者就分析方案进行讨论，形成基本判断。

【实训考核】

1．小组完成方案设计的表现占 40%。

2．小组成员的团队合作表现占 20%。

3．PPT 汇报的表现占 40%。

【实训成果】完整的网络营销策划方案＋汇报 PPT。

参 考 文 献

[1] 纪宝成．市场营销学教程[M]．3 版．北京：人民大学出版社，2002．

[2] 杨以雄．服装市场营销[M]．上海：东华大学出版社，2004．

[3] 贾妍．市场营销理论与操作[M]．北京：北京交通大学出版社，2009．

[4] 张福良．服装市场营销[M]．2 版．北京：高等教育出版社，2009．

[5] 潘力．服装市场营销管理[M]．沈阳：辽宁科学技术出版社，2005．

[6] 赵平．服装营销学[M]．北京：中国纺织出版社，2005．

[7] 孟昭礼．新编市场营销[M]．大连：大连理工大学出版社，2004．

[8] 孙菊剑．服装零售终端运营与管理[M]．上海：东华大学出版社，2009．

[9] 王金泉．纺织服装营销学[M]．北京：中国纺织出版社，2006．

[10] 马刚．渠道制胜——服装营销渠道管理[M]．北京：中国纺织出版社，2008．